蒋雪艳 著

多闻斋笔存

齐鲁书社

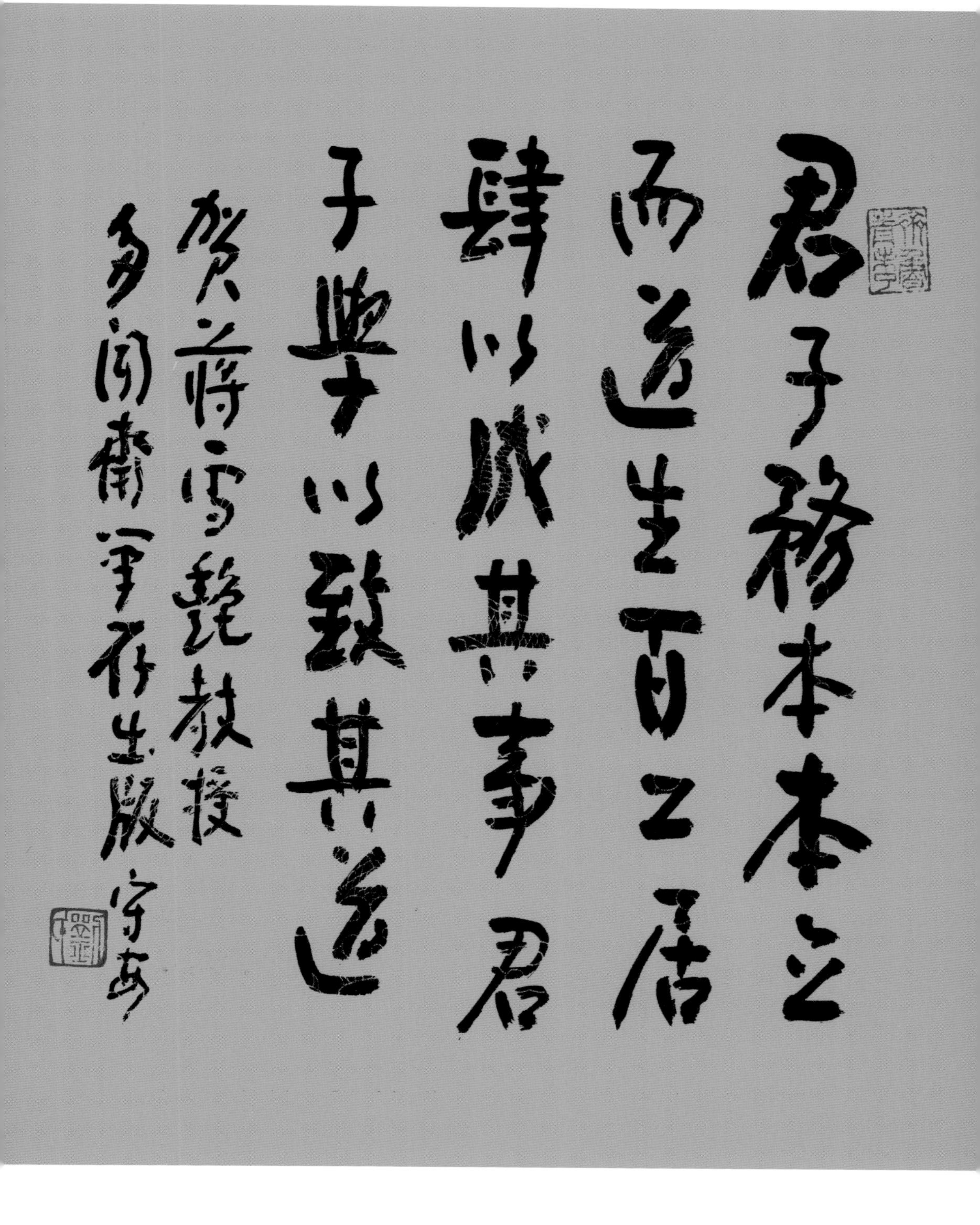
君子務本本立而道生居肆以成其事君子學以致其道
賀蔣巧艷教授
多聞齋牟存生敬字安

序

知行合一是明代哲学家王阳明提出的认识论和道德修养学说，他认为一个人不仅要认识（“知”），尤其应当实践（“行”），只有把“知”和“行”统一起来，才能称得上“善”。与我有多年师生之谊的蒋雪艳教授，就不断地面临着这种知与行的考验，从成人师范教育到高等职业教育，从教学岗位到行政岗位，学校的转型，岗位的变化，教学内容、研究对象、工作时间、工作方式等随之产生了不小的变化。雪艳教授坦然地接受了命运的安排，从古典文学的教学研究到济南历史文化研究，从大学语文课程建设到因工作需要的教育实践探索，一路走来，博学善思，勤勉不懈，才有了这部心血之作。

这部著述是其个人成长和研究的总结。“古典论稿”的文章涵盖从汉到清，时间跨度大，内容涉及美学、文艺学、作家作品评论等，可见其阅读面宽，关注点多，写作类型多样。有的研究比较深入，已颇见研究功力，如古代文论和古代戏曲的研究论文，《略论古人对诗词成功之本的探求》《〈诗品〉对诗之本质和诗美境界的阐释》等文章，以历史的纵深视野，勾画出了中国古代文论发展的脉络轨迹、思想观点和承继关系，文脉流畅，周密精深；《论〈琵琶记〉的美学贡献》《莫说市朝事，功名欲逼人——高明的遭际与〈琵琶记〉中的科举描写》等文章，属于鞭辟入里切中要害的作家作品分析，视角独特，细腻绵密。

文学不可能在一种封闭的状态下发展，政治的兴衰、社会的动乱等外界因素必然会影响到作家的生活、思想、情感，这是文学发展的客观动因。另外，时代特点和社会心理的变化也往往影响到文学风格的变化，学术文化思想对文学的发展亦具有不可忽视的作用。细观“古典论稿”的文章写作，时代背景、作家个性、作品内涵、文论观点等立体周延地层层展开分析论述，可见作者已经非常成熟地关照到各种现象的成因，并形成了自己独特的论文写作风格。这些文章发表后，在相关领域产生了一定影响，并被众多研究者引用借鉴。

专注用心于自己的工作，便会看到不一样的景色，收获不一样的果实。“教育实践”中的有些成果已然走在了全国的前列，并产生了广泛影响，比如作为全国高职高专唯一荣获“国家级精品资源共享课”称号的大学语文课程研究，对整个课程体系进行了科学深入的实证研究，通过观察获取经验，再将经验归纳为理论，具有鲜明的直接经验特征，对于高职教育提升学生人文素养、弘扬中华优秀传统文化会有积极的促进作用；还有的文章是把问题提炼得更清晰明确，还不是很严格的理论提升，但这些文章从不同的侧面巧妙地把专业行为，以别具一格的呈现方式见诸报端，展现学校的办学成果，获得良好反响，这种转换需要的不仅是专业思维，还需凝练提升，更需要大众话语表述，也不是一件容易的事情。

每位理想主义者都追求知行合一的境界，但往往感慨知易行难，故要不断地回顾总结，以便砥砺前行。雪艳教授有了之前的积累收获，今后的道路将会走得更加扎实稳健。功崇惟志，业广惟勤，以此共勉，亦为祝福。

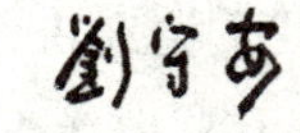

2016 年 7 月

目 录

序 …………………………………………………………………… 刘守安 1

古典论稿

略论古人对诗词成功之本的探求…………………………………… 3
汲黯：抗上抚下为官路 ……………………………………………… 10
李广：终身未能封侯的名将 ………………………………………… 20
谢灵运诗歌与佛学 …………………………………………………… 29
《诗品》对诗之本质及诗美境界的阐释 …………………………… 39
《诗品》中对“风骨”的阐释
——兼及中国文人的人格美 ……………………………………… 50
关汉卿剧作人物形象简论 …………………………………………… 58
关汉卿杂剧的场面关目特色 ………………………………………… 62
试论崔张故事的几种不同“讲法”
——兼及文学的继承与发展 ……………………………………… 66
谈《西厢记》中的心理揭示 ………………………………………… 73
论《琵琶记》的美学贡献 …………………………………………… 78
莫说市朝事，功名欲逼人
——高明的遭际与《琵琶记》中的科举描写 …………………… 87
胡铨：名高北斗上，身堕瘴海间 …………………………………… 94
略论明代边塞词……………………………………………………… 103
吴梅村词作简论……………………………………………………… 112

人面桃花分外红
——李香君形象浅析……118
钱沣：平生最恨是“硕鼠”……122
林则徐：一生辉煌在禁烟……130
王重民先生《论〈四库全书总目〉》商榷……148
弘扬优秀中华传统文化……153
传统文化与中学语文教育……158
试论新课程理念下语文教师的专业素质培训……165
重视师德教育　导入课改理念　提升教师素质　着眼未来发展
——对小学语文骨干教师省级培训教学的理论与实践探索……170

教育实践

高职人文素质教育的体系建构……181
以和谐文化促进和谐校园建设……190
高职教育：强化优秀传统文化的育人功能……196
基于人文素质培养的大学语文课程建设……203
教师专业化发展之路径
——以大学语文教师为例……214
大学语文学习方法……231
高职院校人文素质教育与大学语文教学……238
高职院校高品质校园文化的德育功能研究
——以济南职业学院为例……246
高职学生道德素质调查分析……257
把“育人”的天职背在肩头
——济南职业学院人才培养纪实……265
校园小老板　人生大收获
——济南职业学院学生创业教育纪实……269

铿锵的足音
——济南职业学院内涵发展侧记…………………………………………………… 275
就业率·稳定率·发展率
——济南职业学院的就业“新主张” ………………………………………… 286
从宏观到微观，从单一到多元
——济南职业学院教学模式优化新探索………………………………………… 290
根设置　类合作　行标准　双主体：济南职业学院校企合作“新常态”
…………………………………………………………………………………………… 294

济南研究

五百年一出的贤者——员半千……………………………………………………… 301
“文章四友”中的崔融 ……………………………………………………………… 306
“诗仙”李白在济南 ………………………………………………………………… 311
历下亭中说杜甫……………………………………………………………………… 318
元代济南的经济文化环境与杂剧作家作品………………………………………… 325
济南泉水背景下的历史文化资源开发利用与创意转化研究……………………… 337
提高济南高职教育质量，满足省会区域经济和社会发展的对策研究…… 350

闲语散记

师德——教育的灵魂………………………………………………………………… 365
我的云竹……………………………………………………………………………… 368
衣饰的文化…………………………………………………………………………… 370
为职称而战…………………………………………………………………………… 373
《栖梦月刊》序 ……………………………………………………………………… 376
“羊拉车”的悲哀 …………………………………………………………………… 377
大山深处的小姑娘…………………………………………………………………… 379
猫叫、伊拉克战争及其他…………………………………………………………… 381
难忘中学二三事……………………………………………………………………… 383

温暖与感动
——2013 级新生报到侧记 …………………………………………………… 385
十年发展史上的五大战略决胜……………………………………………… 389
美哉，济职义工……………………………………………………………… 393
0.99 与 1.01 ………………………………………………………………… 394

后　记………………………………………………………………………… 395

古典论稿

1988年7月，我从曲阜师范大学中文系汉语言文学专业毕业，分配到泰安教育学院（2002年并入泰山学院）中文系任教，教授了一年的现代文学。从1989年秋季开始，我教授古典文学元明清部分，之后，开始撰写一些短篇的论文。虽然今天看来非常稚嫩、浅显，但也是个人成长的足印。

1994年暑假，我通过了菏泽师专（今菏泽学院）的试讲，进入菏泽师专中文系任教，仍然教授古典文学元明清部分。所写论文基本还是这个范畴。

1997年8月，我调入济南教育学院（今济南职业学院）。秋季开始，授课范围扩大到整个古典文学。1998年寒假开始，我为济南教育学院函授本科班讲授古代戏剧和古代小说。直到2004年7月济南职业学院成立前，我一直从事古典文学教学，大多数文章也是写于这个时间段。

2001年6月8日，新课改纲领性文件《基础课程改革纲要》颁布，标志着我国新一轮基础教育课程改革正式启动。在2002年3月—2003年3月、2002年11月—2003年11月，济南教育学院承担了两期省级小学语文教师的素质培训，我当时负责整个培训工作。组织实施过程中，对语文教师的专业成长多有感慨，发表了两篇文章，权且放在这里。

略论古人对诗词成功之本的探求①

探寻文之所以为文的根本，是历代文人不断思考、研讨的重大课题。周、秦、汉文学虽粗具各种体裁，然而综合众体而归纳其共同特性者不多见。偶尔有之，如东汉王充曾提及为文之根本，他在《论衡·超奇》篇中说："有根株于下，有荣叶于上，有实核于内，有皮壳于外。文墨辞说，士之荣叶皮壳也。实诚在胸臆，文墨着竹帛，外内表里，自相副称。"②"陆贾消吕氏之谋，与新语同一意；桓君山易晁错之策，与新论共一思。观谷永之陈说，唐林之宜言，刘向之切议，以知为本，笔墨之文，将而送之，岂徒雕文饰辞，苟为华叶之言哉?"③

《论衡》一书，顾名思义，可知其宗旨在论述论说之文。他为论说文寻根，因此曰"以知为本"。以知为本，显然不包括感性文章，是个不周延的概念。要求周延，必然要先有文学分类，类不同而其根本自然不同；倘若能在众多差异中归纳出它们的共同之点作为探本的结论，那就不是《论衡》所能涵盖的了。所以继王充后而起作文学探本论的应首推曹丕的《典论·论文》。他说："夫文本同而末异，盖奏议宜雅，书论宜理，铭诔尚质，诗赋欲丽。"④ 虽然他对本同而末异之"本"未作进一步说明，但对不同的文类要求有不同的表现准则已区分得很清楚了。表现准则是否可看作不同种类之文的"本"呢？当然不可。这些不同准则的确立，显然是出于不同心

---

① 本文发表于《聊城大学学报》2005 年第 5 期。

② 〔汉〕王充：《论衡》，见《诸子集成》（七），中华书局 1954 年版，第 136 页。

③ 〔汉〕王充：《论衡》，见《诸子集成》（七），中华书局 1954 年版，第 136 页。

④ 〔魏〕曹丕：《典论·论文》，见郭绍虞主编《中国历代文论选》（一卷本），上海古籍出版社 1979 年版，第 60 页。

态、不同意匠的经营。如宜雅宜理尚实之文，须以知为本；而欲丽之文，无论在作者的创作或读者的评鉴上均须另换一种手眼。同样是文字组成的文章，从其种类的差异而推究其本，自然也有所区别。

前贤对文学探本的论说，自东汉至齐梁，前后五百年间，迭经不断探索，其中《文选序》的观点是值得注意的。尽管《昭明文选》曾遭后人某些訾议，但是事实上，其书历代流传从未间断，这足以证明以萧统为代表的文德殿文学集团的意见，应占有中国文学史的一席之地。他们虽然没有做区分文类的工作，但注意到文学与非文学的辨认。对过去的四部书，他们把“经”“史”“子”书都推出“文选”门外，剩下的只是诗赋和兼收的铭、诔、颂、赞、论、说、书、牍等类文章，而这些文章多半是收载在作家的文集中，换句话说，《文选》收录的文章是以“集部”为主。他们认为这样的文章自有根本的特色，那就是“事出于沉思，义归乎翰藻”①。翰藻之义，当是其上文所称“综缉辞采，错比文华”② 的文章形式，至于内容，那就是“事出于沉思”。

“沉思”一词的涵义，后人虽有所注释，但均不如萧统同时代而且直接参与文选编定工作的萧子显所写的更为切合。萧子显在《南齐书·文学传》中说“属文之道，事出神思”③，这里虽改“沉”为“神”，但他们所指述的应当是同一内容，亦即文之本都是出于“神思”。至于何为“神思”，当时为萧统所喜爱的刘勰在《文心雕龙》中写了《神思》专篇，开篇就借“古人云：形在江海之上，心居魏阙之下”④ 来解说；同时还做多方面的描述：“夫神思方运，万涂竞萌，规矩虚位，刻镂无形。登山则情满于山，观

① 〔南朝梁〕萧统：《文选序》，见〔南朝梁〕萧统编，〔唐〕李善注《文选》，上海古籍出版社 1986 年版，第 3 页。

② 〔南朝梁〕萧统：《文选序》，见〔南朝梁〕萧统编，〔唐〕李善注《文选》，上海古籍出版社 1986 年版，第 3 页。

③ 〔南朝梁〕萧子显：《南齐书·文学传》，见《二十五史》（第三册），上海古籍出版社、上海书店 1992 年版，第 2005 页。

④ 庄适：《文心雕龙选注》，商务印书馆 1947 年版，第 13 页。

海则意溢于海。"① 可见他所体认的"神思"与萧子显所谓"感召无象，变化不穷"② 的神思是一致的，也就是今人所谓的"想象活动"。这种想象活动投射为综缉辞采、错比文华的篇章，当然是遵循着"欲丽"的意向，而对于宜理、尚实的意向未必吻合。不过，昭明文选集团对各类篇章却持着同一的欣赏态度，就如他们在《文选序》中所表示的："……众制锋起，源流间出。譬陶匏异器，并为入耳之娱；黼黻不同，俱为悦目之玩。"③ 换言之，他们把广义的文学都归类到狭义的娱乐目的，于是便显得有些惊世骇俗，造成了反对者的不满。例如《颜氏家训·文章》篇记载："齐世有席毗者，清干之士，官至行台尚书，嗤鄙文学，嘲刘逖云：君辈辞藻，譬若荣华，须臾之玩，非宏才也。"④ 这就是齐梁时代士人较流行的观念。

自从王充、曹丕抬举文章为不朽事业，至此竟被视为"须臾之玩"，这不能简单看作"义归乎翰藻"的文章的贬值，实际是由于文类的区别不严，文学的功用亦混淆不清，如同钟嵘在《诗品·序》中所慨言："观王公缙绅之士，每博论之余，何尝不以诗为口实；随其嗜欲，商榷不同。淄渑并泛，朱紫相夺，喧议竞起，准的无依。"⑤ 根据钟嵘本传，他曾做过萧纲的记室，而萧纲留下的一篇《与湘东王书》，其中说的也正是为文学的"准的无依"而烦恼，因此钟嵘论文单挑诗品为题，而且还把诗的功用减缩在"使穷贱易安，幽居靡闷"两句话之内，应算是为排难解纷而做的了断。尽管这样了断并不适合一些好大喜功的诗人的胃口，但在为诗赋寻根的工作上，也已尽力。尤其是他对于诗的说明："故诗有三义焉：一曰兴，二曰比，三曰赋。文已尽而意有余，兴也；因物喻志，比也；直书其事，寓言写物，赋

---

① 〔南朝梁〕萧子显：《南齐书·文学传》，见《二十五史》（第三册），上海古籍出版社、上海书店 1992 年版，第 2005 页。

② 庄适：《文心雕龙选注》，商务印书馆 1947 年版，第 13 页。

③ 〔南朝梁〕萧统：《文选序》，见〔南朝梁〕萧统编，〔唐〕李善注《文选》，上海古籍出版社 1986 年版，第 2 页。

④ 〔北齐〕颜之推：《颜氏家训》，见《诸子集成》（八），中华书局 1954 年版，第 20 页。

⑤ 〔南朝梁〕钟嵘著，徐达译注：《诗品全译》，贵州人民出版社 1990 年版，第 16 页。

也。宏斯三义，酌而用之，干之以风力，润之以丹采，使味之者无极，闻之者动心，是诗之至也。”① 诗之至，当即诗功用之终极，也就是诗之所以为诗的根本所在。按他所谓的“宏斯三义，酌而用之”实等同于“事出于沉思”的沉思方面，而“干之以风力，润之以丹采”又等同于“义归乎翰藻”的翰藻方面。不过这里把广义的“文”局限于“诗”的范畴，反而显得周延而没有什么漏洞了。

实际上后人所进行的诗的探本工作，是从钟嵘的这个基础出发的。唐代的司空图从“辨于味，而后可以言诗”引申出“味外之旨”②。味外之旨，他没有命名，但到了宋代的严羽，则以“兴趣”二字称之。严羽的“兴趣说”又直接影响到清初的王士禛以至清末的王国维。王国维在《人间词话》中说：“但沧浪所谓‘兴趣’，阮亭所谓‘神韵’，犹不过道其面目，不若鄙人拈出‘境界’二字为探其本也。”③ 王国维既然以“境界”作为探本论的终极，为明了其说的可信度多大，就不能不先了解严羽意下的“兴趣”，是否可与齐梁人所谓的沉思或神思搭上关系？这是应该明确的问题。严羽在《沧浪诗话·诗辨》中说过：“诗之极致有一，曰入神。诗而入神，至矣，尽矣，蔑以加矣。”④ 照理，“入神”二字才正是他提出的诗的根本，因此诗之能事至此已达到顶点。不过入神倘与其所言之兴趣有所关联，必然是入神是兴趣的来源，凡人移其感情于对象，使物情我感，融合为一想象的情态，同时亦即其兴趣所在了。现在看严羽对兴趣的描述是否如此。

严羽在《沧浪诗话》中说：“盛唐诗人惟在兴趣，羚羊挂角，无迹可求。故其妙处透彻玲珑，不可凑泊，如空中之音，相中之色，水中之月，镜中之象，言有尽而意无穷。”⑤ 此处以“羚羊挂角，无迹可求”比作兴趣

---

① 〔南朝梁〕钟嵘著，徐达译注：《诗品全译》，贵州人民出版社 1990 年版，第 10～11 页。

② 〔唐〕司空图：《与李生论诗书》，见郭绍虞主编《中国历代文论选》（一卷本），上海古籍出版社 1979 年版，第 164～165 页。

③ 滕咸惠：《人间词话新注》，齐鲁书社 1987 年版，第 75 页。

④ 郭绍虞：《沧浪诗话校释》，人民文学出版社 1983 年版，第 8 页。

⑤ 郭绍虞：《沧浪诗话校释》，人民文学出版社 1983 年版，第 26 页。

的存在；又用“透彻玲珑，不可凑泊”来说明它存在的实情；第三层似乎是疑虑这种说明不够具体，更以空中之音等可供想象的资料来辅助说明；最后还嫌不足，竟又直说出“兴趣”所在“言有尽而意无穷”之处。“言有尽”，正指诗语之透彻玲珑，人人看得清楚；不过其妙处仍在看得清楚却又捉摸不到，故曰“不可凑泊”。之所以不可凑泊者，是因诗语仅仅呈现出诗人的想象，而想象与现实之间，正似水与月、镜与花，二者构成的是可远观而不可亵玩的欣赏关系。明代谢榛在《四溟诗话》中说“诗有可解、不可解、不必解，若水月镜花，勿泥其迹可也”①，这应是其正面的答案。

清代王夫之在《夕堂永日绪论》中说：“僧敲月下门，只是妄想揣摩，如说他人梦；纵令形容酷似，何尝毫发关心？知然者以其沉吟推敲二字，就他作想也。若即景会心，则或推或敲，必居其一；因景因情，自然灵妙，何劳拟议哉？‘长河落日圆’，初无定景，‘隔水问樵夫’，初非想得，则禅家所谓现量也。”②“现量”是禅家语，应是指一触即觉，不去思量计较，才是妙悟所得。这种妙语的说法，似乎是发挥钟嵘的“直寻”而来，钟嵘在《诗品·序》中说：“吟咏情性，亦何贵于用事？‘思君如流水’，既是即目；‘高台多悲风’，亦惟所见；‘清晨登陇首’，羌无故实；‘明月照积雪’，讵出经、史。观古今胜语，多非补假，皆由直寻。”③如果从毋须补假的主张来看“直寻”二字，其妙处又当在王国维的《人间词话》中所讲的“隔”与“不隔”的论点之中。“隔”则留心于“言内”，“不隔”始能入神于“言外”。

清初王士禛论诗并未常常打出“神韵”的招牌，倒是后人说到王士禛的诗风诗论，常常把他钉在“神韵”二字上。他在《池北偶谈》中自谓明人孔天胤喜欢清远的诗，以为那种诗“妙在神韵”。这个说法与他所编的《唐贤三昧集》宗旨相通，也与他晚年的诗风相类，由此可知他与神韵结缘

---

① 〔明〕谢榛：《四溟诗话》，见丁福保辑《历代诗话续编》（下），中华书局 1982 年版，第 1137 页。

② 郭绍虞主编：《中国历代文论选》（一卷本），上海古籍出版社 1979 年版，第 315 页。

③ 〔南朝梁〕钟嵘著，徐达译注：《诗品全译》，贵州人民出版社 1990 年版，第 20 页。

不是没有原因的。《蚕尾续集序》说：“梅止于酸，盐止于咸，饮食不可无酸咸，而其美常在酸咸之外，酸咸之外者何？味外味也；味外味者，神韵也。”从王士禛的探本论的系统来看，他的神韵思想体系正是从钟嵘、司空图、严羽而至谢榛。谢榛云：“《余师录》说：‘文不可无者有四，曰体，曰志，曰气，曰韵。’作诗亦然。体贵正大，志贵高远，气贵雄浑，韵贵隽永。四者之本，非养无以发其真，非悟无以入其妙。”① 隽永，不仅要饶有余味，亦要言有尽而意无穷。而意之无穷，即入神之谓。

明末陆时雍辑《古诗镜》而为之总论时，即极推“韵”之重要，并说明构成此“韵”之要诀，其言曰：“有韵则生，无韵则死；有韵则雅，无韵则俗；有韵则响，无韵则沉；有韵则远，无韵则局。物色在于点染，意态在于转折，情事在于犹夷，风致在于绰约，语气在于吞吐，体势在于游行，此则韵之所由生矣。”② 陆时雍，崇祯六年（1633）贡生，次年王士禛始生。四库馆臣称《古诗镜》，大旨以神韵为宗，情境为主，即使王氏未见陆氏之书，但由今视昔，陆氏宜为王氏之先导，而《古诗镜》则又为《唐贤三昧集》之前例；倘更从其论“韵之所由生”处默识之，王士禛的诗风诗论所追求之意态、情事、风致、语气、体势等，亦莫不与之契合，后来袁枚讥神韵为作诗之一体，又以王士禛为小神通者，大抵就是根据这个理由。

综上所述，兴趣之发生有赖于入神，而神韵之发生则形见于隽永之表象。严羽言诗之法有五，而兴趣仅居其一；犹如王正德叙诗之要素有四，而隽永亦仅属其一端。执一端以为本，难免有偏颇之嫌。但是，王国维拈出“境界”二字是否更能代表自钟嵘以来这一系统的探本论？王国维使用“境界”这个词时并没有做出明确的定义，而今见载于《人间词话》及后人代辑的续稿中，虽然使用这个名词的地方很多，但就其上下文来看，他都只是泛泛地使用，用以指述诗句中的一种意境，或读者得自作品中的想象世界。而且这个世界

① 〔明〕谢榛：《四溟诗话》，见丁福保《历代诗话续编》（下），中华书局 1982 年版，第 1141 页。

② 〔明〕陆时雍：《诗镜总论》，见丁福保《历代诗话续编》（下），中华书局 1982 年版，第 1423 页。

还可以呈现于每一句上，如他说辛弃疾送别十二弟而写的《贺新郎》一词是“语语有境界”。倘若以辛词的“语语”来印证，则不难了解其所谓“境界”正属于“事出神思”，其中含有许多想象的事与情。在此之前施闰章说王渔洋的诗论“如华严楼阁，弹指即现”，“弹指即现”，是想象的另一种说法，所以王国维的“境界”说亦正好落实在王渔洋的诗论里。

《人间词话》又说：“境界有大小，然不以是分优劣。‘细雨鱼儿出，微风燕子斜’，何遽不若‘落日照大旗，马鸣风萧萧。’”① 如依据这个观点，则一切文学作品能在读者心目中构成一种可感受的意象，都可以说是有境界了。所以他又说：“境非独谓景物也，情感亦人心中之一境界。故能写真景物、真感情者，谓之有境界，否则谓之无境界。”② 这里应注意的是他特别在景物感情上面添个“真”字。既然境界是属于想象中的事，如镜花水月，何真之有？因此，可以了解他的所谓“真”，是指人们真能入神于想象的景物或感情中，此时才有境界可言。然而这样真的入神，与《文选序》所谓的“沉思”又有何异？沉思是诗人或读者自我想象的过程，同时也是境界呈现的时刻。这个时刻可借陶渊明的诗句来表示，即“此中有真意，欲辩已忘言”。

我们宏观地从一代代诗人、学者探本的历史进程来看，他们的观点是变中有不变、不变中又有变，你中有我，我中有你。探本的历程确实是一个不断地继承、再创造的过程。如同蜜蜂酿蜜一样，是一个采纳、融合、发酵、升华、蜕变的过程，前人经过近两千年的努力，终于使探本之举日臻完善，至此我们已明白诗人创作时必须达到物我两忘、间不容声，无须审辨探求，而诗情满怀的境界，才能写出好诗。这种审美经验，迥异于理智的作业，故其心得，不是一般的解悟而是直觉的妙悟，如同情人眼里所构造的西施，必然是浑然无遗憾的，同时又是毫无理由的。创作者只有进入了这种心境，才能进入良好的创作状态，这也许正是一代代古人共同探求之“本”吧。

---

① 滕咸惠：《人间词话新注》，齐鲁书社 1987 年版，第 129 页。

② 滕咸惠：《人间词话新注》，齐鲁书社 1987 年版，第 129 页。

汲黯：抗上抚下为官路[①]

元光元年（前134），一个风和日丽的日子，汉武帝心情很好，兴致颇高，召来公卿大臣和儒学之士，谈论他对儒学的认识和他将如何效仿尧舜治理国家的宏伟蓝图。大家见皇上兴致勃勃，纷纷随声附和，气氛热烈而融洽。武帝不断被自己的蓝图鼓舞着，越说越起劲，不断用手势表明自己的果断和决心："我想……""我打算……""我计划……"，他长篇大论，眉飞色舞，滔滔不绝。

"陛下心里有很多贪欲而只在表面上施行仁义，怎么可能从本质上效仿唐尧虞舜的太平呢？"

这一不和谐的音符来得太突然，武帝一点心理准备都没有，像被人猛然间浇下一盆冷水，刚才的表情尴尬地凝固在脸上，手还悬在半空。是谁这样胆大妄为、出言不逊？众人把恐惧的目光投向这个人身上。又是他，汲黯，他不是因屡次直言谏诤冒犯皇上被外放东海郡太守，因政绩斐然刚刚被召还回京任命为主爵都尉、位列九卿吗？怎敢一回来又这样对待圣上，真是令人费解。他难道不怕被再次外放吗？难道不怕因之而招来杀身之祸吗？大殿里死一般寂静，人们屏住呼吸，低眉顺目，等待着狂飙怒涛。武帝慢慢地把手放下，脸色由尴尬变得严峻，由严峻而怒容满面，面部肌肉因过度气愤有些许的抽搐，他一言不发。片刻，他猛一起身，咬了咬牙，拂袖而去。

---

① 本文收录于《中国清官的归宿》，齐鲁书社1999年版。

一、汉武帝“礼让三分”

儒家文化讲究“君为臣纲”，皇上是至高无上的。哪怕皇上有错，做臣子的也只能是委婉含蓄小心翼翼地提意见，而汲黯的态度显然是冒天下之大不韪。为什么汲黯这样一个小小的臣下敢于当面指责皇上呢？这主要有两方面的原因。

武帝即位后任命汲黯为谒者，不久，即建元三年（前138），闽越出兵围攻东瓯，瓯越遂向朝廷求援，武帝便派汲黯去巡察。可是汲黯还没到达争斗之地，只行至吴县便半路折回，并向武帝报告：东越相攻是由于当地民俗好斗，没什么大惊小怪的。武帝默然。后来河内郡发生火灾，绵延烧及一千余家，武帝又派汲黯去视察灾情。汲黯去后了解是由于一家不慎失火，周围住房密集，所以火势蔓延，因此，未置可否。但在路过河南郡时，看到因水旱灾害，灾民达万余家，百姓衣食无着，有的竟然父子相食，惨不忍睹，汲黯便凭所持的符节，开河南郡官仓赈济灾民。回京后，汲黯向皇上请受假传圣旨的罪责。武帝认为他的做法可让百姓感到皇恩浩荡，所以免他无罪，并任命他为荥阳令。但汲黯认为当县令耻辱，便称疾辞官回乡。武帝了解到他的想法，便召他回京任中大夫。

谒者任上的这段经历对汲黯的一生有决定性的影响。因为他的目无圣上、自作主张不但没有获罪，而且还得以升迁，这种结果使他放开了手脚，从此开启了独立思考、敢于抗上的“习惯”，这种“习惯”也就决定了他以后的仕宦命运。

另一原因就是性格因素。汲黯性格倔强、傲慢，不讲究礼节，容不得别人的过错，好当面顶撞别人，不喜欢趋炎附势。其中最突出的一点就是“抗上抚下”。他敢于顶撞武帝和比他官职高的人。武安侯田蚡是武帝的亲舅舅，官至丞相，权高势重，炙手可热。他把持朝政，随意任命文武大臣，连武帝都说他：“你要任命的人任命完了没有，我也想任命几个呢！”因此，文武大臣奔走于他的门下，趋之若鹜，连年俸中二千石的高官谒见他时都要行跪拜之礼。但汲黯求见田蚡只拱手作揖，从不下拜。元朔五年（前

124)，卫青因其赫赫战功被任命为大将军。此时，卫青的同母姐姐卫子夫做了皇后，卫青的地位更加显贵。但汲黯仍与卫青行平常之礼，有些好心人就提醒汲黯：皇上本意就想让卫青凌驾于群臣之上，你怎么可以不行跪拜之礼呢？汲黯却说："难道大将军有拱手行礼的客人就不受尊敬了吗？"卫青是平阳县吏郑季与平阳侯妾卫媪的私生子，小时放羊，被郑季前妻的孩子当作仆人，非打即骂，缺衣少食，吃了很多苦，后来又险些被人暗害，只是凭借着自己的勇猛腾达显贵，他为人忠厚谦虚，心地善良朴实。当他听说了汲黯的话，把汲黯引为知己，曾多次就朝中疑难事讨教汲黯。但朝中像卫青这样的人毕竟太少了，汲黯也就显得有些孤立，他得名于这种性格，也获罪于这种性格。

汲黯是幸运的，幸运在他生活于武帝时代，武帝以政治家的博大胸怀容纳了汲黯。汉武帝 4 岁被立为胶东王，7 岁立为太子，16 岁即位，之后便施以雄才大略，内外经营：镇压叛乱，平定割据，打击经济垄断；征讨匈奴，拓展边土；罢黜百家，独尊儒术。他的一系列文治武功足以使他以圣君自居。可是他没有把汲黯免官，没有把他发配，更没让他人头落地。武帝是明智的，他的统治需要汲黯的忠心、才干和耿直。他尊重汲黯，甚至有点"怕"他。武帝曾蹲在厕所内接见大将军卫青；被武帝重用的老态龙钟的公孙弘求见，他可以衣冠不整，随随便便，不管什么礼节不礼节；而对汲黯，他丝毫不敢马虎。有一次，武帝在威严的武帐中没戴帽子，恰巧汲黯来奏事，要想整好衣冠已经来不及了，武帝慌忙逃入内帐，由近侍代为批复。这戏剧性的一幕体现出武帝对他的礼遇到了何种程度。汉制规定，居官者病满三月当免官，而武帝几次破例允许汲黯在家养病而没有免官。虽然武帝没有给他最为显赫的官职，但容忍了汲黯一次次的冒犯而没有治他的罪。

庄助代汲黯请病假时曾与武帝有几句对话，应该说代表了当时正直的人对汲黯品格的评价和武帝对汲黯的认识。武帝问："汲黯此人如何呢？"庄助回答："让汲黯任职居官，无过人之处。如果让他辅佐少主，坚守基业，则招之不来，挥之不去，即使有人自称像孟贲、夏育一样勇猛过人，也不能撼夺他的气节。”武帝点点头，表示赞同，并说：古有社稷之臣，像汲黯就类似他们。

虽然汲黯没有因忠直和火爆的性格被罢免，武帝亦给了他较高的评价，但并不是说武帝喜欢他、庇护他、重用他，相反，汲黯的为官路上风尘迷漫，障碍重重。

二、“守节死义”

由于个性、观点及处事方式的不同，汲黯与张汤和公孙弘成为对头，同时，这二人也成为汲黯“抗上”的对象。

“心多欲而外施仁义”，汲黯对汉武帝的评价一针见血。法家思想始终更适合武帝的铁腕政治，只是韩非的法、术、势过于刻露，过于血腥，明着不好用，只好隐蔽地运用罢了。汉武帝确实是“外儒内法”，他嗜好酷吏，张汤便是武帝最为赏识的酷吏，官至御史大夫。

张汤小时候拷问老鼠偷肉吃一案就表现出其断案的天分和冷酷狠毒的性格。元光五年（前130），张汤因处理陈皇后巫蛊案深入追究同党并将之枭首而得到武帝的赏识，提为太中大夫。由此事他吃准了武帝的思想，分析案情时巧妙地附会儒家观点，办案务求苛刻严峻。元狩元年（前122）十一月，张汤在办理淮南王刘安、衡山王刘易谋反案件时，竟株连处死数万人。

汲黯信奉黄老学说，崇尚无为而治，这种思想与武帝和张汤的酷法思想格格不入。汲黯几次在武帝面前指责张汤的严刑酷法给百姓带来的灾难。无奈武帝与张汤一致，对汲黯不予理睬。

元朔二年（前127），张汤为廷尉，武帝让他与赵禹（也是酷吏）编订律令，撰有《越宫律》二十七篇，汉朝法律日趋严酷就是从这时开始的，许多汉高祖时的法令被删改。汲黯怒不可遏，在皇上面前怒斥张汤：“你身为上卿，对上不能弘扬先帝的功业，对下不能遏止百姓的邪念，相反，却大肆破坏律令，目的就是成就个人的名利。”汲黯的愤怒达到了极点，“你会断子绝孙”的话冲口而出。这实际上表明道家学说在与儒家、法家思想斗争中的软弱无力，道家思想不是强健统治的理论。

看着暴跳如雷的汲黯，张汤心中暗笑，他声音不高不低、语速不快不慢地故意深究法律条文、苛求细节来让汲黯更加气愤。张汤的平静来自于他对皇上的了解，皇上站在他这一边，他有什么不放心呢？抓住了皇上就等于稳操胜券，这就是宫廷斗争的特点。

张汤一直在等待时机，寻找机会置汲黯于死地，况且，他有一个有力的同盟者——公孙弘。

建元元年（前140），武帝刚即位，便要众臣“举贤良方正直言极谏之士”，年已六十的公孙弘被征召，当了博士。一次，公孙弘奉命出使匈奴，回来向武帝汇报，所述不合圣意，武帝大怒，认为公孙弘无能，公孙弘只好借病还乡。这一经历对公孙弘启发很大，正是这一次的经历为他日后东山再起奠定了坚实的基础。十年后，元光五年（前130），武帝又“征吏民有明当时之务，习先圣之术者”，已届古稀之年的公孙弘又被推荐。这一次，公孙弘的运气太好了，不知是武帝忘记了十年前的事，还是为当年的武断感到歉疚，抑或是特别需要儒学之师点缀门庭，竟然把本来排在最后的公孙弘的对策文章提拔为第一，并因其五官端正、“状貌甚丽”而封为士。这就使行将就木的公孙弘奇迹般地迎来了政治的春天，而后又结出了累累硕果，直至登上丞相的宝座，封平津侯。这一次入朝，公孙弘充分汲取上一次的教训，加之十年对儒家经典《春秋》的研读，练就了一套妥帖的能够立于不败之地的处世哲学。比如，每次上朝，他总是陈述事情的来龙去脉，但不下结论，这样就避免了因不合圣意而引起皇上的不满；再如，在朝廷上，他从不当面驳斥别人的意见或与别人争论，哪怕别人诘难他，他也不辩解，这正符合武帝所喜爱的儒家文化中的温、良、恭、俭、让。正是如此特点，他平步青云。

公孙弘任左内史时，曾与公卿们（内有汲黯）约定好了要向皇上奏明的问题，但到了皇上面前，公孙弘很快从皇上的话语中嗅出了皇上的想法与他们事先讨论的结果背道而驰。怎么办？当然要顺从皇上的意见，他马上站出来称颂皇上的英明。别的大臣在心里骂他但不敢开口。汲黯最痛恨这种口是心非、见风使舵的人，直急的性子使他马上站出来斥责公孙弘："齐人（弘乃齐地淄川人）多奸诈而没有真情。刚才与臣等提出的建议，现在全违背了，他是个不忠诚的人。"皇上问公孙弘如何解释，他不愠不火，非常有涵养地回答："理解我的人认为我忠诚，不理解我的人认为我不忠诚。"公孙弘的回答是巧妙的，他把别人的斥责归为"不理解"，而没有针锋相对，以牙还牙。公孙弘的平静、含蓄、温文尔雅与汲黯的暴躁、直露、咄咄逼人形成了鲜明的对比。武帝更欣赏公孙弘，不久升之为御史大夫。

可是内里的公孙弘并不像外表一样宽宏大量，他猜疑忌恨，城府颇深，对与他有仇怨的人，表面上彬彬有礼，但暗地里伺机报复。害死主父偃是他在皇上身边进言的结果。董仲舒是《春秋》公羊派大师，是一个纯正的文化人。公孙弘对《春秋》的研究远不及董仲舒，出于嫉妒，他进言把董仲舒派到胶西国当相，让他远离皇上，以免对自己形成威胁。当然，他也不会忘记摆平一再攻击他的汲黯。

贵为丞相的公孙弘有这个实力。他谦恭地弯腰向皇上建议说："右内史界内多有达官贵人和皇室的宗亲居住，难以管理，不是有声望的重臣不能胜任，请调任汲黯为右内史。"武帝看了他一眼，看他面容仁慈安详，态度诚恳，便点了点头。他全白的须发和慈眉善目掩盖了他的报复和杀机，这杀机在于他要借刀杀人！凭着汲黯"抗上"和直急的性格，极有可能与这些达官和显贵发生冲突，而其中任何一人的能量都是不可小觑的，每一个人的进言都有可能让汲黯身败名裂或人头落地。

庆幸的是，公孙弘的叵测居心落了空，汲黯任右内史数年，与达官显贵关系融洽，政事井井有条。

企图谋反的淮南王曾对汲黯和公孙弘有这样的评价：汲黯敢于直言谏诤，"守节死义"，贫贱不能移，威武不能屈；至于游说公孙弘，就如揭掉蒙东西的布或晃掉快落的树叶一样容易。刘安想反叛，他害怕汲黯。

遗憾的是，虽然公孙弘的阴谋没有得逞，但在公孙弘推荐的右内史任上，以后发生的几件事改变了汲黯的命运轨迹。

三、彗星救命

汲黯在做主爵都尉、位列九卿时，公孙弘和张汤还是一般的小吏。后来公孙弘、张汤包括汲黯的手下职位都超过了他，而他仍是右内史。汲黯的心理不平衡了，他向武帝口吐怨言：“陛下任用大臣，像堆柴草一样，后来者居上。”武帝沉默不语，过后却说：“听汲黯这话，他的愚直越来越严重了。”武帝的这句话表明他对汲黯的态度有了微妙的变化。

前面谈到汲黯突出的性格是“抗上抚下”，他的“抚下”终于触怒了武帝。就在汲黯口出怨言不久，即元狩二年（前121，是年公孙弘死于丞相位），匈奴浑邪王慑于汉廷的浩荡军威而率部降汉。武帝大喜过望，让征发两万车辆前去迎接。连年的战争使官府空虚，无钱征买车马。官府就向百姓借马，百姓对匈奴恨之入骨，对这种大规模的接运颇有微词，纷纷把马藏起来。马匹无法凑齐，武帝大怒，要杀长安县令以警戒天下。汲黯时任右内史，长安令是他手下的官员，汲黯对武帝说：“匈奴将领背其主来降，朝廷可让沿途各县依次接运他们，何必要骚扰全国去奉迎那些降兵降将呢？长安令无罪，只要杀了我，百姓就肯献马了。”汲黯的话不无道理，武帝沉默不语，但对汲黯负气的话，武帝听了心里很不舒服。

浑邪王率部来到京城后，商人因与匈奴人贸易，被张汤一类死抠法律条文的官吏视为非法走私出关，要判处这五百人的死罪。这些人都是右内史管辖区的百姓，汲黯又要合情合理地保护他们。汲黯顶风而上，称这是“庇其叶而伤其枝”的做法，就这样，在未央宫的高门殿，汲黯有理有力地数落武帝的错误。武帝的忍耐此时达到了极限。他本来认为人生的风雨会销蚀掉汲黯的棱角和锐气，使他变得相对温和一些，但没想到他愈演愈烈，声音越来越高，口气越来越冲。所以，武帝说：“我已经很久没听到汲黯的话了，今天他又胡说八道了。”武帝对汲黯的改变已失去信心，也失去了耐性。

虽然武帝没有杀长安令和那五百商人，表面看汲黯取得了胜利，但他的“抗上抚下”终于使他走上了许多人曾经走过，此后有更多人要走的免官之路。武帝和张汤等到了机会。

数月后，汲黯因犯小法（正史中没具体说明）将被问罪，张汤自然不会放过这置汲黯于死地的天赐良机。可是汲黯命不该绝。这年春，有彗星出现于东方，古人认为这是上天对帝王多行不义的警告，所以，一有彗星出现，帝王就要大赦天下。此次汲黯仅被免官。苍天有眼，这颗彗星无意中挽救了这位忠直之臣的性命。

就这样，汲黯走上了归隐田园的道路。他的心情十分复杂，他一定回想起多年以来所走过的风雨为官路，想到他的忠直所遭遇的皇上的白眼，想到了他与公孙弘、张汤的斗争，想到了朝廷的种种弊端，想到张汤仍被重用而架空丞相翟青，担心朝政会被他搞得一塌糊涂，他想了很多很多，可这一切霎时间已离他十分遥远了，朝廷不再需要他，皇上不再需要他，他的担心已显得多余。他就这样想着走着，黄河古道上的风尘吹动他的白发，吹起他的衣襟。没有后悔，有的只是落寞和无奈。

四、京官情结

考察汲黯的仕历可以发现，其仕途命运明显呈“之”字形。抗上太厉害了，武帝不能忍受了，就被外放；治有政绩就再提升回来；照旧抗上，于是再被外放。但武帝毕竟是一个善于用人的明君，他对汲黯太了解了。因汉廷与匈奴常年边事不断，国库空虚，元狩五年（前118），张汤建议停用半两钱，改铸五铢钱。但百姓私铸钱币严重，假币风行，楚地尤为严重，汉廷经济受到严重影响，社会安定遭受严重破坏。若要禁止假币蔓延，就要掐断其流通渠道，而淮阳正是楚地的交通要塞。但是淮阳官吏与百姓关系紧张，百姓均不与官府合作，所以必须另派官员。这人要具备几方面条件：一是对朝廷忠心耿耿，二要不为金钱、淫威所动，三要有威名，可以联络百姓，震慑犯罪，四要有宏观调控能力。武帝几乎不假思索地想到了同时具备这四个条件的人，当然是被免官两年的汲黯。汲黯因自己过去为官的作为和威望，又一次被武帝任为淮阳太守，重返仕途。

于是圣旨传到了汲黯栖息了两年的茅草屋，冷落得可张罗捕雀的门庭立即热闹起来。汲黯跪伏在地，感谢圣恩，但断不接受官印，汲黯的辞让并不是道家的洒脱，而是他的“京官情结”。

汲黯曾耻为荥阳令，在出任东海太守时的“清静无为”中似有官场失意、消极怠工之嫌。现在他又一次坚辞淮阳太守，要求皇上能任他为中郎，出入宫禁之门。面见武帝时，他匍匐在地，老泪纵横，泣不成声。

此时，武帝内心一定发出了舒心的一笑：噢，汲黯并不真的那么放达，这不，他在求我呢！武帝肯定为过去因没戴帽子而仓皇逃走感到不好意思，他真想不咸不淡地说上几句，出出心头之气。但面对趴在地上痛哭流涕的汲黯，看着他颤抖的身体，听着他呜咽的声音，想着他毕竟是社稷之臣，他心软了，所以宽厚仁慈地安慰道：“你是看不上这个职位吧？过些时候我会召你回来的。现在，我要借助你的威望，请你躺在家里去治理吧！”

汲黯半信半疑、无可奈何地退出大殿。他收敛起自己的眼泪，但无法收敛内心的凄凉。他还有所牵挂，他还不放心，这就是张汤。两年来，张汤以智巧拒绝别人的批评，以奸诈掩饰自己的过错，以巧言令色奉承皇上，以勾结贼官扩大自己的势力，无中生有，严刑酷法。汲黯担心这样下去，汉朝将会毁于一旦。可他已不能参议朝政，他要找人向皇上奏明，他选中了李息。

李息曾三次随卫青讨伐匈奴，无大的战功，后被任命为以接待远方宾客为主的大行。进入李息府邸，没有寒暄，汲黯开门见山，希望李息向皇上禀告，并告诫说：“如不早奏明皇上，您和张汤都会被诛杀的。”汲黯字字带血，句句含泪，本着对汉朝天地可鉴的忠诚想说服李息，但遗憾的是，由于惧怕张汤，李息终于没有面奏圣上，他辜负了汲黯的信任。但历史没有辜负汲黯，终于让他活着，看到了张汤身败名裂、自杀身亡的下场。张汤自杀于元鼎二年（前115）一个寒冷的冬日。后来，皇上知道了汲黯对李息的劝说，判李息有罪，并诏令汲黯享受诸侯国相的俸禄待遇。

再说汲黯上任淮阳太守后，淮阳的大小官吏、平民百姓都知道汲黯连皇上都敢顶撞，自然都惶恐怯避，以至于汲黯可以“卧而治之”，淮阳政治很快清明起来。所以，从某种程度说，是武帝成就了汲黯的威名。

汲黯翘首以待，希望武帝兑现承诺召他回京。一开始他坚定地等待着，日复一日，年复一年，渐渐地，他觉得没有力气再等再盼了。在等了七年盼了七载后，在公孙弘死后九年、张汤死后三年的元鼎五年（前112），瘦削倔强的汲黯抛开了对皇上的企盼，抛开了他的“京官情结”，抛开了他“抗上抚下”的个性，抛开了他信奉的黄老，无奈地闭上了浑浊的双眼。死后，家无“余赀财”。

十几年后，司马迁饱含深情地为他立传，“汲黯乃太史公最得意之人，故特出色写之”。

李广：终身未能封侯的名将①

风沙抹不去历史的血痕：公元前2世纪，汉人和匈奴人曾在北方辽阔的疆域有过殊死的搏杀。

一代名将李广，仿佛就是专为这场搏杀而存在的。汉朝北部防御匈奴的边郡，自西向东依次是陇西、北地、上郡、雁门、云中、代郡、上谷、右北平，李广在这些地方都当过太守，处处留下了战斗的足迹。

然而命运好像专门跟他过不去，让他遭受一次又一次挫折，留下一次又一次遗憾。

一、军功路上多舛难

元狩二年（前121）夏季，35岁的汉武帝决定对匈奴发动第二次大规模反攻，夺回河西走廊，实现从西部包抄匈奴的战略计划。为此，他派出两支军队进攻匈奴：一支是20岁的骠骑将军霍去病从北地郡出塞，一支是博望侯张骞和郎中令李广从右北平出塞。后一支军队的主要任务是策应霍去病对河西的攻势。

李广率领四千骑兵，张骞率领一万骑兵，分道北进，约定按期会师。李广出塞走了约几百里，匈奴左贤王统领四万骑兵突然杀出，包围了李广。李广的军士都十分恐慌，李广命令儿子李敢冲击敌阵。李敢只领几十个精骑驰马而出，直贯敌阵，冲开一条缺口，从敌人两翼安全返回。军士见状，这才安定下来。李广把军队布成圆阵，与敌兵展开对射。敌军人多箭多，

---

① 本文收录于《中国清官的归宿》，齐鲁书社1999年版。

矢下如雨，汉兵死者过半，箭很快就要射尽了。李广命令士兵引弓不发，而由他自己手持强弩，专射匈奴的裨将，一连射杀几人，匈奴才渐渐退去。这时天色已晚，官兵都吓得面无人色，而李广镇定自若，信心百倍地整顿军队，士兵无不佩服他的勇敢。第二天，又与敌兵力战，幸亏张骞率兵赶到，匈奴才被迫离去。李广的军队几乎全军覆灭，只好罢战回师；张骞的军队也疲惫不堪，不能追击匈奴。吃了败仗回来，军法是无情的：张骞因行动迟缓，未能按期回师，判为死刑，出钱赎免死罪，革去侯爵官位而贬为平民；李广功过相当，没有任何奖赏。

李广心里很不平静，纳闷自己怎么老是这么倒霉！看看人家霍去病吧，年纪轻轻就封为冠军侯，这次出塞又大胆展开纵深攻击，俘获匈奴高官一百余人，斩杀敌兵三万多人，收降匈奴二千五百多人，而汉兵的伤亡不到十分之三！这次大捷之后，霍去病的声望大增，简直可以和大将军卫青齐名了！

对卫青和霍去病，李广自然不敢高攀，因为他俩除确有军事才能之外，还有别人所无法比拟的优势：他们都是皇帝姻亲。汉武帝的姐姐是平阳公主，皇后是卫子夫，而卫青是卫子夫的弟弟、平阳公主的丈夫；霍去病则是卫青的外甥，他母亲卫少儿是卫皇后和卫青的姐姐。武帝举贤不避亲，任用这些有亲戚关系的青年将领，对匈奴作战连获大捷。

可是对有些人的封侯加爵，李广心里很不服气。别人不说，就说堂弟李蔡，有什么才能，却官运亨通？汉文帝时，李广和李蔡同时参军，担任郎官，俸禄八百石；到景帝时，李蔡已当上俸禄二千石的高官，武帝元朔五年（前124）随大将军卫青攻打匈奴左贤王有功，封为乐安侯；这次元狩二年（前121）大捷之后，李蔡又代替公孙弘当上丞相，成为爵为列侯、位至三公（丞相、太尉、御史大夫）的高官。军中都知道，这位李蔡的本领，按九品论人的等级只能列入第八等，倒数第二，名声也比李广差得很远。可是人家就偏偏在仕途上一路顺风！这是为什么？

更让李广感到颜面全无的是：当年自己的校尉等部下，本事平平庸庸的，也已经有几十个人因有军功被封为侯了，自己却没有尺寸之功以获得封邑，这又是为什么呢？

李广想不通。

许许多多酸楚的往事禁不住又一一闪回。

二、生不逢时“飞将军”

李广出生于陇西成纪的一个军人世家，它的祖先李信，曾是秦朝的将领，活捉过谋刺秦始皇的燕太子丹。陇西李氏家传箭法，世代习武。李广身材高大，手臂长而灵巧，天生善于射箭，又得家法传授，武艺超群。汉文帝十四年（前166），匈奴大举南侵，逼近长安北面的险关萧关，血气方刚的小伙子李广初次从军，左右开弓，箭无虚发，杀敌立功，提升为武骑常侍，当上皇帝的侍卫骑郎。每次冲锋陷阵、抵御敌人或格击猛兽时，李广都冲在前面，拼死为皇上保驾。汉文帝见他如此英勇，感叹说：“可惜呀，你生不逢时！假如让你处在高祖（刘邦）的时代，封个万户侯难道还在话下吗！”

文帝时期，汉朝的实力还很薄弱，不敢轻易用兵，对强敌匈奴只是采取“和亲”忍让的策略，所以李广无用武之地。景帝即位后，李广调任主管骑郎的长官骑郎将，不久，爆发了吴楚七国之乱，李广被拜为禁军骁骑都尉，跟随太尉周亚夫东进平叛。汉军屯驻在战略要地昌邑，阻断了吴楚与诸齐之兵的呼应，吴楚叛军猛攻昌邑，李广出战，突入敌军中坚，夺得战旗，名显昌邑城下。受叛军围困欺凌的梁王刘武（景帝之弟）万分感激，亲自召见李广，赐给他将军的印信。李广一时兴奋，没有细想就收了下来，做了违背法规的事情。汉初，中央朝廷与地方诸侯王之间的矛盾十分严重，汉法规定中央朝臣不得与诸侯王交往，以免被诸侯“拉拢腐蚀”；李广身为禁军骁骑都尉，接受梁王授予的将军印，这是罪过。汉军平定了吴楚叛乱、班师回朝后，论功行赏，有人告发了李广的违法行为，依法应该治罪，但李广又立有战功，所以将功折罪，不罚也不赏。看着别人欢天喜地获赏升官，李广只好懊悔自己的糊涂与单纯。其后不久，李广被调到边郡上谷担任太守。以前的太守对匈奴的来犯只是忍气吞声、得过且过，李广却截然不同，奋起反击，以血还血，在上谷境内时常与匈奴交战。典属国（掌管民族事务的官员）公孙昆邪生怕会闹出事来，便在景帝面前哭着说："李广的才气，天下无双。他自恃善战，多次与胡人硬拼，恐怕会有闪失。"景帝理解公孙昆邪的好意，就把李广调离上谷。李广不愿意回内地，只愿在城孤地险、风凶沙暴的边境捍卫疆土。短短几年内，他先后辗转担任陇西、北地、雁门、代郡、上郡、云中等北方边郡太守，所到之处都以善打硬仗著称。

有一次，匈奴大举进犯上郡，李广军中有景帝派来的一个宦官，他跟李广学了一招半式，自以为可以一展身手，擅自带了几十个骑兵纵马驰出，看到前面有三个匈奴人，欺对方人少，轻率地展开攻击。三个匈奴人返身回射，把宦官带来的几十个骑兵射杀殆尽，并射伤了宦官。宦官逃回李广身边，大谈匈奴人的厉害。李广说："他们必定是射雕好手！"于是立即带领一百骑兵去追赶那三个匈奴人。三个匈奴人丢失了马匹，步行走得慢，被李广追上了。李广命令骑兵从左右两翼张开包抄，他本人亲自出马射杀那三个人。短暂的交手之后，杀死了两个，活捉了一个，一审问，果然是匈奴的神箭手。把俘虏捆上马背刚要回返的时候，忽然有几千名匈奴骑兵出现在前边不远的地方。匈奴骑兵也看见了李广，以为他们这百十人是诱骑，不敢近前，只是据山摆开阵势。李广的百名骑兵都十分恐慌，想掉头往回逃。李广说："我们离大军几十里远，假如这样百十号人逃走，匈奴几千人在后面追杀，一会儿我们就会被全歼。现在我们留下不走，匈奴必定认为我们是大军的诱骑，他们一定不敢攻击我们。"他命令骑兵："前进！前进！"一直走到离匈奴阵地二里远的地方才停下来，又下令："都下马解鞍！"骑兵们说："敌人又多又近，万一有变，怎么办？"李广说："他们以为我们会逃，现在我们解下马鞍以示不逃，使他们确信我们是诱骑。"匈奴骑兵果然不敢贸然进攻，一个骑白马的军官出阵监护阵势，李广飞身上马驰奔射杀了他，迅速返回原地，下马解鞍，让士兵都躺卧在地。这时恰好天色已晚，匈奴兵始终弄不清李广的虚实，不敢出击。半夜时分，他们反倒认为汉军在附近设有伏兵要乘夜袭击，于是引兵退去。天亮后，李广才返回大部队。受了伤的宦官回到皇帝身边，添油加醋地描绘李广那赌博玩命似的战争游戏，李广自然难得到什么奖赏。

随着雄才大略的汉武帝的登基，汉朝开始要对匈奴说“不”了，战争的动员令使每一位健儿都热血沸腾：建功立业的时刻到了！

元光五年（前130）的战争，对李广、卫青等将领来说是一次难觅的佳机，也是一场严峻的考验。武帝决定兵分四路攻击匈奴：卫青为车骑将军，出上谷；太仆公孙贺为轻车将军，出云中；大中大夫公孙敖为骑将军，出代郡；卫尉李广为骁骑将军，出雁门。机会是均等的，竞争是公平的——四位将军各领一万骑兵，就看谁“骑”高一招了。

结果卫青一路大获全胜，一直杀到匈奴的茏城。此战之后，卫青的声望地位扶摇直上。

最惨的是李广。匈奴集中了优势兵力在雁门关以北等着他，击溃了他的一万名骑兵，并活捉了他。李广在边关打了多年的仗，匈奴单于知道他的大名，战前下令：“捉到李广必须活着送来。”匈奴骑兵捉到李广后，让受伤的李广躺卧在用绳子结成的网兜里，用两匹马驮着网兜，走了十几里，李广假装昏死过去，偷偷看到身旁有一个胡兵骑着一匹好马，便突然跃身上马，趁势推下那胡兵，夺了他的弓箭，策马南驰几十里，找到了自己的残余部队，领着他们退回塞内。匈奴几百骑兵来追，李广用夺得的胡弓射杀追骑，得以安全返归。打了败仗，交付司法官审判，法官鉴于李广丧失的士兵太多，自己又被敌人活捉（逃脱回来也难以洗雪耻辱），判处他死刑。李广交上钱免了死罪，贬为平民。两年后，匈奴进犯右北平，他才被起用为右北平太守，重新走进了他朝思暮想的沙场。

在右北平，他创造了一个奇迹：出猎时看到草中一块巨石，以为是只老虎，开弓便射，箭头竟深没入石中——箭法已到了出神入化的境界。这件事情后来被许多边塞将士和边塞诗人所喜闻乐道，唐代诗人卢纶《和张仆射塞下曲》一诗即演绎道：“林暗草惊风，将军夜引弓。平明寻白羽，没在石棱中。”

匈奴人对李广也很敬畏，称他是“汉之飞将军”，不敢进犯他所在的边郡。然而这一切都无济于事，屡败屡战的倒霉经历使李广难以登上封侯的巅峰。

是因为他不廉洁无私、不体恤士兵吗？绝对不是！他是当时最清廉的军官，得到赏赐就分给部下，衣食与士兵一模一样，当太守四十多年，家无余财，始终不提经营家产的事。他说话迟钝，不善言辞，除了射箭之外，没有别的嗜好，从不追求奢侈、享乐。外出带兵打仗，缺水缺粮时，遇见水，士兵不全喝足了，他不走近水边；士兵不全吃饱了，他不去吃饭。在这方面，他比霍去病做得不知好多少倍。霍去病出征时，士兵乏粮，有的饿得站不起身来，可他照样平整土地建球场踢球；班师回军时，他车上装着吃不了的好米好肉，手下士兵却饿得面黄肌瘦。李广不是这样，他对待士兵宽缓不苛，士兵都乐意随他出战，说跟着李将军打仗，死也死得值！这是李广戎马几十年所唯一引以为豪的。

三、命耶？非耶？

经历元狩二年（前121）的挫折之后，李广开始信命了。他觉得除了命运之外，别的都无法解释。

他找到了当时一位著名的星相家兼算命先生王朔，讲述了自己的“倒霉史”，然后问道：“难道我的骨相不该封侯吗？或是这一切原本就是命中注定的呢？”

狡猾的王朔没有正面回答，转而问道：“将军自己想一想，有没有做过不该做的后悔事呢？”李广如实相告：“我担任陇西太守时，羌人造反，我诱使他们投降，收降了八百多人，我欺骗他们，在同一天之内把他们全杀了。至今我最悔恨的就是这件事。”

王朔立即找到了推论的依据，说：“灾祸没有比杀死已投降的人再大的了，这正是将军不能封侯的原因。”信不信由你，不善言辞的李广哪里说得过巧舌如簧的算命先生？不信也得信了。

其实，李广该悔恨的，应当还有一件事。它发生在李广被匈奴活捉而贬为平民之后。一天，他带着一个随从去蓝田山中打猎，归来时已是夜晚，走到霸陵（汉文帝陵墓）的驿亭，喝醉了酒的霸陵尉喝令李广停下，李广的随从说："他是从前的李将军。"霸陵尉说："现任的将军都不能夜里经过帝陵，更何况是从前的将军！"强行命令李广止宿亭下。事后不多久，匈奴人杀了辽西太守，打败了材官将军韩安国，右北平边防告急，于是皇帝急召李广复出。李广请求让霸陵尉一道赴军，到了军中就加了个罪名把他杀了。知情的人都说霸陵尉死得冤，说李广的心胸比不上韩安国——韩安国曾任俸禄二千石的大官，后犯法入狱，一个姓田的狱吏百般羞辱他，他说："死灰难道不会复燃吗？"那狱吏回答："燃了就撒泡尿浇灭它。"没多久，韩安国又官复原职，狱吏吓得肉袒谢罪，韩安国笑道："你可以撒尿了！你们这种人值得我报复吗？"最终善待狱吏，没有加以报复性惩处。

诱杀降卒，私杀秉公办事的尉官，说明李广有心胸狭隘的缺点。这个缺点，可能会妨害他作为一个将军统揽全局、捕捉战机、抉择进退，这也或许是他屡战屡败的一个原因。

然而不管命运多么冷酷，李广都不在乎，仍旧在边境尽职尽责，他知道自己生为战争生，死更得为战争死。

四、至今犹忆李将军

大战又来了！元狩四年（前119）春天，汉武帝下达了远征动员令，派遣精锐骑兵十万，加上随从和载运辎重的马匹四万，合成十四万匹的马队，再加上几十万后继的步兵，声势浩大，杀奔匈奴。这次大进军，由大将军卫青和骠骑将军霍去病各领精骑五万人，一路从定襄出塞，一路从代郡出塞，约定越过瀚海大沙漠，进击匈奴腹地。

汉人和匈奴为了各自的民族利益，展开了空前的主力大决战！

汉武帝一如既往地重用青年军官，六十多岁的李广最初被排斥在名单之外，只是在经过多次恳求之后，武帝才勉强答应任命他为前将军，随卫青出征。但是大军临出发之前，相信方士巫术的武帝又把卫青召回，暗中告诉他：李广这个人上了年纪，命又不好，遇事不吉，所以不能让他与匈奴单于交锋，以免误事。

战旗猎猎，风沙漫漫。卫青一路人马出塞疾进，捉得匈奴士兵，获悉单于的住处。卫青想起了皇帝的告诫，决定自己率领精兵直扑单于，而让李广受右将军赵食其节制，走东道，断单于逃路。可是东道路程稍稍绕远，水草又少，不利于大军集结行进。

李广向卫青请求说：“我是前将军，现在大将军却调我走东道，而且我从15岁起就与匈奴作战，现在晚年遇上了直接与单于作战的好机会，我愿冲锋在前，首先与单于拼死一战。”李广越这么说，卫青越不放心，他严辞训令李广执行命令，火速东进。

军令如山，李广带着怨恨和怒火踏上了东道——一条一去不返的道路。

祸不单行。由于军中没有向导，李广时时迷路，行军迟缓，耽误了与卫青会师的日期。

卫青率部大败单于，可还是没能捉到单于——这就要怪罪李广、赵食其的东路军未能按期到达指定地点了。卫青南返沙漠时，遇见了东路军，询问迷路的情况，想上书向皇帝汇报军情原委，召李广来受审。李广说：“诸位校尉无罪，是我领军迷了路，我亲自去接受审讯。”

走在路上，李广心里悲痛万分：自己一生血战，换来的是什么结局？来到卫青营帐门口，李广再也忍受不住了，对随行的部下说：“我从小跟匈奴人作战，经历大小七十多场战斗，这次有幸跟随大将军直接挑战单于，可大将军又调我走远路，我偏偏又迷了路，这难道不是天意吗！我已经六十多岁了，再也不能接受刀笔吏的审讯！”

说完，没等部下反应过来，李广就拔刀自刎了。四十多年的沙场拼杀、七十多次的大小战斗都没能摧垮李广，英雄只能死在自己的手中！噩耗传出，全军痛哭，老百姓也垂泪流涕，人们爱戴这位一身转战三千里、纵死犹闻侠骨香的老将。

然而李广的悲剧并未结束，他的子孙是一场更大的悲剧。李广有三个儿子：长子李当户、次子李椒都先于李广死去，长子有遗腹子李陵；三子李敢，随霍去病征战有功，任职郎中令，因怨恨卫青害死了父亲，出拳打过卫青，引起霍去病的忌恨，一次去甘泉宫射猎时，霍去病从背后放暗箭射死了李敢。皇上虽知实情，但宠爱霍去病，谎说李敢是被野鹿撞死的。李陵长大后继续征战边塞，天汉二年（前99）兵败，被迫投降匈奴；武帝大怒，将李陵全家悉数诛灭。

陇西成纪李氏，一个多灾多难、可歌可泣的家族。

战争并不能单纯以成败论英雄。历史没有遗忘李广，没有遗忘陇西成纪李氏。唐代时李氏共有十三郡望，而以陇西李氏为第一；姓李的人一般都自称是汉李广之后，源出陇西。翻开边塞诗，讴歌李广的诗句随处可见，人们崇敬这位为国尽忠的战将，崇敬这位廉洁无私的军中清官！

诗人早已用精洁的诗句镌刻下李广不朽的影响——

但使龙城飞将在，不教胡马度阴山。

君不见沙场征战苦，至今犹忆李将军。

谢灵运诗歌与佛学[①]

谢灵运（385—433）出身于东晋最显赫的世族家庭，祖父谢玄是淝水之战的主将。谢灵运门第既高，天资过人，为人又十分高傲，处处流露出诗人的敏感、显露、急躁，结果必然是仕途坎坷，政治上屡次失败。这种主客观上的巨大反差，迫使他寻找精神上的慰藉，他寻找到的慰藉就是佛学，因而他一生的诗歌创作都打上了深深的佛学烙印。我们探讨谢灵运与佛学的关系，对于深入理解谢灵运的诗歌以及晋宋之际的文学特征都是有意义的。

一

谢灵运对宋初诗风的改革发挥了重要影响，其功在删汰玄言。玄言在诗里缺乏文学形象的感染力，写得多必然令读者生厌。谢灵运在拒斥玄学的同时接受了佛学的影响。慧皎《高僧传·释慧严传》载元嘉时，宋文帝谈道："范泰、谢灵运常言：六经典文，本在济俗为治，必求灵性真奥，岂得不以佛经为指南耶?"谢氏《山居赋》说:"伊昔龆龀，实爱斯文，援纸握管，会性通神。"在谢氏眼里，诗歌当以追求"会性通神"为能事，与"灵性真奥"义近，自然应以佛经为旨归；同传又说慧严与慧观、谢灵运一起改编了《大涅槃经》[②]，此经内容极其繁富，被称为"众经之渊镜"，释道

① 本文发表于《山东教育学院学报》2000 年第 4 期。

② 可参看王邦维《谢灵运〈十四音训叙〉辑考》，载北京大学传统文化研究中心编《国学研究》1995 年第 3 卷。

朗撰《大涅槃经序》，突出了其“任运而动，见机而赴”① 的特点，消退了玄言诗所凸现的叙事主体。大凡一般玄言诗作者，大多以玄机深通之智者的姿态现身说法，庄老语辞奔涌笔端；而佛教之般若意趣，与之不同者在于，它虽有更高智慧的自信，但是表现于诗歌，不落言筌，力戒涉乎理路，叙述者的身影在诗歌里隐蔽。谢氏的佛学修养，从慧远法师可窥一斑②，释慧远《阿毗昙心序》说：“……其颂声也，拟象天乐，若云籥自发，仪形群品，触物有寄，若乃一吟一咏，状鸟步兽行也；一弄一引，类乎物情也。情与类迁，则声随九变而成歌；气与数合，则音协律吕而俱作。拊之金石，则百兽率舞。奏之管弦，则人神同感。斯乃穷音声之妙会，极自然之众趣，不可胜言者矣。”③ 这里讲“颂声”，盖指佛教音乐，虽然须与经相配合，但似乎也可以独立于经外，其听觉效果，“极自然之众趣”，令听众联想到自然的各种意趣，佛教原来并非只是抽象义理，它可以借助自然众趣，令人有更深刻的悟入。又释慧远《大智论钞序》说：“其人以《般若经》为灵府妙门宗一之道……故叙夫体统，辨其深致，若意在文外，而理蕴于辞。”联系谢灵运《辩宗论》“并业心神道，求解言外”，涉及意与文、理与辞的关系问题，在般若学而言，最忌讳直露的宣讲。这显然与诗歌的意境理论相通，移植于诗歌创作，即为诗歌禅趣之萌芽。另则，慧远门生、谢氏友人宗炳关于山水画的感悟，也可与谢氏山水诗特点相印证，因为义理堆砌，会将诗歌几乎等同于哲理思辨，这非但于佛学落为第二义，并且于诗学而言，也排斥了文学性，而宗炳《又答何衡阳书》说：“灵化超于玄极之表”，佛理远高于中土玄学；因此，人于佛理的观照，心行处灭，凭借语言，言不尽意，于是只有其《画山水序》所谓“圣人含道应物，贤者澄怀味象”之一途。而“澄怀味象”，弱化创作主体在观照对象面前的显现，相对地为自然意象的充分呈现留有更大的空间。王国维《人间词话》拈出“有我之

---

① 释僧祐：《出三藏记集》卷八。
② 谢灵运曾见慧远于匡庐，肃然心服，并撰有《庐山慧远法师诔》。
③ 释僧祐：《出三藏记集》卷十。

境”与“无我之境”的分别，谢氏山水诗较之玄言诗，显然更接近后者。这对于山水画、诗歌创作是至关重要的。虽然艺术中的自然皆属于人化自然，绝无纯客观的自然，谢氏之诗，宗炳之画，概不例外，但作为叙述方法，“澄怀味象”是这一派共通的原则。

以谢灵运《石壁立招提精舍》为例，此诗有玄言向山水诗转变的痕迹，讲人生生老病死与轮回之苦，但佛教神理，言语道断，结尾处曰“绝溜飞庭前，高林映窗里”，真可谓禅趣无穷！从玄言到禅趣的提升，使他与玄言诗叙述划一界限，其旨趣借助山水意境传达出来，在微妙恍惚中，容读者生发更多的联想，玄言汩汩之弊在一定程度上被淡化以至于剔除了，情感凝聚于对山水景色的揣摩与刻画，重在“畅神”，并且语辞雕琢也颇费心力，然而，这只是诗风改革的第一步，新的文学思潮必将对此作进一步的突破。

二

一方面，谢灵运诗歌体现玄释交融的思想特点，这与佛教东渐之进程及谢氏的独特身世也有不可分的关系。汤用彤在《汉魏两晋南北朝佛教史》第十三章《佛教之南统》之“宋初诸帝与佛教”节说：“宋代佛法，元嘉时极有可观。其实文人如谢、颜，辨明佛理，所论为神灭，为顿渐，盖均玄谈也。”谢氏虽然于玄言诗的表现方法有所超越，但是其超越仍局限于玄释交融的阶段。从慧远开始，这一派佛学就有此特点。如慧皎《高僧传·慧远传》说：“尝有客听讲，难实相义，往复移时，弥增疑昧。远乃引《庄子》义为连类，于是惑者晓然，最后安公特听慧远不废俗书。……远内通佛理，外善群书，夫预学徒，莫不依拟。”察此派人物，其桑梓以在北方居多，无论儒家经学还是庄老玄学，均浸淫至深，根基扎实，融于血肉，习惯上是依中土玄学来理解西来之佛学。作为在东晋才争得著姓高门的陈郡谢氏，更视玄学如生命，《世说新语·文学》有谢安谈玄的记载，可见谢安辈是谈玄名家。谢灵运也非此不足以自命不凡，压寒门以一头地。虽其佛学精湛，谢灵运与慧远一样，明白佛学与中土儒道之学本有鸿沟，但是，旧学巨大的心理积淀，令他们倾力于释家与儒、道之间的相互沟通，此盖学术惯性使然。

谢灵运之佛学融入了其家世身份之特点。如讨论佛学之顿渐，汤用彤在《汉魏两晋南北朝佛教史》第十六章《竺道生》之“谢灵运述道生顿悟义”节指出：“谢康乐与道生交谊如何，今不可知。但于顿义，则甚为服膺。《辩宗论》即述生之言。谢曾谓孟颛曰：‘得道应需慧业。丈人生天当在灵运前，成佛必在灵运后。’此所谓慧业，想必顿照之意也。”其顿悟之前提是“慧业”，而“慧业”之有无，是以门第高下划分的。因渐悟虽于凡俗众生不失有益，但总会显得令“悟”坠失品位，而顿悟则显现了“悟”之超凡特性，其言下之意，顿悟乃精神贵族之事。因为失去前提之顿悟，会开知识、学力躐等之风，人人能够成佛，则视以往学人、学术如无物，会动摇著姓学术权威，这对世族知识积累与垄断构成威胁。其《答骥维问》斩钉截铁地说：“落等级而奇顿悟，将于是乎蹶矣。”这是对顿悟意思之限定，在谢氏观念里，佛理之“悟”是因人而异的，大有层次差别，以慧根深浅划分人等，一如社会之门第森严，故而谢氏所谓“顿悟”说，完全与其门第意识相对应，如其《答慧琳问》说：“夫智为权本，权为智用，今取圣之意则智，即经之辞则权。傍权以为检，故三乘咸蹄筌，既意以归宗，故般若为鱼兔。良由民多愚也，故教迂矣。若人皆得意，亦何贵于摄悟。假知之论，旨明在有者能为达理之谏，是为交赊相倾，非悟道之谓。”又其《答骥维问》说：“唯佛究尽实相之崇高，今欲以崇高之相，而令迷蒙所知，未之有也。”认为“中智”以下人心向佛，发起向善之心，从社会治乱而言，有利而无害；但从佛学真谛讲，众生若要悟道，难如缘木求鱼，只是跟随而已，真能彻悟者，舍我其谁！从挥麈谈玄之领袖，摇身成为佛界之“教主”，知识学问之权利，为我家所专，不允许他姓与自己分享，在文化学术上，包揽天下，显示出其一贯的高门贵族之心理。

南朝刘、宋之时，佛学从玄释交融，向着玄释分离，甚至向佛教鄙薄庄老转变。僧祐《出三藏记集》卷十二《世界记目录序》说：“但世宗周孔，雅伏经书，然辩括宇宙，臆度不了，《易》称天玄，盖取幽深之名；

《庄》说苍苍，近在远望之色。于是野人信明，谓旻青如碧，儒士据典，谓乾黑如漆。青黑诚异，乖体是同，儒野虽殊，不知一也。”佛经里有一更为宏阔的庄严世界，在时空维度上，陵铄中土，使得庄老玄学等相形见绌。僧祐所代表的佛学，与谢灵运佛学之不同，表现在谢氏虽与前之玄学家很不一样，然而尚津津于庄老，如其《山居赋》自注曰：“……柱下，老子；濠上，庄子。二、七是篇数也。云此二书最有理，过此以往，皆是圣人之教，独往者所弃。”庄老玄学在谢氏与“家传以申世模”一样，是其门第之文化象征，是不可能轻易放弃的。在其诗歌里，前已述及，他一改饾饤庄老之习，但是，玄释交融宛然可寻，以般若与《老》《庄》并谈。从根本而言，谢诗虽然摆脱了玄言诗的通病，但是其诗歌仍未彻底走出玄言语境，如其《答范光禄书》盛赞对方诸赞“可谓俗外之咏”，其山水诗所呈示的作者形象，显得清冷孤寂，承袭着玄言家的基本姿态。

齐梁时期，佛学地位空前提升，恰以“超孔越老”为特征，谢氏诗风不免滞后于此种社会思潮，至少与新思潮不是同道。与孕育于此思潮下的文学潮流，他也势必有所不合，而作为一个时期文学的代表人物，因为时风众势的急速嬗替，谢灵运就面临着明日黄花之虞。

另一方面，齐梁佛学所呈现的世俗特性，与谢氏山水情趣也恰恰相左，这应注意“维摩”思想的流行。晋支遁《五月长斋诗》：“叠叠维摩虚，德音畅游方。”鸠摩罗什《答慧远书》遗偈一章曰：“既已舍染乐，心得善摄不？若得不驰散，深入实相不？毕竟空相中，其心无所乐。若悦禅智慧，是法性无照。虚诳等无实，亦非停心处。仁者所得法，幸愿示其要。”① 此偈包含着鸠摩罗什对慧远的劝诱，既然已“舍染乐”，慧远及其门下就不必如道家洞天福地般地远离尘俗，空林法鼓，嘉遁林泉。关于处世方式，还心存判分取舍，即使以山林禅悦为乐，而“乐”作为人心理状态之一种表现，毕竟未达佛道于一间，山林与市井，江海与魏阙，假使置两者于对立，以至非出世不足以高自位置，就有固执拘泥之嫌，从知行两方面看都不是

---

① 释慧皎：《高僧传·慧远传》。

佛教的最高境界，对此鸠摩罗什较早提出了质疑。而这从鸠摩罗什出《维摩诘经》的初衷来看，其佛学思想确实与慧远不同，他有意识地在引导南朝佛教的发展方向。

僧肇曾问学于鸠摩罗什，深受影响。其《答刘遗民书》说："什法师以午年出《维摩经》，贫道时预德次，参承之暇，辄复条记成言，以为注解，辞虽不文，然义承有本。"他著名的三论及注《维摩经》直接本诸鸠摩罗什，与慧远为代表的玄释交融一派，发表了具有针对性的意见。其《不真空论》说："夫言色者，但当色即色，岂待色色而后为色哉！此直语色不自色，未领色之非色也。本无者，情尚于无，多触言以宾无，故非有，有即无，非无，无即无。寻夫立文之本旨者，直以非有非真有，非无非真无耳。何必非有无此有，非无无彼无，此直好无之谈，岂谓顺通事实即物之情哉！"龙树《中论》也为鸠摩罗什译出，这里僧肇演绎《中论》，所破唯在"滞于无"及"存于有"者，名者，实之宾，喋喋于"无"，并不表示能够深入实相。其《注维摩诘所说经·佛国品》之"舍利弗，菩萨于一切众生悉皆平等，深心清净依佛智慧，则能见此佛土清净"曰："肇曰：若能等心群生，深入佛慧，净业既同，则所见不异也。"① 而众生平等，所见不异，容易为世人无所不可甚至纵情声色造借口。这在中土佛教发展史来讲，鸠摩罗什及其门下，与慧远匡山一系之异同，只是佛学大乘教义的逻辑演进。但是鸠摩罗什、僧肇婉讽慧远所执于无，从社会世俗生活言，却与南方士人的地域文化传统及思想情感方式一拍即合，于维摩思想的抬头起到推波助澜的作用，而维摩思想也为南人固有的生存方式提供了理论支持。楼宇烈编《中国佛教思想资料选编》第四卷第一册在为《维摩诘所说经》撰写之简介中指出："此经反映了大乘佛教的世俗化程度，打破了出家和在家的界限，以至于经中说：'汝等便发阿耨多罗三藐三菩提心，是即出家，是即

---

① 僧肇等：《注维摩诘所说经》。

具足。'"① 这尤其道出了此经在中国佛教史上所发挥的特殊影响。根据不具有维摩诘圆融的境界，南朝士人却争相模仿维摩诘之无所不可。《维摩经》的兴起，正迎合了南人信仰之特点，也是世俗抒情、狂欢思潮形成之征兆。

三

谢氏也有净土信仰，他也喜好《维摩经》②，这估计与鸠摩罗什的传播有关，这在南朝士大夫几乎是少有例外的，然而《维摩经》的世俗趣味，虽使士人免于清规戒律之束缚，解决了佛教信仰与士大夫享乐追求的矛盾，然而也会泯灭高门世族之故作崖异。所以，表现在谢氏诗里，就可以体会到其非常矛盾复杂的心理。上已指出，卧疾东山，在谢氏诗文里是出现频率极高的一个意象，王勃《越州秋日宴山亭序》"是以东山可望，林泉生谢客之文"，对此可作一细致分析。《山居赋》"抱疾就闲，顺从性情""谢子卧疾山顶""指东山以冥期"，《诣阙自理表》"臣自抱疾归山"，《辩宗论》"余枕疾务寡"，《昙隆法师诔》"余时谢病东山"，《登池上楼诗》"卧痾对空林"，《石门新营所住四面高山回溪石濑茂林修竹诗》"跻险筑幽居，披云卧石门"，《斋中读书诗》"卧疾手暇豫"，《命学士讲书诗》"卧病同淮阳"，《北亭与吏民别诗》"矧乃卧沉痾"，《田南树园激流植援诗》"养痾亦园中"，《初至都诗》"卧病云高心"，《还旧园作见颜范二中书诗》"辞满岂多秩，谢病不待年。偶与张邴合，久欲还东山"，《酬从弟惠连诗》"寝瘵谢人徒，灭迹入云峰"。首先第一层意思，结合其"维摩诘"信奉来看，其所谓"卧病""养"等，出自《维摩诘所说经》之《文殊师利问疾品》，他是以维摩诘自况，这一个世俗化的菩萨形象，说明谢氏绝不可能忘情现实，并且以维摩诘的神通来指代自己的才能卓绝，仍然是高门世族的不可一世，徘徊于出世的孤傲与入世的躁竞之间。第二层意思，"东山"最能表现先祖

---

① 楼宇烈编：《中国佛教思想资料选编》第四卷第一册，中华书局 1992 年版，第 376 页。

② 谢灵运著有《维摩经十譬赞》。

谢安、谢玄的名士风流，然在退隐之中，巨大的入世进取之激情正蓄势待发。因此，“东山”既是隐逸避世之代名词，更有含义丰富的潜台词，正是在静与动的结合点上，标举谢安、谢玄之“东山”正提醒人不忘其先祖使“中华免乎左衽”的功绩，而谢氏又蒙受厄运，谢氏要借“东山”以建构起江湖与朝廷之间一种紧张的对立，在此对立中，挑战朝政，发泄一己特权遭剥夺之愤慨。这就造成其诗歌表层意象与内心深处的错综及矛盾，维摩诘百无禁忌，可以游走于任何地方，谢灵运也深受《庄子》“适性”说的影响，但是，作为高门接受“维摩”思想，必定受其身份的约束，因为身份观念在其意识中总是第一位的，他不肯放下身份，混同流俗。非危峙“东山”，非特立独行，不足以显示其落势高门的耿耿之气。如《山居赋》讲士人的隐逸方式：“古巢居穴处曰岩栖，栋宇居山曰山居，在林野曰丘园，在郊郭曰城傍。四者不同，可以理推。言心也，黄屋实不殊于汾阳；即事也，山居良有异乎市廛。”固守山林，就是藐视当政，故郭象注《庄子·逍遥游》曰：“若谓拱默乎山林之中而后得称无为者，此庄老之谈所以见弃于当途。”尧负房汾阳而丧天下，推政治至于尧之无为，黄屋自然不殊于汾阳，但即事而论，山居毕竟不同于市廛，显然谢氏赞许山居式的隐遁。因此，其笔下之维摩诘走不出山林。

谢灵运之“谢病东山”，在表面的宁静超然之下，潜藏着奔涌的情绪，所以其“东山”意象颇有矫情的成分，表象与真实自相矛盾。在本质上讲，谢氏山水诗仍是北方经学余势影响下之文学的一脉相承，北方文学从政治激情到谢氏之山水清音，只是表面的改变，因为谢氏之“山水”还是萦绕着政治情结。诗风之巨变，首先体现在创作主体的北南置换，只要南士群体性地崭露头角，他们较少甚至没有经学传统之瓜葛，形成全新的文人集团，才使文学发生了后世称为“淫靡”的变化。齐梁时期，在无遮拦的世俗化思潮侵袭下，诗歌表达方式已彻底解构了谢氏的上述矛盾。这与当时“止足（或知足）”人生观风行关系极大，如《梁书·止足传》说在“汉世张良功成身退，病卧却粒，比于乐毅、范蠡至乎颠狈，斯为优矣。其后薛广德及二疏等，去就以礼，有可称焉。鱼豢《魏略·知足传》，方田、徐于管、胡，则其道本异。谢灵运《晋书·止足传》，先论晋世文士之避乱者，殆非其人；唯阮思旷遗荣好遁，远殆辱矣。《宋书·止足传》有羊欣、王微，咸其流亚。”虽今本《梁书》成于唐初，但是据其“梁有天下，小人道消”云云，正是顺着梁武帝《净业赋》指责齐末“君子道消，小人道长”而说的，可知其基本材料却直接承袭梁代史家，所以这段话也反映了梁代人对“止足”的看法，认为张良式的退居要优于乐毅、范蠡的出走，并且称赞汉代薛广德及二疏之见机，其实都体现了一种不愿置自己于政治对立面的想法，或者是说对执着于政治的人生观的否定；关于传主顾宪之，特载其临终遗言曰：“庄周、澹台，达生者也；王孙、士安，矫俗者也。吾进不及达，退无所矫。”保持低调的人生，不愿树异以矫俗，与世俗和光同尘；叙述传主萧视素也突出了其“并任情通率，不自矜高”，性情质朴本真，较少经过经学熏染的义理化或教条化人格。政治化人物一转为自然之子，而人从自然属性滑向动物性，则是很轻易的事。史书立《止足传》由鱼豢开先例，而谢灵运《晋书·止足传》踵其事，恰与梁代士人关于“止足”的见解不同。高门世族视政治特权为自家当然之物，一旦受到损害，就愤愤不平，不能随遇而安；而门第卑微者，以身跃龙门为意外之幸运，如《梁书·江淹传》载江淹谓子弟曰：“吾本素宦，不求富贵，今之忝窃，遂至于此。平生言止足之事，亦以备矣。人生行乐耳，须富贵何时。吾功名既立，正欲归身草莱耳。”不求富贵是假，但是在门第社会分得一杯羹，其不意之喜，确也更加阻碍了此辈人物有高远的政治理想和道德品格。当南士鱼贯而入政坛，他们大多数读书以求学问，缺乏坚定的政治信念与原则，就会形成“人生行乐耳”的世俗风气。社会政治意识形态顿然淡化、消解，士人在政治上的对立情绪由剑拔弩张一变为委运随化，由愤而遁世、隐迹山林一变为大隐在市朝、食粟不关姓氏。调和了山林与金门之对立，也就否定了谢式隐逸方式，诗歌也必然由谢灵运的“山林”转移到“市井”“宫闱”“床笫”，维摩思想首先作用于人之处世态度，然后表现在诗歌中的影响，就不再以谢氏曲折的方式体现出来，而是以更直接的笔调追随维摩诘的踪迹，纵情寻欢以作者最向往的地方。

谢灵运诗风清高，借助山水以抒发其政治情结，其诗歌在幽静中，时时透露理性的思索，不忘一己政治上之进退得失，终生陷于矛盾痛苦之中。他虽然一度求助于佛学，鼓吹佛学，希望借此调和他心中的矛盾、减弱精神上的痛苦，可是他万万没想到他推崇的《维摩经》，如同揭开盖的魔瓶，释放出来的维摩思想加速了人们处世态度的转变、世俗风气的蜕变，以至于连文学思潮也不可避免地随之转换了，这就使他的诗风越来越不被接受，终于走上了衰退的道路，使他在诗坛的影响力也相对减弱了。尽管谢灵运的诗歌由盛到衰走了一个历史的必然道路，但他终究给后人留下了如“池塘生春草，园柳变鸣禽”等千古不朽的佳作，为中国文学史写下了辉煌的一页。

《诗品》对诗之本质及诗美境界的阐释[①]

钟嵘《诗品》对诗歌理论做出了重要贡献，他既继承了传统诗歌理论的精华，又不囿于传统的成见，在总结诗歌发展历史经验的基础上，针对当时诗歌创作上的某些不良倾向，在一系列重要的诗歌理论问题上提出了自己的精辟见解，对后来诗歌理论的发展产生了深刻的影响。

一、对诗歌的本质作出了更深刻、更确切的界定

关于诗歌的本质，早在钟嵘之前就有过探讨。从先秦时代的“诗言志”说到陆机《文赋》的“诗缘情”说，已经很清楚地认识到诗歌的本质是人的情感的表现，而且也认识到人之情志的由静而动、由内在的心灵蕴藏的感受表现为外在的语言文字，常常是受到外在的某种事物和环境的触动而产生的，这就是《礼记·乐记》中提出的所谓“人心感物”说。与钟嵘同时的刘勰，在《文心雕龙》中对文学的本质从心物关系方面作了进一步深入探讨，指出文学创作过程中主体的“心”和客体的“物”的融合，存在着相辅相成的辨证关系：一方面是“情以物兴”，心“随物以宛转”；另一方面是“物以情观”，物“与心而徘徊”。钟嵘对诗歌本质的认识，正是在这样的基础上，又有了新的开拓与发展。他在《诗品·序》中首先指出：“气之动物，物之感人，故摇荡性情，形诸舞咏。”[②] 这是对传统诗歌本质论的概括，这里的“气”不是他论诗歌创作中所说的“气”，而是指构成宇宙万物的天地间元气，也就是万物所赖以产生的阴阳二气。刘勰在《文心雕

---

① 本文发表于《齐鲁学刊》2006年第5期。

② 〔南朝梁〕钟嵘著，徐达译注：《诗品全译》，贵州人民出版社1990年版，第1页。

龙·物色》篇中说：“春秋代序，阴阳惨舒，物色之动，心亦摇焉。盖阳气萌而玄驹步，阴律凝而丹鸟羞，微虫犹或入感，四时之动物深矣。”① 由于阴阳二气的流转，产生了四时节气的变化，人们有感于这种变化，故而心灵摇荡，萌发了创作的欲望和冲动，这就是诗歌产生的缘由。钟嵘在这里所说的“性情”是指以情感活动为核心的全部心灵活动，它和当时所常用的“性灵”概念的含义是一致的。钟嵘既认识到诗歌是“摇荡性情”的产物，同时又可以反作用于人们的心灵，使之受到陶冶感化，所以他又说好的诗歌“可以陶性灵，发幽思”②，这是他对《礼记·乐记》中所谓“凡音之起，由人心生也”和“凡音者，生人心者也”的运用和发展。

钟嵘对诗歌本质认识的新贡献主要体现在两个方面：一是对“人心感物”的“物”的内容的阐述和发挥。《乐记》中对物的内容没有作具体的说明，陆机《文赋》中所说的“物”，主要是指自然景色，如自然界四时节气和景物的变化。即所谓“悲落叶于劲秋，喜柔条于芳春”③。刘勰《文心雕龙·物色》篇中所说的“物”也是指自然景色，不过，《明诗》篇中所说的“感物吟志”之“物”，则不仅是指自然景色，而更主要的是指社会生活内容。所以，建安文学写的不仅是“怜风月，狎池苑”，也是“述恩荣，叙酣宴”。《时序》篇中也说：“文变染乎世情，而兴废系乎时序。”④ 但是，钟嵘对“物”的内容在理论上比刘勰讲得更清楚、明白、确切。他说：

> 若乃春风春鸟，秋月秋蝉，夏云暑雨，冬月祁寒，斯四候之感诸诗者也。嘉会寄诗以亲，离群托诗以怨，至于楚臣去境，汉妾辞宫，或骨横朔野，或魂逐飞蓬；或负戈外戍，杀气雄边；塞客衣单，孀闺泪尽；或士有解佩出朝，一去忘返；女有扬蛾入宠，

① 〔南朝梁〕刘勰著，范文澜注：《文心雕龙注》，人民文学出版社 1998 年版，第 693 页。

② 〔南朝梁〕钟嵘著，徐达译注：《诗品全译》，贵州人民出版社 1990 年版，第 48 页。

③ 郭绍虞：《中国历代文论选》（一卷本），上海古籍出版社 1979 年版，第 66 页。

④ 〔南朝梁〕刘勰著，范文澜注：《文心雕龙注》，人民文学出版社 1998 年版，第 675 页。

再盼倾国。凡斯种种，感荡心灵，非陈诗何以展其义，非长歌何以骋其情?①

在这里，他不仅具体阐明了“物之感人”的自然和社会内容，而且很明显地更为重视社会生活内容。同时，我们还可以看到，他所说的这些自然和社会生活内容，都是在总结和归纳诗歌创作中得来的。通过对《楚辞》《汉乐府》《古诗十九首》到建安、正始以来的诗歌创作分析，他深深地感到美丽的自然景色和强烈的激荡人心的社会生活，是促使诗人灵感泉涌、诗兴勃发的根本原因。为此，他对文艺和现实的关系作了科学的正确的解释。在这一方面，他比刘勰表现出了更高的理论自觉性。

二是他对诗歌中的感情提出了很高的要求，表现了进步的思想倾向。先秦时期儒家的“诗言志”说，主要是强调诗歌要表现儒家的政治理想和抱负。这个“志”虽然也包含了感情的因素，但这种感情必须是符合儒家的伦理道德规范的。汉代的《毛诗序》持情志统一说，它一方面说“诗者，志之所之也，在心为志，发言为诗”，另一方面又说诗是“吟咏情性”的，“情动于中而形于言”，但它又是“发乎情，止乎礼义”② 的，也就是说，诗歌中所表现的感情必须符合儒家的礼义规范。魏晋时代，由于儒家思想的衰微，这种传统的诗论也受到了挑战。建安时代三曹七子的诗歌，很多就不再受“发乎情，止乎礼义”的束缚，而比较自由地唱出了自己的心声。嵇康的《声无哀乐论》强调“心之与声，明为二物”③ 的二元论观点。认为音乐与人情哀乐没有直接关系，否定了《毛诗序》中“治世之音安以乐，其政和；乱世之音怨以怒，其政乖；亡国之音哀以思，其民困”④ 的思想。陆机在《文赋》中提出了“诗缘情而绮靡”⑤ 的观点，虽然他本人并不一

---

① 〔南朝梁〕钟嵘著，徐达译注：《诗品全译》，贵州人民出版社1990年版，第12页。

② 郭绍虞：《中国历代文论选》（一卷本），上海古籍出版社1979年版，第30页。

③ 〔魏〕嵇康著，戴明扬校注：《嵇康集校注》，人民文学出版社1962年版，第196页。

④ 郭绍虞：《中国历代文论选》（一卷本），上海古籍出版社1979年版，第30页。

⑤ 郭绍虞：《中国历代文论选》（一卷本），上海古籍出版社1979年版，第67页。

定有否定“发乎情，止乎礼义”的意思，但是“缘情绮靡”说在客观上起到了突破儒家“礼义”束缚的作用。“缘情”说在六朝占有主导的地位。然而六朝在强调不受“礼义”制约的“缘情”的同时，并没有对感情的积极社会作用提出要求，因此又出现了放纵情欲、表现不健康感情的作品，钟嵘正是在这样的情况下，既坚持了诗歌以“缘情”为主，不受“礼义”束缚的正确方向，又提倡诗歌要表现深刻的社会内容和健康的思想感情，抵制了当时诗歌创作上的不良倾向。

钟嵘《诗品》要求诗歌充分体现积极、健康的思想感情，即“怨愤”之情。所谓“嘉会寄诗以亲，离群托诗以怨”，其实主要是讲“怨”，因为下面所列举的“楚臣去境，汉妾辞宫”等大都是“怨”的内容。曹植是他最佩服、评价最高的诗人，他赞扬其诗“情兼雅怨，体被文质”①。又说《古诗十九首》“多哀怨”②，李陵“文多凄怆怨者之流”③，班婕妤的诗“怨深文绮”④，王粲的诗“发愀怆之词”⑤，左思的诗“文典以怨”⑥，秦嘉的诗“文亦凄怨”⑦，刘琨的诗“多感恨之词”⑧；等等。强调“怨”本是中国文学理论批评史上的一个进步传统，春秋末年的孔子在总结《诗经》的社会作用时，就已提出了诗“可以怨”的思想。按照汉儒的解释，即是“怨刺上政”，也就是对不良政治的批评，对腐败、黑暗现实的讽刺和不满。《诗经》中的“怨”比较突出地体现在《国风》和《小雅》中。《楚辞》中的基本思想也是“怨”，诚如《九章·惜诵》所说，是“发愤以抒情”的结果，故司马迁说：“屈平之作《离骚》，盖自怨生也。”⑨ 钟嵘以《诗经》

---

① 〔南朝梁〕钟嵘著，徐达译注：《诗品全译》，贵州人民出版社 1990 年版，第 39 页。
② 〔南朝梁〕钟嵘著，徐达译注：《诗品全译》，贵州人民出版社 1990 年版，第 32 页。
③ 〔南朝梁〕钟嵘著，徐达译注：《诗品全译》，贵州人民出版社 1990 年版，第 36 页。
④ 〔南朝梁〕钟嵘著，徐达译注：《诗品全译》，贵州人民出版社 1990 年版，第 38 页。
⑤ 〔南朝梁〕钟嵘著，徐达译注：《诗品全译》，贵州人民出版社 1990 年版，第 45 页。
⑥ 〔南朝梁〕钟嵘著，徐达译注：《诗品全译》，贵州人民出版社 1990 年版，第 58 页。
⑦ 〔南朝梁〕钟嵘著，徐达译注：《诗品全译》，贵州人民出版社 1990 年版，第 64 页。
⑧ 〔南朝梁〕钟嵘著，徐达译注：《诗品全译》，贵州人民出版社 1990 年版，第 82 页。
⑨ 〔汉〕司马迁：《史记》，中华书局 1959 年版，第 2482 页。

中的《国风》《小雅》和《楚辞》作为五言诗人创作的两个源头，也显然与其“怨”的传统是分不开的。被钟嵘作为五言诗人最杰出代表的曹植，是一个有远大理想抱负的诗人。《与杨德祖书》中说他的人生目的是：“戮力上国，流惠下民，建永世之业，流金石之功。”如果这种愿望不能实现，他也要“采史官之实录，辨时俗之得失，定仁义之衷，成一家之言”①。由于受曹丕的排挤和迫害，他郁郁不得志，心情十分凄苦，所以在诗中充满了强烈的愤激、怨恨之情。在《赠白马王彪》中他对曹丕听信小人谗言，对他和曹彪等兄弟的猜忌和防范十分不满，内心积压着深深的不平：“鸱枭鸣衡轭，豺狼当路衢。苍蝇间白黑，谗巧令亲疏。”由于他手中无权，所以更直接地感受到世态的炎凉：“高树多悲风，海水扬其波。利剑不在掌，结交何须多?”《古诗十九首》也多怨词。李陵的诗自南朝颜延之开始，有很多学者认为是伪托之作，但刘勰、钟嵘都肯定是李陵所作。《与苏武诗》三首，如“风波一失所，各在天一隅”“远望悲风至，对酒不能酬”“徘徊蹊路侧，悢悢不得辞”，都充满了凄怆之意。王粲的代表作为《七哀诗》两首，第一首记载了他由关中到荆州途中所见到的战乱惨状：“出门无所见，白骨蔽平原。路有饥妇人，抱子弃草间。顾闻号泣声，挥涕独不还。”他的作品表现了感时伤怀、壮志未遂的悲哀，也是建安风骨的代表诗人之一。左思的诗作对当时门阀社会的等级制度、对“上品无寒门，下品无世族”的现状，表示了十分强烈的不满。他在著名的《咏史诗》中说：“郁郁涧底松，离离山上苗。以彼径寸茎，荫此百尺条。世胄蹑高位，英俊沉下僚。地势使之然，由来非一朝。”如果是寒士出身，即使是才华出众，英俊特立之士，也只能一辈子沉沦下层；反之，如果是高门世族的子弟，即使是愚蠢平庸、碌碌无为之辈，也能世袭高位，左思的“怨”就体现在他这种愤愤不平上。曹植、李陵、王粲、左思的诗和《古诗十九首》皆被钟嵘列为上品，这些诗有一个共同的特点，即充满了“怨愤”之情，而这种“怨愤”

---

① 〔西晋〕陈寿撰，〔南朝宋〕裴松之注：《三国志》，中华书局 1959 年版，第 559 页。

之情，都有着积极的社会意义，而不是那种格调低下的庸俗艳情。这在当时的诗歌理论界是具有除旧布新意义的。

二、提出了诗歌美的最高境界是“自然”的观点

钟嵘认为诗歌的艺术美重在天工自然。不赞成过分的人为雕琢。在南北朝时期出现了两种对立的美学观，这就是“芙蓉出水”与“错采镂金”。钟嵘在《诗品》中评颜延之诗时，曾引南朝诗人汤惠休对颜延之与谢灵运诗歌不同美学特色的评价：“汤惠休曰：‘谢诗如芙蓉出水，颜如错采镂金。’颜终身病之。”[①]《南史》也有类似记载：“延之尝问鲍照己与灵运优劣。照曰：‘谢五言如初发芙蓉，自然可爱。君诗若铺锦列绣，亦雕缋满眼。’”[②] 诗歌艺术上这两种不同的美学观，一为天工自然之美，一为人工雕饰之美。这两种对立的艺术美认识的产生，与儒道两家思想影响有十分密切的关系。儒家比较推崇雕饰之美，重视人为加工。因为儒家提倡积极入世，重视人的主观努力，所以历来受儒家影响较深的文艺家，大都偏重于人工雕饰之美。道家思想主张天然，反对人为，因此在艺术上提倡自然天成之美。汉代经学昌盛，汉赋的创作比较典型地反映了雕饰之美，讲究铺张的描写、华丽辞藻的堆砌。魏晋以后，由于儒家思想一统天下的局面被打破，玄学占了主要地位，这种崇尚自然之美的思想遂得到极大的发展。六朝时期的诗歌创作虽然还是以人工雕饰之美居多，但从文艺思想上说，则比较侧重提倡天工自然之美，这在其他艺术领域中也有不少表现。例如王羲之的书法、顾恺之的绘画等，都表现了一种自然天成如化工造物般的艺术美。在理论批评上，刘勰在《文心雕龙》中以自然美为最高原则，《原道》篇云：“云霞雕色，有逾画工之妙；草木贲华，无待锦匠之奇。夫岂外饰，盖自然耳。”[③] 顾恺之提倡绘画要有“天趣”“天骨”，庚肩吾《书品》

---

① 〔南朝梁〕钟嵘著，徐达译注：《诗品全译》，贵州人民出版社 1990 年版，第 100 页。

② 〔唐〕李延寿：《南史》，中华书局 1975 年版，第 881 页。

③ 〔南朝梁〕刘勰著，范文澜注：《文心雕龙注》，人民文学出版社 1998 年版，第1 页。

中提出要有“天骨”“风彩”，也都是竭力提倡自然美的意思。在这方面，钟嵘则更为突出，他在反对排比典故、反对琐碎声律以及对许多五言诗人的评价中，都鲜明地体现了提倡自然之美的思想。但是对各个文艺家来说，由于受儒道两家思想影响的具体情况不同，在对待自然美和雕饰美的态度上也是有所区别的。比如刘勰受儒家思想影响较深，虽然主张以自然为最高标准，但并不否定人工雕饰之美，对两者持调和态度，认为可以通过雕饰而达到自然之美。而钟嵘则受儒家思想影响小一些，明显地反对雕饰之美而竭力倡导自然之美。不过，他也不把雕饰之美排斥于创作之外，认为可以作为一种辅助手段。

钟嵘重视自然之美的思想，清楚地表现在他对历代五言诗人的评价之中。他对许多诗人受时代风气影响，追求文辞藻饰之美而忽视自然之美，是很不满意的。他评陆机诗云：“尚规矩，不贵绮错，有伤直致之奇。”① 即指他的诗歌创作不符合“直寻”和“自然英旨”的原则。他批评张华的诗云：“其体华艳，兴托不奇。巧用文字，务为妍冶。”② 又批评潘岳的诗：“如翔禽之有羽毛，衣服之有绡縠，犹浅于陆机。”③ 即使对谢灵运、谢朓这样曾写过很多具有“出水芙蓉”般自然清闲作品的诗人，钟嵘在肯定他们重大成就的同时，也批评了他们有些作品过于繁富细密、不够自然的缺点。谢灵运诗中有许多生动自然的景物描写，如“池塘生春草，园柳变鸣禽”“云日相辉映，空水共澄鲜”等，钟嵘说他的这些作品：“名章迥句，处处间起，丽典新声，络绎奔会。譬犹青松之拔灌木，白玉之映尘沙，未足贬其高洁也。”④ 但同时又批评他的诗歌中有刻意雕琢、堆砌辞藻的弊病：“尚巧似，而逸荡过之，颇以繁芜为累。”⑤ 谢朓的诗歌既有不少清新、秀丽、自然的作品，例如“余霞散成绮，澄江静如练”“天际识归舟，云中辨江

① 〔南朝梁〕钟嵘著，徐达译注：《诗品全译》，贵州人民出版社1990年版，第51页。
② 〔南朝梁〕钟嵘著，徐达译注：《诗品全译》，贵州人民出版社1990年版，第71页。
③ 〔南朝梁〕钟嵘著，徐达译注：《诗品全译》，贵州人民出版社1990年版，第54页。
④ 〔南朝梁〕钟嵘著，徐达译注：《诗品全译》，贵州人民出版社1990年版，第61页。
⑤ 〔南朝梁〕钟嵘著，徐达译注：《诗品全译》，贵州人民出版社1990年版，第60页。

树”“大江流日夜，客心悲未央”等，但是他也有过分讲究对仗、格律细密的毛病，故钟嵘评云：“微伤细密，颇在不伦。一章之中，自有玉石。然奇章秀句，往往警遒。足使叔源失步，明远变色。”① 钟嵘主张自然天成之美，然而又不否定人为雕饰之美，所以他对许多诗人创作中的“巧似”，也并不是全部否定的。不过，他认为“巧似”不应该影响自然，而要把“巧似”和自然统一起来，经过人为的努力而达到出神入化、天衣无缝的高度艺术美。

钟嵘重视自然美的思想也清楚地表现在他对声律派的批评中。他在“下品序”中说：

> 齐有王元长者，尝谓余云：“宫商与二仪俱生，自古词人不知之。唯颜宪子乃云律吕音调，而其实大谬；唯见范晔、谢庄，颇识之耳。尝欲进《知音论》，未就。”王元长创其首，谢朓、沈约扬其波。三贤或贵公子孙，幼有文辩。于是士流景幕，务为精密，襞积细微，专相凌架。故使文多拘忌，伤其真美。余谓文制，本须讽读，不可蹇碍，但令清浊通流，口吻调利，斯为足矣。至平上去入，则余病未能，蜂腰鹤膝，闾里已具。②

他认为前代诗人写出了很多好诗，但并不讲究繁琐的声律，如曹、刘、陆、谢等都未论及宫、商、四声。古人并不是不重诗歌的音韵，他们在写配乐的歌词时，也很注意音律的和谐，但这和永明声律不同。他说：“今既不被管弦，亦何取于声律耶?”③ 他并不否定诗歌要有声韵之美，然而“文制本须讽读，不可蹇碍，但令清浊通流，口吻调利，斯为足矣”④，不可因为追求琐碎繁苛的声律而丧失了自然流畅之美。他对当时文坛上那种盲目追随声律派的无知后学“务为精密，襞积细微，专相凌架”的倾向非常不

---

① 〔南朝梁〕钟嵘著，徐达译注：《诗品全译》，贵州人民出版社 1990 年版，第 107 页。

② 〔南朝梁〕钟嵘著，徐达译注：《诗品全译》，贵州人民出版社 1990 年版，第 26～28 页。

③ 〔南朝梁〕钟嵘著，徐达译注：《诗品全译》，贵州人民出版社 1990 年版，第 26 页。

④ 〔南朝梁〕钟嵘著，徐达译注：《诗品全译》，贵州人民出版社 1990 年版，第 28 页。

满，认为那样必然会使诗歌创作造成“文多拘忌，伤其真美”的不良后果。诗歌语言上的声律、音韵美，是中国语言特有的优势。刘勰就认为文学创作上讲究声律之美的目的是为了求得和谐之美，所以他认为声律的关键是如何做到“和”与“韵”：“异音相从谓之和，同声相应谓之韵。”在诗歌语言中相同的声韵互相呼应，称为“同声相应”，比如押韵、双声、叠韵，都可以看作是一种“同声相应”，然而这毕竟还是比较单调的。语言的音韵美，主要还是在于不同声音之间的和谐配合，亦即刘勰所说“异音相从”之“和”。诗歌的“和”“韵”可以构成抑扬顿挫的节奏，形成摇曳多姿的声律之美，运用得好完全可以做到自然流畅。只是不宜过于刻意追求，以免因词害意。

钟嵘提倡自然之美的思想更为突出地表现在《诗品》的“中品序”中。中品序主要是反对当时创作中排比、堆砌典故的恶劣风气。其基本思想是认为这两种不良倾向严重地妨碍了文学创作的自然、真实之美，也就是他说的“自然英旨”。其“中品序”说：

> 夫属词比事，乃为通谈。若乃经国文符，应资博古，撰德驳奏，宜穷往烈。至乎吟咏情性，亦何贵于用事？“思君如流水”，既是即目；“高台多悲风”，亦惟所见；“清晨登陇首”，羌无故实；“明月照积雪”，讵出经史。观古今胜语，多非补假，皆由直寻。颜延、谢庄，尤为繁密，于时化之。故大明、泰始中，文章殆同书抄。近任昉、王元长等，词不贵奇，竞须新事。尔来作者，寖以成俗，遂乃句无虚语，语无虚字，拘挛补衲，蠹文已甚。但自然英旨，罕值其人。词既失高，则宜加事义，虽谢天才，且表学问，亦一理乎！①

钟嵘在这里对大量堆砌典故的批评，也是从他对文学特征的深刻认识出发的。他十分明确地指出：文学创作和一般应用文章的写作不同，那些

---

① 〔南朝梁〕钟嵘著，徐达译注：《诗品全译》，贵州人民出版社 1990 年版，第 19～22 页。

用于国家政治事务的诏书、文告，如章、表、奏、议之类，以及表彰德行的应用文章，如颂、赞、碑、铭之类，可以大量地引经据典，即使用事过于“繁密”，雷同于“书抄”，也没有什么关系。然而，文学创作则不同，它是以“吟咏情性”、塑造形象为目的的。诗人不同于学者，他需要有艺术的“天才”、创作的灵感和形象的思维，虽然他也要有学问，但不能仅仅依赖学问，光有学问并不一定能写诗，而诗歌的好坏也不是看其中的学问是否渊博。钟嵘认为，历史上许多优秀的诗歌往往不用典故，而是具有“自然英旨”的“直寻”之作。他所说的“直寻”之作，即是指诗人在灵感涌现、即景会心之时，书写“即目”“所见”的作品。钟嵘在这里显然已经体会到了文学创作过程中“直觉”的重要性。当然，这种对艺术直觉的认识并非始自钟嵘，《庄子·田子方》篇中所说的“目击而道存”就已经接触到了哲学上的直觉问题，但是从文学艺术创作和理论批评上提出这个问题则是在六朝。刘宋时代著名画家和佛学理论家宗炳在他的《画山水序》中说：“夫以应目会心为理者，类之成巧，则目亦同应，心亦俱会，应会感神，神超理得。虽复虚求幽岩，何以加焉。”① 这种“应目会心”的创作，就是把“目击道存”思想运用于绘画创作的表现。刘勰在《文心雕龙》中也运用这种“应目会心”的思想来分析文学创作问题，他所说的“物以貌求，心以理应”和“目既往还，心亦吐呐”，即是对直觉在作家艺术思维过程中作用的阐述。沈约在《宋书·谢灵运传论》中说：“至于先士茂制，讽高历赏，子建函京之作，仲宣霸岸之篇，子荆零雨之章，正长朔风之句，并直举胸情，非傍诗史，正以音律调韵，取高前式。”② 沈约在这里虽然是强调声律的重要性，然而其“直举胸情，非傍诗史”之说，却正是钟嵘“直寻”之意。不过，钟嵘不同于前人的是，他把“直寻”提到了一个非常突出的重要地位，所谓“观古今胜语，多非补假，皆由直寻”，诗歌创作只要即景会心，直接描绘出激起诗情的景物或社会生活内容，就是最好的作品。“直

① 杨大年：《中国历代画论采英》，河南人民出版社1984年版，第138页。

② 〔南朝梁〕沈约：《宋书》，中华书局1974年版，第1779页。

寻”说强调外界形象和诗人心灵的直接碰撞，它并不排斥创作中理性的参与，但必须以直接可感的形象为主，使之作用于接受者的感官，进而感染、震撼其心灵。钟嵘并且把“直寻”和文学作品的自然之美，亦即所谓“自然英旨”密切地联系了起来，认为只有“直寻”之作才具有自然之美，而那些堆砌典故的“拘挛补衲”之作是完全违背了“自然英旨”的原则的。钟嵘这种抒写“即目”“所见”的“自然英旨”的创作思想，对后来诗歌批评理论的发展产生了极为深远的影响。唐代的司空图在其《与李生论诗书》中强调“直致所得，以格自奇”①，也就是钟嵘所说的“直寻”之意。后来明末清初王夫之《夕堂永日绪论》中的“即景会心”说、“现量”②说，直到王国维《人间词话》中的“不隔”③ 说，就都是对“直寻”说的一种发展。

钟嵘《诗品》对诗歌理论的贡献是巨大的，除了上述两方面对当时和后世的诗歌创作的健康发展产生了重要影响外，他还对赋、比、兴重新解释，赋予了新意，又提出“滋味”说，对诗歌审美鉴赏也有指导意义。

---

① 郭绍虞：《中国历代文论选》（一卷本），上海古籍出版社 1979 年版，第 164 页。

② 郭绍虞：《中国历代文论选》（一卷本），上海古籍出版社 1979 年版，第 315 页。

③ 郭绍虞：《中国历代文论选》（一卷本），上海古籍出版社 1979 年版，第 445 ~ 446 页。

《诗品》中对“风骨”的阐释[1]

——兼及中国文人的人格美

钟嵘《诗品》对诗歌理论做出了重要贡献，他既继承了传统诗歌理论的精华，又不囿于传统的成见，在总结诗歌发展历史经验的基础上，针对当时诗歌创作上的某些不良倾向，在一系列重要的诗歌理论上，提出了自己许多精辟的新见解，对后来诗歌理论的发展，产生了很深刻的积极影响。其中，他提出“风骨”是诗歌的灵魂，是诗歌成败的关键，这一论点已成为我国古代诗歌理论的重要基石。

一

钟嵘对诗歌艺术的基本要求是“风骨”与“词采”俱备，他在《诗品》的“上品序”中，评论诗歌的历史发展时，特别提出了要“干之以风力，润之以丹采”[2] 的思想。他评论五言诗的发展以曹植为最高的典范，称其诗歌“骨气奇高，词采华茂”。这“骨气”也就是“风力”。又评建安七子之一刘桢的诗：“仗气爱奇，动多振绝。真骨凌霜，高风跨俗。”[3] 指他的诗有风骨，但又说他“气过其文，雕润恨少”[4]，则是批评他的诗词采不够

① 本文发表于《济南职业学院学报》2008 年第 3 期。

② 〔南朝梁〕钟嵘著，徐达译注：《诗品全译》，贵州人民出版社 1990 年版，第 11 页。

③ 〔南朝梁〕钟嵘著，徐达译注：《诗品全译》，贵州人民出版社 1990 年版，第 45 ~ 46 页。

④ 〔南朝梁〕钟嵘著，徐达译注：《诗品全译》，贵州人民出版社 1990 年版，第 46 页。

华茂。他评刘琨的诗有“清拔之气”①，说陶渊明的诗“又协左思风力”②，也都是指他们的诗有风骨。他批评玄言诗说理太多，过于枯燥，所以“建安风力尽矣”。钟嵘所讲的风骨，和当时诗、文、书、画等领域中讲的风骨有共同之处，也有不同之处。他强调以“风骨”为主，“词采”为辅，又两者并得，这一点是和刘勰所论一致的。刘勰在《文心雕龙·风骨》篇中说：“若丰藻克赡，风骨不飞，则振采失鲜，负声无力。是以缀虑裁篇，务盈守气，刚健既实，辉光乃新，其为文用，譬征鸟之使翼也。”③ 又说：“若风骨乏采，则鸷集翰林，采乏风骨，则雉窜文囿：唯藻耀而高翔，固文笔之鸣凤也。”④ 钟嵘与刘勰对文学作品中精神风貌美与物质形式美的基本看法是一致的。

二

钟嵘所说的“建安风力”实际正是指建安文学的艺术特征，这和刘勰对建安文学特征的分析也是一致的。刘勰在《文心雕龙·明诗》篇中说：“暨建安之初，五言腾踊：文帝陈思，纵辔以骋节；王徐应刘，望路而急驱。并怜风月，狎池苑，述恩荣，叙酣宴，慷慨以任气，磊落以使才；造怀指事，不求纤密之巧；驱辞逐貌，唯取昭晰之能。此其所同也。”⑤《时序》篇又说：“观其时文，雅好慷慨，良由世积乱离，风衰俗怨，并志深而笔长，故梗概而多气也。”⑥ 这里所说的“慷慨以任气，磊落以使才”“梗概而多气”，就是钟嵘所讲的“建安风力”。钟嵘和刘勰所提倡的“风骨”，

---

① 〔南朝梁〕钟嵘著，徐达译注：《诗品全译》，贵州人民出版社 1990 年版，第 87 页。

② 〔南朝梁〕钟嵘著，徐达译注：《诗品全译》，贵州人民出版社 1990 年版，第 97 页。

③ 〔南朝梁〕刘勰著，范文澜注：《文心雕龙注》，人民文学出版社 1998 年版，第 513 页。

④ 〔南朝梁〕刘勰著，范文澜注：《文心雕龙注》，人民文学出版社 1998 年版，第 514 页。

⑤ 〔南朝梁〕刘勰著，范文澜注：《文心雕龙注》，人民文学出版社 1998 年版，第 66 ~ 67 页。

⑥ 〔南朝梁〕刘勰著，范文澜注：《文心雕龙注》，人民文学出版社 1998 年版，第 673 ~ 674 页。

不只是一种艺术美，更主要是一种高尚的人格美在文学作品中的体现，它和中国古代文人崇尚高洁的情操、刚正不阿的骨气是分不开的，也和中国的文化传统中所表现的主要精神有十分密切的关系。在中国古代文化传统中我们可以看到，先进知识分子的精神品格上有非常可贵的一面，这就是建立在“仁政”“民本”思想上的，追求实现先进社会理想的奋斗精神和在受压抑而理想得不到实现时的抗争精神，也就是“为民请命”“怨愤著书”“不平则鸣”的精神，它体现了我们中华民族坚毅不屈、顽强斗争的性格和先进分子的高风亮节、铮铮铁骨。“风骨”正是这种奋斗精神和抗争精神在文学审美理想上的体现。而这种特点又是和我国的文化传统，特别是知识分子的人格理想、情操紧紧地联系在一起的。《论语·子罕》记载孔子说：“岁寒，然后知松柏之后凋也。”这是从松柏不畏严寒来比喻人应当有不怕强暴的坚毅品格。因此，刘勰《文心雕龙·征圣》篇中说：“夫子风采，溢于格言。”① 孟子说过：“富贵不能淫，贫贱不能移，威武不能屈，此之谓大丈夫。”能够成为这样的“大丈夫”，才有骨气，才具备了理想的人格精神。“大丈夫”的政治理想是建立在“民贵君轻”思想基础上的“仁政”，为此就要加强道德修养，使自己具有“配义与道”的“浩然之气”。刘勰对孟子的思想人格是很佩服的，其《时序》篇说：“齐开庄衢之第，楚广兰台之宫，孟轲宾馆，荀卿宰邑，故稷下扇其清风，兰陵郁其茂俗。”② 庄子对当时的黑暗腐朽有非常清醒的认识，他在《在宥》篇中曾说：“今世殊死者相枕也，桁杨者相推也，刑戮者相望也。”所以，楚王虽派人以“千金”聘他为相，但是他为了保持自己清高的骨气情操，坚决地拒绝了，他说：“我宁游戏污渎之中自快，无为有国者所羁，终身不仕，以快吾志焉。”③ 屈原之所以“发愤以抒情”，正是出于对腐朽黑暗现实的不满，“长太息以掩涕兮，

① 〔南朝梁〕刘勰著，范文澜注：《文心雕龙注》，人民文学出版社 1998 年版，第 15 页。

② 〔南朝梁〕刘勰著，范文澜注：《文心雕龙注》，人民文学出版社 1998 年版，第 617 页。

③ 〔汉〕司马迁：《史记》，中华书局 1959 年版，第 2145 页。

哀民生之多艰”，为了实现“仁政”的理想，他“虽九死其犹未悔”，宁“从彭咸之所居”，而不与恶浊小人同流合污。他这种高贵品质，在汉代受到刘安、司马迁等的高度评价，赞扬他“虽与日月争光可也”。刘勰说屈原的作品，“观其骨鲠所树，肌肤所附，虽取熔经意，亦自铸伟辞。”“故能气往铄古，辞来切今，惊采绝艳，难与并能矣。”[①] 正是说明屈原作品有《风骨》篇所强调的以风骨为主、词采为辅的艺术美。汉代司马迁遭受残酷宫刑折磨，能够“就极刑而无愠色”，“虽万被戮，岂有悔哉!”为的就是把自己的理想寄托于《史记》的写作。他赞扬屈原“直谏”精神，认为屈平之作《离骚》，“盖自怨生也”，并结合自己的切身遭遇，提出了著名的“发愤著书”[②] 说，充分体现了不屈服的奋斗精神。刘勰称其《报任安书》“志气盘桓”而有“殊采”，也是赞扬他作为一个有正义感的知识分子的骨气。中国古代文论特别讲究人品和文品的一致，刘勰在《文心雕龙·情采》篇中严厉地批评了人品和文品不统一的创作倾向，他说：“故有志深轩冕，而泛咏皋壤，心缠几务，而虚述人外，真宰弗存，翩其反矣。夫桃李不言而成蹊，有实存也；男子树兰而不芳，无其情也。夫以草木之微，依情待实；况乎文章，述志为本，言与志反，文岂足徵?”[③] 文学中的“风骨”就是从人物评品中移植过来的。这一点从六朝的人物品评中可以看得很清楚。如《宋书·孔觊传》中说：“少骨梗有风力，以是非为己任。”[④]《世说新语·赏誉》说：“王右军目陈玄伯，垒块有正骨。”其注中引《晋安帝纪》说：“羲之风骨清举也。”

三

钟嵘所提倡的“建安风力”，就是建安诗人对动乱现实的悲忧和对壮志

① 〔南朝梁〕刘勰著，范文澜注：《文心雕龙注》，人民文学出版社 1998 年版，第 47 页。

② 阴法鲁主编：《古文观止译注》，吉林人民出版社 1981 年版，第 401 页。

③ 〔南朝梁〕刘勰著，范文澜注：《文心雕龙注》，人民文学出版社 1998 年版，第 538 页。

④ 阴法鲁主编：《古文观止译注》，吉林人民出版社 1981 年版，第 244 页。

抱负的歌颂在艺术风貌上的表现。建安文学把中国古代文学的优良传统发展到了一个新的辉煌时期，而其主要特色正在于：把自先秦以来知识分子的这种追求实现先进社会理想的奋斗精神，和在受压抑而理想得不到实现时的抗争，从诗歌创作中极其鲜明地突现了出来。但是，后来六朝文学的发展并没有完全沿着建安文学道路前进，在某些方面则背离了建安文学注重“风骨”的传统，而朝着追求华丽绮靡的形式美方向发展，钟嵘和刘勰一样，都对这一点有所不满，以他们为代表的六朝“风骨”论的提出，正是为了解决这个问题。以三曹和七子为代表的建安诗人在汉魏之交都是有理想、有抱负的政治家和文学家。曹操是建安文学的创始者，他在几首著名诗中非常鲜明地表达了他对这个动乱时代的深沉感慨，以及实现统一、振兴国家的理想愿望。他对民生凋敝的现状十分关切，“白骨露于野，千里无鸡鸣。生民百余一，念之断人肠”，并为此感到深深的忧虑，“慨以当慷，幽思难忘。何以解愁，唯有杜康”，同时也表现了“山不厌高，水不厌深。周公吐哺，天下归心”的雄心壮志。钟嵘说：“曹公古直，甚有悲凉之句。”① 这种慷慨悲凉的特色也就是“建安风骨”的主要内容。曹植被钟嵘称为五言诗人最杰出的代表，也是体现“建安风力”的典范，《诗品》中说他：“骨气奇高，词采华茂；情兼雅怨，体被文质。”② 曹植的“骨气”就体现在他诗歌中的悲愤怨气上，从他的诗中可以看出他为实现进步理想而与命运拼搏的奋斗精神和坚毅性格。建安七子中，钟嵘对刘桢的评价最高，说他：“仗气爱奇，动多振绝。真骨凌霜，高风跨俗。”③ 早在建安时代曹丕曾在《典论·论文》中说：“刘桢壮而不密”，又在《与吴质书》中说：“公干有逸气，但未遒耳，其五言诗之善者，妙绝时人。”谢灵运《拟魏太子邺中集诗·刘桢》诗序中也说他：“卓荦偏人，而文最有气，所得颇经奇。”刘勰在《文心雕龙·体性》篇中说：“公干气褊，故言壮而情骇。”他

① 〔南朝梁〕钟嵘著，徐达译注：《诗品全译》，贵州人民出版社 1990 年版，第 128 页。

② 〔南朝梁〕钟嵘著，徐达译注：《诗品全译》，贵州人民出版社 1990 年版，第 39 页。

③ 〔南朝梁〕钟嵘著，徐达译注：《诗品全译》，贵州人民出版社 1990 年版，第 43 页。

们和钟嵘的看法是一致的。刘桢现存的诗并不多，最有代表性的诗作是《赠从弟》三首之二，其云：“亭亭山上松，瑟瑟谷中风。风声一何盛，松枝一何劲。冰霜正惨凄，终岁常端正。岂不罹凝寒，松柏有本性。”它通过对松柏不畏严寒的歌颂，表现了作者不与世俗同流合污的高洁情操和坚贞骨气。唐人也常常曹、刘并提，如杜甫说：“方驾曹、刘不啻过。”元稹在《唐故工部员外郎杜君墓系铭并序》中曾说杜甫“气吞曹、刘”。宋人严羽有所谓“曹刘体”之说，其特点就是重在气骨，也就是风骨。后来，元遗山《论诗绝句》因此说：“曹、刘坐啸虎生风，四海无人角两雄。”其实，这都是强调曹植、刘桢诗中所体现的传统知识分子的理想人格精神。

建安之后，以阮籍、嵇康为代表的正始文学，虽然艺术风貌和建安文学有所不同，但基本上是继承了“建安风骨”的精神的，阮籍和嵇康同为“竹林七贤”的代表人物，他们都是胸怀大志、醉酒佯狂、啸傲山林、不拘礼法、品格高尚，而不满于污浊黑暗现实有骨气的知识分子。阮籍的《咏怀诗》也有建安文学那种慷慨悲凉的情调，但是由于他处在司马氏专权的黑暗恐怖的险恶的政治环境之下，所以写得较为隐晦曲折，所以钟嵘说他的诗：“可以陶性灵，发幽思。言在耳目之内，情寄八荒之表。洋洋乎会于风雅，使人忘其鄙近，自致远大，颇多感慨之词。厥旨渊放，归趣难求。”①阮籍的《咏怀诗》八十二首之一云：“夜中不能寐，起坐弹鸣琴。薄帷鉴明月，清风吹我襟。孤鸿号外野，翔鸟鸣北林。徘徊将何见，忧思独伤心。”其中多处可看出所受曹植、刘桢、王粲等的诗歌影响，在思想艺术风貌上均与建安诗歌十分接近。他在《咏怀诗》第三十九首中写道：“壮士何慷慨，志欲威八荒。驱车远行役，受命念自忘。良弓挟乌号，明甲有精光。临难不顾生，身死魂飞扬。”这就明显地表现了建安时代那种慷慨悲凉的特色。从正始以后，文学创作如钟嵘所说“陵迟衰微”，刘勰在《文心雕龙·明诗》篇说：“晋世群才，稍入轻绮，张潘左陆，比肩诗衢，采缛于正始，

① 〔南朝梁〕钟嵘著，徐达译注：《诗品全译》，贵州人民出版社1990年版，第48页。

力柔于建安，或析文以为妙，或流靡以自妍。”① 也就是说，文学创作的词采愈来愈华靡，而风力则愈来愈薄弱，不过还没有把“建安风骨”完全抛弃。据钟嵘在《诗品》中的论述，直接讲到有“建安风骨”影响的至少还有左思、刘琨、陶渊明等人。他在论陶渊明诗时说“又协左思风力”，说明左思的诗作也有“风力”，诚如我们前面所说，就表现在对六朝门阀社会的不满上。他那种布衣之士的清高之气，正是传统知识分子理想人格的体现。钟嵘说刘琨的诗有“清刚之气”“清拔之气”，都是指“风骨”而言，显然也是和前面所说刘琨诗歌中的怨恨之情分不开的。刘琨是一个具有报国壮志、为反抗外族入侵勇猛战斗的英雄，他的诗歌中慷慨悲壮之情溢于言表，但壮志未酬而为段匹磾所害。他临死前所写的《重赠卢谌》中云“功业未及建，夕阳忽西流”“何意百炼刚，化为绕指柔”，正是对他奋力抗争、至死不渝的精神气质和高尚品德的真实描写。钟嵘所说陶渊明“又协左思风力”，也是对陶渊明的崇高人格的赞美。陶渊明也有济世安民的雄心壮志，他在《杂诗》中说：“忆我少壮时，无乐自欣豫。猛志逸四海，骞翮思远翥。”他也曾投身仕途，但他深刻地认识到当时政治的腐败，不愿与黑暗的现实同流合污，遂辞官隐居躬耕田园，以保持自己高洁的情操，而决“不为五斗米折腰”。《和郭主簿二首》说：“芳菊开林耀，青松冠岩列。怀此贞秀姿，卓为霜下杰。”这不仅是对大自然的赞美，也是对自己人格的歌颂。虽然他也为自己的“猛志”得不到实现感到悲哀，“日月掷人去，有志不获骋。念此怀悲凄，终晓不能静”。但是他更为自己能摆脱世俗羁绊，远离污浊社会，回到纯朴的大自然中去获得心灵的净化和解脱感到无比的高兴。他说：“久在樊笼里，复得返自然。”“静念园林好，人间良可辞。”所以他的诗突出地体现了他作为深受儒、道两家思想影响的士大夫的骨气。从阮籍、嵇康到陶渊明，都比较鲜明地表现了魏晋名士的风流旷达。这种名士风流与建安时代的豪情壮志，表现在文学风貌上是颇有不同的，但是它们

① 〔南朝梁〕刘勰著，范文澜注：《文心雕龙注》，人民文学出版社 1998 年版，第 67 页。

都是在不同的社会政治环境下知识分子人格美的体现。由上述的诗歌发展史实来看，钟嵘倡导的“风骨”是很有理论价值的，不仅诗歌应有“风骨”，所有的文学作品也应有“风骨”。

我们回顾一下，古今中外所有流传千古的作品，哪一首、哪一部是依靠拍马、奉承成名的？相反，一切不朽的作品都充满了批判精神，闪耀着傲然独立的风骨。

关汉卿剧作人物形象简论①

元代杂剧是我国戏剧发展史上的第一个高峰，关汉卿是我国戏剧史上最早也是最伟大的戏剧家，他的作品应居于这座高山的峰巅，其对中国戏剧的贡献和影响是巨大的。王国维的评价是比较客观的：“元杂剧一体，实汉卿创之。”作为一个长期生活于社会底层的伟大的现实主义作家，他的笔触及社会中很多重要的矛盾，塑造了众多的人物形象，使杂剧的创作水平提升到一个新的高度。本文试图从人物的形象塑造来看其作品的艺术成就。

关汉卿剧作中人物类型众多，而且大都形象生动、个性鲜明。关剧中的人物，有社会中形形色色的人：有含冤屈死的窦娥，有机智勇敢的年轻夫人谭记儿，有权豪势要、恶棍地痞鲁斋郎、葛彪，有叱咤风云的历史英雄关羽和张飞，也有十年寒窗苦读的贫儒裴度，等等。在我国古典戏曲作家中，没有一个作家像关汉卿一样，写出如此众多的人物形象。当然，评价文学作品是否成功的标准并不在于笔下人物的多寡，关键在于所塑造的人物是否生动形象，富有典型意义。而关剧的成功就在于他不仅塑造了众多的人物，而且不管是正面人物还是反面人物，这些人物有一共性，就是个性鲜明，有血有肉。

请看《望江亭》中那个依仗着势剑金牌气焰嚣张地去标取白士中首级的杨衙内，他是以怎样的面目出现在读者面前的呢？作者在第三折一开始就有这样一小段精彩的描写：

（衙内张千、李稍上）（杨衙内云）小官杨衙内是也。颇奈白

① 本文写于1996年。

士中无理，量你到那里！岂不知我要娶谭记儿为妾？他就公然背了我，娶了谭记儿为妻，同临住所，此恨非浅！如今，我亲身到潭州，标取白士中首级。你道别的人为甚么我不带他来？这一个是张千，这一个是李稍，这两个小的，聪明乖觉，都是我心腹之人，因此上则带的这两个人来。

（张千去衙内鬓边做拿科）（衙内云）口退！你做什么？（张千云）相公鬓边一个虱子。（衙内云）这厮倒也说的是。我在这船上个月期程，也不需梳篦的头，我的儿好乖！（李稍去衙内鬓上做拿科）（衙内云）李稍，你也怎的？（李稍云）相公鬓边一个狗鳖。（衙内云）你看这厮！……

就这样一人捉虱子、拿跳蚤的小细节，就活灵活现地刻画出三副丑恶嘴脸：杨衙内极其惫赖、愚笨，这样的窝囊废岂是聪明机智的谭记儿的对手？这样一个从外表到内心都极其丑陋的一块料，倘若那才貌双全的谭记儿落入他手，岂不让人觉得一朵鲜花被人糟蹋而郁愤难解吗？这就为谭记儿斗争胜利的可能性作了有力的铺垫。而且，杨衙内的两个亲随又怎样呢？张千习惯于在主子面前献殷勤、讨欢心，故有捉虱之举；而李稍拍马屁本领显然略逊一筹，他见张千得到了“我的儿好乖”的赞许，便如法炮制，依葫芦画瓢，却是拍马屁拍在了马蹄子上，挨了一句训斥“你看这厮！”主仆三人形象，就这样通过一个捉跳蚤的细节跃然纸上，如在目前。

关剧中人物众多，他们各属于不同的阶级和阶层，性格差异比较大，即使同一阶层中的人物，由于所受教育、生活经历等方面的不同，他们的性格也有不同的特点。关汉卿能够根据人物的身份特点，既能写出不同阶级、阶层人物的不同性格，也能写出同一阶层不同人物的不同性格特征。《鲁斋郎》一剧中，李四和张珪属不同阶层的人物，对妻子被鲁斋郎抢去态度也不一样。作为劳动者的李四哭诉道：“清平世界，浪荡乾坤，拐了我浑家去了，更待干罢？不问哪个大衙门里，告他走一遭去。”他满怀悲愤，敢于去郑州告状，气得忽患心痛病，昏死在衙上。在他性格中有着不甘被欺侮而勇于斗争的精神。而张珪呢？虽然他心地不坏，救起李四，为之调理病痛，还在李四面前吹嘘道："谁不知我张珪的名儿!"可是当鲁斋郎威逼张珪亲自送妻子去鲁府与鲁斋郎成婚时，他内心极度愤懑，但他惧怕鲁斋郎权势大，送迟了会坏了全家，所以在五更天就诳骗媳妇，送往鲁府了。因此在张珪身上更多地体现出小官吏胆小怕事、委曲求全、缺乏斗争精神的性格特点。

在关汉卿的作品中，有许多的女性形象，其中有一些生活在社会底层承欢卖笑受人蹂躏的妓女，如赵盼儿、宋引章、谢天香、杜蕊娘等，作者寓于了她们各不相同的性格特色。《救风尘》中的赵盼儿抓住花花公子周舍喜新厌旧、好色无信的特点，安排下周密的计划，使周舍步步走入圈套。作品突出了她饱历人情世故、善于同恶势力斗争的机警性格。同一剧中的宋引章则是年轻幼稚，轻信周舍的甜言蜜语而误入周家，表现出缺乏社会经验的轻信。谢天香又是另一种特点，她比较软弱，没有抗争的精神。《金线池》中的杜蕊娘又有另一番风采："无钱的可要亲近，则除是驴生戟角瓮生根。佛留下四百八门衣饭，俺占着七十二位凶神。才定脚谢馆接迎新子弟，转回头霸陵谁识旧将军。投奔我的都是那矜爷害娘，冻妻饿子、拆屋卖田……"从此可以看出杜蕊娘对这些纨绔子弟认识之深，她具有大胆泼辣、坚决果断的性格特点。一般来说，作家都避免写一些经历和身份相似的人，因为这样容易出现雷同。关汉卿充分揭示出每一个人的个性特征，从而很容易让读者认定是"这一个"，作者的艺术功力可窥一斑。

无论是小说还是戏剧，都要设置人物、组织故事。而故事的展开、人物性格的发展要依靠矛盾冲突。关汉卿就善于把人物置于尖锐复杂的矛盾冲突中，人物的性格就随着戏剧冲突的逐步深入而越发鲜明。《窦娥冤》是关汉卿的代表作，其中窦娥的性格由懦弱发展到刚强不屈，是随着作者所安排的四次戏剧冲突完成的。第一次张驴儿父子救下蔡婆后闯入蔡家，父子二人"你要老的，我要小的"想各得其所，蔡婆答应，但窦娥却坚决不从，窦娥开始走上反抗的道路；第二次是张驴儿药死父亲借此要挟，窦娥宁"官休"也不"私休"；第三次是贪官污吏的严刑拷打，种种恶势力的迫害造成窦娥的悲剧命运。但同时造就了她的反抗性格，在恶势力面前她毫不屈服，意志越来越坚强，反抗性格越来越凸显，在法场一折中，窦娥的反抗性格得到充分展现。

（第三折【滚绣球】）有日月朝暮悬，有鬼神掌着生死权，天地也只合把清浊分辨，可怎生糊突了盗跖、颜渊！为善的受贫穷命更短，造恶的享富贵又寿延，天地也！做得个怕硬欺软，却原来也这般顺水推船。地也，你不分好歹何为地，天也，你错勘贤愚枉做天！

在这里，窦娥大胆无畏地对封建社会主宰一切的天地公然直诉，对现实中是非不分贤愚不辨的统治者公然控诉，对整个封建社会秩序提出了怀疑。三桩誓愿的描写，表现了窦娥对自己行为的肯定，对黑暗现实的否定。至此，一个具有坚强不屈的意志、具有顽强反抗精神的悲剧形象完整地出现在我们面前。

正因为关剧人物形象的成功，使其作品经受住了时间的考验，几百年来得到了人们的肯定和欢迎，而且关汉卿塑造人物形象的成功经验也将为后世的作家提供艺术借鉴。

关汉卿杂剧的场面关目特色[①]

关汉卿是我国戏剧史上最早的也是最伟大的戏剧家。元代钟嗣成的《录鬼簿》把他列为元代作家第一人，元末明初的贾仲明在《录鬼簿续编》中称他为“驱梨园领袖，总编修帅首，捻杂剧班头”，而现代文学史上王国维的评价是“元杂剧一体，实汉卿创之”。由此可以看出关汉卿在当时以及在整个中国戏剧史上的崇高地位，关汉卿杂剧对后世的影响是巨大和深远的。

对于戏剧来讲，场面和关目的合理设置是一部戏成功的重要标志，关汉卿杂剧的出色成就与其安排场面关目的匠心是密不可分的，本文将着重分析关剧在这方面的特点。

一

臧懋循的《元曲选序》说关汉卿“躬践排场，面敷粉墨……偶倡优而不辞”，另据《录鬼簿》和《辍耕录》记载，他和著名作家杨显之、散曲作家王和卿及著名演员珠帘秀交往甚密，正因为他既是作家又是演员，与艺人交往密切，是一位有着丰富舞台经验的“当行”戏剧家，所以他写的杂剧适合于演出，结构紧凑集中，不枝不蔓、层次清晰、条理清楚、故事完整，场次安排上可谓惨淡经营，独具匠心。其杂剧《望江亭》的矛盾主线是谭记儿与杨衙内的斗争，这种矛盾斗争是在第三折后才用急促的节奏进行描写的，前两折作者从容不迫地用舒缓的笔触写了谭记儿与白士中相见、

---

① 本文发表于《泰安师专学报》1996 年第 3 期。

相识及婚后的美满生活。第三折又写白士中父母预告杨衙内将来杀他的书信，他忧愁痛苦之极，而谭记儿误认为是“前妻寄书”，内心极不平静。乍一看，这些情节好像与杨、谭的矛盾冲突毫不相关，仔细回味才发现只有这样写才能展示出谭记儿是如何珍惜与白士中的美满婚姻生活，为后来冒死到望江亭上盗金牌势剑埋下伏笔，所以前两折的场面安排是含有深意的，是整个故事发展必不可少的。如果没有前两折的内容而直接展开谭、杨冲突，那谭记儿冒死前往就缺少坚实的基础，难以让人信服。

另外，关汉卿在选材上和组织结构、安排人物时，非常注意突出那些与主题思想密切相关、具有典型意义的事件，而省去那些与主题关系不大的人物和事件，因此其剧中每一人物的出现都是必不可少的，有重要的作用。如关汉卿的代表作《窦娥冤》中的赛卢医，前后共三次出场，第一次是作为负债人出场，因企图勒死蔡婆，造成张驴儿父子进入蔡家，悲剧由此而开始；第二次作为生药铺主出场，使张驴儿拿到毒药，终于发生人命案，窦娥无辜受刑，悲剧进一步发展并最终以窦娥被冤杀达到高潮；第三次作为罪犯出场，窦娥的冤狱得以平反。这样，负债人和生药铺主的双重身份，使他在悲剧发展的重要环节上起到了主要的衔接作用。

二

关汉卿匠心独运，使戏剧情节发展曲折善变，使人难以预料其发展，关目安排上引人入胜，波澜起伏。如《蝴蝶梦》中写恶霸荀彪无辜打死王老汉，观众以为王老汉的妻子和儿子要去告状，但结果是王老汉的三个儿子将醉酒的荀彪打死，恰巧包公审理此案，观众推测一定不会追究王家了。但故事的发展却是要三个儿子中的一个为荀彪偿命，最后决定杀老三，第二天去领尸，这下观众以为老三活不成了，谁知领回的是活人。原来杀的是盗马贼，将老三换回来了。此时，再联想前边包公对张千的耳语，就恍然大悟了。作者就是这样来安排关目的，关目的巧妙设置增加了戏剧故事的曲折生动性和可视性，真乃匠心独运。

中国古代小说和戏曲，经常运用“无巧不成书”“无巧不成戏”的写作手法，这就是所谓的“巧合”（也就是关目的设置）。利用得好，既可以收到出人意料的艺术效果，又可以使矛盾冲突迅速解决，但运用得不好就会弄巧成拙。关剧中的巧合是人物性格发展的必然，是必然中的偶然，是真实可信的。所以看似出人意料，但仔细品味，又觉在意料之中。

如《拜月亭》的一楔四折的安排：

楔子：蒙古军进攻金国都城中都，女主角王瑞兰的父亲王镇身为金国兵部尚书，奉命到前线视察军情，王瑞兰与母亲为父饯行。

第一折：蒙古兵进攻，兵乱中，王瑞兰与母亲走散，遇到了书生蒋世隆，蒋世隆与妹妹蒋瑞莲在兵乱中也走散。蒋世隆为寻找妹妹喊“瑞莲”被瑞兰误听成“瑞兰”便答应一声，结果二人相见。因找不到母亲，又值蒙古兵抢夺妇女，无可奈何，王瑞兰便与蒋世隆假扮夫妻一同逃难。两人路过山寨，不想山寨头领是蒋世隆从小结拜的义弟陀满兴福，此人武艺高强，年轻有为。他劝蒋世隆留在山寨，王瑞兰极不同意，两人便离开。再说，蒋世隆之妹蒋瑞莲与哥哥失散，巧遇王瑞兰母亲，被认为义女，结伴而行。

第二折：蒋世隆与王瑞兰在旅店中成亲；不久，蒋世隆患病，瑞兰请医诊治，尽力护理。恰巧其父王镇路过这里，无意中父女相见，但王镇不喜欢这个穷秀才，强迫王瑞兰一同回家，瑞兰不忍离开丈夫，更放心不下丈夫的病体，但父命难违，只好千叮咛万嘱咐，山盟海誓，与丈夫洒泪而别。

第三折：王瑞兰回家后，与义妹瑞莲住在一起。王瑞兰思念丈夫，经常长吁短叹。一天夜晚，她独自在院中烧香，对月祈祷，被瑞莲听到，才明白原来两人是姑嫂关系。王瑞兰对小姑子叙述了与丈夫蒋世隆分离的惨景，对父亲表示了强烈不满。

第四折：蒋世隆和陀满兴福分别考中了文、武状元，王镇招两个状元为婿。他重武轻文，决定把亲生女儿嫁给武状元，把义女嫁给文状元。在婿礼前的筵席上，他们相见，瑞兰认出文状元是她原来的丈夫，于是王镇改变了主意，结果瑞兰仍和世隆、瑞莲与陀满兴福成亲。

这出戏，设置了许多关目，运用了一系列的巧合。让我们佩服的不仅是作者所设置的关目巧合，更重要的是这些关目的合理性和可信性：第一，母女俩、兄妹俩失散重新组合，是这出爱情戏的开端，这不但因为“瑞兰”“瑞莲”是双声叠韵，音近义同，容易混淆，更重要的是作者为此所设立的环境——兵荒马乱。在这种环境下，创造了重新组合的可能性；第二，王镇巧遇女儿，带走。作者注意到了元代知识分子的地位——九儒十丐，作为兵部尚书当然不愿意让女儿嫁给穷秀才；第三，瑞兰与世隆的关系，只有在拜月亭祈祷中被瑞莲听到，这符合瑞兰这一大家闺秀含蓄矜持的个性；第四，最后的各得其所，关目设置得最为自然真实。因为尚书弄不清世隆与瑞兰和瑞莲的关系，重武轻文，自然把武状元分给女儿，可是却乱点鸳鸯谱。因瑞兰始终挂念世隆，对父亲安排的婚姻不感兴趣，所以对义妹埋怨其父把她嫁给一个武夫，说“少不得绣纬边，说得些惨可可，落得冤魂现”，而羡慕义妹夫君将来是“梦回酒醒涌诗篇”的文雅生活。这是剧情发展的第一步。可是当一文一武两女婿进门时，老尚书才发现情况，只有临时调换，这是剧情发展的第二步。但此时瑞莲只知一文一武两状元，姐姐挑了文状元，因平时听惯了讨厌武夫的话，对这一决定很不满意。这样瑞兰才说出文状元是世隆，因为不愿嫁别人才说武状元不好，其实武夫现如今是大有用武之地，这样瑞莲转怨为喜。在这里作者笔下的情节的翻腾变化，都离不开人物性格的制约，符合戏剧情节的发展，关目巧妙，为人信服，感人至深。

关汉卿杂剧的关目处理就是如此变化多端，极富戏剧性。故事发展看似无巧妙的安排，但又移步换形，变化多端。关目的设立使戏剧冲突一步步走向高潮，既自然又紧凑，出人意料又合情合理，表现出关汉卿在戏剧结构方面的杰出才能。

试论崔张故事的几种不同“讲法”[1]

——兼及文学的继承与发展

崔莺莺和张生爱情故事的发轫之作是唐代元稹的传奇《莺莺传》（又名《会真记》），其人物情节自产生之日起就被吸收到广泛的文学创作领域中来，唐代就有和元稹传奇的文人诗作，如杨巨源的《崔娘诗》、王涣的《佣怅诗》等。宋代的秦观、毛滂也将其引入词之创作领域，分别写了《调笑令·莺莺传》。在宋代，崔张故事不但在民间广泛流传，而且有了许多创新：宋王楙的《野客丛书》中，张生有了“君瑞”这个名字且被后世沿用；宋皇都风月主人的《绿窗新话》中有《张公子与崔莺莺》的故事；罗烨的《醉翁谈录·小说开辟》中传奇类列有《莺莺传》，这说明在宋代崔张故事已进入了民间的说话艺术中。北宋后期赵令畤的《商调蝶恋花鼓子词》使这一故事可以用于演唱表演；金董解元的《西厢记诸宫调》（简称“董西厢”）更是将其敷衍成五万余字的说唱作品，极大地丰富了故事的情节，乃至改变了主人公的最终命运，赋予了故事崭新的面貌。同时期的南戏对这一故事也有所涉及。可见这一故事题材是深受文人士大夫与民间大众喜爱的。经过几百年的加工锤炼和不断的继承、发展、创新，为元代王实甫的《西厢记》杂剧（简称“王西厢”）做了极为深厚充分的艺术准备。

一个故事的人物、结构是会被相对稳定地继承下来的，但是由于不同加工者的身份、经历、时代背景以及采用的创作形式的不同，会使一个相同的故事题材有了另外几种不同的讲法，有了不同的接受群体，崔张故事

---

① 本文发表于《齐鲁学刊》2000年第5期。

便是一个极有说服力的例子。在这一故事的发展过程中起到决定作用的三部作品是《莺莺传》、“董西厢”、“王西厢”。它们之间贯穿着一条继承、发展、再创造的路线，从中可以看到文学发展的一些规律性的东西。

一

《莺莺传》是元稹带有自传性质的一部传奇作品，尽管我们不能将历史的真实等同于故事的真实，但是只要承认这部传奇的自传性，我们就不妨将张生拟化为元稹的影像，用自传者的眼光来审视这段凄婉的爱情故事。

故事的发展是由借宿普救寺、与莺莺相见而热烈追求并最终离去等一系列张生的行动来推动的，莺莺完全处于一种被动地位，仿佛只是张生的观察对象而并非故事参与者，她的举止言行有明显的叙述性，只是一个被描写的对象。这部传奇真正的主人公是谁？张生与崔莺莺在故事中的位置是否平行？是否两者都处于作者的观察之下，而作者的身份也并未在传奇中消失？我们再回过头来看元稹，如果真正存在一个曾经被他抛弃过的大家闺秀也好，歌妓也好，元稹是并未完全忘情的，一系列的回忆诗作即是明证。元稹不会在这样一部回忆性传奇作品中置身度外，张生的视角也许就是元稹的视角，崔莺莺也许就是元稹所回忆的那个对象。这一关系是董解元与王实甫二人所不具备的，这也就造成了其中叙述层次、角度的极大不同。

陈寅恪先生在《读莺莺传》中引用了《云麓漫钞》中的一段话：“盖此等文（指传奇）备众体，可以见史才、诗笔、议论。”传奇在当时并非作为民间读物，也不仅仅用于文人自娱，而是有一定的功利性的，一篇好的传奇或用于投献，或传之文坛，往往会给作者带来荣誉和实惠。元稹精心营构的这篇传奇，诗、文（书信）占去三分之一的篇幅，对张生的评价也同样看到了议论，这给作者展示才华提供了极大的空间，但也同样给作品带来了不良的影响，作者过分炫耀文笔，使得一个故事失去了其本身应具备的情节安排与展开的合理性。

在《莺莺传》中，张生是故事的推动者，其行动是一条贯穿始终的线索。开篇即有对他的一番评价描述，是个完美的形象，这或许是作者的自诩。张生与崔莺莺的相识相爱是极为顺利的，其间并无多大阻碍。这也许符合事实，但对于故事来说实在是太没有曲折性了，甚至有些单调乏味，若非元稹颇具诗才的语句（尤其是私会一场），在我们看来恐怕不算是篇好故事。但如果我们是作者的话，会在哪方面重点着墨呢？这是不言而喻的。

我们不同意张生对莺莺只有“情欲”而无“爱情”之说。张生举止轻浮，但也不能说他对莺莺只存玩弄的态度。董、王西厢中的张君瑞一开始也是以貌取人，行为也不见得有多么高雅。只因为张生始乱终弃，过于看重功名地位，而我们对这种人的一种共识就是其人必然心术不端、行为放荡，但从整个偷情过程看，张生对莺莺的真情还是处处有所表露的。元稹本人也出现在传奇的后半段，他的诗还是满怀感情的，但让张生口中说出“大凡天下之所命尤物也，不妖其身，必妖于人”这样极其鄙薄的话，便令读者感到非常突兀。可见作者在叙述张生这个人物时是自相矛盾的，传奇中不难发现作者回护自讳之辞，这恐怕也是由于元稹自己内心的矛盾所致。

崔莺莺的艺术形象前人多有评论，认为其艺术成就超过张生。元稹描写的真正对象其实只有莺莺一个人物，张生是自己的化身，反观自身要比描述对方困难得多，而且其对莺莺的描写也是成功的，性格刻画可谓经典：一是张生如约夜访，却被莺莺一番道学家般的论辩弄得几乎绝望；一是两次相别时的不同表现；一是两人都各有归宿后的不见之会，把一个温柔、敦厚、持重而又不失深情的大家闺秀形象勾画得极为丰满。这在同时期的作品中可谓少有，而且被后世继承采纳，即使是再创造，其人物基调也距此不远，只是在爱情上更主动了些，刻画上更为细腻一些。而其他人物则单薄得多，在董、王西厢中颇占分量的红娘，在这里也只是一个通风报信最多出了个“君试为喻情而乱之”的不雅主意的角色，崔母更是稍现即逝。

元稹的《莺莺传》是文人士大夫阶层的产物，据以后的文人作品看，这一阶层人物关注的重点在于故事中的私会和诀别，认为这些场面更具诗意。它是个人的产物，必然带有某些特殊因素，这不同于大众化的市民艺术，不能用市民文学的创作标准来衡量它。《莺莺传》不失为一篇好传奇，同时在作者、士大夫关注的视野之外留下了大量艺术创造的空白，使后人可以用自己的想象去重新挖掘开辟一片新的艺术世界。

二

自元以降，崔张故事基本上定型，对其影响最大的莫过于王实甫的《西厢记》杂剧，而使崔张故事根本性地从以《莺莺传》为代表的文人士大夫故事转变过来的是金董解元的《西厢记诸宫调》。董、王西厢使民间文学艺术对于崔张故事的处理达到了历史性的高度，最终在大众的接受层面上获得了一致的认可和高度的评价，因此形成了崔张故事的另一种讲法。本文将用董、王西厢对比的方法，看看这一讲法如何达到“化工”的境界。

崔张故事由悲剧的主题转变为喜剧大团圆的主题是有阶段性的，其中起到承上启下作用的是赵德麟的《商调蝶恋花鼓子词》。这一作品是由有总结或描写性质的一组（十二首）《蝶恋花》词加以讲白而成的说唱艺术的底本。讲白直取《莺莺传》语言，情节、悲剧结尾没有变化，但它对崔张故事的贡献有二：一是使其进入说唱表演艺术中来；二是结尾的“逍遥子”加入了作者自己的评论，对于张生的始乱终弃颇有微词，且反用白居易《长恨歌》结尾一句，改为“地久天长终有尽，绵绵不似无穷恨”，具有讽刺意味，这都为董、王西厢艺术形式与主题的转变起到了先导作用。

董、王二人的生活经历是相近的，所处的历史背景也有相似的一面。

在文学上，金元继承了自宋代开始的明显的俗文学与雅文学的分野传统，这注定了读者群的分化，不同的作者将为不同的接受群体服务，并从中汲取养料，运用到各自的艺术创作领域中。董、王又都生活在少数民族统治的时代，当时代表汉文化的儒士已失去自唐宋以来所拥有的那种优越地位。特别是元代，儒士问题成为元代社会的一大矛盾，大量的知识分子不能通过科举这一相对公平的竞争途径取得较高的社会地位，读书不再是谋得官位的手段，旧有的传统价值观念受到冲击。而且由于不平等的民族政策，使得门第问题重新被提到社会层面上来，因此作品中为儒生地位、境遇而鸣不平的声音显得异常激烈。余阙在《青阳先生文集》中曾提道：“夫士惟不得用于世，则多致力于文字之间，以为不朽。”因而就有一批文人将他们的才学从传统诗文中解放出来，开始关注日益兴盛的市民文化，这是市民文学艺术繁荣的一个重要因素。

在这样的历史背景下，我们看到了一个有趣的现象：在爱情故事中，才子多半是命运不济的秀才，佳人却多出身富贵门第，双方实际生活地位高下悬殊，双方真诚相爱但阻力重重，要通过不断的努力与斗争，才能最终冲破困难，完满结合。这里表达了市民阶层特有的不同于传统的道德观念。儒生受侮辱是现实的反映，因而希望有美好的结果，最终能够仕宦成名，爱情如意。这里有自我安慰的成分，是借助文学作品的人物圆自己现实中无法实现的梦想，因而这类故事在当时颇受欢迎。《西厢记》正是产生于这一时期，它的作者由于是俗文学作家而不为正统观念所接受，史传中都不曾有记载，但他们的经历与生活的氛围使他们更了解大众需要什么，也借《西厢记》说出了普遍的心声，不仅为大众所接受，也得到了当时地位低微的读书人的共鸣，他们便也不自觉地加入到故事的加工创作中来。

董、王西厢是不断借鉴前人成就的成果，这与《莺莺传》的创作基础大为不同。

董、王西厢的艺术魅力前人之述已很多，这里仅就其得失略作对比评述，以期从一个故事相近讲法的演变中探索出一些文学继承、发展的规律。

董西厢采用的艺术形式是诸宫调，有说有唱有伴奏，是一种个人性的说唱艺术，类似于后世曲艺中的鼓书，只是伴奏乐器是琵琶，而且采用不同的曲调组合。王西厢是杂剧，是舞台表演艺术，是戏曲的一种。由此决定了前者要有相当篇幅的叙述，而后者就要使场次间连贯紧凑。杂剧可以借助更多的形体语言、场景道具的更换来实现剧情的发展，而对于诸宫调来说，人物转换、情节发展则必须采用叙述手段将来龙去脉交代清楚，否则跳跃性太大，会使听众不知所云。诸宫调也可以采用说书中的设问格来突出悬念，吸引观众，这一点又是杂剧所不具备的。

董西厢有一段开场白交代作者身世，对了解董解元有所帮助，这也可能是这一艺术形式的通常格式，接下来是对张生身世的大段描述。在王西厢中开场是崔母的一段独白自叙身世，这在董西厢中开场是在张生游普救寺时从法聪和尚口中说出来的。王西厢里张君瑞一出场便将身世、旧日交游、怀才不遇之感用不长的一段唱白很顺畅地交代清楚，之后便是寺中遇莺莺，展开剧情。第一次相见便抛却了功名心，一心一意地追求莺莺了。董西厢则遵循《莺莺传》的模式，情节发展与传奇的前半段是雷同的，但在旧有空白上加以扩充，如普救寺遇莺莺这一节，描写得极为细腻，但节奏比不上王西厢。张君瑞身上带有旧日张生的影子，在第二次月下见莺莺后，“不以进取为荣，不以干禄为用，不以廉耻为心，不以是非为戒”，可见作者还是被传统的评价标准所拘泥，认为张生缺乏所谓“廉耻”“是非”之心。

在处理救寺一场中，董西厢有明显的缺陷：首先是次要人物与孙飞虎杀斗的篇幅过长，也没必要。张君瑞已托法聪捎信，却故意与长老谈禅说解教义，对崔氏母女颇有要挟的意味，而此时莺莺的心思并未表露，这样在崔母悔婚时，读者只能感到张生一方的失落，这也没有摆脱《莺莺传》的窠臼；其次在白马将军这个形象的处理上，作者完全将之塑造成一个救世主，他所对付的并非乱军而是叛军，他不只是帮助了崔家、张生、寺僧，更是为了稳固国家政权，这样处理是不必要的，使人感觉不可信、不可亲。王西厢对其有明显的修正：莺莺在月下联诗时对张生已有好感，她的主动使读者自然在一开始便把两人的命运结合在一起，也就是说在王西厢里，崔莺莺才取得了与张生平行的位置，与张生同时成为故事的主人公，而不再是元稹笔下那位极为被动的描写静物。她从一开始就在不断地与封建礼教作抗争，最终选择了心爱之人，这要比董西厢照搬《莺莺传》高明得多。

张生在董西厢中未能避免《莺莺传》中的轻佻举止，不如王西厢中的张生可爱。在借琴传情的描写中，董西厢里的张生总有些挑逗的味道，而在王西厢里读者却感觉不到，完全被双方内心真诚的交流所感动。在对待科举的问题上，董西厢的处理不尽如人意。张生应考并非是因为有人相逼，而是自身的名利心在起作用，而王西厢里的张生却令人同情，他是被迫的，这也是崔母的最后一招。董西厢使张生形象前后矛盾，就连崔母的形象也模糊了许多。这在故事性上也是不及王西厢的。

董西厢所采用的艺术方式使其失去了颇能发展剧情、展示性格的对白，而王西厢却借此丰富了人物性格，使剧情生动非凡。例如对于红娘的处理，红娘在董西厢里虽善解人意，但并未超出《莺莺传》的范围，在崔母责问时突然大义凛然，殊为突兀。而在王西厢里，红娘的戏虽然多半在对白中，但大都精彩生动，符合身份，为我们塑造了一个聪明、机智、善良、体贴而又顽皮活泼的形象，反而使她比主人公更加招人喜爱，这样在她与老夫人据理力争时方才令人信服，才可能说出那样精彩的一段话。

结尾是董、王对崔张故事改动最大的部分，但我们看到双方都有欠缺的一面。郑恒一笔二人处理得都有些牵强，但相对于董西厢极为乖谬的收笔来看，王西厢则给了崔张一个较为合理完满的结果，道出了全剧的主题："愿普天下有情的都成了眷属。"这是有其精彩动人之处的，从而在艺术上、主题上对崔张故事的加工相对于元稹《莺莺传》有了更为高明的讲述。

我们应看到王西厢之所以取得如此高的成就，不仅在于情节安排上的巧妙，也在于诗一般的语言。赵景深先生在评价王实甫与关汉卿语言风格特点时讲道："前者长于抒情，后者长于叙事，前者是诗的，后者是散文的，前者影响后来汤显祖的词藻派，后者影响后来沈璟的本色派。"

王实甫的《西厢记》杂剧得到社会各阶层的好评。作为俗文学的代表，也受到后世文人墨客的重视，明代的文学家徐渭、王世贞、汤显祖、沈璟、李贽、凌蒙初等都为其作过批校注释。明程巨源曾作《崔氏春秋序》，将《西厢记》比之为《关雎》，称赞"《西厢》之美则爱，爱则传也"。赵景深先生也在《明刊本〈西厢记〉研究》序言中评价："《西厢记》和《红楼梦》本来是中国古典文艺中的双璧。"其实，在《红楼梦》中，曹雪芹就曾借宝、黛之口对《西厢记》有所赞赏。

一个故事可以有不同的讲法，而且都可以达到高超的水平，但我们又不能不注意到一个故事在历史发展中的传承性。可以断言，没有《莺莺传》就不会有董西厢，没有对董西厢不足之处的克服，也就没有直到今天我们仍为之叹服的《西厢记》杂剧。正是这样不断地继承、发展、创新，才使我们今天有了极为丰富精彩的艺术积淀，从而才有可能创造出无愧于我们这个伟大时代的艺术精品。

谈《西厢记》中的心理揭示[①]

“王实甫比所有古典剧作家高出一筹的原因……因为他在我国说来是第一位初步懂得揭示人物‘心灵辩证法’的作手”，董每戡在评价《西厢记》的心理描写时如是说。心理描写在《西厢记》中占有很大比重，它是作者用来揭示崔、张两人性格特征的一种重要手段。这种手段在多方面得到了熟练的运用，概括起来，可分以下几种：

一、通过说白揭示人物心理

一直有评论家认为，元杂剧作家对唱词用力最工，宾白只不过是伶人的随机之语，不是作家的匠心所在。但事实是王实甫在短短几句的说白中，赋予了丰富的思想内容。在第三本第二折中，莺莺看了红娘带给她的张生表达爱恋之情的简贴，心里明明很高兴，表面上却装得十分矜持，嘴里则对红娘说：“红娘，不看你面时，我将与老夫人看，看他有何面目见夫人？虽然我家亏他，只是兄妹之情，焉有外事。红娘，早是你口稳哩，若别人知呵，什么模样?”这几句话活灵活现地道出了莺莺微妙的心理活动，这里最少有三层意思：第一，张生的回信，是她写诗去简的结果，来简又是诉衷情表恋意，正是她所盼望的，她打心眼里高兴。第二，她畏惧老夫人拘管得紧，怕老夫人知道这码事。第三，她知道红娘双重任务之一是监视她的，此刻对红娘还不敢直截了当地表明心事。同时相国小姐的身份和教养束缚着她，而她又希望红娘全力帮助她，不要说给老夫人，不要张扬出去。

① 本文发表于《济南职业学院学报》2007 年第 4 期。

因此，这段通俗明了的话，还得需要我们翻译出来，才能窥探莺莺小姐的真实思想感情：“红娘，不看你面时，我将与老夫人看，看他有何面目见夫人？”这句话实际是说：“红娘，我与张生的事，全得靠你扶助，可不能将这来简让老夫人知道，不然他有何面目见老夫人？”下面说：“虽然我家亏他，只是兄妹之情，焉有外事”，那实际是说：“我和张生虽有外事，但并非兄妹之情，这是老夫人亲口答应的。倘若老夫人知道了，也没什么，原是我家理亏了嘛！”可是话虽这么说，她心里毕竟不安，担心地说：“红娘，早是你口稳哩，若别人知呵，什么模样？”这实际是说：“红娘啊，我知道你心直口快，可千万别让别人知道呵，若不，那会成什么模样？”如此聪明伶俐的红娘，哪能不了解这番话的真实意思呢？如此温柔却又秀内慧中、不轻外露的莺莺何尝不知道只要如此说，就能使红娘完全心领神会了呢？这段道白，的确是写尽了软语搭讪、心口不一的神情心态，不能不叹服作者王实甫对人物心理活动揣摩得如此透壁。又如，解围普救寺之后，老夫人请张生赴宴，张生高兴异常，有一段美妙的独白：“我比及到得夫人那里，夫人道：‘张生，你来了也，饮几杯酒，去卧房内和莺莺做亲去。’小生到得卧房内，和姐姐解带脱衣，颠鸾倒凤，同谐鱼水之欢，共效于飞之愿”，这里的描写让人看了忍俊不禁，但把张生对莺莺的热切渴望写得跃然纸上。

二、通过唱词揭示人物心理

《西厢记》中最为经典的是《长亭送别》一折，有这样一段唱词：“恨相见得迟，怨归去得疾。柳丝长王骢难系，恨不倩疏林挂住斜晖。马儿迍迍的行，车儿快快的随，却告了相思回避，破题儿又早别离。听得道一声道去也，松了金钏；遥望见十里长亭，减了玉肌，此恨谁知？”这段是莺莺在赴长亭的途中唱的。作者寓情于物，借物抒情，从不同的具体生动的形象刻画中来展现莺莺复杂的内心世界。两个人结合才一个月，老夫人就逼着情人进京，在这即将离别的时刻，怎能不恨不怨呢？为什么不早相识相爱？为什么相见得这样晚，却分别得这样快？她痴心地望着路旁那如丝的垂柳，就想到如能系住张生的马头该多好啊！看到疏朗的树林，就希望它能“挂住斜晖”，让太阳停下不落，让他们再在一块多待一会儿。但这一切却是不可能的，只好让张生的马“迍迍地行”，让自己的“车儿快快地随”，好让自己与张生靠得近一些，两个人相随的时间多一点。辛酸的相思刚能抑止，可怕的别离又接踵而至，听谁说了声“走吧”，莺莺顿时忧心如焚，泪水潸然，“松了金钏”，“减了玉肌”。这里作者用极度的夸张和丰富的想象，一听说人走，人马上消瘦了，手腕上的金钏马上松了，表现出她肝肠欲断的离愁别恨。作者借助于天地景物、车马乃至首饰，细致入微地刻画了莺莺与张生难舍难分的气氛，描写了莺莺对未来是否能够重逢的担忧。复杂的心理感受，通过这段唱词表现得淋漓尽致。

三、通过摹写景物、酝酿气氛来揭示人物心理

第一本第三折：写莺莺在花园月下焚香祷告，倚栏长叹，叹什么呢？红娘给她点出了：“愿俺姐姐早寻一个姐夫”，在这种情况下，张生吟诗挑情，莺莺立刻吟诗和之，“料得行吟者，应怜长叹人！”意思是，我猜想你这位吟诗的公子，一定是爱恋我这长叹的小姐吧。此时可谓心有灵犀一点通，两相情爱，已是不言而喻，因此，这一夜张生归来，怎么也睡不着，唱了下面一支曲子：“对着盏碧荧荧短檠灯，倚着扇冷清清旧帏屏。灯儿又不明，梦儿又不成；窗儿外淅零零的风儿透疏棂，忒楞楞的纸条儿鸣；枕头儿上孤另，被窝儿里寂静。你便是铁石人，铁石人也动情。”通过夜晚灯昏、屏冷、风凉、屋静等清冷空寂景物的描写，生动地写出了张生和诗归来坐不安、睡不宁、辗转反侧的情景，既激动、兴奋又寂寞难耐、凄苦难诉的复杂心情，充分衬托出来了。再如《长亭送别》一折《端正好》：“碧云天，黄花地，西风紧，北雁南飞。晓来谁染霜人醉，总是离人泪。”前四句用四样有季节特征的景物，织成了一幅暮秋郊野风景画：蓝天飘浮着几朵白云，黄花堆积在地上，秋风阵阵，大雁南飞。在这萧瑟黯然的环境里送别情人，就更能勾起离情别绪。所以这四句写景，是本折戏的背景，创造出浓郁的别离气氛，衬托出莺莺痛苦哀婉的心情。末两句，以莺莺的自

问自答，进一步把客观景象与离人的主观世界融合在一起。在莺莺眼里，枫林红得那样快，又红得那样深，都是离人的血泪染成的。这样，就不但渲染了特定的环境气氛，而且给客观景物染上了主观色彩，表现了莺莺内心深处“合欢未已，离愁相继”的哀怨。一个“染”字，融情于景，形象具体，使读者仿佛看到莺莺的涟涟别泪。一个“醉”字，描绘了树叶经霜变红的程度，又见出莺莺内心为离别而痛苦的程度。

四、通过第三者的观察揭示人物心理活动

我们知道，人物有时有某些十分隐秘的心理活动，本人当时不能自觉地意识到，尤其是当他的性格弱点在不知不觉中流露出来的时候，是有些隐秘的心理活动的。而这些隐秘的心理活动，往往在本人性格成长过程中具有关键性的转折意义，有必要加以揭示，所以作者通过他人来揭示其心理活动。第三本第二折张君瑞害相思病，张生、莺莺就有这种心理活动，作者利用红娘的特殊地位揭示了他俩内心隐秘的活动。所以这一折由红娘主唱。红娘把张生给莺莺的情书，偷偷放在莺莺的妆盒儿上，自己退在一旁看着。她先看见莺莺“将简帖儿拈，把妆盒儿按，开拆封皮孜孜看，颠来倒去不害心烦”，突然她又看见莺莺“忽的波低垂了粉颈，氲的呵改变了朱颜”。汤显祖评曰：“‘只见’三句递伺其发怒次第也。皱眉，将欲决撒也，垂颈，又踌躇也；变朱颜，则决撒矣。”莺莺羞答答的低头红脸，显然是头脑中的封建意识在作怪，同时，也正是少女娇羞的自然流露，这在莺莺正是不自觉的，而在红娘却看得一目了然，莺莺的心理矛盾状态在一个十分了解她而又聪敏过人的丫鬟心目中得到了生动的揭示：“昨日个向晚，不怕春寒，几乎险被先生淆，那其间岂不胡颜”，“张生是兄妹之礼，焉敢如此，对人前巧语花言，没人处便想张生，背地里愁眉泪眼。”把莺莺冲破封建礼教前复杂的心理活动、思想斗争形象地揭示出来了。另如《赖简》一折，张生跳过墙来与莺莺会面的时候，是什么心理状态呢？也通过红娘的眼睛看出来了：“我这里蹑足潜踪，悄地听咱。一个羞惭，一个怒发。”“张生无一言，呀，莺莺变了卦。一个悄悄冥冥，一个絮絮答答。却早禁住

隋何，迸住陆贾，叉手躬身，妆聋做哑。”“张生背地里嘴那里去了”“没人处则会闲嗑牙，就里空奸诈。怎想湖山边，不记西厢下。香美娘处分破花木瓜。”张生羞惭地叉手躬身，装聋作哑的状态，莺莺的装腔作势的变卦行为，都展示在红娘面前，并且发表了评论：“莺莺不该变卦，张生不该背后闲嗑牙!”

在崔张叛逆性格的形成过程中，克服自身性格的弱点是重要一环，而这个克服的过程，又是一个发生微妙变化的过程，这种变化通过第三者的眼睛来写，是非常逼真生动的。

李卓吾称这部作品为“化工之作”，陈继儒也谓其“其文反反复复，重重叠叠，见精神而不见文字，即所称‘千古第一神物’，其然乎”，这应该不仅指人物故事，心理揭示亦是如之。

论《琵琶记》的美学贡献[①]

元人高明的《琵琶记》被誉为“南戏之祖”，自诞生以来一直在全国各地演出，盛况不衰，历代学者发表了不少评论文字，新中国成立后也十分重视对它的研究、评论，在1956年由中国戏剧家协会发起组织了历时26天的讨论会，以纪念《琵琶记》创作600周年。当时许多戏剧家、理论家、史学家如田汉、翦伯赞、尚钺、董每戡、赵景深、李希凡等人都作了发言或专题报告，可谓盛况空前。以后也陆续出版、发表了一些专著和评论文章[②]。专家、学者对《琵琶记》产生的历史背景、作者的思想倾向、剧中人物性格的得失、剧情安排的成败、戏剧语言的造诣等均作了一些有价值的探讨。尽管各位专家观点不尽一致，褒贬互见，但均为有益的学术贡献。笔者颇为喜欢该剧，也曾经发表过两篇浅陋的文章[③]，近读又有一些新的感受，聊成此文，算是对这部作品创作650年的纪念。

梁启超在《饮冰室诗话》中说：“义山集中近体的《锦瑟》《碧城》《圣女祠》等篇……他讲的什么事，我理会不着。拆开一句一句的叫我解释，我连文义也解不出来。但我觉得他美，读起来令我精神上得一种新鲜的愉快。须知：美是多方面的，美是含有神秘性的。”[④] 这是对作品的总体

---

① 本文发表于《艺术百家》2007年第1期。

② 1956年12月由人民文学出版社出版了《琵琶记讨论专刊》，1957年12月中国青年出版社出版了戴不凡的《论古典名剧琵琶记》。

③ 《浅谈高明的世界观对其〈琵琶记〉创作的影响》发表在1994年6月的《语文函授》，《莫说市朝事，功名欲逼人——高明的遭际与〈琵琶记〉中的科举描写》发表在2000年第4期《艺术百家》。

④ 梁启超：《饮冰室诗话》，时代文艺出版社1998年版，第260页。

美的感受、领悟和把握，而不追求对字句的推敲、词义的阐释，宁可失之于对具体情节优劣、人物性格成败的准确评价，而要潜心于对作品的整体美的体认、参悟与共鸣，这是值得借鉴的。所以，本文也是从整体美来对《琵琶记》进行评价。

那为什么说《琵琶记》是一部美的作品呢？它又美在何处呢？我们中华民族的传统美学思想认为，丰富多彩的生活本身就是取之不尽的美的宝库，就看艺术家有没有发现美的眼睛。庄子说："天地有大美而不言。"孔子云："里仁为美。"就是认为大自然有美，社会生活有美，人类的各种精神创造和物质创造也皆有美。四十二出的《琵琶记》向读者展示了极为丰富的生活内容：既有相府的富贵荣耀，又有贫困农家的断炊哭嚎；既有举子们赶考时的各种微妙心态，又有老人望子成龙的急切期盼；既有新婚宴尔的喜庆，又有望夫早归的焦灼；既有辞官拒婚的决心，又有皇命难违的无奈；既有无心赏月的苦境，又有咽糠遭疑的苦恼；既有兜土筑坟的壮举，又有甘心做小的通达；既有一诺千金的义举，又有丧尽天良的坑拐……总之，区区一个剧本，几乎囊括了封建社会的方方面面，道尽了人间的百态，而这一切又都是真切的社会生活的写照，没有粉饰，没有歪曲，没有吹捧。骄横的尽管颐指气使，穷困的尽管放胆哀号。社会形态如此，人情世故如此。高则诚大胆地写出了社会的真实面貌、人间的真情实感，这就是美，就是美的创造。黑格尔说："美与真是一回事。这就是说，美本身必须是真的。"① 罗丹说："在艺术中所谓丑的，就是那虚假的、做作的东西。"② 孔子也说："知之者不如好之者，好之者不如乐知者。"③ 知之，是求真的活动；好之，是求善的活动；乐之，是求美的活动。在孔子看来，人类的求真、求善、求美三种活动之间有一种有机、辨证、统一的关系。因此可以说，真与美有一种内在的、不可分割的关系。真是事物的本质，是灵魂。

---

① 黑格尔：《美学》第1卷，商务印书馆1979年版，第142页。
② 罗丹：《罗丹艺术论》，人民美术出版社1987年版，第26页。
③ 孔子：《论语》，选自《四书五经》上卷，中国书店1985年版，第24页。

一部文学作品只有勇敢地写出生活的真面目，才有美的价值，才能使读者进入审美领域，获得喜悦和满足。《琵琶记》就不仅真实地写出了元末明初的社会生活的方方面面，而且写出了各种人物思想的复杂、矛盾，既写了赵五娘对丈夫的痴情，又写了她对丈夫的疑虑、怨恨；既写了蔡伯喈难忘旧情，又写了他对牛小姐的爱慕；既写了牛丞相的刚愎自用，又写了他软弱的灵魂。这才是有血有肉的活生生的人，这才是可亲可信的文学形象。作家要塑造一个成功的文学形象，就必须挖掘出艺术形象中深层的内涵，也就是透过人物性格表层的东西看到一些更深刻的东西。这种东西就是蕴藏在人物性格深层中的丰富复杂的辨证内容，即人物性格的矛盾内容。脂砚斋批《红楼梦》中贾宝玉的思想性格是“说不得善，说不得恶”，这正是美丑互相渗透以至达到“美丑泯绝”的自然境界，也正是性格塑造达到完全和谐的最高境界。这就是严羽在《沧浪诗话》中所说的“羚羊挂角，无迹可求”的境界。实际上只有做到尊重生活原貌的“真”，才可能写出作品中的美。文学作品也只有敢于写生活的真，才可能有艺术价值和审美价值。鲁迅先生说：“至于说到《红楼梦》的价值，可是在中国底小说中实在是不可多得的。其要点在敢于如实描写，并无讳饰，和从前的小说叙好人完全是好，坏人完全是坏的，大不相同，所以其中所叙的人物，都是真的人物。总之自有《红楼梦》出来以后，传统的思想和写法都打破了。”① 鲁迅先生在此强调“如实描写”“都是真的”，确实抓住了文学创作成功的命脉。文学作品没有真，也就没有美，没有美，也就没有生命，没有存在的价值。

《琵琶记》写出了众多的形形色色各阶层的人物，之所以使人感到生动成功，令人信服，就是因为作者没有回避矛盾，自作主张地去美化一个人或丑化一个人，而是老老实实正视了生活的复杂面目、人物性格内在的矛盾，以及不断发展变化的思想感情。这种敢于睁大眼睛看真实的勇气，是难能可贵的，是《琵琶记》经历六百多年的风风雨雨而能长久演出，得到

---

① 鲁迅：《中国小说的历史变迁》，选自《鲁迅全集》第9卷，人民文学出版社1981年版，第338页。

观众首肯的原因。剧中的人物是活生生的、可信的，是从生活中来的，不是某种概念的图解或者某种主义的标签。

对于剧中的人物，以往的专家、学者看法也不尽相同，作了许多有益的评论，但也存在片面的结论。美学家朱光潜说："黑格尔辩证法的出发点是任何事物都含有本身的对立面或内在矛盾，就是这种内在矛盾在推动事物的发展。这个出发点是马克思、恩格斯所肯定的黑格尔辩证法的'合理内核'。用黑格尔的逻辑术语来说，事物本身和它所含的对立面是'正'与'反'的关系。由于正和反各有片面性，有片面性就不真实。正本身含着反，要为反所否定，反也有片面性，不能静止于反，也要为正所否定。否定不等于消灭，只有消除两对立面的片面性，使正与反统一于较高一级的肯定，这种'否定的否定'就是'合'，又叫做'对立面的统一'，这比原来各有片面性的正与反就较为真实，就有了发展。"① 黑格尔的这个"合理内核"，这种认识事物的辨证观点用于分析文学作品中的艺术形象也是有效的，也会使我们得出"较为真实"的认识。以下从对剧中主要人物的认识谈谈怎么才能较为深刻地认识剧中人物形象的美学价值。

赵五娘是剧中的主角，她含辛茹苦侍奉公婆，又千里乞讨寻夫，令人感佩、赞叹。观众大部分同情的泪水都是捧给她的。历代评论家对她多有肯定。但是也有指责，其一是说她与蔡伯喈的关系不是以爱情为基石，而是被封建礼教的夫唱妇随观念支配的结果，因而不值得赞美。实际上是在委婉地指责赵五娘是一个受旧观念支配的人，没有追求自由的进步精神。她只是封建礼教树立的一个楷模，有麻醉人民的不良作用。这种理论的根据之一是在第五出《南浦嘱别》中，赵五娘的话别的内容更多的是"只虑高堂，风烛不定"，以及担心丈夫移情的"十里红楼，休恋着娉婷"，看不到像《西厢记》中莺莺十里长亭送别的那种"眼中流血，心内成灰"的生离死别的绵绵深情。是的，赵五娘与崔莺莺不同，她没有与丈夫"待月西

---

① 朱光潜：《〈美学〉译后记》，参见黑格尔著《美学》第3卷下册，商务印书馆1979年版，第339～340页。

厢下”的经历，也没有唱出“晓来谁染霜林醉？总是离人泪”，最多也只唱出“不念我芙蓉帐冷，也思亲桑榆暮景”。赵五娘当着公婆的面为丈夫送行，更多的是嘱咐早去早回，别忘了年老双亲。这就能证明赵五娘对蔡伯喈缺少爱情吗？一棵树上没有两片相同的树叶，世上也没有完全相同的人。女子的爱情表达方式更不能是一个模子铸成的。有的外露，有的含蓄；有的善于言辞，有的羞于出口；有的装嗔假怒，有的脉脉含情。爱情的题材已经写出了几千年，今后还会写下去，只要真实，就会永远写不完、写不尽，不会重复雷同。为什么不允许赵五娘对丈夫爱得铭心刻骨，却又含而不露呢？为什么不考虑她内心各种思想的交织斗争呢？为什么不考虑她的性格特点呢？赵五娘对新婚才两个月的丈夫远走他乡是恋恋不舍的，但她有理智，知道丈夫难违父命，非走不可。在这种情况下，她如果不顾一切表示自己难分难舍，只会加重丈夫的精神痛苦，又于事无补，这能算真爱自己的丈夫吗？真知己不是应该更多地为对方着想吗？应该宁可自己忍受一切悲痛而减轻一点对方的精神负担。赵五娘尽力掩饰自己的悲痛，含而不露的表现不是更深沉的爱吗？赵五娘的理智与情感经过艰苦的反复斗争而趋于统一之后的这种表现，实际上是一种更高层次的爱情。说赵五娘以后忘我侍奉公婆，只是出于一种封建的孝道，而不是以对蔡伯喈的爱情为动力，也有失偏颇。爱屋及乌，是人人可以理解的感情。一个深情的爱着自己丈夫的女子，能不对自己丈夫的父母有孝敬之心吗？有的评论家抓住第九出《临妆感叹》中赵五娘曾唱道：“奴家一来要成丈夫之名，二来要尽为妇之道，尽心竭力，朝夕奉养。”以此来证明赵五娘对公婆尽孝只是受封建道德的支配，谈不上以为对蔡伯喈有情。这种分析人物的方法是脱离时代、忽略历史背景的思想方法。列宁说：“在分析任何一个社会问题时，马克思主义理论的绝对要求，就是要把问题提到一定的历史范围之内。”① 赵五娘是元末时写出来的一个女子，由于从宋代程朱理学倡导三从四德，到

① 列宁：《论民族自决权》，参见《列宁选集》第2卷，人民出版社1972年版，第512页。

元末，封建道德的名词术语已经广为流行，赵五娘脱口说出“为妇之道”并不奇怪。实际上，赵五娘对公婆的忘我关心疼爱，正是她对蔡伯喈爱的表现。黑格尔对这类现象有极深刻的分析，他说：“这种把自己的意识消失在另一个人身上的情况，这种忘我无私的精神（只要凭这种精神，主体才会重新发现他自己，才真正实现他的自我），这种忘我精神（由于忘我，爱情的主体不是为自己而存在和生活，不是为自己而操心，而是在另一个人身上找到自己）就形成爱情的无限性。……爱情在女子身上特别显得美，因为女子把全部精神生活和现实都集中在爱情里和推广成为爱情，她只有在爱情里才找到生活的支持力。”① 黑格尔这段话说得多好，简直像给赵五娘的爱情做的专论。赵五娘的忘我无私精神，不正是她这个爱情主体不是为自己而存在和生活，而是在另一个人——蔡伯喈身上找到了自己，因而她也在这种忘我的奉献中实现了自我，找到了自己生活的支持力。她这种感情就“特别显得美”，就有了可贵的美学价值。

蔡伯喈是剧中另一个主角，剧中的一切情节均围绕着他而发生。历代对他的评价不一，总起来看他不如赵五娘获得的赞誉多，不过他因为中状元、当贵婿之后能不忘赵五娘和双亲，所以也得到了某些宽恕和谅解。但是许多评论家对他再娶牛小姐不满，说他不能拒婚到底，表现了知识分子的软弱性，灵魂深处仍有趋炎附势的倾向，尽管婚后有些痛苦。

马克思说：“人的本质不是单个人所固有的抽象物。在其现实性上，它是一切社会关系的总和。”② 黑格尔也说：“每个人都是一个整体，本身就是一个世界，每个人都是一个完满的、有生气的人，而不是某种孤立的性格特征的寓言式的抽象品。”③ 蔡伯喈不是某种概念的标本，他是社会关系的总和，他就是一个世界。他依恋父母，又想博取功名；他心爱五娘，也喜欢牛小姐；他渴望返乡省亲，又留恋富贵荣耀；他恃才傲物，又屈从权贵。

---

① 黑格尔：《美学》第2卷，商务印书馆1979年版，第327页。

② 马克思：《关于费尔巴哈的提纲》，选自《马克思恩格斯选集》第1卷，人民出版社1972年版，第18页。

③ 黑格尔：《美学》第1卷，商务印书馆1979年版，第303页。

总之，他是一个说不上好也说不上坏的人，一个充满了矛盾的复杂的活生生的人，这个人物形象成功也就成功在这里。作者尊重生活，忠于生活，老老实实地写出了一个可信的真实的人物。这个人物不是某种观念的产物，也不是某种理想的图腾。正如曹雪芹写贾宝玉痴恋林黛玉，但见了宝钗的玉臂也会忘情一样的真实可信。没有读者因为贾宝玉吃过金钏的口红，与袭人初试云雨情而怀疑他对林黛玉的真情。同样，蔡伯喈再娶牛小姐，也不等于对赵五娘忘情。生活是复杂的，人更是复杂的，好的作品就在于洞察了这种复杂并准确地表现出这种复杂，虽然这种复杂有时是一种严酷的复杂。别林斯基说得好："新作品的显著特色在于毫无假借的直率，生活表现得赤裸裸到令人害羞的程度，把全部可怕的丑恶和全部庄严的美一起揭发出来，好像用解剖刀切开一样，难道还有什么可奇怪的吗？我们要求的不是生活的理想，而是生活本身，像它原来的那样。不管好还是坏，我们不想装饰它，因为我们认为，在诗情的描写中，不管怎样都是同样美丽的，因此也就是真实的，而在有真实的地方，也就有诗。"① 蔡伯喈这个人物形象自身充满了矛盾，又几乎成了全剧一切矛盾的交会点。他的言与行、表与里充满了矛盾。我们每个人又何尝不充满了矛盾？因此蔡伯喈这个人物是真实可信的。"我们要求的不是生活的理想，而是生活本身"，蔡伯喈这个人物像生活中真实的人一样复杂而难以说清楚，这个形象树立起来了，成功了，这就是作品的成功。因为"在有真实的地方，也就有诗"。高则诚又一次把我们引入了美的殿堂，让我们得到了美的享受。

高则诚受指责最多的地方，就是他把传说中"贤惠的五娘遭马踹，五雷轰顶是那蔡伯喈"的结局改为大团圆的结局，在笔者以往的文章中，也曾对这一点进行过批评。大多数评论者认为，这是高则诚受地主阶级的阶级局限，有意回避社会矛盾，美化封建伦理纲常，因而是最大的败笔。董每戡先生在他的《琵琶记论》中说："高则诚属于地主阶级出身的士大夫，

---

① ［俄］别林斯基：《论俄国中篇小说和果戈理君的中篇小说》，《别林斯基选集》第1卷，人民文学出版社1958年版，第150页。

思想认识就被这个当时的社会现实局限住了，所以写出了调和矛盾而为今人所反对的团圆结局来，确是思想落后。”① 董每戡先生的这段话中承认团圆的结局是作者被“当时的社会现实局限住了”，这种观点今天看来对高明太苛责了。每个人生活在一定的社会环境中，都会受到这个环境的局限，高明不是思想先哲，他只是如实地写出了“当时的社会现实”。牛小姐面对娶过前妻的蔡伯喈，而前妻又十分忠诚贤惠，她能走的路只有一条：承认事实，尊重赵五娘，才能赢得丈夫的心，才能得到真爱，才有幸福可言。勉强用权势驱赶了赵五娘，甚至杀害了赵五娘，她能得到什么呢？她得到的只有憎恶，而无丝毫爱情，实际上就毁了她自己的一生。作为一个有较高文化教养、有理智的千金小姐主动劝说父亲容纳赵五娘，而牛丞相为了唯一的女儿的幸福也接受了赵五娘，因而皆大欢喜，有何不好？随着年龄的增长，随着对问题看法的改变，通过反复阅读作品，又有了不同于以往的观点。生活是丰富多彩的，人物也是各种各样的，艺术形象也应该是色彩纷呈的。作品中有什么样的人物性格，根据他们性格发展的必然，就会出现一些必然的情节。剧中有了蔡伯喈、赵五娘、牛小姐各种性格的人物，就会出现剧中一连串的情节，就会出现这个必然的大结局。这个结局是人物性格发展的必然，是真实可信的。有人说牛丞相转变太快，缺乏一个过度，但思想斗争的激烈和转变不也是以时间的长短来衡量的。伍子胥过昭关不也是一夜须发皆白吗？

综上所述，可以看到《琵琶记》不是宣扬忠孝的故事，也不是提倡一夫多妻，而是一首美的赞歌。几代人从不同角度的评论都忽略了对作品总体美的把握。《琵琶记》中各色人物各有各的矛盾、冲突和痛苦，正因为如此，才有了人生的意义，才有可生存的价值。假如人生像一杯温开水，不凉不热，生活无追求、无挫折、无希望，没有波澜起伏，没有柳暗花明，没有喜怒哀乐，生活还有意义吗？《琵琶记》中充满了复杂而又丰富的生活场景，人生的悲欢离合，正像一支优美的交响乐中布满了高低、急徐的音

① 董每戡：《五大名剧论》上卷，人民文学出版社1984年版，第275页。

符，演奏下来就给人以美的享受。《琵琶记》的美来源于它的真，它表现了生活的真，人物思想感情的真。庄子说："真者，精诚之至也。不精不诚，不能动人。"①《琵琶记》的这个"真"的重锤击中了人类审美的这根弦，所以动人，获得了成功。美是人的本质力量的对象化，美是人类主观精神与客观世界的关系中所感受到的和谐，是人类在这种特定的和谐境界中对于自我生存和生存超越的愉悦。文学，就是人类自我审视、自我超越的产物。文学美则是人通过文学形象而获得的自我审视、自我超越的心灵愉悦。我们在欣赏《琵琶记》的整个过程中，不断地强烈地感受到自我的人格力量，确信自己的深邃的目光，透视事物本质的能力，从而对自我价值有了确认，甚至把自己的审美理想投射到作品中去，把作家原来未意识到的东西上升为自觉的充分意识到的东西，实现审美的再创造，此时也就又使自己的审美理想有了更高的追求，发生了质的飞跃，从而获得了自我超越。此时，我们获得了本质意义上的生存愉悦，这是人生最大的欢乐。《琵琶记》就给了我们这个欢乐，我们应该感谢高则诚为美学做出的贡献。

① 〔战国〕庄子：《渔父》，《诸子集成》第3册，上海书店1986年版，第446页。

莫说市朝事，功名欲逼人[①]

——高明的遭际与《琵琶记》中的科举描写

自《琵琶记》问世以来，对其主题就一直争论不休，事实上，这部作品思想确实是比较复杂的。在20世纪50年代，刘继祖先生就提出要把作家写什么和为什么写联系起来考察，以进一步探讨作品的主题。本文不讨论作品的主题，而是就刘先生指出的方向来考察高明的遭际与他在作品中对科举的否定是有关联的。

高明，字则诚，瑞安（今浙江瑞安）人。他出生于一个懂得诗礼的地主之家，父亲高功甫早死，祖父高天锡、伯父高彦都是诗人。《瑞安县志》载高明："居崇儒里，性聪敏，自少以博学称。"《苏仲平文集·郑璞集·序》赞曰："高君之文，根抵六经，出入子史，则渊源风雅，沉浸《骚》《选》，莫不理到而辞达，气充而韵胜，味隽而光洁"，"一时名公卿皆慕与交"。由此可见，年轻时的高明对经史子集颇有研究，诗文名盛一时。而且，中国封建社会中居于正统的儒家思想在年轻时的高明的思想中占据主导地位，胸怀拯救苍生之志，他曾"一日叹曰：'人不专一经取第，虽博奚为?'乃自奋读《春秋》，识圣人大义"，并要"几回欲挽银河水，好与苍生洗汗颜"。"入世"思想非常明确。当然，高明要实现自己的抱负，唯一的道路就是科举入仕。但高明在这条路上走得好辛苦，以至于由年轻时对科举入仕的狂热渐渐地厌恶而最终又要坚决地退出了。

蒯伯赞在《〈琵琶记〉的历史背景》一文中指出："蒙古统治者对于中

---

① 本文发表于《艺术百家》2000年第4期。

国各族人民不仅以一个支配阶级出现，而且也以一个支配种族出现。为了巩固他们的种族支配，蒙古统治者一贯推行种族歧视政策。”他们把全国人分为四等：蒙古人、色目人、北人、南人（指南宋统治区的人民），并且根据职业不同把人分为十等：一官、二吏、三僧、四道、五医、六工、七猎、八民、九儒、十丐。当然，南人中的知识分子是最被轻贱的。为了拒绝这些知识分子参与政治，元蒙统治者停止了科举，一直到仁宗延祐二年（1315）才下诏定科举之制，到顺帝至元元年（1335）又停科举；至至元六年（1340）各地暴动蜂起，为缓和反抗、笼络知识分子才又恢复。程千帆先生说：元朝停止科举，在知识分子中有两种反响，“第一，感到没有机会参加到统治者的行列里而气愤；第二，对科举看得淡薄，尤其到了元朝末年感到不出来做事也好”。这两种反响似乎在高明身上都有反应。他空有满腹诗学，然而无进身之路，理想不能实现，他所能做的只有与朋友往来唱和，寄情山水—

闭门春草长，荒庭积雨余。
青苔无人扫，永日谢轩车。
清风忽南来，吹堕几上书。
梦觉闻啼鸟，云山满吾庐。
安得秒中散，尊酒相与娱。

——《柔克斋集·赋幽愉斋》

至正四年（1344）高明中举，第二年（1345）中进士，从此已届不惑之年的高明才走入仕途（戴不凡先生推定高明生于1305年），开始了他磕磕绊绊的十年（戴不凡的观点）的官宦生活。

据《瑞安县志》载，高明中第后“授处州录事，有能声。时监郡马僧家奴贪暴，明委曲调护，民赖以安。既去，民立去思碑，刘基为文记之。辟江浙省掾吏，从参政樊执敬核实平江圩田，得蠲租米无征者四十万石。改调浙东阃幕四明都事，凡狱囚无验者，悉讯遣之，操纵允当，囹圄一空，郡称为神”。赵汸《东山存稿》也称其“学道爱人，治教具修。……儒生称其才华，法吏推其练达；而君亦雅以名节自励，公卿大夫咸器君行能。每他掾有故，辄兼其事。君稽典册，定是非，酬应如流”。这一切都证明：高明是一个有才能、有智慧、有魄力、有影响的为民拥戴的好官，他的作为也在实践着他的理想。但是，元末社会动荡不安、黑暗不彰、等级森严，他这个第四类中的九等人，又做的只是小官，因此，刚直不阿、公正廉明不但没给他带来好运，反而使其陷入困境，与当权者格格不入，不断发生摩擦，而恃才自负、性格耿介的他不愿折腰媚事权贵，“意所不可，辄上政事堂慷慨求去”，这种由热衷仕途功名而“慷慨求去”应源于作者对现实黑暗的认识，源于他倔强的性格，或许还有程先生所说的第二种反响，总之，他后悔了，“岁晚仲宣犹在旅，年来伯玉自知非”，他认为“人生万事空浮沤，走舸复壁皆堪羞”，科举功名还“不如煮茗卧禅榻，笑看门外长江流”。但他仍以清廉自励：“久拼华发添青镜，未许淄尘上素衣!”

值得一提的是，至正八年（1348），方国珍在浙东起义，因高则诚是温州人，熟悉情况，江浙行省命他担任平乱统帅府的“都事”，而江浙行省平章政事达识帖睦迩很欣赏则诚的才干，“一见明欢然”，但由于统帅朵儿只班主张进剿，高明主张招抚，“议事不合”，高明的倔强劲又上来了，从此“避不治文书”。这一时期应是高明思想斗争最为激烈的时期，也完成了他思想由“入世”到“出世”的转折。他曾苦等科举二十年，曾举步维艰地与环境抗衡，曾感受过“南人”“九儒”的屈辱，曾想“致君尧舜上，再使风俗淳”，曾想“厚人伦，美风化”……无情的现实击碎了他所有梦想，他开始清醒地认识到：在这个时代，科举功名给人带来的是灾难。他看破了红尘，无可奈何，只有借诗来抒怀——

曾向天涯钓六鳌，引帆风紧隔银涛。
江山有恨英雄老，天地无情雨露高。
七国游谈厌犀首，十年奔走叹狐毛。
争如蓑笠秋江上，自脍鲈鱼买浊醪。

——《次韵酬高应文》

功名利禄又有什么意义呢？他劝诫友人“人生温饱不足多，莫羡东家著绫罗”，他还说“如此江山足行乐，莫将尘土污儒冠”，并厌恶政事，“莫说市朝事，功名欲逼人”，他更加向往谢朓和陶渊明的生活：“独与谢公诗句好，至今山色征余晖”，“孤松三径依旧在，童仆正迟陶渊明”，他要追随他们而去了。

后来，方国珍归顺后曾强留则诚于幕下，但他“力辞不从”，“又以礼延教子弟，亦不就”，即使“明太祖即位，闻其名，使使征之，佯狂不出，帝不复强”。

顺便再提一下高明交往的人，他们大多是隐逸之士，不信科举，不愿为官，这对高明的归隐也会产生影响，现列举几人：

赵汸，《明史》：“鸡初鸣辄起，澄心默坐，由是造诣精深，诸经无不通贯……”

倪瓒，《明史》：“工诗，善书画，四方名士日至其门。……张士诚累欲钩致之，逃渔舟以免。”

徐舫，《明史》：“行省参政苏天爵将荐之，舫笑曰：‘吾诗人耳，可羁以章绂哉！’竟避去。”

张天英，《元诗选三集》：“酷志读书，二十年穿贯经史。征为国子助教，雅不好趋谒。再调，不就。”

……

《东山存稿》说，高明归隐后，在一次聚会上他“笑谓座中曰：‘前辈谓士子抱腹笥、起乡里、达朝廷、取爵位如拾地芥，其荣至矣，孰知忧患之始乎！余昔卑其言，于今乃信。虽然，余方解吏事归，得与乡人子弟讲论诗书礼义，以时游赤城、雁荡诸山，俯涧泉而仰云木，犹不失吾故也”，如此看来，高明彻底放下了思想包袱，可谓大彻大悟了。

归隐后，高明“旅寓鄞栎社沈氏，以词曲自娱”。

以上是我们看到的作家生活上的变化，正是在这个变化的道路上，高则诚对当时的社会生活有所领悟，这就是他体验生活的材料，包括他个人的遭遇、感受和体验，他积累了好多要说的话，下面我们就看一下在《琵琶记》中作家是怎么说的。

《琵琶记》虽然是大团圆的结局，然而在全剧中却始终笼罩着悲剧气氛。作品中有“三不从”的情节，蔡伯喈不应试，父亲不从；蔡伯喈不允婚，丞相不从；蔡伯喈不为官，皇帝不从。正是这“三不从”导致了蔡家的悲剧。其中丞相招婿是悲剧的决定性因素。但招婿的前提是什么？是蔡伯喈中了状元，因此科举是造成蔡家悲剧的前提，因此作家对科举做了彻底的否定，因为作家认为“爵位”乃“忧患之始”，蔡家的“忧患”也自考取“爵位”开始的。

作品从两个方面对科举进行否定，一方面是通过夸张的手法对试官与举子进行强烈的讽刺，来否定科举；另一方面是让两个热衷科举的人——蔡公和张广才，最终也否定科举。

先看考试的内容：“第一场做对，第二场猜谜，第三场唱曲”（第八出试官的话），这种考试科目能选出真正的人才吗？

再看考官：

> （净）妙哉！三场都好，是个真秀才，且就一边伺候：落得喜过来！我也唱只曲儿，你钾后一句。
>
> 〔北幺篇〕（净）看你的胸中无所有，一袋腌月赞臭，若还放出来，见者都奔走。你押下韵！（丑）把与试官来下酒。

这里对试官的讥消刻骨入微，嘲讽鞭挞，入木三分，试官面目可憎，令人作呕。第八出中，堂堂试官，竟也说出这样浅薄无聊但知满足口腹的话：

> 〔仁北清江引〕（净）长安富贵真罕有，食味皆山兽，熊掌紫驼峰，四座馨香透……

就是这样腹内空空、不学无术、目盲鼻瞎的试官，他们能分辨得出贤愚吗？当然，高则诚在这里是有夸张，他是想通过夸张讽刺让人们了解，科举不是人们想象中的那样公正威严，更不代表着学识和才干，人们还是远离科举为好。

再看考生：

> （末）呀！且住。只是抄旧了。（净笑介）我前日三场文字，都抄了别人，难道一首旧诗倒抄不得？（末笑介）毕竟要求自做。

（净）也罢，我就胡诌一首，与列位一笑。（念介）赴选何曾入棘闱？此身未拟着荷衣，三场尽是倩人做，一字全然非我为；自笑持杯贪饮酒，却愁把笑怎题诗！有人问我求佳作，（众）如何回答他？（净）问我先生便得知。

这里也把一般举子虚有其表的本来面目剥露出来，真是嬉笑怒骂皆成文章。这里对科举中试官与举子的讽刺与揭露，丝毫不逊色于几百年后出现的《儒林外史》。作者对科举本来面目鞭辟入里，撕破了其神圣威严的面纱，鞭挞得体无完肤，可谓痛快淋漓。

另一方面，作品写了原本热爱拥护科举的两位老人对科举进行了最终的否定。

当蔡伯喈不愿抛下年迈的双亲和新婚的妻子赴京赶考时，醉心于科举功名光宗耀祖的蔡公劝说儿子：

萱室椿庭衰老矣，指望你改换门闾。孩儿，你道是无人供养我，若做得官来时节呵，三牲五鼎供朝夕，须胜似啜菽并饮水。你若锦衣归故里，我便死呵，一灵儿终是喜。

蔡家的乡亲、热心的张太公也认为伯喈应去应考，希望伯喈“十年身到凤凰池”，并允诺帮助照顾蔡家，以解除伯喈的后顾之忧。

但是现实要比梦想残酷得多。蔡伯喈金榜题名，可是，他不但没有光宗耀祖，而且连最起码的对父母家庭的赡养责任也没有尽到，致使父母受尽痛苦，双双饿死；妻子饱受磨难，投井欲尽。高明让事实说话，科举题名没有光耀门庭，却使蔡家家破人亡，使伯喈陷入“生不能养，死不能葬”的不孝境地。

为了使作品更有力地说明“爵位”乃“忧患之始”，高明安排最迷信科举的人在残酷的现实面前觉醒。蔡公在临死前，交代张太公说：“张太公，我凭你为证，留下这条拄杖，待我那不孝子回来，把他与我打将出去。”作者的这一安排真可谓力敌千钧，用董每戡先生的话说就是：“与其说蔡公要用拄杖打蔡伯喈，不如说他是要用拄杖打科举制度。”连最信奉科举的人都要打科举了，这种否定力量自然无与伦比。

而张太公目睹蔡家一步步走入绝境，自己承诺在先，但也回天乏力，血泪的事实、生命的代价终于惊醒了他曾有过的美梦：

你不须提起蔡伯喈，说着他每忒歹！（丑云）呀，他有甚歹处？（末）他中状元做官六七载，撇父母抛妻不采。（丑云）他父母在那里？（末）兀的这砖头土堆，是他双亲在此中埋。

张太公的愤怒溢于言表，而且他还说："他生不能养，死不能葬，葬不能祭，这三不孝，逆天罪大，空设醮，枉修斋。"这就近乎怒骂了。因此，陈眉公评曰："全传都是骂，余俱包藏骂，此独真骂。"

胡铨：名高北斗上，身堕瘴海间[①]

大雪纷飞，北风怒吼，老天也像在为胡铨鸣不平。他就要上路了，到一个边远荒凉的地方。妾就要临产，胡铨本想推迟几天，等婴儿平安降生再放心地离开。但狠毒的秦桧却派人送来沉重的刑具，催胡铨启行。胡铨披枷带锁，看着挺着大肚子、泪如雨下、悲痛欲绝的妾，他黯然神伤，默默无语，咬咬牙，转身走出了家门，走入了风雪中。寒风吹得他须发飘飘，雪白的大地上留下了两行深深的足印。走出好远，还能隐约听到妻妾声嘶力竭的哭叫声。

胡铨获罪于一纸奏书。

一、“可与日月争光”的奏疏

臣谨案：王伦本一狎邪小人，市井无赖。……天下之人，切齿唾骂。今者无故诱致敌使，以诏谕江南为名，是欲臣妾我也，是欲刘豫我也。

……

伦之议乃曰：“我一屈膝，则梓宫（徽宗的棺柩）可还，太后可复，渊圣可归，中原可得。”呜呼！自变故以来，主和者谁不以此说啗陛下哉？然而卒天一验，则之情伪，已可知矣。陛下尚不觉悟，竭民膏血而不恤，忘国大仇而不报，含垢忍耻，举天下而臣之，甘心焉。就令敌决可和，尽如伦议，天下后世谓陛下何如

---

① 本文收录于《中国清官的归宿》，齐鲁书社 1999 年版。

主也？况敌人变诈百出，而伦又以奸邪济之，则梓宫绝不可还，太后决不可复，渊圣决不可归，中原决不可得。而此膝一屈，不可复伸，国势凌夷，不可复振，可为恸哭流涕长太息矣！

……

虽然，伦不足道也，秦桧以腹心大臣而亦为之。陛下有尧、舜之资，桧不能致君如唐、虞，而欲导陛下为石晋。……有识之士皆以为朝无正人，吁，可惜哉！

顷者孙近附会桧议，遂得参知政事。天下望治，有如饥渴，而近伴食中书，漫不敢可否一事。……

臣备员枢属，义不与桧等共戴天日。区区之心，愿斩三人头，竿之藁街，然后羁留虏使，责以无礼，徐兴问罪之师，则三军之士不战而气自倍。不然，臣有赴东海而死尔，宁能处小朝廷活耶！

这就是胡铨写于绍兴八年（1138）十一月的《戊午上高宗封事》，一个在中国历史和中国文学史上非常著名的奏疏，一个被朱熹称为“中兴第一，可与日月争光”的奏疏。

靖康二年（1127），在东京的宋朝皇室全被南侵的金兵掳走，只有康王赵构领兵在济州得以幸免。五月，赵构到南京（商丘）称帝，即宋高宗，改年号为建炎，这便是历史上南宋的开始。

高宗即位后面临的首要问题，一如徽宗、钦宗一样，对待金朝，是战，是和，还是投降？在这个问题上，宋朝的皇帝都得了软骨病，高宗亦不例外。他放弃了一次次恢复江山社稷的良机，多次在宋军大胜的情况下委曲求和；他罢免了一个个主张抗战的官员，镇压了一次次如火如荼的人民群众的抗金斗争；在金军的追击下，他的“拿手好戏”就是惊慌失措地逃跑，反正地面还很大，还有可逃跑的地方，实在没地方去了，那就逃到海上，而且千里迢迢地把都城从南京搬到了临安。这还不够，还一而再再而三恬不知耻地向金朝摇尾乞怜：“今以守则无人，以奔则无地，此所以朝夕諰諰。然惟冀阁下之见哀而赦己也”，“前者连奉书，愿削去旧号，是天地之间，皆大金之国而尊无二上，亦何必劳师远涉而后为快哉！”其卑躬屈膝的面目，令世人鄙视和耻笑。

终于在绍兴七年（1137）十二月，被派往金朝求和的王伦给高宗带来了天大的喜讯：金同意求和。高宗朝思暮想，终于盼来了这一天，他大喜过望，厚赏王伦，并表态：只要金朝许和，一切条件均可以接受。高宗感到非常欣慰，他认为从此之后再也不用为逃跑而寝食难安了，从此可以高枕无忧安享太平了。绍兴八年（1138）三月，高宗任命秦桧为右相，加紧做好投降的准备工作。宋朝又一次上演了在军事上获胜的情况下反倒向金求和的一幕，这里面，秦桧“功不可没”。七月，王伦再次去金商议地界，高宗、秦桧主张：只要许和，地界划到哪里都可以。以高宗看来，人家金同意议和已是高姿态了，投之以桃，报之以李，宋理应有所表示。再说，宋朝有的是大片锦绣河山，干吗要那么小气，金朝随便划就是了，最后总得给我高宗留一立锥之地。

高宗此时完全听命于秦桧，没有认清金国的狼子野心。可是，宋朝的抗战派官员头脑清醒，他们纷纷上书反对议和。面对这种情况，为了控制住高宗，秦桧单独面奏高宗：“若陛下决欲讲和，乞陛下英断，独与臣议其事，不许群臣干预，则其事乃可成。”高宗糊里糊涂地当即表示：“朕当与卿议。”并让秦桧独揽相权，更进一步加紧讲和。十月，金朝江南诏谕使来宋，要高宗跪拜接受诏书，并称宋为江南，不称“通问”而称“诏谕”，至此，金朝所谓“和议”的实质昭然若揭。这又一次激起朝野上下反对投降的浪潮。

抗战派将领张浚连续上书五次，强烈反对议和；韩世忠奏请愿在金朝兵力最强之处与金兵决一死战；岳飞奏称“金人不可信，和好不可恃”，指责秦桧“相臣谋国不臧，恐遗后世讥”，枢密副使王庶建议“深戒前辙”，“与中外知兵大臣谋长久保邦之计”；礼部侍郎曾开更指出，金朝同意议和，并不是高宗屈己所得，而是为军民坚决作战所迫。遗憾的是，秦桧大权独握，排挤抗战派，控制反和言论，不惜使用一切手段，一意议和。

绍兴八年（1138）十二月，秦桧代表高宗跪拜金朝诏书，签字画押。宋朝成了金的臣属。

胡铨的“请斩三人头”的奏疏是群臣中语言最为犀利的一篇，“横厉振发，若决江河而下，若引星辰而上，近古以来，不多见也。因其忠义之所奋发，亦涵千古之心，盖一世之气”。奏疏如一石激起千层浪，极大地鼓舞了广大人民的抗敌爱国斗志，使“勇者服，怯者奋”，自文人学士至“武夫悍卒，遐方裔士，莫不传诵其书，乐道其姓氏，争愿识面”。连金人亦以千金募其副本，读之为之变色，连称“中国有人”。直至三十年后，金使至宋，还问起胡铨现今如何。孝宗继位后，太上皇赵构拿出胡铨的奏疏与孝宗把玩良久，称赞其词意精切，笔法老成，英风意气，凛然飞动，并说要留传后代。

但在当年，对高宗、秦桧而言，奏书无疑如冷水浇背，当头棒喝，他们惊恐震怒，完全没有想到一个36岁的小小的枢密院编修官竟敢口出狂言乞斩丞相，竟敢不把丞相乃至皇帝放在眼中，并且造成如此强烈的反响。他们当然不能等闲视之，特别是奏书矛头所指的秦桧更不可能置若罔闻，他们一再播告中外，为自己辩解，污蔑胡铨“狂妄凶悖”“鼓众劫持”，将胡铨除名，编管昭州，并将刻版传诵奏书的人或贬谪或流放。但出乎高宗、秦桧意料的是，对胡铨的处置使朝野上下为之哗然。主战派官员纷纷上书为胡铨鸣不平，一时民怨沸腾。眼看众怒难犯，也怕相位不保，秦桧无可奈何地降胡铨监广州盐仓，一个荒凉边远的地方。但阴险狡诈的秦桧不会就此善罢甘休，他心里暗藏着腾腾杀气，等待下手的时机。

一纸奏疏使胡铨的名字家喻户晓，妇孺皆知。秦桧要置胡铨于死地，却同时也成就了胡铨的美名，名臣张浚说：“秦太师专柄十九年，只成就得一胡邦衡。”当然，奏疏也成为胡铨个人命运的最大转折，从此之后的一贬再贬也都来源于这个奏疏。

胡铨奏书中所表现出的清醒的政治头脑、透辟的形势分析、严密的逻辑思维、勇敢无畏的个性，绝不是偶然的。

二、最坚定的抗战派

胡铨自幼刻苦读书，博闻强记，才智过人，志向高远。但是，自胡铨记事起，北宋就一直处于一种萎靡不振的状态：社会动荡不安，农民起义此起彼伏，起初向辽称臣纳贡，继而金又对宋虎视眈眈，徽宗一味妥协退让，统治集团内部尔虞我诈。民族危难而君暗臣庸的现实激发了少年胡铨的报国之志。

宣和三年（1121），二十岁的胡铨参加太学考试，文才受到博士们的普遍赞赏。靖康二年（1127）四月，在金军的南侵中，北宋宣告灭亡。胡铨受爱国心的驱使，多次参加民间反对金朝的自发的斗争。在与金作战中，广大爱国官兵所表现的英雄精神和民族感情给了他莫大的鼓舞。在斗争实践中，逐渐磨炼造就了他抗敌报国的壮志和刚直果敢的性格，使他此后无论在何种环境中都能保持清醒的头脑，成为一名最为坚定的抗战派。

建炎二年（1128），高宗在临时驻地淮海开科举，胡铨在他洋洋万言的对策文章中指陈天下大弊，“今陛下起干戈锋镝间，外乱内讧，而策臣数十条，皆质之天，不听于民”，“今宰相非晏殊，枢密、参政非韩琦、杜衍、范仲淹”，等等，很有见地。本应拔其为第一，但有人忌讳这种直率的不留情面的言论，便授为第五。胡铨的性格使他根本没有把这件事放在心上，更没有因这件事改变自己言事的方式。中进士后，他被任为抚州军事判官。但还未上任，金兵又举兵来犯。建炎三年（1129），胡铨家乡吉州被攻破，太守扈从太后逃难，由胡铨代摄吉州军务。年轻的胡铨怀着一种强烈的民族感情，积极招募乡丁，组织百姓协同官军御敌，并在战斗中表现出较为出色的军事指挥才能，最终坚持到金兵退走。这次的经历更坚定了胡铨的认识：对待金军，不能投降，只要坚持斗争就能取得胜利。胡铨因守土有功，赏转承直郎，摄吉州判官。不久，其父逝，胡铨居乡守丧。

守丧期间，他潜心跟从乡先生萧楚学习《春秋》，但看到社会动荡、政治颓废、民众挣扎于水火之情，心急如焚，痛心疾首，多次上书执政者，指责时弊，为民请命。如《与吉守李侍郎》《上张丞相》《与吉守李宝文》等，表现出时刻关注国家政治和民生疾苦的爱国爱民精神。当然，他最为关注的是国家生死存亡的命运问题。此时，金灭宋的方针已定，高宗的“攘内安外”的方针也已确定，只是碍于举国上下的抗金热潮，所以他采取用投降派打击抗战派的方法推行其投降路线。胡铨是最坚定的抗战派，虽然这时他不能直接参与国事，但他时刻注视着事态的发展，并积极上书，献计献策。每当夜深人静时，他都秉烛而书，上书执政者，主张早定抗战大计，决策北向，并要“痛矫天下之大弊”，使国家有“不可胜之备”……他常常写着写着，心潮起伏，摩拳擦掌，恨不能立即奔赴前线，痛杀敌寇，使国家太平，人民安居乐业。就这样，胡铨度过了无数个不眠之夜，经历了三年的寒来暑往。

守丧期满，胡铨回朝任枢密院编修官，抗金立场依然坚定如初。

虽然高宗几次派人与金朝谈判，但仍是一边议和，一边防守。真正对金一味求和不事防守的投降主义是从秦桧开始的。徽宗、钦宗被俘后，女真贵族要宋朝遗臣推立张邦昌为傀儡皇帝，秦桧反对，所以在靖康二年（1127）被金人捉去，从此他由反对向金割地投降变成金为了吞食宋而安插在宋朝的内应。秦桧南返后，便送给高宗两份见面礼，一是“南人归南，北人归北”，二是一份致金国的求和书。高宗竟鬼使神差地认为他“忠朴过人”，自己又“得一佳士”，甚至高兴得晚上睡不着觉。他却没有想到，正是这个“忠朴”之人要领着他的手一步步走上绝路，也正是这个“忠朴”之人把他赵宋大片大片的壮美山河拱手送给别人。吏部大臣晏敦复曾忧虑地说秦桧是“奸人相”，高宗却视其为股肱之臣，死心塌地地被他牵着鼻子走。

胡铨容不得与金议和，犹如眼中容不得沙子。他怎么可能眼睁睁看着秦桧蒙蔽高宗去投降而无动于衷呢？他大声疾呼：杀秦桧以谢天下！可悲的是，“才与时违，动即摧折”，德才兼备的人被弃置不用，卑劣龌龊的小人却大行其道，高宗信用奸佞的秦桧，却放逐忠直的胡铨！胡铨只能感叹生不逢时。

三、历尽磨难，初心不改

秦桧对阻碍他议和进程的抗战派恨之入骨，他要把他们一一除去。翻开《宋史·秦桧传》，一股血腥气扑面而来。

岳飞，在抗金战斗中屡立奇功，使敌人闻风丧胆，32岁时便建节封侯，这在宋朝的历史上是从来没有的。但岳飞视功名如尘土，总想“直抵黄龙，与诸君痛饮”，向往着能够“驾长车，踏破贺兰山缺”，“待从头，收拾旧山河”。这当然与秦桧的政策背道而驰。而且金国密告秦桧：“你朝夕请和，岳飞却正想图北，必杀岳飞，才可议和。”金朝已下达“最后通牒”，秦桧当然唯命是从。绍兴十一年（1141）九、十月间，秦桧以莫须有的罪名将岳飞捕入狱中，旋即杀害。人们听到岳飞遇难的消息，“天下之冤，闻者流涕”。秦桧虽得逞于一时，但也将自己钉在历史的耻辱柱上。在杭州古木森森的岳庙内，秦桧、王氏、张俊、万俟卨将永远跪在岳飞墓前，被后人唾骂！

秦桧在他的“一德格天阁”里写上胡铨的名字，“必欲杀之而后快”。胡铨被谪后，并没有因此而折掉锐气。他继续与一些志趣相投的朋友，往来唱和，痛责秦桧，指斥时弊，纵议国事。当时的秦桧势如烈焰可炙，邀宠者纷纷效仿秦桧，为抗战派罗织罪名，作为自己进身之梯。绍兴十二年（1142），御史中丞罗汝楫投秦桧所好，弹劾胡铨“饰非横议”，结果秦桧把胡铨编管新州，一个九死一生的边远的瘴疠之地。对这一帮奸佞小人要置他于死地的险恶用心，胡铨仰天狂笑，然后坦然地大步踏上了新的征程。

六十三岁的诗人王庭珪和五十一岁的词人张元干分别作诗词为胡铨壮行。面对有正义感的人给予自己的安慰和激励，在初贬离家时都未掉一滴眼泪的胡铨此时却被感动得热泪盈眶，二位老人的鼓励更坚定了胡铨与秦桧继续斗争的决心。秦桧却把王廷珪流放，将张元幹革职除名，这正暴露了秦桧内心的虚弱和对正义的惧怕。

沧海横流，方显英雄本色。胡铨面对两次迫害，泰然自若，不改初衷，仍然用笔与秦桧进行斗争。到新州后，胡铨示威般地写了一首词《好事近》：

富贵本无心，何事故乡轻别？空使猿惊鹤怨，误薜萝秋月。

囊锥刚要出头来，不道甚时节。欲驾巾车归去，有豺狼当辙。

这首词表现了胡铨屡受打击迫害但不畏权势、刚直不阿的斗争精神及绝不与“豺狼”秦桧同流合污的气节。新州郡守张棣获悉后，如获至宝，庆幸自己又抓住了一条往上爬的绳子。他马上奏报秦桧，说胡铨“谤讪怨望”。秦桧对胡铨这种不要命的劲头既恨又怕，一连几天坐卧不宁，寝食难安。他决定把胡铨贬移吉阳军，时间是绍兴十八年（1148）。既然一次次的政治迫害不能摧毁胡铨的意志，秦桧寄希望于恶劣的自然环境能吞噬胡铨的肉体。

世上最坚硬的不是钢铁，而是人的意志。胡铨困守海岛八年，“阅尽险阻艰难，虽坡老谪海外，未历此险，亦无如许之久，其况可知。所幸平生仗忠信，未填沟壑耳！自过岭以来，一广帅漕宪舶不计数，大半鬼录，凡阅十五太守，仅存二三”。胡铨正是凭借着对国家的忠诚，对子孙后代的责任感，在艰苦卓绝的环境里不仅没被销蚀掉，反而“解《易》《春秋》《戴记》得百余卷”。

令人敬佩的是，胡铨在自己岌岌可危的情况下还勇敢地声援其他爱国志士。太学生张伯麟愤而题曰：“夫差，你忘记勾践杀死你父亲了吗?”结果被秦桧打几十大板，流放吉阳军。胡铨便在绍兴二十年（1150）夏历九月十五作词和答这位爱国志士：

> 百年强半，高秋犹在天南峰。幽怀已被黄花乱。更恨银蟾，故向愁人满。　　招呼诗酒颠狂伴。羽觞到手判无算。浩歌箕踞巾聊岸。酒欲醒时，兴在卢仝碗。

词中尽吐长期被贬谪、报国无门的愁怨悲愤，若深山狂啸，激昂深沉，声情震荡，可窥其一片报国之情。

此时的胡铨已被流放了十七年，秦桧为相，高宗是“初夸桧，继恶桧，后爱桧，晚复畏桧”，而此时正是害怕秦桧的时候。胡铨已对高宗恢复中兴不抱希望。而天下百姓恨透了秦桧，他们用面捏成秦桧的形象，放在油锅中煎炸，以泄愤恨。

四、“为厉鬼以杀贼，死亦不忘”

绍兴二十五年（1155）秦桧病死。百姓听到这个消息，奔走相告，像过盛大节日一样，欢天喜地。连高宗也舒了一口气，说不用在裤子里藏匕首了。秦桧的死使胡铨的命运出现了转机，他被移送衡州，此时已七十六岁高龄的王庭珪又写诗“朱崖万里海为乡，百炼不屈刚为肠”，称誉胡铨的坚强。在绍兴三十一年（1161），胡铨终于恢复了自由，一纸奏疏使他在外漂泊了23年，当年意气风发、年轻潇洒的胡铨已白发苍苍，他的美髯也已全白，岁月的风雨和环境的折磨使他百病缠身，人们在这位老人身上已找不到昔日胡铨的影子，只有那一双疾恶如仇、炯炯有神的眼睛让人一望便知，这就是当年的胡铨。

隆兴元年（1163），孝宗使胡铨复奉议郎，知饶州。一复任，他便迫不及待地上书言事，乞都建康，以建康为根据地抗击金兵。当金人求和时，他上书恳求孝宗“勿言‘和’字”。十一月，孝宗就战和问题问于大臣，言和者半，未置可否者半，言不和者只胡铨一人，抗战态度仍十分坚决。

隆兴二年（1164），因出现灾异，孝宗让大臣言急务与阙政，胡铨直言不讳地说：“赈灾为急务，议和为阙政”，并写了著名的《上孝宗封事》，论证和有“十可吊”，不和有“十可贺”，并一针见血地揭露主和者无非是因为懦弱、苟安、附会，在奏书末他气愤地说：“虽三尺童稚亦知之（指和与不和之利害），而陛下不悟！春秋左氏谓无勇者为妇人，今日举朝之士皆妇人也！”这时恰巧金兵攻淮，已陷数地。胡铨受命兵部侍郎赶往前线。临战时天降大雪，冰封水面，但已经历过生死考验的胡铨毫不畏惧，六十余岁的胡铨身先士卒，持铁锤锤冰而行，士兵感奋，士气高涨，喊杀震天，打退了敌兵。

虽然胡铨对朝廷忠贞不贰，反对议和，身体力行，呕心沥血，虽屡受磨难但矢志不移，却总受到投降派的诋毁，孝宗对他苦口婆心的劝说也只是应付，胡铨便于乾道七年（1172）求归，临行还再三嘱托孝宗要“归陵寝，复故疆”，忠心可鉴。

淳熙七年（1180），胡铨临逝前没有什么财产分给儿子们，只是口授“遗表”，其中仍有“为厉鬼以杀贼，死亦不忘”的内容。

略论明代边塞词[1]

有明一代，历来被认为是文学发展的衰退期，特别是词的创作。明词在我国词史上的地位历来较低，一个重要的原因即在于崇雅是词学中一个传统的话题。陈廷焯认为要弃用俚俗词语："山歌樵唱，里谚童谣，非无可采。但总不免俚俗二字，难登大雅之堂。"[2] 梁启超也讲道："盖自明以前，文学家多通音律，而无论雅乐、剧曲，大率皆由士大夫主持之，虽或衰靡，而俚俗犹不至太甚。"[3] 而明词却反其道而为之，以俗语入词。且明人重"情"，喜欢直道性情，"大抵人自情中生，焉能无情？"[4] 沈际飞在《诗余四集序》中说道："情生文，文生情，何文非情？而以参差不齐之句，写郁勃难状之情，则尤至也。"[5] 加之明人写词以"传奇手为之"，"其患在好尽，而字面往往混入曲子"。[6] 使得词有浅露之病。龙榆生在《晚近词风之转变》一文中讲道："彼明人及清初人之词，大抵非音节未谐，即意格不高，二者交病，故识者无取焉。"[7] 叶嘉莹在论"明词之所以衰微不振的原因"时也指出其中一个原因即是"受到了明代曲之写作盛行的影响"，而这"正是造成明词缺少高远之致，而不免流于浅薄滑易的一个主因"。[8] 正是这

---

① 本文写于2010年。

② 陈廷焯：《白雨斋词话》，唐圭璋编《词话丛编》，中华书局1986年版，第3900页。

③ 梁启超：《饮冰室诗话》，人民文学出版社1959年版，第58~59页。

④ 〔明〕杨慎：《词品》，唐圭璋编《词话丛编》，中华书局1986年版，第467页。

⑤ 〔明〕卓人月汇选：《古今词统》，辽宁教育出版社2000年版。

⑥ 〔清〕吴衡照：《莲子居词话》卷三，唐圭璋编《词话丛编》，中华书局1986年版，第2461页。

⑦ 龙榆生：《龙榆生词学论文集》，上海古籍出版社1997年版。

⑧ 叶嘉莹：《清词丛论》，河北教育出版社1997年版。

些原因，历来人们对明词抱着一种鄙弃的态度，以为不登大雅之堂，所以对其研究也较少。明代边塞词更是少有人问津，一是数量少，其次是明词本身地位较低，从而累及边塞词。但仔细探究明代边塞词，会发现其中颇有佳作，它不仅继承了我国边塞词的传统，而且拓展了边塞词的表现内容，在表现形式上也呈现出新的特点，是值得研究的。

一

边塞诗歌的创作由来已远，《诗经》中已有反映。至于边塞词，范仲淹的《渔家傲》被认为是发轫之作，此后边塞词的表现内容越来越丰富，如边塞诗一样，有些描写边地的战斗生活，抒发建功立业的豪情，或者描写边塞风光、边地风土人情，以及闺中少妇对远戍亲人的思念，等等。就文坛不振的整个明季而言，边塞诗词的创作是不容小觑的。这与明代的边疆矛盾突出有密切的关系。北蒙南倭是明代军事上的两大问题。明初蒙古统治者虽退回蒙古高原，但其势力仍然存在，对明王朝仍旧构成威胁。虽然洪武、永乐时期对漠北的蒙古族北元势力进行了多次军事打击，但并未彻底消除其势力，终明一代都受其困扰，尤其是明中叶矛盾更加尖锐。为了抵御北蒙的侵袭，明成祖朱棣沿边设镇，派兵驻守，先后设置辽东、宣府、大同、延绥、宁夏、甘肃、蓟州、山西、固原等共九边。九边的设立，使明朝北部边塞形成一条东起鸭绿江，西抵嘉峪关，广袤万里、烽堠相望、卫所互联的北方防线。在南方，倭寇入侵中国始于元代。明初倭寇在闽、浙沿海一带活动一度很猖獗，后因明朝设立卫、所，派水军巡海，才被压制下去。随着明中后期海防力量的削弱，倭寇又大举寇边，嘉靖时期最猖獗，明政府先后派胡宗宪、戚继光等大将平倭。这些在明代边塞诗与词中都有反映。

最杰出的边塞诗人是民族英雄于谦，他的《出塞》《入塞》《晓行》《和余吾驿壁间诗》《塞上即景》，歌颂了反侵略战争，表达了人民争取和平生活的愿望，不仅反映了广阔的边塞生活，还表现了自己高尚的人格。明中叶的谢榛也写下不少边塞诗，反映了这一时期的北疆战斗生活，既描写战争，也谴责战争；既歌颂了边疆的生活，写出了戍边将士的豪气，同时也写出了边士的忧愁，表达了对他们的同情。如《老将行》《少年行》《塞下曲》《塞上曲》《金笳曲》《漠北词》等。特别是诗人对边塞风光的描写，展示出了一副边塞风物图。其他如高启《梁州曲》、解缙《寓河州》、李梦阳《秋望》、李攀龙《塞上曲》、黄洪宪《山海关》等，都从不同角度描写了边塞风光，表达了诗人渴望建功立业的愿望，可以说恢复了边塞诗的传统概念。就明代边塞词而言，其数量不及边塞诗歌，但在边塞词的发展历史上自有其不可替代的地位。明代的边塞词在表现内容及表现艺术上形成了自己的特色。一般提到边塞，多指北方朔漠荒寒之地，而明代，北方由于九边的设立，军队拓荒屯垦，使得边疆充满了勃勃生机；在南方，词人更是把笔触伸及风光旖旎的江南边塞。

明代边塞词中，值得注目的是杨慎、黄正色、孙承宗三人的作品。

杨慎（1488—1559），字用修，正德六年（1511）举进士第一，于明世宗嘉靖三年（1524）被谪戍云南永昌卫，直至嘉靖三十八年（1559）卒于贬所，历时三十余年。贬谪之初，词人笔下多“客中愁”，慨叹“关塞多愁人易老”，追忆“故园好”。随着时间的推移，词人的乡愁逐渐淡化，开始留意滇南的美丽景色，“滇南春似锦江春”“千树梨花，花底草如茵”，还写了四首《滇春好·寄俚南夫、钱节夫、毛东镇》。最能反映滇南风光的是词人所赋《渔家傲·滇南月令》一组十二首，记录描写了滇南从一月到十二月的风景变化及风土人情，这里选录四首如下：

正月滇南春色早，山茶树树齐开了。艳李夭桃都压倒，妆点好，园林处处红云岛。　彩架秋千骑巷笊，冰丝宝料星球小。误马随车天欲晓，灯月皎，碧鸡三唱星回卯。

五月滇南烟景别，清凉国里无烦热。双鹤桥边人卖雪，冰碗啜，调梅点蜜和琼屑。　十里湖光晴泛艓，江鱼海菜鸾刀切。船尾浪花风卷叶，凉意惬，游仙梦绕蓬莱阙。

九月滇南篱菊秀，银霜玉露香盈手。百种千名殊未有，摇落后，橙黄桔绿为三友。　摘得金英来泛酒，西山爽气当窗牖。

鬓插茱萸歌献寿，君醉否？水晶宫里过重九。

十二月滇南娱岁晏，家家玉饵雕盘荐。安息生香朱火烟，槟榔串，红潮醉颊樱桃绽。　苔翠氍毹开夜宴，百夷枕灿文衾烂。醉写宜春情兴懒，妆阁畔，屠苏已识春风面。

作者以极其自然甚至口语化的语言来描述滇南风光：滇南的特色植物"山茶"，特有的景色"橙黄桔绿"，特产"槟榔"，特制食品"玉饵"，等等，其中"卖雪"大概是文学作品中最早的关于卖雪糕的记录了，充满了浓浓的异乡情调。以上四首词都是句句押韵，且押仄声韵，似有一种幽默的意味，愉悦的心情溢于言表。

杨慎的词作常常给人一种色彩斑斓的感觉。吴梅评曰："大抵用修文学，一依茶陵衣钵。自北地哆言复古，力排茶陵。用修乃沉酣六朝，览采晚唐，创为渊博靡丽之词。"① 在用韵方面，杨慎的词依据当时音，这与他的主张"填词用韵宜谐俗"是分不开的。他说："沈约之韵，未必悉合声律，而今诗人守之，如金科玉条。此无他，今之诗学李杜，李杜学六朝，往往用沈韵，故相袭不能革也。若作填词，自可通变。……元周德清著《中原音韵》，一以中原之音为正，伟矣。"② 表现出明代词人在创作中不囿于藩篱、敢于创新的特点。

黄正色（1501—1576），嘉靖八年（1529）进士，曾谪戍辽东沈阳卫，居辽近三十年，自称"塞翁"。《全明词》共收录其词八首（包括一首残词），③ 都是他戍守辽东时所作，多为描写边塞的春天及春夏之交的景色，在欣赏景色中也时而表达出其或渴望施展抱负或人生当称意尽欢的矛盾思想。如《风流子·送春》：

绯桃开四月，阳和脚、终亦到边乡。纵历换朱明，琴调薰阜，只凭花好，谁问年光。跨驴去，杏村输酒债，柳陌索诗肠。还约

① 吴梅：《词学通论》，华东师范大学出版社 1996 年版，第 146 页。
② 〔明〕杨慎：《词品》，唐圭璋编《词话丛编》，中华书局 1986 年版，第 436 页。
③ 饶宗颐初纂，张璋总纂：《全明词》，中华书局 2004 年版。

塞翁，远游山寺，寻蜂斗草，一任清狂。韶华非云晚，书生志偏在，菊蕊兰香。且自一尊花鸟，再叠坡羊。待普天玉烛，外宁内固，小施韬算，直取河湟。何用嗟卑叹老，空计暄凉。

词人希望国家“外宁内固”，表达了其安边固疆的志向。

有的词作则表现了作者不怨天尤人，坦然接受命运的安排，对荒寒环境安之若素的态度。如《南乡子》：

清世愧无能。窃得微阶正不胜。天地包容投远塞，相应。投杼慈亲本爱曾。静坐读伽楞。百念几同二月冰。朔漠荒寒虽特甚，休憎。古训从来只自惩。

还有的词写自已盼望家信的急切心情以及“追省殊不愧”的平稳心态，如《归朝欢》。

孙承宗（1563—1638），万历年间进士，曾于天启二年（1622）自请行边，经略辽东，戍守锦州等地，修筑城堡，练兵屯垦，拓地二百里。作为一名将军，孙承宗亲历疆场，对边塞生活有深刻的体会，他词风豪放，颇有辛派词人的风格，他的词最能代表明代边塞词的特色。如著名的《水龙吟》词：

平章三十年来，几人合是真豪杰。甘泉烽火，临淮部曲，骨惊心折。一老龙钟，九扉鱼钥，单车狐搢。念河山百二，玉镡罢手，都付与，中流楫。　　快得熊罴就列。更双龙陆离光揭。一朝推毂，万方快睹，百年殊绝。玄菟新障，卢龙旧塞，贺兰雄堞。看群公撑住，乾坤大力，了心头血。

上阕词人慨叹治国无人，自己曾身居高位但被人排挤，心中仍时刻不忘抗击外敌，下阕希望能重新带兵抗击外敌，“撑住”“乾坤”。文中连用玄菟、卢龙、贺兰三个著名的险要关塞，说明词人有平定天下的雄心。整首词可以说是慷慨激昂。赵尊岳《惜阴堂汇刻明词提要》评孙承宗词：“清雄挺秀，落落有致，其尤似辛者，《水龙吟》云云。”① 其《塞翁吟》亦表达

① 尤振中、尤以丁编著：《明词纪事会评》，黄山书社 1995 年版，第 268 页。

了同样的豪情壮志：

云叶才生雨，楼外铁马嘶风。报急冰，小河东。飞一箭青骢。倚天剑破长风浪，小结画影腾空。漫道是、长扬词赋，细柳豪雄。

匆匆。脱跳荡，惊帆辔满，走蹬蹀、蟠花带松。有渝海、堪凭洗恨，看今日、蹀血玄菟，痛饮黄龙。鸭江酤发，鹿凫苹开，谁是元功。

该词句短韵密，气势充沛，按捺不住的激情洋溢字里行间。文中多处化用典故，如“长扬词赋”指司马相如《长扬赋》，“细柳豪雄”指细柳营将军周亚夫，这里自矜文韬武略，充满豪气。“痛饮黄龙”出自《宋史·岳飞传》：“金将军韩常欲以五万众内附。飞大喜，语其下曰：‘直抵黄龙府，与诸君痛饮尔！’”“痛饮黄龙”即捣毁敌人巢穴后痛饮庆祝胜利。

当然有些词写的是征夫泪，表达了对回归故乡的渴盼，如《御街行·塞下》《踏莎行·效平仲》《霜天晓角》；还有的词写车行时的军容，如《小重山·观车》：

细柳风旋细柳营。锦裙蹀蹬下、六花成。甲光耀日雨初晴。辚辚发，霹雳小车行。鹅鹳压曾城。蛟螭烟雾里、队分明。万行齐踏静无声。牙旗转，鼓角向人明。

该词描写军车出行时，车声隆隆如霹雳，战士盔甲耀日，而队伍纪律严明，队列分明，齐踏无声。这种军队军容的描写是前人不曾触及的。作为一名抗清名将，孙承宗以他独特的视角反映了军旅生活，拓展了边塞词的表现内容。

明嘉靖时期倭寇入侵最为猖獗。嘉靖三十五年（1556），胡宗宪被任命为讨倭总督，他前后领导抗倭战争七八年，立下了赫赫战功。嘉靖三十五胡宗宪率部一举扫平了徐海之患，吴承恩（1500？—1582）就此事作《帝台春·贺总制梅林胡公奏捷障词·并引》：

指挥天地。能事无非细。偃息波涛，扫荡烟尘，亦何容易。手布阳和春到处，更胸次、与秋无际。庆明良、雨露长垂，风云相契。对上帝。精诚意。为圣世。灵长计。论丹衷、总一点不传之秘。富贵人夸全福享，功名我道孤忠致。看入履三台，调太和元气。

任环（1519—1558），嘉靖二十三年（1544）进士。明徐阶《世经堂集》卷一七《整饬苏松兵备山东布政司右参政兼副使赠光禄寺卿任公环墓志铭》云："嘉靖癸丑，倭夷寇东南。……复庵任公同知苏州，独训练所统民兵与力战，而躬介胄策马以先之。"① 朱彝尊《静志居诗话》也讲道："倭人入犯，任公大小数十战，功最多。"② 其《减字木兰花》两首词当作于战斗期间。《减字木兰花 · 吴淞》：

翻来覆去，淋漓秋雨何时住。江上兵船，破浪冲锋已半年。祲氛未扫，多愁不觉容颜老。仗剑西风，慷慨悲歌樽酒中。

《前调 · 道中》：

孤云野水，一声长笛芦花里。明月江天，搔首西风懒待眠。萍踪何处，片蓬飞下沧浪去。子夜吴歌，万里征夫奈若何。

明代的抗倭战斗历经二十多年，充满艰辛和曲折。从词人的描写中，我们可以感知作者因"祲氛未扫"而产生的愁闷。海上作战十分辛苦，"万里征夫"因思乡而在子夜唱起吴歌。

明覆亡之际，张煌言（1620—1664）在闽海荒岛中作《柳梢青》，抒发了国家大势已去的悲凉和孤愤：

锦样江山，何人坏了，雨锁烟环。故苑莺雏，旧家燕子，一例阑珊。此身付与天顽。休更问秦关汉月。白发镜中，青萍匣里，和泪相看。

这首词篇幅短小，语言简洁，却富有感染力，让人深切体会到作者心中的亡国之痛及忧患之思。文中还使用典故、化用前人诗句，增强了表现力。

二

通过以上分析我们可以看出，明代边塞词有自己的特点和特色。从内

① 尤振中、尤以丁编著：《明词纪事会评》，黄山书社1995年版，第242页。
② 尤振中、尤以丁编著：《明词纪事会评》，黄山书社1995年版，第241页。

容上看，明代边塞词虽不乏慷慨激昂之作，但词中少有战尘，少有金鼓杀伐之气，多描写的是和平的边塞气象。如黄正色居辽近三十年，其词作多写景抒怀，有的词还贺将军得子，让人感觉到浓郁的日常生活气息，似乎已经与边塞无涉，但这正从一个侧面反映出边塞生活的和平与安宁。颇有豪放之气的孙承宗虽常闻“元戎夜语”，也往往是在回忆中描写“摇鞭驱策罴熊”的战斗生活。韩邦奇的《西江月·镇虏台宴诸将》更是一曲夷患已平的太平之歌：

台下纵横铁骑，筵前错落金卮。风烟不警太平时。正是赏心乐事。流水落花片片，小桥垂柳丝丝。韶光哪觉是边陲。此日须抛一醉。

在艺术表现上，明代边塞词继承传统的表现手法，如用典，以史入词，化用前人诗词入句等。如叶盛《浣溪沙》：

回首相思二十年。曾因雁去把书传。至今矫首望南天。西夏久闻归职贡，希文何事尚临边。归来黄阁会群仙。

赵尊岳《惜阴堂汇刊明词提要》评此词曰：“能以史事抒诸吟咏，雅致欲流。”①

明代边塞词受豪放派词人范仲淹、辛弃疾的影响较深，多效范仲淹之作。如孙承宗的《苏幕遮·效希文》、卢象升的《渔家傲》二首（其自序云：（崇祯十年）丁丑重九日，猎边外龙安山，次先贤范希文词）。赵尊岳《惜阴堂汇刊明词提要》评卢象升《渔家傲》词曰：“‘画角一声天地裂。熊狐蠢动惊魂掣。绝影骄骢看并逐。真捷足。将军应取燕然勒。’虽有失韵，雄而不犷，亦神逼稼轩……”②

语言风格上，明边塞词语言朴实，明白晓畅，甚至以俗语入词，表现出明曲对词的渗透性。但往往是俗中透雅、雅俗共赏。如杨慎《渔家傲·滇南月节》：“正月滇南春色早。山茶树树齐开了。艳李夭桃都压倒。妆点

① 尤振中、尤以丁编著：《明词纪事会评》，黄山书社1995年版，第116页。
② 尤振中、尤以丁编著：《明词纪事会评》，黄山书社1995年版，第315~316页。

好。园林处处红云岛。”黄正色《醉春风》：“塞苑开花朵，东风来约我。”卢象升《渔家傲》：“秋山万叠尖如削。绝顶连云张锦幙。天摸着。”词人还注重遣词造句，使语言新奇生动。如黄正色《醉春风》：“错教闲梦恼春婆。”黄正色《醉蓬莱·新夏》：“陌上杨枝，论鹅黄全未。丹正归桃，粉才去杏，便夏来交替。”孙承宗《苏幕遮·效希文》：“燕子无情，衔得秋风去。”此外，叠音词的使用较为普遍。如孙承宗《苏幕遮·效希文》：“月沉沉，云絮絮。喔喔荒鸡，残梦无繇续。”孙承宗《御街行·塞下》：“只只小鹿闲依砌。”黄正色《风流子·新夏游山寺》：“塞垣新柳，才见青青。”

三

明代边塞词在“花鸟托其精神，赠答不出台阁”① 这种颇显凝滞的明人词创作中无异于一股清新刚健之风，是当时文坛的一抹亮色。以词史的观念来看，明词的地位也是不可或缺、无法替代的。且一个时代有一个时代的文学观，本无优劣高下之分。明人对词有自己独到的认识，杨慎就谈道：“大率六朝人诗，风华情致，若作长短句，即是词也。宋人长短句虽胜，而其下者，有曲诗、曲论之弊，终非词之本色。予论填词必溯六朝。亦昔人穷探黄河源之意也。”② 龙榆生倡导词的艺术本体的研究，倡导唯求客观的研究态度。唐圭璋词学思想的主要内容也是尊重事实的客观性，崇尚感情的真挚自然，主张“善”与“美”的统一。这些对我们正确认识明词的价值都很有启发意义。当然，明代边塞词的创作难免受明曲的影响，但“只要我们不把曲与词的体性看成是凝固的和一成不变的，我们就不应拒绝词曲杂交的新格调，就应欢迎文坛呈现多姿多彩的态势”③。

---

① 吴梅：《词学通论》，华东师范大学出版社 1996 年版，第 139 页。
② 〔明〕杨慎：《词品》，唐圭璋编《词话丛编》，中华书局 1986 年版，第 425 页。
③ 黄天骥、李恒义：《元明词平议》，《文学遗产》1994 年第 4 期。

吴梅村词作简论[①]

吴伟业（1609—1671），字骏公，号梅村，江苏太仓人。明崇祯进士，官左庶子。曾师事张溥，亦系复社成员。南明弘光朝任少詹事。明亡屈身仕清，官国子监祭酒。不久，乞假归。工诗，为后世所重。早期诗歌略显绮丽风华，明亡后，作诗多寓身世之感，诗风苍凉回荡。所作七律、七言歌行尤工，文词清丽，既委婉含蓄，又爽洁明快，溶成吴氏七言歌行的艺术特色，《圆圆曲》《楚两生行》等为时人传诵。戏曲有《秣陵春》传奇，《通天台》《临春阁》杂剧，“借古人之歌呼笑骂，以陶写我之抑郁牢骚”。其词成就虽不及其诗，但吴氏也是词坛高手。徐珂于《近词丛话》中说：“明崇祯之际，诗余盛行，人沿竟陵一派。入国朝，合肥龚鼎孳、真定梁清标皆负盛名，而太仓吴伟业尤为之冠，其词学屯田、淮海，高者直逼东坡，王士禛以为明黄门陈子龙之劲敌。”

程穆衡《吴梅村先生诗余原叙》亦称，梅村词为“本朝词家推为冠冕”，“谓其婉靡雄放，兼有周、柳、苏、辛之长”。陈廷焯则赞梅村词“笔力甚遒，意味亦永，界乎苏、辛之间，几可独树一帜”。梅村词作共百余首，数量不算多，但无论小令还是中调、长调，都写得或高旷，或流丽，“词彩精善”，自成高格。

在梅村词作中，抚时感时，抒发兴亡之感者为数不少。《满江红》长调共十三首，写得沉雄悲壮。如其中《白门感旧》：

松栝凌寒，挂钟阜、玉龙千尺。记那日、永嘉南渡，蒋陵萧

① 本文发表于《菏泽师专学报》2000 年第 8 期。

瑟。群帝翱翔骑白凤，江山缟素舡棱碧。踊麻鞋、血泪洒冰天，新亭客。　　云雾锁，台城戟；风雨送，昭丘柏。把梁园宋寝，烧残赤壁。破衲重游山寺冷，天边万点神鸦黑。羡渔翁，沽酒一蓑归，扁舟笛。

《诗余》引曹顾庵云：“陇水呜咽，作凄风苦雨之声。少陵称诗史，如祭酒可谓词史矣。”此一首主要在哭故国沦亡，而另一首《感旧》则更多是感叹个人身世：

满目山川，那一带、石城东冶。让旧日、新亭高会，人人王谢。风静旌旗瓜步垒，月明鼓吹秦淮夜。冥北军、天堑隔长江，飞来也。　　暮雨急，寒潮打；苍鼠窜，宫门瓦。看鸡鸣埭下，射雕盘马。庾信哀时惟涕泪，登高欲向西风洒。问开皇，将相复何人，亡陈者。

陈廷焯认为，此首一片哀怨，与《白门感旧》一首同意。词人以庾信自况，“哀时惟涕泪”，道出个人悲苦。另一首《蒜山怀古》也写得悲壮凄楚：

沽酒南徐，听夜雨、江声千尺。记当年、阿童东下，佛狸深入。白面书生成底用，萧郎裙屐偏轻敌。笑风流、北府好谈兵，参军客。　　人事改，寒云白；旧垒废，神鸦集。尽沙沉浪洗，断戈残戟。落日楼船鸣铁锁，西风吹尽王侯宅。任黄芦，苦竹打荒潮，渔樵笛。

辛弃疾词有“佛狸祠下，一片神鸦社鼓”句，与此词风调仿佛。邓孝威评此词“其声悲激，其情危苦”。陈廷悼谓此首“声情悲壮”，“哀感不尽，不专为南徐写照也”。《满江红》十三首中有赠人、感旧、怀古、读史、感兴诸题，所咏“今古恨，兴亡迹”，读之令人不禁沧桑之感。陈廷焯认为，“东坡词豪宕感激，忠厚缠绵”，极不易学，“惟梅村高者有与老坡神似处，可作此翁后劲。如《满江红》诸阕，颇为暗合，‘松栝凌寒’‘满目山川’‘沽酒南徐’三篇，尤见笔意”。

《水龙吟·送孙洗心之真完》也是一首悲古伤今之作：“无诸台上春风，燕南魏北声名起。金戈铁马，神州沉陆，幅巾归里。”作者慨叹那“青史纷争，干戈谭笑，陈余张耳。汉垒秦军，季龙宫苑，销沉何处？向孤城但有，寒鸦落木，暮天羁旅”。董文友认为此词“苍凉萧瑟，使人怀古之情顿深”，董苍水评曰：“每于凭吊兴亡处，自有一种深情豪气。”《掖门感旧》一首中忆当年“文华开讲幄”，“至尊”召见，“天语琅琅”“赐龙团月片”之盛事，结处叹“十八年来如梦，万事凄凉”。靳荣藩说：“此首与《宫扇》同意，是梅村不忘旧恩也。”宗鹤问说：“‘旧事已非全入梦，画图金粉碧栏杆’，此恨岂堪回首。”梅村的一首《忆秦娥》题为“代沈初明”，也是一首痛切感叹身世之作：

愁脉脉，江山满目伤心客。伤心客，长干梦断，灞桥闻笛。

天涯揽镜看衰白，秦川对酒青衫湿。青衫湿，冷猿悲雁，暮云萧瑟。

王渔洋说：“咸阳王子钟鸣叶落之词，无此悱恻。即起左丞自为之，何以复加。”梅村的悲苦不仅是亡国之悲，更有一种如其诗歌中所表现的由于仕清而带来的“失节”的痛苦，在其词作中这种忏悔与自责也有表现。“遭际盛，声名起；跨燕许，追苏李。苟不知一事，吾之深耻。年少即今何所得，孝廉闻一当知儿?”这是一首《满江红》中的句子，其中吐露出心中块垒。倾诉这种心迹的最痛切的还是那首题作“病中有感”的《贺新郎》：

万事催华发。论龚生、天年竟夭，高名难没。吾病难将医药治，耿耿胸中热血。待洒向、西风残月。剖却心肝今置地，问华佗解我肠千结。追往恨，倍凄咽。　　故人慷慨多奇节。为当年、沉吟不断，草间偷活。艾炙眉头瓜喷鼻，今日须难诀绝。早患苦、重来千叠。脱屣妻孥非易事，竟一钱不值何须说！人世事，几完缺？

此绝命词与梅村之《临终诗四首》正可合读，评家每每赞梅村于己无所讳饰，此词也正是一首“剖却心肝”之作。词人为自己的“草间偷活”而痛心疾首。杨钟义《雪桥诗话》云，梅村“至临殁则益自引咎”，“独能自讼”，难能可贵。梅村的这首《贺新郎》词以其“吐露透脱”、真诚、痛切而历受评家重视、称赏。

梅村词作中有几首是写景的。如《意难忘·山家》一首，写得清新洒脱：

村坞云遮，有苍藤老干，翠竹明沙。溪堂连石稳，苔径逐篱斜。文木几，小窗纱，是好事人家。启北扉、移床待客，百树梅花。　　衰翁健饭堪夸，把瘿尊茗碗，高话桑麻。穿池还种柳，汲水自浇瓜。霜后橘，雨前茶，这风味清佳。喜玄年、山田大熟，烂漫生涯。

写江南山村夜景的《鹊桥仙》别有情致：

园林晚霁，池塘新涨，明月窥人缥缈。万木阴森穿影过，惊噪起，一群山鸟。纤云暗度，银河斜转，露湿桂花香悄。少年此夜不须眠，把铁笛，横吹到晓。

梅村还有一首《沁园春·观潮》，描绘了大海涌潮的壮观景象，“八月奔涛，千尺崔嵬，砉欲惊。似灵妃顾笑，神鱼进舞；冯夷击鼓，白马来迎”，写出了宋人词中的“不觉天风吹海立”的雄浑气象。最后以“狎浪儿童，横江士女，笑指渔翁一叶轻。谁知道，是观潮枚叟，论水庄生”作结，澹远悠然，耐人寻味。

《望江南》十八首是写江南风物习俗的一组小令。十八首词分别咏江南特有的“池馆”“市肆”“禅林”“梳扮”“刺绣”“机织”“狎喜”“声伎”“荡舟”“盆玩”“小吃”“骨董”等，大多清新明快，歌赞了物华天宝、人杰地灵的江南。尤悔庵说：“合十八首，可作一部《江南景物略》，亦可作《风俗通》。”而靳荣藩则认为，歌咏“江南好”，另有深刻寓意：“有明兴亡，俱在江南，固声名文物之地，财赋政事之区也。梅村追言其好，宜举远者大者，而十八首中止及嬉戏之具、市肆之盛、声色之娱，皆所谓是供儿女之戏者，何欤？盖南渡之时，上下嬉游，陈卧子谓其‘清歌漏舟之中，痛饮焚屋之内’。梅村亲见其事，故直笔书之，以代长言咏叹。十八首皆史也。可当《东京梦华录》一部，可抵《板桥杂记》三卷。或认作烟花账簿，恐没作者苦心矣。”由是观之，词人歌江南，便是悲江南、哭江南。

闺情、香奁是梅村词作的重要内容。在刻画女儿情态方面，梅村词似更胜于其诗。如《洞仙歌》（第一体）借咏梅花写女子思念情人：

梅花独白，倚东风低说。那一枝向谁折。更高处、偏寒玉手，徘徊知有赠，惹我梅心如结。

晚来怜素影，影亦怜人，偏是今宵共明月。正传柑时候，薄袖轻衫，蝉鬓动，腰肢清切。但屈指、年来携手处，又不道梅花，像人离别。

梅村好友吴园次赞此词“一气旋转，此法惟大苏能之”，陈淑峰称赏为“如话如画，写生写真”。《如梦令》小令写得缠绵细致，凄婉工丽：

镇日莺愁燕懒，遍地落红谁管。睡起爇沉香，小饮碧螺春碗。帘捲，帘捲，一任柳丝风软。

误信鹊声枝上，几度楼头西望。薄倖不归来，愁杀石城风浪。无恙，无恙，牢记别时模样。

小阁焚香闲坐，槭槭纸窗风破。女伴有谁来，管领春愁一个？无那，无那，斜压翠衾还卧。

昨夜酒阑人醒，移过玉人鸳枕。同到琐窗前，照见一帘花影。谁肯？谁肯？不怕月明风冷。

第一首写“莺愁燕懒”，“软”字描绘出春闺情景；第二首写几度望郎不归之“怨”；第三首写“薄倖不归”之“愁”，“斜压翠衾还卧”与宋人“闷则和衣拥”句同工；第四首写女子于酒醒之后，不怕月明风冷立于窗前的痴情。几首词均写闺中之“愁”“怨”。闺思缠绵。《点绛唇·蕉团》借写女子手中的蕉团刻画女子情态：“细骨珊珊，指尖拂处娇弦语。著水撩人，点点飞来雨。扑罢流萤，帐底轻轻风举。眠无主，误粘玉体，印得红丝缕。”结语巧妙，但已近艳。《浣溪沙》写丽人情性也很精致：“断颊微红眼半醒，背人蓦地下阶行，摘花高处赌身轻。细拨薰炉香缭绕，嫩涂吟纸墨欹倾，惯猜闲事为聪明。”《诗余》引孙豹人云：“赌身轻、猜闲事，写丽人情性入微。嫩涂吟纸，更是闺中雅致。”

闺咏写得较艳的还有《减字木兰花·咏足》写“归来路滑，醉把双缠微笑脱。拨醒檀郎，眼底端相白似霜”；《南乡子·新浴》写偷看女子裸体：

“皓腕约金环，艳质生香浸玉盘。曲曲屏山灯近远，偷看，一树梨花露未干。扶起骨珊珊，裙衩风来怯是单。背立梧桐贪避影，更阑，月转回廊半臂寒。”《丑奴儿》写“做个生疏故试郎”：“低头一霎风光变，多大心肠，没处参详，做个生疏故试郎。何须抵死推侬去，后约何妨，却费商量，难得今宵是乍凉。”故作“生疏”，变个面孔原是为“试郎”，为“后约”——“难得今宵是乍凉”。此词将怀春女子的心理刻画得惟妙惟肖。汪蛟门评曰：“‘做个生疏’妙，较‘须作一生拼，尽君今日欢’，更耐人寻味。”而杜于皇则认为“写来羞人”。“难得今宵是乍凉”一语尽管算是曲笔，但毕竟还是嫌露了些，陈廷焯就指出“乃是又一马浩澜耳”。江尚质曰：“祭酒神于使事，又得一唱三叹之旨。若其艳情动色，岂真效樊川风致，所谓‘正是客心愁绝处，见人红袖倚高楼’，亦复未能免此。”这正是对梅村艳词之评。

梅村自称自己诗歌尚可，嘱立“诗人吴梅村”之石，而对自己词作则不满意，曾言：“余少喜学词，每自恨香奁艳情，当升平游赏之日，不能渺思巧句以规摹秦柳；中岁悲歌侘傺之响，间有所发，而转喉扪舌，喑噫不能出声；比垂老而其气已衰矣。此予词所以不成也。”此显然是梅村自谦之词。张德瀛于《词徵》中说：“吴梅村祭酒为本朝词家之领袖，其出处绝类元之许衡。慢声诸词，叹吟颓息，苍莽无尽，盖所谓有为言之者也。”明末清初，钱、吴均属文坛大家，总体而言，于诗方面吴不及钱成就大，但于词则钱不及吴。尤侗曾谓：“虞山号诗文宗匠，其词仅见《永遇乐》数首，颓唐殊极。兼人之才，吾目中惟见梅村先生耳。”梅村在清代词坛上的地位是不应忽视的。

人面桃花分外红[①]

——李香君形象浅析

在中国古代文学的人物画廊里，不乏光彩照人的女性形象，她们或对爱情忠贞不渝，或蔑视功名富贵，或与权豪势要作不屈不挠的斗争。《桃花扇》中李香君的形象，就以其坚定的政治态度、鲜明的是非观念和对爱情的坚贞不渝，在众多的女性形象中独放异彩。

《桃花扇》的作者孔尚任生活的时代虽称“太平盛世”，却蕴藏着令人窒息的沉闷和痛苦。人们都在思考着明王朝“三百年之基业，隳于何人？败于何事？歇于何地？”面对满洲贵族的统治，许多汉族知识分子发出了“国在哪里，家在哪里，君在哪里，父在哪里”的疑问。作者写作《桃花扇》就是力图通过其中的舞台形象来回答这些问题。作者的创作意图非常明确，这就是“借离合之情，写兴亡之感”，虽然作品从复社文人侯方域和秦淮名妓李香君的悲欢离合的爱情故事为主线，以复社文人与阉党余孽之间的斗争为主要冲突，但从整部作品来看，复社骨干人物侯方域并非作者所着力刻画歌颂的人物，作者的理想也并非寄托在他身上。作者着力描写了侯方域在政治上的动摇性：“暗思想，那些莺癫燕狂，关甚兴亡”，作者在侯方域第一次出场时唱的【恋芳春】里就语含讽刺。后来又写他沉迷声色，几乎为阮大铖所收买，到最后更通过张道士的当头棒喝：“你看国在哪里，家在哪里，君在哪里，父在哪里，偏是这点花月情根，割他不断么？”才唤他醒悟。“白骨青灰长艾萧，桃花扇底送南朝。不因重做兴亡梦，儿女

① 本文发表于《齐鲁学刊》1995 年增刊。

浓情何处消。”作者正是借此表明拯救明朝的希望并不在侯方域这样的人身上。作者的艺术才能和美学理想并没体现在复社文人侯方域身上，而是集中体现在“社嫂”李香君这一形象身上，李香君才是作者全力褒扬的人物，是全剧的灵魂。

孔尚任把李香君这个秦淮名妓塑造成了一个温柔、多情、美丽、聪慧而又有见识、有节操、勇于斗争，从而洋溢着阳刚之美的女子，体现了作者道德和审美的理想。李香君对侯方域真挚深沉的情爱，不仅是因为侯方域风流倜傥，更因为他是一位复社公子，是与阉党权奸对抗的政治集团的领袖人物。李香君的爱情里包含着这位风尘女子对黑暗的憎恨和对正义的追求。正因为如此，她才能不为利诱，不畏强权，在斗争中眼光锐利，头脑清醒，态度明朗，表现出一种超群的内在美质。李香君这种内在美主要是通过三次激烈的矛盾冲突表现出来的。

为了突出其内在的美质，作者始终将她置于与阉党余孽的矛盾冲突中，并紧紧围绕其斗争精神写其个性，随着矛盾斗争不断地激烈和深化，李香君的内在美也随之被发掘和升华。《却奁》是李香君与权奸斗争的第一步，侯方域“梳栊”李香君，是杨龙友“帮衬”的结果，并且在李、侯成婚之前，他为香君送来了妆奁，以实现阮大铖收买拉拢侯方域这位复社骨干人物的目的。没想到此事被有胆有识头脑清醒的李香君发现了疑点，她当即指出：“俺看杨老爷，虽是马督抚至亲，却也拮据作客，为何轻掷金钱，来填烟花之窟？在奴家受之有愧，在老爷施之无名，今日问个明白，以便图报。”这香君多么细心、机敏和清醒。侯方域见香君质问，也只好说：“香君问得有理，小弟与杨兄萍水相逢，昨日承情太厚，也觉不安。”这几句话和香君质问口气不同，含义也不一样，充分反映了二人社会地位和思想性格的不同。当李香君得知妆奁正是阮大铖所赠时，勃然大怒，当即驳斥侯方域的动摇变节行为：“官人是何说话？阮大铖趋附权奸廉耻丧尽，妇人女子，无不唾骂，他人攻之，官人救之，官人自处于何等也？”接着又批评侯方域替权奸“消释灾殃”。还痛斥侯方域要“徇私废公”，并当即“拔簪脱衣”，自白道：“脱裙衫，穷不妨；布荆人，名自香。”表明自己的心态和品格，表现了她鲜明的正义感和进步的思想倾向，也表现了她出淤泥而不染的高尚节操和品质。此处原评为“巾帼卓识，独立天壤”。虽然李香君的社会地位低下，但她的见识和品格都在复社名士侯方域之上，她不仅具有深明大义、坚定正直、不向权贵低头、不受金钱诱惑的高尚情操和气节，而且敢于向黑暗腐朽势力和祸国殃民的权贵斗争，这种富有正义感的爱憎分明的性格和斗争精神，这种高洁的品质和高尚的情操气节，和软弱动摇的侯方域形成了鲜明的对比，使我们认识到香君的内在美远超其外表美，使她的形象更加光彩夺目。

从《却奁》开始，李香君被卷入了南明王朝政治斗争的漩涡中，并成为矛盾尖端的人物。尖锐的斗争锻炼了她，促使她的性格进一步发展，其内在的美也就得到了进一步的体现。

由于李香君“却奁”，引起了阮大铖对李香君和侯方域的仇恨，阮大铖诬陷侯方域使之被迫逃走后，他又让人做媒要李香君嫁与田仰为妾，这就引出了《拒媒》一出。李香君坚决拒绝再嫁，不管是威胁还是利诱，她毫不动摇，公开声称“奴是薄命人，不愿入朱门”，“拒媒”惹怒了马士英、阮大铖，他们要强娶。《守楼》一出突出反映了李香君斗争的坚定性。她痛恨阉党，“欺负俺贱烟花薄命飘摇，倚着那丞相府忒骄傲”，“满楼霜月夜迢迢，天明恨不消”，正是她心情的真实写照。当马士英硬要抢亲时，香君一面据理力争，表明与侯方域举案齐眉、盟誓不移的深情厚谊，另一方面又毫不掩饰对魏党的憎恶：“阮、田同是魏党，阮家妆奁尚且不受，倒去跟着田仰么?”血溅诗扇、自毁其容的壮举正有力地表明了当反对权奸与保持容颜发生矛盾时，她毅然选择了宁为玉碎、不为瓦全，表现了刚烈不屈的性格特点。她的守节，不但是为侯方域守节，也是为东林党人、为复社文人守节。至此，她的性格中的义烈一面更为突出，终至“碎首淋漓不肯辱于权奸”。这点点鲜血染就的桃花，不正是香君之美的佐证吗?

逼婚的失败并没使马士英、阮大铖罢手，他们继续对李香君进行迫害。为此李香君进行了彻底的反抗。《骂筵》是《桃花扇》中最为精彩的一出，李香君在这一次尖锐的戏剧冲突中表现出了富贵不能淫、威武不能屈的英雄胆魄，焕发出这一艺术形象特具的奇异光彩。

福王登基，马士英、阮大铖一伙奸贼为享“升平”，在赏心亭下大摆筵席，下令征歌选色，送入后宫。有的妓女为逃避入选，遁入空门；有的却暗自庆幸自己能服侍皇帝。唯有李香君“只有这点志气，就死不磨”。她想的是“难得他们凑来一处，正好吐俺胸中之气”，她要“做个女祢衡，挝渔阳，声声骂”。这一次的矛盾冲突更高一浪，发展到了顶峰。在浪尖上，李香君疾恶如仇的个性得到了淋漓的展现：

【五供养】堂堂列公，半边南朝，望你峥嵘。出身希贵宠，创业选声容，后庭花又添几种。把俺胡撮弄，对寒风雪海冰山，苦陪觞咏。

【五支枝】东林伯仲，俺青楼皆知敬重，干儿义子从新用，绝不了魏家种。冰肌雪肠原自同，铁心石腹何愁冻。吐不尽鹃血满胸，吐不尽鹃血满胸。

香君早已将生死置之度外，长久以来积郁于胸的强烈的爱憎喷泄而出，字字句句如投枪匕首刺向马、阮之流，表明自己与奸党势不两立的决心。此番痛骂“正揭着奸人痛处”，“有此痛骂愧煞多少文臣武将”，羞死多少须眉男儿，《骂筵》虽让人拍手称快，但也浸透着青楼女子的斑斑血泪，寄寓着人们的亡国之恨。在《饮冰室诗话》中，梁启超所称《桃花扇》是“一部哭声泪痕之书”，由此可窥见一斑。

《桃花扇》之前，中国文学史上已经出现了一系列动人的青楼女子的形象，如唐传奇中的霍小玉，元杂剧中的赵盼儿，明拟话本中的杜十娘等，她们身上也体现了阳刚之美，但她们的这种美仅仅表现在爱情生活中。而李香君的阳刚之美则更多地在政治斗争中体现出来：她出淤泥而不染，虽然社会地位低下，却不肯趋附权贵，并与之进行针锋相对的斗争。在斗争中表现得勇敢、果断，从无任何动摇，宁愿牺牲自己的爱情幸福也绝不改变立场，甚至不惜玉碎来表明心迹。李香君的美不仅是外在的，热血桃花更衬托了她内在的美。她是一个仁人志士的化身，是一个有力度的晶莹剔透的艺术形象。

钱沣：平生最恨是“硕鼠”[①]

“三年清知府，十万雪花银”，这是对清朝吏治腐败的形象概括。乾隆四十年（1775）前后，满汉官员贪黩腐败，已发展到令人发指的程度，大案要案连绵不断，自西北之甘肃至东南之福建，遍及各大省，案犯自总督、巡抚以下，涉及司道诸大员，督抚下通州县，上接朝臣，上下通同作弊。个个贪官像硕鼠，盗粮自肥，中饱私囊，渐渐掏空了清王朝的府库。整个官场如同一个污浊的大染缸，少有清白者。钱沣是当时少有的“出淤泥而不染”者中的一个，他痛恨那些面目可憎的“大老鼠”，从维护清朝统治的立场，向“硕鼠”发起了猛攻。

一、多行不义必自毙

乾隆三十八年（1773），乾隆帝巡幸天津，此时王亶望在天津为官，为了给皇上留下深刻的印象，为给自己找一座最为坚不可摧的靠山，他煞费苦心地给乾隆帝进贡了一尊纯金如意，上面镶有名贵珠宝，精美绝伦，价值连城，但是皇上没有接受，其出手阔绰也没引起任何人的重视。

次年三月，陕甘总督勒尔谨以甘肃民贫地瘠、储粮不足，而边地灾荒多需赈灾为由，奏请按旧例收捐纳监生的本色粮，作为备荒赈恤之用。当时大学士于敏中管理户部，即行议准，奏请乾隆允行。于敏中又奏调浙江布政使王亶望为甘肃布政使协助办理。此任让王亶望着实大发了一笔横财，正是这笔横财使他七年后人头落地。

---

① 本文收录于《中国清官的归宿》，齐鲁书社 1999 年版。

王亶望到任后，以仓储未实为辞，向总督勒尔谨请求各州县皆要收捐，以此中饱私囊。但粮食再多也只是粮食，既不便于储存，又占地方，而且不能随意使用，最方便的办法是把收粮变成收钱。于是王亶望依仗于敏中和勒尔谨的庇护，改收监本色粮为折色银两，并听任兰府知府蒋全迪“将通省各属灾赈，历年捏开分数”，“酌定轻重，令州县分报开销”。于是各地连年虚报灾荒，具结申转，名为捐粮赈灾，实际是各级官员将捐纳银两私分。精明的王亶望要为自己撑起一把保护伞，当然要把银两多多地送给上司勒尔谨。钱是好东西，看着白花花的银子，得要多少年才能挣到手啊，勒尔谨矜持地笑了笑，半推半就地收下了。当然，估计他们这时也忘不了于敏中。

此事并非天衣无缝。此议刚行半年，王亶望曾上疏乾隆帝，说收捐一万九千名，得豆麦八十二万斤。乾隆帝当时就有疑问：甘肃贫困，区区半载，竟有近二万人捐监？且有如此多的余粮？余粮众多，年复一年，都用来做什么？乾隆帝以他的疑问责问勒尔谨。受人银财，替人消灾，况且事情如果败露，他勒尔谨也难辞其咎。因此，他使出浑身解数，凭借三寸不烂之舌，说甘肃多旱灾，粮食都用来赈灾了，好歹掩饰了过去。乾隆帝虽不再责问，但也疑虑未消，便敲山镇虎地说：尔等身在其位，自当尽力稳妥办事！但是白花花的银子使他们利令智昏，加之他们上下串通一气，自认为保险系数很大，皇上不是也被蒙混过去了吗？他们更加肆无忌惮了。

乾隆四十二年（1777），王亶望被提升为浙江巡抚，王廷赞继任布政使，他沿着王亶望的足迹更进一步，将私收折色银一事专交兰州府承办，并公议每名监生捐银五十五两，此项专银，由首府分发各州县。这样，全省各地大小官员沆瀣一气，通同作弊，集体私分。“各州县亦视侵冒官项为故常，竟无一人洁己奉公。”

多行不义必自毙，他们的丑行在一个偶然的机会败露了！

乾隆四十六年（1781），大学士阿桂到浙江巡察水利设施的建设，发现杭嘉湖道王燧贪纵，且原嘉兴知府陈虞盛亦贪纵浮冒，便怀疑其上司、巡抚王亶望庇护他们，否则，他们不可能有如此胆量，也不可能不被发觉，便拘捕王燧。恰在这时河州回族苏四十三作乱，勒尔谨作战失利，亦被逮。乾隆命大学士阿桂和尚书和珅先后视察军队作战情况，阿桂与和珅报告甘肃境内多雨，他们前行迟缓。乾隆帝对甘肃折捐的事一直有疑问，此时他想到勒尔谨对他说甘肃多旱灾的话与阿桂、和珅的禀告正相反，更加怀疑勒尔谨报旱情况不实，便立即派阿桂与总督李侍尧查实。经过一番明察暗访，真相大白。乾隆帝大怒，即派侍郎杨魁会同巡抚陈辉祖鞫问王亶望，并抄其家，结果抄出金银逾百万两。此时热河的习习凉风也压不下乾隆帝的冲天怒气，他发出指令，立即逮捕王亶望、勒尔谨、王廷赞至热河，严加讯问。得知各州县均伪报旱灾，且贿赂上级达千万两之巨。这个数字让朝野震惊，乾隆帝朱笔一挥，命斩王亶望，赐勒尔谨自裁，王廷赞论绞，命兰州斩蒋全迪，命阿桂按治各州县，冒赈在二万两以上者皆斩首。结果先后处死各级官员约六十人，另四十六人发往伊犁、黑龙江等地充役，遇大赦不得援例宽释。乾隆帝又想起此事最初是由现已亡故的于敏中力主所办，而于家家资雄厚，定是王亶望等的贿求赂谢，所以将于敏中牌位搬出贤良祠，以昭警戒。

至此这个案子已经结束，该杀的该罚的都各得其所。但有一个人想到了一些别人没有注意到的事：如此庞大的一个贪污集团公开冒赈，毕沅身为两江总督为何置之不问呢？

钱沣时任江南道御史，是参加考试考取的。御史是一个贪官们闻风丧胆的官职，也是一个肥缺，稍有暗示，甚至没有暗示，只要愿意接受，财源便会滚滚而来。但就有不被金钱所动的人。王亶望的案子让钱沣想了很多：此案固然是王亶望违法所致，但王亶望仅是布政使，而毕沅身为两江总督，与王亶望同居一城，王亶望行贿受贿数额巨大，牵涉的人又如此多，难道毕沅没有丝毫风闻？假若毕沅能够发现并加以制止，朝廷损失不至于如此惨重，也不至于有如此多的人被绳之以法。虽然不敢肯定毕沅一定收受贿赂，但起码应是失职之罪。假若官员们都纵容下属贪赃枉法，那大清国怎能长治久安呢？自案发以来，此事一直困扰着他，最终他上疏皇上，言明所想，恳请能比照治罪。乾隆帝当然明白贪污腐败对他统治的严重威胁，他也想把“硕鼠”们赶尽杀绝，斩草除根，况且钱沣言之凿凿，句句入理，所以便降毕沅三品顶戴。

对钱沣的直言上谏，乾隆帝很赞赏，大清的江山社稷就是要靠这类人去维护。乾隆的赞誉使钱沣得到莫大的精神鼓舞，钱沣认为自己生逢明君，真乃一大幸事。“士为知己者死”，为报乾隆的知遇之恩，钱沣当然要更加尽心尽责，无私无欲地服务于大清。

二、与刘罗锅联手

御史的职位使钱沣养成了习惯，特别注意那些蛀虫、硕鼠，他要把他们清除掉。钱沣善画马，他画的马飞腾飘逸，勇往直前。画如其人，这也是他的个性写照。

乾隆四十七年（1782）四月，钱沣经过顺藤摸瓜的缜密调查取证，掌握了山东巡抚国泰、布政使于易简吏治废弛、贪得无厌，各州县府库亏缺的事实，便上疏劾奏。

乾隆已被屡屡出现的贪污案搞得焦头烂额，内心极为忧虑恐惧，他明白“千里之堤溃于蚁穴”的道理，对钱沣的上奏，他丝毫不敢懈怠，决定派大学士和珅、左都御史刘墉（即刘罗锅）携钱沣同往山东调查核实。

这里有必要介绍一下和珅。

和珅自幼聪明能干，人也长得英俊潇洒。乾隆三十四年（1769），他在銮仪卫当差。一天，乾隆帝要出去，仓促间当差的人找不到“黄盖”，乾隆很生气，就用《论语》上的一句话问：“是谁之过欤?”其他人面面相觑，不知如何回答，只有和珅巧妙地用《四书》上的注解“岂非典守者之过邪”加以回答，乾隆帝见此人容貌英俊又知书识礼，转怒为喜。这偶然的小事改变了和珅的命运，成为他日后腾达的基石。凭着他的机灵乖巧，他步步高升，而且越来越得皇上的喜爱，皇上赐婚其子为公主额驸，使和珅更是身价骤增，开始了他长达二十年祸国殃民的政治生涯。

国泰敢于把府库的银两搬到自己家中，可谓胆大包天，但他也有精细之处，就是选中了和珅作为自己的同盟。以和珅的地位背景，谁敢与和珅作对？即便有人敢，也如蚍蜉撼大树。为了巴结和珅，他绞尽脑汁，送上花样繁多的礼品让和珅耳目一新，他送给和珅的银两恐怕也是个天文数字。金钱把他俩连在了一起。

听到钱沣弹劾国泰，和珅也着实吓了一跳，国泰获罪，连累到他怎么办？况且从钱沣弹劾毕沅，他就注意到钱沣不是个容易对付的人，而且同行的刘墉也不是省油的灯。他决定先做两件事。一是暗遣家仆送信给国泰，让他早做准备。出乎他意料的是此信被钱沣截获，真是“道高一尺，魔高一丈”。钱沣“搜得私书，中多隐语”。二是派人把钱沣请到了他的府邸。他恩威并施，含蓄地表示希望钱沣能认清形势，分清轻重得失，考虑自己的前途命运，最后授意钱沣为国泰弥缝。钱沣只是说：“且到山东再看。”和珅认为钱沣应该心中有数。

走出豪奢的和府，钱沣感到了巨大的压力，案子还没开始办，和珅已经出面清楚地指出了案子的结局，钱沣当然也就明白了他们的瓜葛，他感到进退两难。和珅是朝中最有实权、最为显赫的人物，朝中自亲王以下，大多都向和珅行贿求庇护。如果捅了这个马蜂窝，又被他们蒙混过关，拿不出真凭实据，自己将性命难保。即使抓住了狐狸尾巴，恐怕也只有国泰毙命，难损和珅毫发，那自己今后的境况也难以预料；如若听从和珅，上对不起国家社稷和乾隆帝的信任，下对不起黎民百姓和自己的良心。该怎么办呢？夜已经很深了，钱沣仍在院中徘徊。他突然想起了此次也将与他同行的刘墉。他早就听说过刘墉的刚直不阿及由此造成的仕途坎坷，虽素无深交，但他像敬重自己的父亲一样敬重刘墉。他见过刘墉的书法，用墨厚重，貌丰骨劲，他相信字如其人。他迫不及待，不顾已是深夜，敲开了刘墉的大门。刘墉披衣迎接，四目相向，无言而笑，这一笑包含了太多的心照不宣的内容。当清晨钱沣从刘墉府中走出来时，步履轻快，神情安然。

一行人来到山东历城，钱沣和刘墉下车伊始即要盘库核对银两，和珅则提出不用全数核对，只抽盘数十封，若无短缺就可以打道回府了。和珅的用意钱沣、刘墉自然明白，为了表示对上级的尊重，也为了避免当面冲突而节外生枝，钱沣表示赞同，等到和珅回馆舍后，钱沣即命封库，次日全面核实。

国泰对钱沣的弹劾不以为然，况且皇上又派和珅同来，更是老天要助他一臂之力，有什么可担忧的呢？只要把他们几个人照顾服侍得舒舒服服，那还不成吗？大不了临走再多奉送些银两礼品，破财免灾嘛。因此，他只是从商铺中暂借来些散碎银子，放在府库中充充数，遮人耳目，别让钱沣、刘墉太为难罢了。他也相信刘墉、钱沣不会太死心眼，自己跟自己过不去，得罪了和珅对他们自己没有任何好处。相反，如果放他一马，他们自然会升官发财，谁会跟官位钱财作对呢？国泰相信“人为财死，鸟为食亡”的道理，不是连尊贵的和珅也爱银子吗，小小的刘墉和钱沣当然也不会例外。所以他也压根没拿封库查实当成一回事。

库银应是五十两一铤，而从商人处借来的多是圆丝杂色银，明眼一看便知。钱沣即刻贴出告示：借出银子的商人若不在规定的时间内按数取回，银子将一律充公。哪个商人会把自己辛辛苦苦赚来的钱白白地充公呢，况且借出银子非他们本愿，只是迫于国泰的淫威不得已罢了。结果，库藏为之一空。这一招太绝了，杀了和珅、国泰一个措手不及。和珅认为他已经对钱沣表达得非常清楚了，钱沣会按他的指示去办，所以他待在国泰为他安排的华屋内，享用着国泰精心为他准备的节目。消息传来，聪明的和珅顿时愣住了，他仿佛不明白发生了什么，脑子一片空白，已不能正常思维，因为这太离谱了。

而国泰，一直都没把钱沣放在眼里，当面指着钱沣的鼻子辱骂：“你是什么东西，敢来审我。”怒不可遏的刘墉抬出皇帝钦差的招牌，命人打了国泰几个耳光，才压下了他的嚣张气焰。

接下来的一切就比较顺利了，很快就初步查明事实。历城县知县郭德平一人即亏空四万两，章丘、东平、益州等县库皆多有亏空，又查出国泰任意索贿盈千累万，其中国泰一次索银八万两，而布政使于易简逢迎阿附国泰，一任县库亏空，扶同作弊。

钱沣的汇报让皇上震惊，乾隆命令将国泰、于易简、郭德平等革职拿问，任命直隶布政使明兴为山东巡抚，太常寺少卿孙士毅为布政使，进一步详细调查。他们奏称山东各州县均亏空，竟至二百万两之多。皇帝命在狱中与国泰等人核实，追问银两去向。国泰等抱着求生的最后一线希望诡称亏空是因为办理王伦“逆案”。皇上说：“王伦滋事之案，办理不及一月，即使挪移，何至有二百万之多?”随即命国泰、于易简狱中自裁。但遗憾的是，国泰至死也没弄懂为什么钱沣放着高官厚禄不要，非要除掉他。国泰是不明白，他要带着这个问题去另一个世界继续寻找答案了。

令人不解的是，在办理整个案件中上蹿下跳的和珅是如何在皇上面前弥缝的，他竟然毫发无损。钱沣、刘墉为何放过了对他们办案设置重重障碍的和珅？和珅、刘墉、钱沣都已作古，也许他们将永远地带走谜底。

乾隆帝为嘉奖钱沣的忠直，提升他为通政司参议。钱沣在叩谢皇恩时，脸上没有喜悦。查出的案子如此，不知还有多少“硕鼠”躲在阴暗的角落里继续干着不可见人的勾当。钱沣为大清的明天担忧。

三、稽查军机处

乾隆帝自幼生长于深宫，不谙世事，不同于康熙、雍正二帝。他即位后，力求建功立业，以媲美于其父其祖，这样就为六十年间的统治带来两方面的影响：一方面，他在位期间力图有所作为，继述祖业，因而大致上使清保持了前朝的国事；另一方面，他又好大喜功，崇尚浮华。特别是晚年重用和珅，使清王朝由盛而衰，表面的强盛掩盖着内在的虚弱，歌舞升平的背后蕴含着危机。

乾隆四十一年（1776），和珅以户部侍郎入值军机，四十四年（1779）晋户部尚书。大学士阿桂领军机。阿桂是大学士阿克敦之子，是满洲望族。阿桂屡次受命参与对准部、回部战事，先后授内大臣、工部尚书、伊犁将军，历任四川及云贵总督，又为副将军领兵对缅甸及金川作战。乾隆帝曾前后四次图功臣于紫光阁，阿桂四次皆入选，是功勋卓著的重臣。乾隆四十六年（1781），阿桂奉命视师，平定甘肃叛乱。和珅为钦差大臣，先往督师作战，和珅视若畏途，一路磨磨蹭蹭，至军后又因指挥失利致使军败。阿桂到后寻问原因，和珅委过于将领不听指挥。结果阿桂指挥，诸将响应，阿桂便责问和珅：“诸将并不怠慢，败阵应该杀谁?”阿桂上报皇上和珅指挥失利及隐瞒将领图钦保因阵亡之事，从此两人结下怨恨。乾隆五十一年（1786），和珅授为文华殿大学士，与阿桂、嵇璜同列宰辅。阿桂始终蔑视和珅，连上朝也相距十几步，以示耻与同列。但阿桂连年奉命在外治理水患，在朝日短，而嵇璜年迈不理朝政，和珅遂得专擅中枢。此后，状元出身的王杰补大学士。一日在朝房，和珅握着王杰的手开玩笑说：“你的手真软。”王杰正色说：“我的手虽好，但不会弄钱!”讽刺和珅贪婪。但王杰只管礼部，并无实权。所以事实上的大权仍掌握在和珅手中。军机处的宰辅们各怀心思，离心离德。

对宰辅们的不团结与隔阂，朝中大臣们都非常清楚，但谁也不敢去碰他们。只有钱沣对他们不能齐心协力为朝廷办事深感忧虑，终于在乾隆五十八年（1793）上疏，请敕他们同至军机处，不要各自为政。乾隆帝一直对钱沣非常信任，而且重视钱沣的上疏。正因如此，和珅才没敢轻易对钱沣下手。这次，乾隆帝为了告诫诸大臣应合力办事，特命钱沣稽查军机处。

和珅本来就讨厌钱沣，山东的案子使他虚惊一场，此次他又插手军机处，他不敢想象下一步钱沣又会做出什么令他大吃一惊的事，他也不愿让身边埋着一颗不知何时会爆炸的炸弹。碍于皇上对钱沣的信任，又无法直接下手。他只好暗暗地把艰难劳苦的差事委于钱沣。钱沣正直清贫，衣裘单薄，通宵达旦地埋头于这些艰难劳苦的事务中，仅仅在军机处稽查了两年便染疾身亡了（还有一种说法就是和珅知道钱沣要弹劾他，为了保全自己，遂毒死了钱沣）。

嘉庆四年（1799）正月初三，太上皇乾隆帝寿终正寝。正月初五，和珅被弹劾弄权舞弊、僭妄不法。初八，嘉庆帝传旨将和珅革职拿问，十七日，公布和珅贪污受贿总额约八亿至十亿，这个数字比清朝十年国民收入总和还要多。嘉庆帝又宣布了和珅的二十条罪状，在十九日赐和珅自尽。

令人遗憾的是，钱沣没有亲手抓住这只“巨鼠”，但和珅最终没能逃脱制裁，钱沣该瞑目了。

林则徐：一生辉煌在禁烟[①]

道光十九年四月二十二日（1839年6月3日），在虎门海滩的一个高台上，一个身材矮胖、身穿官服、神情庄严的钦差大臣在隆隆的炮声中发出了震撼世界、震撼历史的声音：销烟开始！一箱箱鸦片被倒入销烟池，一眼望不到边的人群中爆发出经久不息的兴奋的呼喊声，如初夏的雷鸣！熊熊的烈火夜以继日地燃烧了二十三天，它燃起了中国人民不可凌辱的反抗精神，它烧得英国伦敦天昏地暗，它烧掉了鸦片贩子和包庇走私者脸上的血色。同时，烈火也铸就了一个响亮的名字——林则徐。

一、良好的家世教育

父母是子女的第一任教师，父母的思想行为对子女的成长起着非常关键的作用，甚至会影响孩子的一生。

林则徐的父亲林宾日因家庭贫穷，直至十三岁才入私塾，二十九岁考上生员，第二年补廪生，近五十岁才选为岁贡生，但终未中举人。为了养家糊口，只好以教书谋生。虽然科举耗尽了林宾日的青春，但他却有别于那些读八股入魔的穷酸秀才和平庸迂腐的私塾先生。他是一位作风正派、行为正直的知识分子，在二十年的塾师生涯中，他“不妄与一事，不妄取一钱。……里中有豪猾者，欲延府君课子，不惜厚聘”，但他“疾其衺行，坚却之，众以为讶”。这种不为重利所动的气节很容易使人联想到在禁烟中林则徐拒绝贿赂的行为。

---

① 本文收录于《中国清官的归宿》，齐鲁书社1999年版。

林宾日像所有望子成龙的父亲一样，希望儿子能够顺利地开启科举考试的一扇扇大门，有出息，有本领，做官从政，光宗耀祖。在林则徐刚刚三岁时，无论阴晴雨雪，林宾日总是每天抱着儿子到自己教书的私塾去，让他坐在自己的膝上，用胳膊揽着，口授“四书五经”。春来暑往，林则徐在父亲的膝下渐渐长大了，从懂事起，他就明白父亲所教授的东西是取得功名必不可缺的，一定要刻苦攻读。林则徐之所以后来在科举的路上能比较顺利地过关，是父亲的启蒙教育为他奠定了厚实的基础。日后，林则徐在为官期间能有实事求是、脚踏实地的工作作风，与父亲的影响是分不开的。

林则徐的母亲是一位吃苦耐劳的妇女。林则徐兄弟三人，姐妹八人，生活非常拮据，母亲便靠剪做纸花赚些钱贴补家用。这种手工劳动非常劳累，花费时间很长，为了能多剪一些，母亲经常通宵达旦地劳作。懂事的林则徐非常心疼母亲，曾多次要求帮母亲做，但都遭到母亲严厉的拒绝：“男儿务为大者、远者，岂以是琐琐为孝耶？读书显扬，始不负吾苦心矣！”生活的艰难，母亲的辛苦，让少年林则徐刻骨铭心。林则徐为官后所做的许许多多赈济灾民、减轻赋税、为百姓奔走呼号的事情，怎能说不与他脑海中母亲寒冬剪纸的一幕紧密相连呢？

林则徐没有辜负父母的苦心培养，聪敏好学的他在十二岁时即取得了府试第一，十三岁补弟子员，进入当时福建的最高学府鳌峰书院学习，到十九岁时考中举人离开，在这里学习了六年。鳌峰书院的院长郑光策是一位讲究人格气节、注重经世致用之学的学者。乾隆四十九年（1784），乾隆帝下江南时在杭州召试文人，由和珅主考。和珅为了表示自己的至高无上，让被召试的人员把试卷交在他的脚凳上，这样每个交卷子的人都要在和珅面前弯腰屈膝。郑光策认为这是对应试人员的污辱，不顾和珅权高势重，拂袖而去，使和珅目瞪口呆。郑光策在主讲鳌峰书院时，“勤于启迪，严而有法”，从而使“人才奋发”。他教育学生的宗旨是：以立志为主，谓“志定而后教育有所施”。郑光策的教育思想使林则徐受益匪浅，在郑的严格教育下，林则徐不仅汲取了经世致用之学的文化养料，而且熟读了古代典籍，研习了八股文章，为迎接乡试做好了充分的准备。

同时，林则徐还通过父亲林宾日认识了著名学者、年长他十四岁的汉学家陈寿祺。陈先生是一个对汉学、宋学有相当造诣的学者，与当时为考据而考据的文人有本质的差别。陈先生对聪敏好学的林则徐非常欣赏，彼此交往密切。陈先生对当时具有某些维新趋向的今文遗说有研究，因此他们在一起不仅研究学术，而且还交流政治见解，非常投机，成了一对“忘年交”。

林则徐的家庭出身和早年所受的教育对林则徐的一生产生了重要影响。陈胜粦先生在《林则徐的家庭出身及其早年所受的教育影响》一文中总结了三方面的影响：

> 第一，由于家世和生活境遇的刺激，使林则徐早熟，对社会现实比较敏感，从而亦使他早年起就对民间疾苦有可能比较了解和重视。……
>
> 第二，即在早年困难的物质生活中有较深切的体会，在长辈的教育影响下，势必又使林则徐在接触到现实生活时，对当时腐败的吏治有较深刻的认识，从而亦使他早年便对清朝官场贪污腐化的现象，颇为不满，且比较正视和注意。……
>
> 第三，比较良好的教育影响，还使林则徐一开始就倾向于经世致用之学，并接受近代今文经学的熏陶，从而亦使他的思想，有可能一开始就朝着比较开明和进步的方向发展。……

陈先生的论述揭开了林则徐之所以与一般的封建官僚不同的一个重要原因，即其早年所受的教育和家庭出身的影响。正因为有了早年这块坚固的基石，才决定了林则徐一生的命运走向。

二、八年的京官生活

嘉庆九年（1804）秋，林则徐参加乡试，中第二十九名举人，其才能已受到同乡前辈的器重和赞誉。中举人，是当时士子走上仕途的必经之路，林则徐中举，使他往仕途上又靠近了一步。

嘉庆十一年（1806），林则徐被厦门海防同知房永清聘为书记，跨出走入社会的第一步。厦门海防同知主要管理海口的商贩、洋船的税收，台运米粮，监放兵饷，审理地方词讼等方面的事宜。厦门的对外贸易始于雍正五年（1727），到嘉庆时，厦门已成为非常繁盛的港口。由于闽广一带与各国通商最早，鸦片走私也从此地开始，至嘉庆时，鸦片走私已呈一定规模，吸食鸦片的人数日增，人们对鸦片的危害也有较清醒的认识：丧威仪、失行检、掷光明、废事业、耗精血、荡家资、亏国课、犯王章、毒子孙。尽管林则徐在此工作仅数月，但细致的林则徐肯定会注意到鸦片对社会的危害。林则徐应从这里最早了解到对外贸易，了解了中国人怎样与外国人打交道。

嘉庆十二年（1807）的春天，按老百姓的说法，林则徐命中的贵人出现了，这个贵人就是刚刚由江西巡抚调任福建巡抚的张师诚。

刚刚到任的张师诚在除夕之夜翻阅福建各地方官员呈上的新年贺禀，其中一份字迹清秀工整、颇有文采的贺禀引起了他的注意，落款上工整地写着：厦门海防同知书记林则徐。张师诚连夜派人把林则徐急调入署。惴惴不安的林则徐不知是福是祸，但他一再告诫自己要沉着冷静。见面后，张师诚态度和蔼地告诉林则徐代他起草几份给不同官员的回禀。林则徐虽然不知巡抚大人的用意，但还是认认真真地埋头写起来。时间不长，林则徐将写就的回禀请张师诚过目，张师诚非常满意，简直是大喜过望。

林则徐过人的才学、虚心好学的精神、不卑不亢的态度赢得了张师诚的赞赏，他当即决定调林则徐入巡抚幕，司笔札。这个除夕无疑成为林则徐一生中最为难忘的除夕。

随后的四年里，林则徐在张师诚的赏识培植下，不仅涉猎了清朝的法令典章和兵刑大政等方面的知识，而且还接触到了一些鲜为人知的秘闻，为他日后成为一名出色的官员准备了条件。

一张贺禀开启了林则徐一生中一个重要的时期。值得注意的是：身为厦门海防同知书记的林则徐，从礼节上或惯例上似乎都无必要给巡抚写贺禀，这恐怕要归于林则徐的周到和精明，这与他后来在禁烟中采取的灵活态度似乎有一致性。张师诚在众多贺禀中唯独欣赏素昧平生的林则徐呈送的一份，实在太偶然了，难道冥冥中真存在一只命运之手？

嘉庆十六年（1811）春，林则徐第三次参加会试，榜列第七十四名，复试一等，殿试二甲第四名，朝考第五名成进士。二十七岁的林则徐终于实现了自己与父母亲的夙愿，其欣喜可想而知。

林则徐中进士后，入翰林院，开始了八年的京官生涯。虽然匡时济世的理想与他的抄抄写写的工作之间有很大的距离，他还是竭心尽力地做好分内的事情。他曾被派为江西、云南乡试的考官，对此事，他态度非常认真。他仿佛从士子们忐忑不安、望眼欲穿的神情中看到了父亲屡困场屋的怅惘和失落。为了不让任何一个有才学的人曲枉落榜，他慎之又慎，不但对已被推荐的卷子逐篇分析、圈点、评判，对未被推荐的文章，也是一一朱笔批点。当时以如此认真的态度对待科试的人并不多。这种认真态度成为他一生做事的原则。

林则徐在由京赴滇主持乡试时，沿途拜谒了许多历史名人的遗迹。其实，他早年对我国历代民族英雄和爱国者便心怀敬佩。他在鳌峰书院学习时，就时常与同学集会于北宋抗金名相李纲祠中，并在离开家乡前往厦门时修葺李纲墓。而在此后的宦游生活中，只要有历史英雄留有遗迹的地方，他必然前去瞻仰。此次途中他便写了《汤阴谒岳忠武庙》，表达对民族英雄岳飞的敬慕及对南宋王朝的失望：

不为君王忌两宫，权臣敢挠将臣功。
黄龙未饮心徒赤，白马难遮血已红。
尺土临安高枕计，大军河朔撼山空。
灵旗故土归来后，祠墓犹严草木风。

历史英雄的故事一直强烈地震撼着林则徐的灵魂，范仲淹“先天下之忧而忧，后天下之乐而乐”的思想，岳飞“待从头，收拾旧山河”的勇气，文天祥“人生自古谁无死，留取丹心照汗青”的气概，于谦“但愿苍生俱饱暖，不辞辛苦出山林”的怀抱……形成了林则徐难以割舍的对历史民族英雄的敬仰、向往的情结。

在去昆明主持乡试的途中，曾遇连日大雨，河水猛涨，渡河十分危险，林则徐与随从们蜷曲在船中，一筹莫展。而这时，当地百姓听说洪水阻隔了主考大人的行程，冒着生命危险拉纤帮助他们渡河。看着身着破衣烂衫的农民在风雨中，在泥泞的河道上，拉着纤绳、弓着背、赤着脚艰难地一步步前行，他的眼睛湿润了。多好的百姓呀，作为一名官员，只有恪尽职守，为百姓办好事实事，才能无愧于他们在风雨飘摇中的帮助。此后的路途中，林则徐更注意考察各地的民生疾苦。他在日记中记下了许多地方旱涝的情况，当干旱了四十多天的某地在夜间下起大雨时，读书未眠的林则徐竟然高兴地跑入院中，欣喜若狂地任雨水打湿衣衫，像一个纯真的孩子。

翰林院是清政府收存图籍和进行编著的机构，林则徐有机会接触到内阁秘藏的有关典册，丰富了对政事、典制等方面的知识，并进行了一定的研究，特别是漕运问题引起了林则徐的重视。

在清代，漕运存在诸多弊端，也曾有许多人试图革除弊病，但它还牵涉屯政、河防等问题，而且，发漕运财的官员也不断设置障碍，因此无甚成效。林则徐在大量阅读治河和漕运图籍的基础上，仔细研究前人提出的在京畿附近兴修水利、种植水稻的方法，终于酝酿完成了著名的《畿辅水利议》草稿，即在直隶一带大兴水利，种植水稻，就地取粮，彻底解决漕运问题。林则徐的这一发展经济的改革方案，表明他已把着眼点放在国计民生上，试图改变北方水旱成灾、民众啼饥号寒的惨象，同时，解决清廷漕运弊端，防止库银流入私囊。在初登仕途之际，林则徐即注意到弊政，并提出切实可行的改良意见。

官场交往是为官者无法回避的。林则徐不是书呆子，他是一个比较精明灵活的人，他也知道官场交往对日后仕途的影响，他当然对一纸贺禀给他带来的转机记忆犹新，所以他绝不只是闭门读书，而是主动结交一些对他发展有帮助的人。清官入世，无可厚非。林则徐与同乡郭尚先研究经世致用之学，和军机大臣共谈掌故，给座师曹振镛祝寿，在“宣南诗社”的前身“消寒诗社”与东南沿海各省的京官唱和……

八年的京官生活，林则徐矢志做一个好官，并小试锋芒。八年中，其智慧与才学并长，练达与明世并进，他变得更加成熟，准备迎接他生命中即将到来的重要时期。

三、林青天贤名满天下

嘉庆二十五年（1820）初，林则徐被授江南道监察御史，走上了亲自实现自己理想的道路。

当时，河南仪封南岸的水利工程没有按时完工，洪水来临时，无家可归的灾民遍布荒野，林则徐忧心如焚，即刻前往调查，发现是由于贩运筑堤材料的投机商囤积居奇，牟取暴利，造成材料供应不及时所致。林则徐当即提出“命令地方官吏严厉查处奸商，以平价收买材料，切实保证工程用料”等建议。这一建议得到嘉庆帝的允准，并付诸实施。但林则徐建议中指出的各种弊端矛头直指当时因负责水利工程失败被夺职的河南巡抚琦善！这是林则徐与琦善的第一次交锋，也为日后琦善在禁烟问题上陷害林则徐埋下了伏笔。

不久，林则徐由江南道监察御使改任为杭嘉湖道。林则徐到任后即修海塘、兴水利，整顿吏治，他勤奋务实的为官之道，既得到当地民众的称颂，也为道光帝所肯定。

道光三年（1823）春夏季节，江苏连降暴雨，河水猛涨，临江濒湖的几十个州县相继被淹，房屋倒塌，田产尽没，灾民遍地，衣食无着，境况凄惨。饥民无以为生，便聚众告灾，要求发放赈米。江苏巡抚韩文绮面对急于求食、汹汹将变的灾民，惊恐万状，连夜调兵遣将，准备用武力弹压灾民。林则徐时任江苏按察使，并不专管赈灾事宜，但他得知这一消息，深感事态严重，倘若发生武力冲突，后果不堪设想。他即刻亲往灾区安抚灾民、解救灾荒。还推行“当牛”的办法，农民可以把牛抵押给政府收养，第二年以原价赎回。这些措施不仅化解了一触即发的危机，灾民也得到很大实惠。此事的妥善办理，使林则徐声誉鹊起，被百姓称为“林青天”，道光帝也为有这样一个为他解忧的大员感到高兴，称他“办事亦好”，并擢升为督抚以示奖赏，还殷殷嘱托他要“勉为良臣”。面对百姓的信赖、皇上的期望，林则徐决心继续殚精竭诚，为国家效力，为百姓呼号。

林则徐奔波于大江南北，无论是兴修水利、赈灾济民，还是严肃吏治，都尽心竭力。他上疏说：“察吏莫先于自察，必将各属大小政务，逐一求尽于心，然后能以验群吏之尽心与否。如大吏之心先未贯彻，何从察其情伪？臣惟持此不敢不尽之心，事事与僚属求实际。”正因为林则徐的一身正气，两袖清风，使贪官污吏“望风解绶”，就连“封疆大吏”也“皆折节倾心下之”。道光帝颁诏嘉奖他，“勉以力行”，“一时贤名满天下”。

作为一个封建官僚，林则徐的可贵之处在于并不是一味迎合皇上。他始终念念不忘的是做一个“好官”，当为百姓呼喊而遭皇上训斥时，他置个人利害于度外，坚持为民请命。

道光十三年（1833），林则徐任江苏巡抚，七八月间，上元、江宁等六个产粮县水灾严重，“田庐淹没，栖食无资，民间积淹日久，困若倍形”。林则徐认为“若俟勘定灾分再请接济，实属缓不济急，自应先行抚恤，俾免流离失所”，并要求缓提“旧欠”，“酌缓新赋，以纾民力”。道光帝指责他“不肯为国任怨，不以国计为亟”。皇上的斥责使林则徐的内心很不平静：自为官以来，他竭尽心力，披星戴月为朝廷分忧解难，即使母亲去世，仍身穿孝服辗转奔波于水利工地上。这许多年来，对朝廷忠贞不贰，从未有过片刻的懈怠，哪怕疾患缠身，仍然不辞辛劳。现在请求减缓漕赋，也是为了稳定灾民，进而安定社会，是为了朝廷的利益。可皇上为什么不能明察自己的一片苦心？别人的误解和指责可以置之不理，但这种指斥来自皇上，那就非同一般了。林则徐感到委屈，他坐在昏暗的灯下，满脸的疲惫和忧伤。

夜深了，灯光暗淡，外面的雨淅淅沥沥下个不停，他很自然地又想到了灾民，他们将怎样度过这漫漫长夜？或许，皇上并不了解灾情的严重，或许皇上正被繁杂的国事所困扰，林则徐想起皇上对自己的嘉奖和器重，他为自己抱怨皇上而自责，他要一如既往地为国家尽忠尽责。林则徐拿出纸墨，感情真挚地道出民众困苦不堪的惨象，他说：“国计与民生，实相维系，朝廷之度支积贮，无一不出于民，故下恤民生，正所以上筹国计”，最后，言明“多宽一分追呼，即多培一分元气”。这一道言辞恳切的奏章呈上后，皇上仍将信将疑，下令让陶澍印证复奏。陶澍此时任职两江总督，与林则徐志同道合，私交甚好。林则徐反复向陶澍申明：百姓性命攸关，一定要如实上奏。为了不牵连陶澍，他表示“有应得处分，自当独任其咎”。

就在当年的九十月间，太仓、镇江、嘉定等州县，又连遭暴风雨袭击，“已刈在田之稻，无以晒晾，霉烂生芽。木棉先结花铃，多已脱落，即晚结之铃，亦经腐烂，收成失望”。十一月初，太仓等地的灾情发展得更为严重，林则徐不顾报秋灾不出九月的定例，上奏请缓新赋：

> 总之，民生雕敝之际，官斯土者无不棘手焦心，惟矢此一片血诚，上以宣皇仁而下以结民信。局中之苦，不敢求谅于旁人，所谓及之而后知，履之而后难也。臣惟有恪遵圣谕，查核加严，不敢市惠以沽名，亦不敢因噎而废食，总使有司畏朝廷之法，则积弊去而吏治清，小民感君上之恩，则元气培而本根固，庶以仰副我圣主察吏安民训诫谆谆之至意。

其以拳拳之忱力纾民困的精神令人感佩。十一月十三日，林则徐不顾朝廷的诘难，单衔密奏，历陈江苏连年灾歉之重、钱漕之累及社会的动荡不安，坚请缓征漕赋。从这里看出，林则徐不像一般尸位素餐的官僚，对赈灾例行公事，漠不关心，他是实实在在认认真真地展开工作。林则徐的所作所为自然得到世人的赞誉：

> 沥血磨残墨一丸，雪封官阁晓钟寒。
> 分明心悲穷黎苦，不似寻常请圣安。

林则徐不愧是精明干练的人才，以至于得到皇上的赏识和朝野上下的认可，他的政绩也令人刮目相看。正因为有这一段经历，才会有后面的故事。道光十七年（1837），林则徐被任命为湖广总督。广州是当时鸦片走私最为猖獗、吸食人数最多的地方，林则徐上任后首先面对的就是鸦片。

鸦片走私自嘉庆早期就存在，只不过当时数量较少，影响较小，未引起足够重视，只是不痛不痒地发出过一些禁烟规定，但形同具文。等到了嘉、道时期，鸦片走私日益严重，危害日益明显，白银大量外流，国库空虚，民众素质日益下降。在这种情况下，对待鸦片走私问题，清统治集团内部仍是议论纷纷，有的主张严禁，有的主张弛禁，莫衷一是。道光十六年（1836）四月二十七日，太常寺少卿许乃济根据吴华的《弥害论》，上疏明请弛禁：准许外商将鸦片照药材纳税，只准以货易货，不能用银购买。对吸食的官员士子兵丁，斥责革职，但可免其罪名。对民间贩卖吸食者，一概置之不理。并奏请允许种植鸦片，他认为：自己种鸦片多了，外商的利益就受到影响，无利可图时，外采鸦片可不禁自绝。

许乃济的主张实际上是鼓励烟毒泛滥，使鸦片走私变成合法贸易，从这一点讲，是完全迎合了鸦片贩子的心意，同时也得到朝中一些人的支持。但是这种以牺牲民众生命和素质为代价来增加国家财政收入的主张，也立即受到广大民众与严禁派官员的强烈反对。道光帝举棋不定，诏令各省督抚讨论此奏折并上疏陈词。这一行为说明当时皇上对鸦片的危害性认识不足，而被弛禁派所谓的增加财政收入所诱惑。

在不置可否中又过了两年。道光十八年（1838），鸿胪寺卿黄爵滋奏上了《请严塞漏卮以培国本折》，此折是禁烟运动的先声。黄爵滋首先阐述鸦片泛滥给社会带来的严重危害，然后指出当时流行的几种认为可以堵塞漏卮的意见，实际上是行不通的。他提出以重治吸食者为突破点，具体办法是限定吸食者必须在一年内彻底戒除，过期不戒的，百姓处以死刑，官吏加等治罪。这个建议在清廷内引起一场轩然大波，道光帝只好把黄的奏疏发交盛京、吉林、黑龙江将军和各省督抚“各抒己见，妥议章程，迅速具奏”。遗憾的是，天朝的臣子中头脑清醒的人并不多，在29件复件中，赞成严禁的只有8件，主张弛禁的却有21件。以琦善为代表的弛禁派认为，重治吸食有悖“抚亿兆以仁”的统治原则，是“断断乎不可行”的。林则徐作为严禁派的代表，给黄爵滋以极高的评价，并严厉地驳斥琦善之流的谬论。林则徐认为，鸦片流毒已深，不用非常的手法是不能禁止的，就如一个患重病的人，普通的药是无能为力的，只能采用烈性药物才能治愈。这是两派的激烈论战，也是林、琦的第二次交锋。禁烟还没开始，两派之间争斗的火药味已经很浓。

为了遏止白银的外流，根除鸦片的危害，林则徐以湖广总督的身份在湖广开始了轰轰烈烈的禁烟活动。

在当时，吸食鸦片的人数众多，上至重要官员，下至平民百姓，要想禁绝鸦片自然是困难重重。经过一段时间的调查研究，林则徐首先注意到兵士吸毒的严重危害。哈欠连天、萎靡不振、毒瘾时发的士兵怎么可能临阵杀敌呢？因此，戒烟先从士兵抓起。规定：严禁兵士吸食鸦片，一经发现，将对兵士革丁重处，其上司也要革职查办。由于林则徐禁烟态度坚决，措施得力，禁烟运动首先在湖广轰轰烈烈地开展起来。汉阳是禁烟最有成效的县，知县破获贩烟案件多起，缴获烟土烟膏一万余两，缴获大批烟枪，并把这些东西集中在武昌总辕外，林则徐亲自验收，当众焚毁，围观的百姓拍手称快。林则徐在湖广的焚烟，是虎门销烟的前奏，是禁烟运动中的一个小高潮，对禁绝鸦片已失望的禁烟官员和百姓，在林则徐身上看到了根绝鸦片的希望。

许多吸食鸦片的人听说要被判处死刑，纷纷主动要求戒烟。为了使众多的瘾君子尽快摆脱毒品，在重治的同时，他还研究戒毒的办法，配制出多种药方，帮助百姓戒烟。林则徐的禁烟法令吓跑了许多贩烟和开烟馆的人，他们纷纷逃离林则徐的辖区。正是由于他令人信服的禁烟主张和行之有效的禁烟措施，使道光帝游移不定的目光停在他身上。对林则徐而言，皇上的重用开启了他一生中最为辉煌的篇章。

四、胜败在此一举

黄爵滋的奏折虽然引起了激烈的争论，但皇上态度依然模棱两可。道光十八年（1838）八月，年已五十有三的林则徐，似乎预感到要有重大的事情发生，他的心情既激动又紧张，长期的为官经验使他认识到，鸦片已到了非禁不可的地步，忠君思想使他不得不吐出肺腑之言。为了敦促道光帝早日做出决定，他毅然披肝沥胆，指出鸦片蔓延的原因是“衙门中吸食最多”，“皆力能包庇贩卖之人”，说明历年的禁烟法令如一纸空文，“历年未闻绞过一人，办过一案，几使例同虚设，其为包庇可知！即此时众议之难齐，亦恐未必不由乎此也”。又说：“夫财者，亿兆养命之源，自当为亿兆惜之。果皆散在内地，何妨损上益下，藏富于民。无如漏向外洋，岂宜借寇资盗，不亟为计?”并警告说：“若犹泄泄视之，是使数十年后，中原几无可以御敌之兵，且无可以充饷之银!”

林则徐的这一奏折提出了使道光帝最感威胁的“银荒兵弱”和“借寇资盗”的问题，瘦弱的道光手中拿着这份奏折，在大殿中来回踱着步子，他的祖先勇猛无敌、创造基业的经历不断在他脑中萦绕，顺治、康熙、雍正、乾隆四帝都是有所作为的皇帝，祖宗的基业到了自己手中，如若有什么闪失，怎样面对列祖列宗？这份奏折的论据并非危言耸听，只有严禁鸦片，才能保住这份基业。林的奏折产生了重要影响，道光帝禁烟决心日益增强，下令对贩运、开馆等犯及文武官员、军民百姓吸烟不戒者，严加惩办，并饬令大学士议禁烟章程，并把弛禁论者许乃济以太常寺卿降为六品顶戴。一时，反禁烟言论鸦雀无声，禁烟时机已经成熟。

道光在反复考虑派谁去烟贩最为猖狂的广州禁烟时，考虑到此举非同寻常，一定要派一得力干将。道光帝一直对皇室宗亲非常偏爱，但皇室宗亲中持严禁态度的只有两人，且阅历及经验不足，难以担当此任。那么剩下的人选也只有一人了，而且朝野的舆论对他评价很高，历来办事稳妥，又有着禁烟的经验，对鸦片问题认识深刻，办事情能抓住要害，有统筹全局的能力，派他去是最为合适了。

林则徐对授命自己为钦差大臣去广州禁烟，是有思想准备的。但禁烟事关重大，关系国计民生，如若出错，上无以对皇上，下无以对百姓。况且，反禁烟派势力顽强，他们所起的反作用会给禁烟带来意想不到的困难。而且，此事无论办好或办不好，都有可能引来杀身之祸！许多年来的为官经历，使他对官场的险恶有足够的认识，很多事情都有不可明言的原因。因此，林决定婉拒这一差事。但道光帝决意要林前往，对他寄予了很大期望。林则徐以国事为重，慨然应允。

自道光十九年（1939）十一月初十日林则徐抵京，皇上连续八次召见他，他陈述的杜绝鸦片来源和禁烟措施，深得皇上赏识。十一月十五日，林则徐被特命为钦差大臣，加兵部尚书、右都御史衔，驰驿前往广东，查办海口事件，所有该省水师兼归节制。林则徐明知此去阻碍重重，但他抱定置生死于度外的决心，于十一月二十三日从北京的正阳门出发，踏上了为国家民族争命的历程。一路上，他访谈故旧，了解广东各方面情况，并事先派人赶赴广东明察暗访，掌握了一批广州重要烟贩的姓名、住址，决意肃清鸦片。

一路上，离京前朋友、老师期望的眼神不断在他脑际萦绕，特别是龚自珍要他加强海防、时刻准备英方的军事挑衅的话，更是时刻回响在耳边。好在两广总督邓廷桢、广东巡抚怡良、粤海关监督豫坤等已做了许多工作，他要依靠这些人，齐心协力，为国尽忠。

一路上，他不断思考一个问题，那就是鸦片的来源。过去，他们一直建议重治吸食，但随着深入的调查、了解，特别是通过他在湖广的禁烟，了解到鸦片走私的猖獗，如若不从根本上消灭鸦片的来源，只是重治吸食，无异于舍本求末，因此，必须堵死鸦片的来源，才能彻底禁绝鸦片。

林则徐被授钦差的消息传到广州，鸦片贩子失魂落魄、闻风丧胆，而深受鸦片之苦的广州的民众则欣喜异常。邓廷桢时任两广总督，原是弛禁派的支持者。他手下的水师副将韩肇庆，专以保护走私鸦片船获利，而邓廷桢自己有四只水师船，专门用来走私鸦片。然而，随着鸦片的泛滥，白银大量外流，社会混乱不宁，百姓的家破人亡，面对严禁派官员对形势的分析和林则徐等人的拳拳报国之心，邓廷桢毅然改弦更张，加入了严禁派的行列。当他接到皇上的谕旨后，即表示要与各省督抚“各扫疮痍，共培元气”。缉私人员遍布各地，禁烟命令人人皆知，造成了运、贩人员及吸食者如过街老鼠，人人喊打的局面，邓廷桢、关天培、怡良还调遣了大鹏营和香山协二标水师，轮流在零丁洋面追堵走私船只。并令碣石、南澳二镇水师，认真巡防，一旦遇到外国走私船只，立即驱逐。邓廷桢还协同行伍出身的有战斗经验的关天培，观察虎门周围地形，奏请皇上在虎门武山与横档之间的江面上，增设两道水排铁链。他们还破获了私开窑口案件一百四十一起，人犯三百四十五名，烟枪一万零一百五十八杆，有力地震慑了运、贩及吸食者，为林则徐日后禁烟取得巨大成绩创造了条件。

道光十九年（1939）正月二十五日，林则徐抵广州，他的除夕是在南行途中度过的，这成为他一生中第二个最难忘的除夕。期待已久的人们终于盼来了钦差大臣林则徐，一场轰轰烈烈的禁烟运动即将拉开帷幕。

五、虎门销烟

林则徐到达广州后，立即传讯十三行洋商，责令转交谕帖，命外国鸦片贩子限期缴烟。当时，停泊在广州附近海面的走私趸船有二十余只，每只船上私藏鸦片约有千箱。如按惯例，把这些船只驱逐到“夷界”即可，但他们躲过风头，还会卷土重来。林则徐决心斩草除根，使它们永不再来。因此，林则徐决定舍易求难，不以驱逐了事，而要责令夷人将鸦片尽行交官。这个工作难度是很大的，却也证明了林则徐禁烟的决心。林则徐先让洋商转告夷人，然后正式发出《谕各国商人呈缴烟土稿》，要求夷人遵从中国法度，把全部鸦片呈缴，而且要保证只做正当贸易，不再携带鸦片，如若查出，货没收，人正法。这些果断的措施显然是非常及时，而且有力有节，也体现出林则徐的深谋远虑。

林则徐的谕帖中限令外商在三日内，将趸船上的全部鸦片交出来；但三天期满，他们丝毫没有缴烟的意思。林则徐果断决定，逮捕作恶多端、一贯走私鸦片、侵吞中国白银的英国大鸦片贩子颠地。虽然这个命令把他们吓了一大跳，但他们拒绝交人，特别是英政府代表、驻华商务总监义律，更是明目张胆地对抗，他下令所有英船只开到香港，停泊在英舰可以保护的范围内，另一方面，他偷偷地从澳门溜到广州，亲自指挥烟贩抗拒缴烟，并把颠地藏在他房间内，伺机让他逃跑。

面对义律肆无忌惮的对抗，林则徐针锋相对，立即宣布：封锁停泊在黄埔港的所有外国船只，不准装卸货物；派兵包围商馆，但供给水和食品。烟贩被困多日，无计可施，不得不同意缴烟。

老奸巨猾的义律竭力怂恿烟贩对抗禁烟。为孤立义律，动摇英贩与我为敌的态度，林则徐明令：缴烟四分之一可恢复雇用中国雇员，缴二分之一可部分水上往来，四分之三者可开舱贸易，缴全者一切照常。义律看到阻挠缴烟的计划无法实现，被迫命令英商缴烟，保证烟价由英政府赔偿。他的目的，显然是为英国侵华制造借口。

一箱箱鸦片被送到虎门海滩集中焚毁，共一万九千一百八十七箱，二千一百一十九袋，共计二百三十七万六千多斤。冲天的火光大长了中国人民的志气，伸张了正义，打击了邪恶，洋溢着不屈的民族精神。这无疑是林则徐一生最为闪光的一页。

事情就是这样巧，尖沙咀村民林维喜被英国水手打死。林则徐多次责令义律交出凶犯，义律故意践踏中国主权，包庇凶手逍遥法外。林则徐为维护中国司法权，下令禁绝澳门英人的食品，撤回买办、佣工，驱逐义律出澳门，并争取澳门葡萄牙当局保持中立。

英国从鸦片贸易中获得了极大的利益，林则徐虎门销烟使他们的贪婪和野心受到了极大的挫伤，为使他们的掠夺合法化，英国政府不惜悍然挑起战争。道光十九年（1839）七月二十七日，义律率兵船在九龙山海面挑衅，引发九龙炮战。林则徐自抵广州后就十分重视海防，加之邓廷桢、关天培等的全力以赴，海防设施较为完备。面对英军挑衅，林则徐遂前往虎门驻扎，集结兵船操练，准备反击。九月，林派人去澳门与义律谈判通商，义律拒不接受具结、交凶、驱逐走私船的条件，致使谈判破裂。接着义律又挑起穿鼻洋海战，攻官涌山，关天培指挥士兵将他们击退。

林则徐一直认为民心可用。他在沿海招募渔民五千人，编为水勇，日夜加紧训练。这时，林则徐通过义律的诉诸武力，已清醒地认识到义律背后的英国的狼子野心。

知己知彼，方能百战不殆。抵粤前，林则徐与其他大臣一样，不知英吉利为何物。但通过接触逐渐认识到，这些洋人并不像过去想象的那样不堪一击。在钦差行辕，他组织人员把所搜集到的有关西方国家的地理历史资料编成《四洲志》草稿，翻译外国书籍和报纸，研究各国情况和动态，并搜集外国船炮资料图纸，准备仿制。因此，林则徐被称为近代史上睁眼看世界的第一人。

九龙炮战后，道光帝因连获小胜，妄目自大，下令停止中英贸易，并于十二月初一授林则徐两广总督，邓廷桢授两江总督。这次人事调动对抵御侵略起了不利的作用。

林则徐从探报和所译西报中获知英国要窜往沿海各省的消息，急切地先后五次奏请敕下筹防，并飞咨沿海督抚防备，但未引起足够重视。

六、发配新疆伊犁

道光二十年（1840）五月底，英军抵粤，鸦片战争正式爆发，由于广州的守备严密，英军无法得手，改犯浙江，定海的陷落成为林则徐一生最大的转折点。

外国人的坚船利炮使道光帝惊慌失措，对他而言，这比白银外流更加可怕。他后悔了，后悔当林则徐说将与禁烟相始终时，他被感动得几乎涕泪俱下，他后悔听林则徐的话去禁什么烟，他甚至恨得要除掉林则徐，只要英军能退兵。但是他褒奖林则徐的话还余音未绝，他批复的奏折还墨迹未干，为了自己的面子，他只能暂时忍着，脸上的神气没有了，眼光忧郁。

虽然林则徐曾五次请旨饬沿海各省督抚布防，直隶总督琦善却以“水师不必设，炮台不必添”复奏，并宣扬“夷船不来则已，夷船若来，则天津海口断不能守”，致使天津仅有弁兵八百名，山海关一带连一尊合用的大炮也没有，当英船驶至大沽口，炮口对着琦善的脑门儿时，他会怎样做，那是再清楚不过了。不过，投降不要紧，因为皇上的准星已偏移。

当然，舆论是很重要的，以琦善为首的投降派虽然没有胆量去对付外国人，但散布流言蜚语却是技高一筹。林则徐等人与琦善等人的思想观点不同，他们是政治上的敌人，琦善知道怎样对付他们。有人说，林禁烟，先许价买，后负约，以致激变；又有人说，邓廷桢厦门军报不实，等等，不容你皇上不疑虑重重。

琦善无耻地向侵略军头子义律献媚求和，称林则徐等人的禁烟一事没有办好，保证要“重治其罪，清政府将秉公查办，定能代伸冤抑”。义律很满意，率船折回南方。

琦善退敌有功，被皇上授为钦差大臣，赴粤继续中英交涉。林则徐、邓廷桢被革职查办。中华民族的灾难和林则徐的灾难同时降临。

琦善到广州，反林则徐之道而行之，撤除了珠江的防务，遣散了临招募的水勇，以讨好侵略者。琦善对侵略者提出的各项要求一一应允，只是他还没大胆到答应割让香港的程度。琦善与此时为全权代表的义律谈判，义律以发动进攻威胁，琦善当然没有胆量与英国较量。当自己的同胞浴血抵抗侵略者而向其求援时，琦善只敢在夜间偷偷派出二百人，之后，就置之不理，致使数百名将士壮烈殉国。六十岁的老将关天培，散尽家私，只为换回民族的尊严，面对着残暴的敌人，他血染战袍，义不求生，像山一样轰然倒下。琦善却脚踩烈士的鲜血，走向义律与之求和。义律提出《穿鼻草约》，并单方公布。林则徐痛心疾首，他被留粤以备查问差委并协办夷务，虽然他仍与邓廷桢察看地形，筹议战备，虽然他自筹经费招募壮勇，但大权在握的琦善对他根本不屑一顾，林则徐的一番苦心只能尽付东流。最终，林则徐说服怡良揭发了琦善的卖国行径，皇上也震怒了，琦善也落得一个锁拿解京的下场。

为争回面子，皇上又派奕山为靖逆将军赴粤主持战事，并派杨芳同行，由和而战。林则徐上防御粤省六条，却石沉大海。皇上命令他赴浙候旨。

奕山一路游山玩水，来到广州，闭着眼睛就下令从三路进攻，目的是打起仗来可以报销军饷。因剿杀白莲教被誉为“名将”的杨芳，看到英舰横行无阻，炮火猛烈，竟认为其中有“邪术”，于是想出了一条以邪制邪的“妙计”，他命令地方保甲遍收马桶，放在木筏上，让这些马桶去防守乌涌炮台！真是战争史上绝妙的一笔！他的荒唐可笑，又导致了许多中华男儿倒在了自己的家门口。

这些无能之辈的行为让道光帝恼羞成怒，他完全相信投降派所说的，战火由林则徐燃起，便把他革除官职，从重发往伊犁“效力赎罪”。

林则徐对皇上已彻底失望，他挂念的仍是国家的命运，在赴戍途中，他见到老友魏源，悲从中来，老泪纵横。他把《四洲志》送给老友，嘱托其撰写《海国图志》，让子孙学习西方，了解西方，师夷长技以制夷。

接着，因黄河决口，需要熟悉水利的林则徐去堵口子，皇上命他在黄河边“效力赎罪”。一个才能卓越、忠心为国的臣子就这样被封建帝王玩于股掌之上。口子堵上了，还是去伊犁“效力赎罪”吧！林则徐的心一定在滴血！短短两年的时间，呕心沥血的林则徐须发全白了，他的“苟利国家死生以，岂因祸福避趋之”换来的就是发配伊犁“效力赎罪”，他也只好踽踽而行于戈壁的沙漠中！

可是，发配伊犁的林则徐仍不忘国事，带病研讨新疆史地，并兴修水利，造福当地百姓，真是一个可敬的“爱国爱民老人”。令人佩服的是，他还预言：“终为中国患者，其俄罗斯乎！”

是布彦泰再三奏请，还是道光帝认识到自己的错误，抑或是林则徐在新疆有不俗表现，总之，道光帝又把林则徐招回京候补。林则徐的命运又一次转变，作为一个封建官吏，他无可选择地听从皇上的调遣去镇压几地的起义。这也是他留给后人的不可避免的遗憾。

林则徐毕竟是中国近代史上第一位举起反侵略旗帜的爱国者，第一位睁开眼睛看世界的思想家，一个勇于改革积弊的改良者。

王重民先生《论〈四库全书总目〉》商榷①

清代《四库全书》的纂修被称为世界文化史上的重要工程，《总目》虽隶属于《全书》，但成书在《全书》变动之前，更能反映《全书》的原貌，因而也更具价值。1964 年发表在《北京大学学报》上的王重民先生的《论〈四库全书总目〉》一文，是新中国成立以后较早地对《总目》进行系统研究的文章，读之，使我们对《四库全书》及《总目》的成书背景、过程有了一个较为全面的了解。

在这篇文章中，作者论述了四个方面的问题：

一是纂修《四库全书》和《四库全书总目》的政治、时代背景。清王朝建都北京后，民族矛盾上升为主要矛盾，在对起义军民进行血腥镇压之外，在康熙十八年（1679）开博学鸿词科，实行文化教育政策。乾隆纂修《四库全书》是这一文化教育政策的继续，也是他“十全武功”继开疆拓土后在文化领域的继续，目的是剔除“有民族思想的一切文化典籍”。“《四库全书总目》是完全配合、补充和加强《四库全书》的宣传工作为目的编写的。”

二是《四库全书总目》的纂修过程。四库全书馆的全部纂修工作分为三个阶段，《四库全书总目》的纂修过程完全是和这三个纂修阶段相适应的。1772 年 2 月 7 日下“稽古右文”采访遗书的诏谕，到 1782 年 1 月 19 日《四库全书》第一份办成为第一阶段，主要工作是从《永乐大典》校辑古佚书，同时从全国范围内采访遗书。1782—1787 年为第二阶段，主要工

① 本文发表于《烟台职业学院学报》2007 年第 4 期。

作是：完成了《四库全书》北四阁的缮写并赶办南三阁；赶办出大批官书；乾隆督促四库全书馆的工作人员警惕，把抄写工作尤其是检查禁书的工作做好。同时，纪昀专心致志对《四库全书总目》做整齐划一的工作，进一步充实它的内容，所以在第二阶段结束的时候，《四库全书总目》就有抄本流传出来。1787—1793年是第三阶段，主要工作是：将已修成的官书送入七阁，并继续校改错误；乾隆发现《四库全书》内一些编纂或抄写上的错误，遂决定进一步检查《四库全书》的内容；加紧在全国范围内搜查禁书。《四库全书总目》在这一时期也有很多修改和提高，主要表现：馆臣们重写了提要，其“逻辑性、艺术性及其反动的封建的思想内容比过去有很大的提高，使目录学达到了为乾隆的反动的文化教育政策服务的目的”；纪昀统阅了“明季国初史部、集部、子部及小说杂记等书”，修正了提要，达到了准备出版的阶段，1793年冬季由武英殿刊成。

三是《四库全书总目》的内容分析，一是政治第一、艺术第二的“著录原则”，二是宣传封建思想、消灭民族思想和树立清王朝统治政权在中国历史上的正统思想的“提要的思想内容”。

四是《四库全书总目》的影响，主要表现在对目录编纂方法方面和对士子阅读图书方面的影响。

这些论述有很多是客观、公允的，如对《总目》价值的肯定，认为它“总结了我国封建社会时期的目录学方法和经验，著录了丰富的文化典籍，重新建立了系统的分类体系，对图书的参考使用上有很大的便利和价值”。然而，作者囿于时代，受当时政治气氛的影响，使这篇文章充斥了较多的政治意味，从而使某些评价有失允当，对《总目》本身的认识亦有值得商榷之处，兹分述如下：

一、关于《总目》的名称

历来对《总目》的称名不一，刊行本作《四库全书总目》，有的称《四库全书总目提要》或简称《四库提要》，如余嘉锡《四库提要辨证》。王重民先生在文中也用了《总目》和《提要》这两种称法，并在后注中谈到

“乾隆三十九年七月二十五日上谕，直称‘现办《四库全书总目提要》，多至万余种’，可见当时的拟名是作《四库全书总目提要》的。因为刊行本的书题仅作《四库全书总目》，所以本文内一般都用这个名称；有必要时亦加‘提要’二字，或简称《四库提要》。这些名称虽说稍有不同，都是代表着《四库全书总目提要》的意义”。但“提要”是就各书内容而言，从于敏中于乾隆四十年八月九日（1775 年 9 月 3 日）致陆锡熊的信中所言“进呈书目提要，此时自以叙时代为正，且俟办《总目》时，再分细类批阅”来看，“总目”已包含这层意思，乃书目提要的总汇。《总目》的凡例中也谈道：“今于所列诸书，各撰为《提要》，分之则散弁诸编；合之则共为《总目》。”刊行本作《四库全书总目》亦说明了这个问题，因此“提要”二字则不必再加。

二、《总目》的成书时间

作者认为，自乾隆三十八年五月（1773 年 7 月）四库全书馆决定纂修《四库全书总目》和《存目》，四十六年二月十六日（1781 年 3 月 9 日）初稿完成，又经过长时期的修改、补充，大约于乾隆五十八年（1793）才由武英殿刊版印行。但文中又有“在 1773～1775 年间赶办提要初稿时候”之说，又云“自从 1775 年以后，《四库全书总目》就进入了综合、平衡、修改和分类排比等工作”。但是，据《清实录》卷 963，乾隆三十九年七月丙子（1774 年 8 月 31 日）馆臣已呈进《总目》，且据《清实录》卷 1017 和《四库全书总目·圣谕》，早在乾隆四十一年九月戊戌（1776 年 11 月 10 日）已令“将《四库全书总目》及各书《提要》编刊颁行”，是否真的刊刻颁行，我们不得而知，但至迟在此之前，《总目》初稿应已完成。五十二年三月丁亥（1787 年 5 月 7 日）乾隆发现李清《诸史同异录》的问题，命馆臣将其书自七阁中“掣出销毁”，连同“《总目》《提要》亦着一体查删”，亦可知《总目》此时应已完稿。另据《清实录》卷 1493，《总目》是在乾隆六十年十二月甲午（1796 年元月 26 日）才由武英殿刻竣，是日，尚书曹文埴奏曰：“《四库全书总目》刻竣，谨进陈设二十部、备赏八十部。余将板片交武英殿收藏外，并另刷四部，请发装潢，分贮四阁。”因此，王重民先生所言《总目》大约于乾隆五十八年（1793）由武英殿刊版印行与史书记载不相吻合。

三、《总目》武英殿刻本与浙刻本的关系

王重民先生认为：“《四库全书总目》的武英殿刻本首先发到南北七阁贮藏使用。1794年浙江在地方官谢启坤、秦瀛、阮元和士绅沈青、鲍士恭的合作下，将《四库提要》依据文澜阁所藏的殿刊本翻刻，1795年刻成。”而据《清实录》，我们知道《总目》的武英殿刻本是乾隆六十年十二月甲午，即1796年元月26日刻峻的，时间上晚于浙刻本，故以武英殿刻本为底本的说法便难以成立。据阮元的观点，认为浙刻本是根据文澜阁藏本校刊，在乾隆六十年竣工。文澜阁的藏本在乾隆六十年以前就已颁发，非武英殿刻本，所以王重民先生所谓的“文澜阁所藏的殿刊本”应是对“文澜阁藏本”的误解（文澜阁藏本是乾隆五十二年即1787年之前业已完成的抄本）。

四、《总目》的编纂目的

作者认为乾隆编纂《四库全书》是假借“稽古右文”的美名，以烧尽杀绝有民族思想的一切文化典籍。而《四库全书总目》则是完全配合、补充和加强《全书》的宣传工作为目的而编写的，“《总目》是利用目录揭露并宣传图书的艺术，掩藏了删节、改窜、重编和清洗四库内容的可耻工作，反而站在封建正统地位，驳斥了其中的进步思想，而为乾隆的反动政治目的服务”。可见，作者完全是从“寓禁于徵”、消灭民族思想的政治角度看待《全书》和《总目》的。

不可讳言，乾隆编纂《四库全书》有其政治上的动机，他在1772年下令辑遗书，因抚臣没有查出“违碍字迹”，就下令说：“有抵触本朝之语，正当及此一番查办，尽行销毁，杜遏邪言，以正人心而厚风俗。”1787年乾隆发现李清《诸史同异录》内，有说崇祯和清世祖相同的四事，认为是有意骂他的祖宗，因而怀疑《四库全书》内类似这样骂他祖宗的地方一定还

不少，遂展开对《四库全书》内容的清洗，命馆臣给官书重写提要，《总目》的内容有不少变动，形成了库本提要（修改本）和《总目》的不同。但我们似乎不应该因为有政治上的动机便否认其文化教育的目的。我认为，“稽古右文”“崇尚文教”应是乾隆下令编纂《四库全书》的主要的目的和最初动机，这从乾隆1772年所下圣谕中可以看出，他说：“方今文治光昭，典籍大备，恐名山石室，储蓄尚多，用是广为网罗，俾无遗失，冀以阐微补阙……择其中罕见之书，有益于世道人心者，寿之梨枣，以广流传……以彰右文之盛，此才采择《四库全书》本旨也。”而《总目》的初稿正是在一种不受政治干预的自由轻松的环境中拟就的。如果一开始乾隆就政治目的明确，馆臣必按其意图行事，何至于后来才进行删改、重写提要呢？当第一部《四库全书》编纂完毕贮文渊阁后，乾隆又命“续缮三份”，“分庋文汇、文宗、文澜”，为的就是方便江浙这个“人文渊薮”的“力学好古之事”“愿读中秘书者”，以“广布流传，以光文治”。乾隆下令编纂《总目》的目的，正是希望“学者由‘书目’而寻‘提要’，由‘提要’而得全书”，以实现其教化主旨。当然，乾隆下令编纂《总目》还有个人的原因，《四库全书》的编纂毕竟是一项浩大的工程，而乾隆年事已高（他下令编《全书》时已六十三岁），“以为举事已晚，恐难观其成”，因而也促使他下令缮写《提要》。

《四库全书总目》整理、保存了一大批重要典籍，开创了中国书目学，确立了汉学在社会文化中的主导地位，具有无与伦比的文献价值、史料价值、文物价值与版本价值，对其进行学术探讨，将会使我们对它的认识更加深入。

弘扬优秀中华传统文化[1]

文化是凝聚力，文化是竞争力，文化是软实力。党的十七大报告强调，要弘扬中华文化，建设中华民族共有的精神家园，这充分体现了当代中国共产党人对繁荣发展民族文化的强烈历史责任感。中华传统文化博大精深、源远流长，经过数千年的积淀和共同发展，已经深深融入到中华民族的血脉之中，成为中华民族共同的精神记忆和中华文明特有的文化基因。这无疑是民族文化的思想根基，也是弘扬中华文化的宝贵财富和资源优势，我们应深刻认识文化在社会发展中的重要作用，深刻认识祖国传统文化的历史意义和现实意义。

一、文化在社会发展进程中的作用

文化是社会变革的先导。综观人类社会发展的历史，文化既表现在对社会发展的导向作用上，又表现在对社会的规范、调控作用上，还表现在对社会的凝聚作用和社会经济发展的驱动作用上。人类社会发展的历史表明，当一种旧的制度、体制无法进一步运转下去的时候，文化对新的制度、体制建立的先导作用十分明显。蕴藏在新制度、新体制中的文化精神，以一种新的价值理念以及由此而建立的新的价值世界为蓝图，给人们以理想、信念的支撑。

文化是社会常态的调控器。新制度、体制建立后，社会在一定秩序中运行发展就是社会常态的表现。由于社会是人的社会，而每个人所处的环

① 本文发表于《济南职业学院学报》2007年第6期。

境、自身素质和精神物质需求又不尽相同，所以常态中的社会仍然会存在人与自然、人与人、人与社会等矛盾，而且还存在人自身的情感欲望和理智的矛盾。从人类社会发展的历史看，依靠文化的力量去化解这些矛盾就是其中不可或缺的方面。要化解人与自然、人与人、人与社会等种种矛盾，必须依靠文化的熏陶、教化、激励的作用，发挥先进文化的凝聚、润滑、整合作用，将和谐的文化因子潜移默化地植入人的心田。只有这样，一个社会才能健康、有序、和谐、可持续地发展。

文化是凝聚社会的黏合剂。文化虽然属于精神范畴，但它可以依附于语言和其他文化载体，形成一种社会文化环境，对生活于其中的人们产生同化作用，为他们的价值观、审美观、是非观、善恶观涂上基本相同的“底色”，也为他们认识、分析、处理问题提供大致相同的基本点，进而化作维系社会、民族生生不息的巨大力量。一个民族的文化，凝聚着这个民族对世界和自身的历史认知和现实感受，积淀着这个民族最深层的精神追求和行为准则。任何一个国家和民族文化的延续和发展，都是在既有文化传统基础上继续的文化传承、变革与创新。如果离开传统，隔断血脉，就会迷失自我、丧失根本。

二、弘扬优秀的中华传统文化

中华民族在几千年的历史长河中，创造了灿烂的中华文明，形成了优秀的文化传统，不仅成为凝聚中华民族精神的纽带，而且对世界文明做出了重大贡献。这里主要谈一谈几种优秀的中华传统文化思想：天下兴亡、匹夫有责的爱国传统，天地之间、莫贵于民的民本理念，以和为贵、和而不同的和合思想，富贵不淫、威武不屈的高尚气节等。中华民族具有悠久的爱国主义传统，在历史典籍《战国策》中，就出现了“爱国”一词，屈原的《国殇》，歌颂为国捐躯的勇士：“诚既勇兮又以武，终刚强兮不可凌。身既死兮神以灵，魂魄毅兮为鬼雄！”汉代除苏武北海牧羊十八载外，还有贾谊“国而忘家，公而忘私”，诸葛亮“鞠躬尽瘁，死而后已”；唐代韩愈的“欲为圣明除弊事，肯将衰朽惜残年”，柳宗元“海上高楼接大荒，海天愁思正茫茫”；宋代范仲淹“先天下之忧而忧，后天下之乐而乐”，岳飞“以身许国，何事不可为”，陆游“位卑未敢忘国忧”；明清除了郑成功抗击荷兰殖民者和夏完淳抗清的英勇事迹及其文学表现外，还有顾炎武“天下兴亡，匹夫有责”，林则徐“苟利国家生死以，岂因祸福避趋之”；秋瑾“他年成败利钝不计较，但恃铁血主义报祖国”……这样的爱国精神代代相传，中华民族始得根深叶茂，能够抵御任何狂风暴雨。

先秦诸子百家中儒家思想的核心是“仁”与民本思想。从《论语·颜渊》中的“仁者爱人”到孟子的“仁政”和“民为贵，社稷次之，君为轻”的仁爱、民本思想，与今天所提倡的“以人为本，共建和谐”一脉相承。《论语·子路》中有“君子和而不同，小人同而不和”的记录，是指君子可以与他周围的人保持和谐融洽的关系，但他对待任何事情都必须经过自己大脑的独立思考，不会人云亦云，盲目附和；但小人则没有自己独立的见解，只求与别人完全一致，而不讲求原则，但他却与别人不能保持融洽友好的关系。简单来说，“和而不同”指的是和谐的共生关系，显示出孔子思想的深刻哲理和高度智慧。儒家倡导的“仁义礼智信、温良恭俭让”的道德规范，对今天精神文明建设仍然具有积极意义。孔子的思想不仅仅在中国，也不仅仅在东方的日本、韩国和越南，甚至在西方世界都产生着极大的影响。1988 年 2 月，75 位诺贝尔奖得主齐聚巴黎开会，会后发表了一个宣言，宣言最后一句话写道：如果人类要在 21 世纪继续生存下去，那就必须回到两千五百年以前的孔子那里去汲取智慧。目前，中国政府已经在全球建立孔子学院 140 多所，分布在 50 多个国家和地区。2007 年 4 月 9 日，在国内外各界人士的支持下，孔子学院总部在北京成立。这从一个侧面反映了儒家思想在今天世界范围内所具有的重要意义。儒家思想总体来说，特别强调个体与群体的和谐相处问题，并以“仁义礼智信”来要求每一个体，提倡谦让与包容，对避免世界争端有着重要的启示。

中国传统文化中的许多精髓，永远是人类的精神食粮。2006 年表现墨子思想的战争巨片《墨攻》在全国上映后反响强烈，墨子主张兼爱非攻，其实就是现在世界人民呼吁的“世界和平”；儒家的“天人合一”，道家的崇尚自然，就是现在提倡的“人与自然的和谐”；孔子的“礼、乐、射、御、书、数”对今天的素质教育有借鉴意义，“有教无类”思想，仍然是今天“均衡教育”的主要内容……

在中国古代文化传统中我们可以看到，先进知识分子的精神品格上有非常可贵的一面，这就是：建立在“仁政”“民本”思想上的，追求实现先进社会理想的奋斗精神和在受压抑理想得不到实现时的抗争精神，也就是“为民请命”“怨愤著书”“不平则鸣”的精神，它体现了我们中华民族坚毅不屈、顽强斗争的性格和先进分子的高风亮节、铮铮铁骨。《论语·子罕》记载：“岁寒，然后知松柏之后凋也”，这是以松柏不畏严寒来比喻人应当有不怕强暴的坚毅品格。《孟子·滕文公下》说过：“富贵不能淫，贫贱不能移，威武不能屈，此之谓大丈夫”，能够成为这样的“大丈夫”，才有骨气，才具备了理想的人格精神。正是出于对腐朽黑暗现实的不满，屈原“长太息以掩涕兮，哀民生之多艰”，为了实现“仁政”的理想，“虽九死其犹未悔”，宁“从彭咸之所居”，而不与恶浊小人同流合污，最终以身殉国。汉代司马迁遭受残酷宫刑折磨，能够“就极刑而无愠色”，“虽万被戮，岂有悔哉！”为的就是把自己的理想寄托于《史记》的写作。之后连绵不断地出现了陶渊明、李白、苏轼……他们刚健自强的精神和志存高远的胸怀，在几千年中华历史长河中，一直激励着正直人士发奋向上。

这些宝贵的精神财富至今仍然得到人民群众的广泛认同，仍然是衡量人们道德素质的重要尺度，为我们今天建设和谐文化提供了丰富而厚重的思想资源。只有深刻认识祖国传统文化的现实价值，继承和弘扬中华优秀文化传统，才能在历史提供的高起点上创造出更高层次的和谐文化。

三、在时代的高起点上推动文化创新

党的十七大报告指出：“在时代的高起点上推动文化内容形式、体制机制、传播手段创新，解放和发展文化生产力，是繁荣文化的必由之路。”我们强调继承民族优秀文化传统，是为了在历史的高起点上创造出符合当地精神和时代潮流的新文化。没有创新的文化是凝固的文化、僵死的文化。

不创新，文化难以延续传承，更难以繁荣发展。中华文化之所以绵延五千年而不衰，就是自身有一种吐故纳新的能力，有一种求变图强的精神。现在，世界文化格局风云变幻，各种文化潮流相互激荡，文化赖以生存发展的经济基础、体制环境、社会条件发展深刻变化，文化创新的社会意义日益凸现出来。只有在既有传统的基础上不断创新，文化才能适应时代的发展和现代化建设的需要，才能具有吸引力和凝聚力。

传统文化与中学语文教育[①]

古典文学是我国传统文化在漫长的发展过程中沉积下来的宝贵的精神遗产，值得我们认真地学习研讨。古代文化在中学语文教学中的地位和作用是非常重要的，这种重要性一直受到人们的普遍肯定，除了在一些特殊时期。

1996年由人民教育出版社出版的《全日制普通高级中学教科书语文(试验本)》的指导思想是：以能力训练为主，注重文化的熏陶，在初中的基础上进一步全面提高学生的语文素质，培养学生正确理解和运用祖国语言文字的能力；在训练中传授知识，开发智力，发展个性和特长，进行思想教育和审美教育。在这些方面，传统文化的作用将会日趋显著。

一、对培养学生道德品质的重要性

《语文教学大纲》明确指出："在语文教学过程中，要开拓学生的视野，发展学生的智力，培养学生的社会主义道德情操，健康高尚的审美观和爱国主义精神。"培养学生的道德观念、传递传统道德文明，是中学语文教育的崇高责任，优秀的传统文化是培养学生品德、人格、价值观念的不可或缺的重要教材。

从教育的本质来看，它是传递人类文明的重要手段。人类文明的重要一翼是精神文明，而精神文明的核心是人类在自身的发展过程中累积形成的具有人文价值的道德观念。从教育的育人宗旨出发，中外古今的教育都十分重视道德教育，并把它放在教育的首要位置，中国的教育传统尤其如

① 本文发表于《山东教育》2000年第26期。

此。《大学》一书开宗明义地提出：“大学之道，在明明德，在亲民，在止于至善。”孔夫子教学生以“文、行、忠、信”，志在培养有浩然正气的“大丈夫”；董仲舒从“性非教化不成”来强调教育的重要性和必要性；韩愈提出仁义道德是“先王之教”的中心；朱熹主张以学来“变化气质”，教导学生“朝夕修其孝悌忠信”之道；近代的蔡元培提出以道德教育为中心的理论，陶行知力奉“千教万教教人求真，千学万学学做真人”的宗旨。可以说，中国历史上的教育家，无一不是道德教育的专家。

这里特别需要为之辩解的是封建时代的主要道德教育的内容——儒家的道德学说。诚然，儒家学说有宣扬封建正统等级观念及纲常礼教等糟粕，但它之所以能成为中华文明的主流，自有其超越时代的价值。即如儒家的仁、义来说，儒家的“仁”，确立了人的精神生活与行为实践的出发点。“仁者，爱人”，这是充满博爱精神的。因此必须“当仁不让”，甚至“杀身成仁”，因此必须“己所不欲，勿施于人”“己欲达而达人”，必须“先天下之忧而忧，后天下之乐而乐”。儒家的“义”，确立了行为价值的最终评判标准，因此必须“重义轻利”，乃至“舍生取义”，因此而有“不淫、不屈、不移”的浩然正气。总的说来，儒家建构的是一种积极的人生哲学，它在培养人的道德自觉的基础上，让人积极地处身于社会生活，借以确立和显现人生价值、意义和目标。中国历史上出现过许许多多的仁人志士，有的堪称中华民族的精英，他们几乎无一例外地受过儒家学说的影响。汉朝司马迁在《报任少卿书》中说：“人固有一死，或重于泰山，或轻于鸿毛，用之所趋异也。”这句话毛泽东在《为人民服务》一文中引用了，并注入了新的内容。岳飞的“精忠报国”熏陶学生的爱国主义情操；文天祥的“人生自古谁无死，留取丹心照汗青”，给后人树立了实现人生价值的丰碑……这些闪烁着无私无畏精神和高尚情操的史实，对于学生世界观、人生观的形成将会产生重要影响。

二、对提高学生文化素养的重要性

传统教育在注重道德培养的同时，也十分重视传播中华文化。史载，

“孔子以诗、书、礼、乐教弟子”，这套教材是西周文献的汇编，包含哲学、政治、伦理、天文、礼法、音乐等诸多内容。孔子而下，荀况、董仲舒、韩愈、王安石等人一脉相承，不外诗、书、礼、易、乐、春秋之类，至南宋而略加增添，最终形成一套经典教材——四书五经。这是一套传播中华文化的基础教材，风行800年之久。它所展现的文化，有人称之为观念文化，其影响渗透于古代各种人文学科。中华文化传递至今，也与这套教材不可分。当然，看待中华文化，不能囿守儒学的藩篱，先秦的庄、墨、孙、韩诸家学说及历史上有影响的学者、文学艺术家的论著、作品，都是中华文化的重要内容，都应该加以继承传播。对传统文化中的各种思想、学说，学生在学习中加以鉴别、吸收，对学生的文化素养的提高有着直接的作用。

讲文化素养，离不开文学素养，特别是中国古典文学素养。文学素养，实质上是情感养成，当学生沉浸在“蒹葭苍苍，白露为霜”的朦胧中；当学生为“路漫漫其修远兮，吾将上下而求索”所震撼；当学生被“有吏夜捉人”而激愤；当学生陶醉于“空山不见人，但闻人语响。返景入深林，复照青苔上”的幽静；当学生受到“生当作人杰，死亦为鬼雄。至今思项羽，不肯过江东”的感染……情感的种子也就慢慢在学生的心底萌发、生长。

三、对提高学生心理素质的重要性

在我们的生活中，不断地听到见到一些发生在中学生身上的悲剧，其中最为牵动人心的要数在新千年初年发生在浙江金华的高中生杀母案，并由此引发了一场声势浩大的对中学教育的再讨论。在这一案件中，值得我们思考的问题很多，各种评论和观点都有。但其中似乎忽略了一个方面，就是学生的心理素质问题。高考的指挥棒使几乎每一个高中生都感到了异乎寻常的压力，家长在督促孩子学习上也有不同的方法。但压力大到足以下决心去杀死亲生母亲，这就应该引起我们的重视——学生的心理是否健康。杀母案是一个非常突出的例子，造成的后果极为严重。实际上，中学生的心理非常脆弱，一次成绩不理想可以自杀；把同学善意的玩笑误解为对自己自尊的伤害，花钱雇人把同学杀掉等，并不罕见。而我们对心理不健康对人所产生的危害却认识不足。其实心理不健康的人，就等于在他的身上安装有不定时的炸弹，不知道什么时间、因什么事情、在什么地方就会爆炸，所受伤害的往往不是心理脆弱者一人，这一定要引起我们的重视。中学的语文教育在培养学生具有健康心理素质方面有不可推卸的责任，这也是中学语文大纲的要求，而古代文学在培养学生心理健康上的作用可谓得天独厚。

由于社会制度的弊端，中国历史上的文人一生的经历更为坎坷，有更多的磨难。在困难艰险挫折面前，古人是如何面对的呢？学生在学习作品时，一定要接触到作家，许多作家不畏艰难、恪守信念的品质会对学生心理素质的培养起到积极的影响。如学习苏轼的《念奴娇·赤壁怀古》，就会讲到苏轼迈着蹒跚的脚步从牢狱中走来，走到了一个叫黄州的偏僻、荒凉的地方。虽然他死里逃生，生活条件艰苦，但苏轼没被打倒，他的精神世界得到了升华——乐观，旷达，向上，因此取得了创作上的大丰收。杜甫一生空有“致君尧舜上，再使风俗淳”的理想，政治上郁郁不得志，生活上穷困潦倒，但他不以己念，关注民生疾苦——“安得广厦千万间，大庇天下寒士俱欢颜，风雨不动安如山”；关心国家命运，诗作如实地反映了当时的社会现实，被誉为“诗史”。辛弃疾、陆游等爱国作家，对祖国国土被侵占有着切肤之痛，总想拼上血肉之躯恢复中原，不但不被重用反遭陷害和打击，可他们并没被击垮，而是时刻准备着，为祖国而献身，并且，身处逆境的他们都在文学中取得了辉煌的成就。这些事迹对教育学生在逆境中锻炼自己的心理承受能力是很有说服力的。

四、可以培养学生的美感和审美能力

中学阶段是学生世界观、人生观、审美观等形成的重要时期，而且会对人的一生产生重要的影响。《语文教学大纲》对中学的语文教学提出了明确的要求，就是要培养学生“健康高尚的审美观”。在这方面，古代文化有独到的作用。

在中国文学史上，作品的描写对象囊括了生活的各个层面，其中很多作品是对自然美、社会美、人情美的成功表现，如山水诗、田园诗、怀古诗、理趣诗、赠别诗、反映社会生活的诗等。诗情画意之浓、语言之优美清灵、意境之幽深阔大、内容之深厚有力，对学生的审美情趣会产生很好的熏陶，会使学生对大自然、对生活产生由衷的热爱之情。

美感和审美能力是人的素质的重要组成部分。中学生正处于人的素质形成的重要时期，古典作品中所具有的美质将对学生的审美能力和情趣产生至关重要的影响。

五、扩大学生的人生体验

古代文化突破了时空的限制，让我们自由地纵横驰骋在古人曾生活的时间和空间，体验他们的喜怒哀乐，以获得丰富的人生经验。人的社会体验是有限的，而社会历史是悠久的，社会生活是多姿多彩的。文学作品是众多人生体验的结晶，对于现实人生来说，是极其宝贵的间接的人生经验。正是从古代浩繁的文学作品中，我们看到了一幅幅生动多姿的社会人生画面，如果进一步去品味，在文学作品所展示的生活表象深处，还有着深刻的社会政治、经济方面的底蕴，可以使学生从中体悟到社会生活的本质和规律的某些方面。更为重要的是以中学文学教育为契机，可以引发学生对追寻人生真谛、扩大自己人生体验的向往。譬如，在教授《红楼梦》时，我们可以让没有封建末世人生体验的学生充分感受那种社会氛围，充分利用文学作品让人身临其境的特殊效果，认识封建末世人生的悲哀和无奈，从而认识到封建社会的灭亡是不可避免的，同时，通过贾宝玉、林黛玉的纯真爱情，激发学生对人间真情的向往。文学作品中有历史，有彼时彼地的丰富多彩的人生图景，它对现实人生形成一定的关照意义。在文学教育中，教师应当善于纵横捭阖，善于联想，创设情境，使学生得以进入文学作品的场景氛围，对其中的人物、事物有深切的体验，从而更好地认识当今社会人生的本质。

六、提高学生的语言表现能力

听、说、读、写是语文教学中的重点，四方面中，说、写与语言表现力密切相关。说、写是与人交流的基本方式，提高学生的语言表达能力也是中学语文教学的最终目的之一，同时又是一个需要慢慢积累的过程。古代文人遗留下来的华美的诗章，对语言能力的提高有重要的作用。

古代文学作品中有大量篇章表现了作者运用语言再现场景氛围、表现人物性格心理的技巧和手段。千百年来，文人笔下流泻而出的美文不可胜数，其语言表现力达到了炉火纯青的地步。诗词语言的含蓄优美——《琵琶行》把学生带到了弥漫着激越琵琶声的月夜江边；散文语言的精巧酣畅——《前赤壁赋》让学生走进了“清风徐来，水波不兴”的幽静中，开始对人生的有限与长江的无穷产生思考；戏曲语言的蕴藉典雅——“良辰美景奈何天”使学生目睹了杜丽娘的寂寞无奈；小说语言的流畅简洁——“两弯似蹙非蹙笼烟眉，一双似喜非喜含情目。态生两靥之愁，娇袭一身之病。泪光点点，娇喘微微。闲静时如姣花照水，行动处似弱柳拂风”，一个眼中露着点点忧愁、姣美动人的林黛玉站在了学生面前。古代文化中的语言丰富多彩，韵味无穷。阅读、学习、欣赏、掌握了这些美文，自己驾驭语言的能力就会在潜移默化中得以提高。“读书破万卷，下笔如有神”，我们的先人早就认识到了这一点。

七、为自由学习古代文化打下基础

由于古今语言的变迁，没有一定的古代汉语的知识是无法读懂古文的。我们教给学生的是一种方法，目的是学生能够自己学习，甩开教师这根拐棍，因为教师所能够传授给学生的知识毕竟是有限的。因此，中学的语文教学还担负着送给学生一把钥匙，即教会学生读懂古文所需要的古代汉语的一些基本常识，为他们日后能够自由、广泛地学习传统文化打下较为坚实的基础。

八、对其他学科的促进作用

语文是学好其他功课的前提，是基础学科。著名数学家苏步青在一次语文教学研讨会上讲话时曾说：如果允许复旦大学单独招生的话，我的意见是第一堂先考语文，考后就判卷子。不合格的，以下的功课就不要考了。语文你都不行，别的是学不通的。这说明语文的重要性。学好古代文化，对其他的学科也是有帮助的。我们举一个例子：竺可桢是我国和世界著名的气象学家和物候学家，他从青少年时代起就对我国古典文献十分爱好，广泛阅读，至老不衰。他在专业的研究中，大量地引用了古典文献。他在物候学的研究中，引用了许多的诗句作为证明。例如，在谈到长江黄河流域海拔超过 4 千米的地方不但无夏季而且无春秋时，就引李白《塞下曲》“五月天山雪，无花只有寒。笛中闻折柳，春色未曾看”说明这是事实，华罗庚不仅是有着巨大贡献的数学家，他的诗写得也好。我国的“原子弹之父”钱学森的律诗写得也非常好。

基于古代文化的重要作用，我们应义不容辞地教好我们的学生，通过我们的教学，让学生能够受到良好的教育和熏陶，形成健康的世界观、人生观和价值观，树立民族自信心和自豪感。

试论新课程理念下语文教师的专业素质培训①

新课程带来了新理念、新思路、新教材、新教法。毫无疑问，这些“新”对教师的素养和教师的知识结构提出了新的更高的要求，教师必须尽快接受新的理念，适应新的教材，掌握新的教法，才能跟得上时代的步伐，才能更好地发展。作为培训教师的院校，以什么思路和内容对教师进行培训才能适应时代的发展，同时又能关照教师的需求呢？下面就结合我们在培训中的实际做法来阐释对这一问题的理论与实践探索。

一、新课程理念的培训

新课程理念的培训自然是新课程培训中的重中之重。培训中要用新课程的理念冲击、变革老师们头脑中固有的、陈旧的教育教学观念，使之领会、接受新的教育教学观念，以指导今后的教学。

这一问题应从两方面着手，一是从宏观上介绍国家基础课程改革的背景、目标、要求、必要性及教师在这次改革中的关键作用；二是具体到学科，即小学语文课程改革的理念。

首先，培训要通过多种渠道来让老师们更全面、更深入地理解、把握“课标”文字背面的丰富内容和编写者的意图，以便可以清清楚楚地在教学中体现新课程、新思路、新教法。同时要特别注意我们的课改不是对过去的全面否定，而是在吸取以往经验的基础上的创新。在具体的工作中，不能将过去的做法全部打翻在地，否则，课改就成了无源之水、无本之木。

① 本文发表于《中小学教师培训》2003年第12期。

因为教育是强调继承性的，如果课改与过去的经验掰裂的话，是不可能取得成功的。一定要避免在课改中走极端，避免出现“邯郸学步”的情况。

其次，要从国外语文教育发展的横向比较和我国语文教育发展的纵向比较中把握课程改革的前沿；要了解课程基本理论；要深入解读语文课程改革的基本理念、基本内容、实施建议和评价思路等方面的内容；要掌握基础教育改革的背景、面向21世纪基础教育课程改革的主要精神、新版语文教学大纲的修订和语文课程标准的说明这些基本问题；要深入理解当前基础教育面临的新形势、新问题以及基础教育改革，特别是课程改革所带来的新理念、新思路、新方法，从理论高度和实践层面做深刻的分析。

要了解一些前沿的教育教学动态并作深入思考，如课程是“师生一起探索其所不知道的过程”，课程目标“应该产生并改变于教学行动的过程中”，“每个人都有被理解的权力”，“对语文性质的界定是语文教育的绊脚石”等观点。这些新的思想会启发甚至带动学员的教学向更高层次迈进。

当然，新的理念会对思维定式起到冲击，观念的平衡会被打破，因此，鼓励老师们要勇于扬弃，并不断反思、实践、再反思、再实践，把新的理念内化为自己的自觉行为，这样就会用新的课程理念重新构建起自己的授课体系，才能真正地有所进步。

二、创新精神的培养

江泽民在北师大百年校庆上的讲话中谈道：“创新是一个民族发展的灵魂。”《语文课程标准》中强调给学生打下扎实的语文基础，同时，要注重开发学生的创造能力，促进学生持续发展。培养创新精神的学生，首先要有具有创新精神的教师。教师不能满足自己已有的经验和方法，要敢于打破自身现有的平衡，重新构筑更为新颖、更为科学的教育教学方法。只有创新，才会有所进步。创新还表现为不断地对自己的教育教学活动进行理性的反思，把经验上升到理论，再在实际的教学活动中检验这种新的理论，以使自己的教育教学更科学、更理性，上升到一个更高的层次，才能以创新的行动影响学生，才有能力培育创新的学生。

教师的教学创新可以从最简单的语言创新开始，摒弃“千人一面，万人一腔”的僵化的语言。笔者在中小学听课，一个突出的感受就是老师们对学生的评价语言如出一辙，小学教师尤甚，能否不再用“你回答得真好”“真棒”这样的套话和笼统的话来评价学生的回答，而代之以针对性强、中肯的评价；能否用优美流畅的语言来讲语文课，代替干巴巴、毫无感情色彩的语言，从而真正体现语文课的特点。

三、板块化的学科知识培训

对于本学科的知识培训，一采用“纵横拓展”的方法拓宽、拓深知识领域，形成板块化的学科知识模式。所谓的“横向”，是指搭建起一个坚实的中文学科知识的平台。因为学科知识是教师教学中直接运用的知识，掌握一定深度、广度的专业知识是搞好教学的前提。因此对于文学、汉语以及语言学的知识教师都要相对精通、熟练运用，只有这样，才能在教学活动中游刃有余，左右逢源。

所谓的“纵向”，是指指导教师对语文课教学任务进行深入的研究，总结规律，指导教学，以取得较好的教学效果。语文课标对语文教学进行了分块：识字写字、口语交际、阅读、写作四个方面。老师们要根据不同年龄段的孩子的不同生理和心理特点，总结出生动活泼的四个方面的教学方法和规律。如是否可以借助于四种造字法和两种用字法帮助孩子来识字写字，是否有意识地把口语交际贯穿于整个语文教学活动中，是否可以从孩子最感兴趣、最有话要说的事情上着手作文，如何指导学生通过有效的阅读把握作品的内容。教师要根据四个方面的不同特点和要求，加深研究，善于反思，善于总结。

四、个性化的人文精神培养

伴随着 14 世纪欧洲的文艺复兴而产生的人文精神一直受到人们的重视，《语文课程标准》第一次确立了语文课程的性质是工具性与人文性的统一，结束了对语文课程性质多年的争执，应该说，重视语文课的人文性是语文教育的一大进步。它既体现了以人为本的教育理念，重视人才的成长，还意味着要广泛吸收人类的优秀文化。

（一）感受人文素养

由于语文课程充分地体现人文精神，因此语文教师也要具备与之相对应的人文关怀和人文素养。我们在培训中有意识地安排了一些教师的课，让学员在教师的实际授课过程中去感受什么是人文关怀。最有代表性的是山东师范大学宋遂良教授的课。我们给宋老师确定的题目是“语文教师应该具备的素养”，目的是让老师们感受到作为语文教师应是这样的：具有渊博的知识，具有做人的良知，具有社会责任感，具有澎湃的激情。一上午的上课时间里，当谈到中国教育的现状及教育的不均衡时，宋老师曾三次动容。对照自己干巴巴、漫不经心、毫无感情色彩的授课，参训教师应该会反思自己的课不受欢迎的症结在什么地方。

在教学管理中，同样应注重人文关怀，注重以人为本，注重人性。

（二）从课程标准的界定中感受人文精神

《语文课程标准》把语文课定性为“工具性与人文性的统一”，而且新课程空前地强调情感、态度、价值观三个要素。科学研究表明：非智力因素对一个人的成功所产生的影响要大于智力因素。那么，情感、态度、价值观的具体内容是什么？情感不仅指学习兴趣、学习热情、学习动机，更是指内心体验和心灵世界的丰富。态度不仅指学习态度、学习责任，更是指乐观的生活态度、求实的科学态度、宽容的人生态度。价值观不仅强调个人的价值，更强调个人价值与社会价值的统一，不仅强调科学价值，更强调人类价值与自然价值的统一。情感、态度、价值观必须有机地渗透到课程教学内容中去，并有意识地贯穿于教学过程中，使之成为课程教学内容的血肉，成为教学过程的灵魂。只有这样，我们辛辛苦苦培养出的孩子才可能真正地成材，才可能使“杀母”的悲剧不再重演，使“硫酸伤狗熊”的事件不再发生，使心灵脆弱的孩子健康起来，使我们国家的明天更有希望。

而培养学生高尚的道德情操和健康的审美情趣，形成正确的价值观和积极的人生态度，理应成为语文教学的重要内容，不应把它们当做外在的附加任务。应该注重熏陶感染，潜移默化，把这些内容贯穿于日常的教学过程之中。

（三）注重个性化的教学

虽然语文教学过程中不可能每一句话、每一个观点都要完完全全是老师自己的东西，却存在一个兼收并蓄、吸收内化的过程，老师要用自己的嘴巴说自己的感受，没有情感处理的课程是不可想象的。笔者曾多次到中小学听课，一个突出的感受就是千人一面，万人一腔，教学缺乏个性特点，甚至教师的评语都如出一辙。这种无个性的语文教学最终是没有出路的，是要被淘汰的，学生是不会接受的。因此，晚改不如早改，要在讲台上站住脚，必须有自己的特色。

重视师德教育　导入课改理念
提升教师素质　着眼未来发展[①]

——对小学语文骨干教师省级培训教学的理论与实践探索

在基础教育课程改革的推进过程中，学院承担了两期小学语文骨干教师省级培训工作，在培训中我们确定了“重视师德教育，导入课改理念，提升教师素质，着眼未来发展”的培训方针，精心制定了旨在全面提升参训教师素质的教学方案，取得了较好的培训效果，进一步形成了我们自己的培训特点。经阶段性反馈，学员满意率达到92. 97%以上，现就我们的具体做法，阐释如下。

一、重视师德教育

在教育过程中，师德问题是一个非常重要的问题，它关系到教育的实施、发展及未来，关系到我们国家教育的前途。教师只有具有良好的师德，才能形成宽松、融洽的师生关系，教育才是行之有效的，才能收到事半功倍的效果。更重要的是，一个好的老师对小学生来讲，就是一个良好人生的开始，会影响孩子的一生。师德是教育的灵魂，一个教师缺少师德，就像一个人没有灵魂。特别是对处于基础教育阶段、生命和思想都需要特别呵护的孩子而言，教师的德显得尤为重要。

在第一期的培训中，我们就确定了师德教育的重要地位。第二期培训，一方面，我们从理论上提升学员对师德重要性的认识，由学院杨明副院长

---

① 本文发表于《济南教育学院学报》2002年第4期。

为学员做了《师德教育》的专题讲座，理论水平高，内容详实、生动，得到了学员的高度评价，学员的满意率几乎达到了100%，并要求加课。学员说，师德方面的内容讲得如此生动有趣，对我们触动如此之大，是我们没有想到的。

另一方面，我们注重让学员在新教材、新思路、新教法的实施中去感悟师德的魅力，启发教师在语文教学中对学生实施德育教育，体现教师的人格魅力。在高密东关小学考察期间，该校的刘老师讲述了她在教学中的实际做法，使学员深受感动。刘老师讲到：一天放学后，一个学生总是跟在她后面，刘老师问他有什么事，小学生说，今天是他的生日，刘老师便给这个小学生买了个铅笔盒作为生日礼物送给他，这个学生非常高兴。后来，这个学生就问刘老师，你什么时候过生日呀，刘老师以为他随便问问，就说，还早呢。结果，这个学生过一段时间就问一次，刘老师就在生日的这一天，买了糖果带到班里，对大家说：今天是老师的生日，老师请大家吃糖果。同学们都高高兴兴地吃，只有那个孩子低着头不吃。老师就问他为什么不吃，他回答：你为什么不告诉我你的生日？我过生日时，你送给我生日礼物，我也要送给你，你为什么不告诉我？说着，眼泪就要掉下来了，刘老师非常感动。学员为刘老师和学生之间亲密无间的“友情”所感染，同时，大家明白了师德中最重要的是教师对学生无私的爱。生活在一个爱的环境中，这本身就是一种良好的教育，在这种温暖和煦的环境中，有什么样的教育内容不能顺利地完成呢？

二、导入课改理念

2001年，基础教育课程改革首先在国家级和省级实验区展开，普通学校对课改的精神、要求、《纲要》的内容知之甚少，有的学员连《语文课程标准》都没有见过。特别是我们的学员大多来自于经济欠发达地区，他们只是知道课改这件事，至于说具体内容是什么，几乎不知道。因此，我们为学员安排了系统的课改内容，目的是用新课程的理念冲击、动摇学员头脑中固有的陈旧的教育教学观念，领会、接受新的教育教学观念，以指导今后的教学，达到推行课改的目的。

我们主要从两方面着手，首先从宏观上介绍国家基础课程改革的背景、目标、要求、必要性及教师在这次改革中的关键作用。为此，我们聘请了许多专家从不同的角度进行阐述：山东省中小学继续教育专家指导委员会主任、原山东教育学院院长仝素勤女士做了《基础教育课程改革与教师教育》的报告，从宏观上介绍了课改情况以及“园丁工程”的基本进展状况，学员对讲座给予很高的评价。山东教科所陈培瑞教授做了《走进新观念，走进新课程，把培养创新人才落到实处》的报告，介绍了如何用新的理念、新的教材培养出具有创新精神的人才，学员听了报告后，感到自己身上的担子重，责任大，及时明确了进取的方向。同时，我们还带领学员到基础教育改革国家实验区的高密参观考察，听取了高密教科院的聂淑香所长的报告，她介绍了高密实施课改的整体情况以及她们成功的经验和一些困惑。几位高水平专家的专题讲座，使学员对基础教育课程改革有了一个宏观的全方位的认识。

其次，我们又安排了另一方面的理论讲座，这就是具体到学科，即小学语文课程改革的理念。对学员来说，这一部分的内容对他们的教学是最重要的，所以，我们通过多种渠道聘请了《语文课程标准》研制人员来具体解读“课标”，以便使学员更全面、更深入地理解、把握“课标”文字背后的丰富内容和编写者的意图，可以清清楚楚地在教学中体现新课程、新思路、新教法。我们请教育部人文社会科学重点研究基地、华东师范大学课程与教学研究所硕士生导师董蓓菲副教授为学员解读《语文课程标准》，董蓓菲曾指导过国家级培训，此次讲授，她对课程标准的第一部分进行了详细的分析说明，同时贯穿了许多小学语文的实例进行说明，效果非常好。另外，她非常客观、冷静地说明我们的课改不是对过去的全面否定，而是在吸取以往经验的基础上的创新，在具体的工作中，不能将我们过去的做法打翻在地。应该说，这为学员在具体的课改活动中指出了一条正确的道路。因为教育是强调它的继承性的，如果课改与过去的经验割裂的话，是不可能取得成功的。我们还聘请了《语文课程标准》研制五人组中的核心人员、北京师范大学出版社出版的小学《语文》课本的主编、中文系语文教育教研室主任、博士生导师郑国民为学员做报告。郑国民教授题为《语文课程理论的发展》的报告，从国外语文教育发展的横向比较和我国语文教育发展的纵向比较以及课程基本理论的高度，为学员解读了“语文课程改革”的基本理念、基本内容、实施建议和评价思路等方面的内容，他的阐释高屋建瓴又鞭辟入里。他提出的诸如课程是“师生一起探索其所不知道的过程”，课程目标“应该产生并改变于教学行动的过程中”，“每个人都有被理解的权力”，“对语文性质的界定是语文教育绊脚石”等观点，使学员耳目一新，又深受启发。人教社小语室主任、全国小语研究会理事长崔峦的题为《领会课改精神　深化语文教学改革》的专题报告，从“基础教育改革的情景”“面向21世纪基础教育课程改革的主要精神”“新版语文教学大纲的修订”“语文课程标准的说明”四个方面，就当前基础教育面临的新形势、新问题，以及基础教育改革特别是课程改革所带来的新理念、新思路、新方法，从理论高度和实践层面做了深刻的阐述。山东师范大学的魏薇教授作了题为《基础教育改革下的语文教学》的讲座，通过这些讲座，学员反映说，他们既感到兴奋，又一时觉得无从下手，不知道回去还会不会上课。这正说明，新理念的“轮番轰炸”起到了作用，学员的思维定式已经受到冲击，其观念的平衡已经被打破，经过他们的反思——实践——再反思——再实践，他们会用新的课程理念重新构建起自己的授课体系，教师进步了，课改也就有希望了。

当然，如此高密度地接受并理解掌握这些相对来说比较陌生、理论性又如此高的内容是不太容易的，为了使学员最大限度地理解这些内容，反思的环节是尤为重要的，因此我们要求学员对新理念进行反思，写出自己的理解、体会、感想，哪怕是相反的观点，并要求交书面作业，目的就是让他们“消化、吸收”，加深对新理论的理解。

三、提升教师素质

教师是基础教育改革的具体实施者，教师素质的状况对基础教育改革的影响是最为直接的，我们甚至可以说，基础教育改革能否取得最终的成功，教师是最为关键的因素。因此，我们对教师素质的培养非常重视，选择安排了有关教师素质方面的讲座，同时还有具体技能的训练。

（一）提高参训教师的理论水平

以上提到的关于课改的讲座对提高学员对课改的认识以及他们的理论水平有重要的作用。另外，为提升学员的素质，除了我们培训处毛伟宾处长所做的《素质教育与课堂教学》报告外，我们还专门安排了几位专家讲授教师素质的内容，仝素勤院长的讲座对教师教育的改革与发展、当前教师要完成的三个转变、教师教育的特点、教师的专业化问题、教师应具备的素质等做了深入的分析。山东省中小学继续教育专家指导委员会副主任、原教育厅徐兴文处长做了《教师教育与发展》的专题报告，山东教育学院李甲奎教授也做了《教师素质及发展理念》的讲座。学员从这些讲座中更深切地感受到，要成为一名出色的教师，就要不断地提高自己，完善自己，只有自己的素质水平提高了，才可能提高教学水平，教出出色的学生。平阴县教育局副局长李仲波为学员讲授了“研究性学习”在平阴开展的情况、具体的做法、取得的成绩、组织实施中应注意的问题等，学员反映：研究性学习的开展，貌似是学生的活动，实际上对教师提出了更高的要求，要求教师要成为专家和杂家这样的复合型人才。我们还积极培养学员的科研能力，以提高他们的理论水平，具体做法在“着眼未来发展”中谈。

（二）提高参训教师的实践能力

学习理论是为指导实践服务的，为了使学员有更强的实践能力，我们认为应该找一些与学员生活非常贴近的人来为学员现身说法。因此，在第二期培训时，我们邀请了上一期学员中比较出色的德州湖滨北路小学的李怀源给学员讲他在培训中的体会、回去后在教学中的具体做法、遇到了什么困难、怎样做会取得事半功倍的效果等。因为他就是学员中的一员，他的讲授引起了学员的共鸣，作用更直接，可以使学员少走弯路，很受学员欢迎。同时，在高密东关小学，蔡校长和语文、数学教师从不同角度说明了他们课改的成功经验，课改中应避免的问题，甚至具体到了一篇课文的讲解等，也给了学员很大的启示，对学员是一种示范。在考察报告中，学员认真地对此次高密之行进行了总结，谈了对自己最有触动的地方，并对示范教师给予了高度评价，收获很大。我们还带领学员到教学一线——山东师范大学附小听课，学习其新型的教学方式。而且与上一期不同，在听课的同时，我们挑选了一位学员为附小送课，目的是相互交流，取长补短，资源共享。我们还把“学生间的差异是一种教育资源”的理念引用到培训中来，在参与式培训中，让学员充分发表自己的见解，以达到相互启发、共同提高的目的。学员为这种闻所未闻、见所未见的培训方式所吸引。

济南师范学校的郝京梅老师为学员讲了《教师口语与教学艺术》，指导学员在教学中文明用语、高明用语（用什么语言可以达到最佳的讲课效果），这门课程使学员知道怎样做一名更优雅、更受学生欢迎的教师。

（三）提高参训教师运用现代教育手段的能力

在现代的教学中，掌握先进的教育手段是教师必备的技能，按照师训中心的要求，我们安排了计算机基础与网络的课程。学员的水平悬殊，我们又借鉴了中小学教学中的“分层次教学”的思想，采用了分班教学的方式，分为基础班和提高班，使不同水平的学员都有所提高，避免了时间、资源的浪费。除正常的课题教学外，我们还在周一、周二、周四晚上安排计算机教师对学员进行辅导，现在部分学员已经掌握了幻灯片的制作，并能上网查阅、下载资料，学员作业也是按要求交的软盘。但我们并没有把运用现代教育手段简单化，因为语文教学与其他学科有所不同，语文是文字的东西，要让学生充分地感受语言的魅力，如果过多地运用多媒体，太直观的话会对语文教学带来负面影响，因此我们建议学员在运用时一定要慎重，要更多从语文教育的特点去充分挖掘语文特有的教法，带动学生进入独特的文字世界，激发学生展开想象，走入情境，而不是单纯地展示给学生。

（四）丰富参训教师的学科知识

学科知识是教师教学中直接运用的知识，掌握一定深度、广度的专业知识是教好学生的前提。为此，我们安排了李永祥教授的《古代诗歌的发展轨迹和美学特征》、黄明副教授的《作文教学研究》和《中国教育史述评》、李书生副教授的《中国现代作家作品分析》、山东教育学院吴冰沁副教授的《影视文学》、张华松副教授的《齐鲁文化研究》、刘向红副教授的《汉字与小学语文教学》等，我们试图为学员搭建一个学科知识的平台，在此基础上，学员有自己更高的发展。在丰富、拓展学员知识的同时，为学员在教学中开发校本课程奠定了基础，提供了素材。

四、着眼未来发展

无论我们在培训期间如何科学、合理地为学员安排学习课程，但是短短的42天的知识容量毕竟是有限的，如何使他们具备终生学习的能力才是最重要的，即“授之以鱼，不如授之以渔”。在这方面我们主要采用了三个办法。

（一）注重学员的科研能力

未来的教师不仅仅是一个教书匠，更要是一个专家型的教师，而影响教师由经验型向专家型转变的制约因素就是科研能力。如何使学员掌握科学的研究方法是非常重要的，学院的卞惠林教授讲授了《教育科研的方法》，对这一讲座，我们听到了截然不同的两种声音。经过调查了解：学员之间的年龄、知识结构、科研能力等方面的差距较大，一些具有一定科研基础和科研能力的学员感到很有收获，认为学到了进行研究的科学方法，而另一些学员却听不懂。考虑到这些学员参加一次培训不容易，我们希望让不同层次的人员都能有较大收获，并能有自主学习的能力。我们认为单纯的讲座无法使所有的学员走入研究的殿堂，因此，我们对那些没有写过任何文章的学员采用循序渐进的方法。首先黄明老师从小学语文老师寄给《山东教育》的论文中挑选了一些发给学员，让他们对论文进行评价，再让学员写一个自己教学中的教学片段或一个自认为有新意的教学设计，然后交上来，由教师评阅后，挑选出其中比较有代表性的文章讲解它的长处和存在的问题，然后再写，再批阅。有过几次训练后，他们就会了解到论文的基本写作方法。我们认为这是一种行之有效的方法，学员也很认同。

我们希望通过这种培训方式，掀起科研的“盖头”来，让学员看个究竟，使学员掌握科研的要领，不再视科研为畏途，为他的创新研究打开一扇窗子。

为了使培训更贴合学员实际，我们在布置科研课题的时候采用了灵活的方式，不要求学员非重新开一个课题，学员手头正在搞的课题也可以，目的是从实际出发。

（二）引导学员学会学习

终身学习理念的提出，可谓是学习的革命，学会自主学习是终身学习的前提，因为走出校门后，主要的学习方式还是自学。信息时代纷繁的知识让人目不暇接，引导学员学会学习是我们的一个愿望。具体说来，首先从图书馆到中文系都为学员列出了图书书目，图书馆还专门为学员新进了一批课改方面的书籍。其次在阅读过程中，我们要求学员做读书笔记，记录下来自己读书的体会、感受，最后进行反思，上升到理性认识。孔子云：“学而不思则罔，思而不学则殆。”获取知识必须处理好学习与思考的关系，从目前的情况看，学员的思路已经打开，但有些茫然和混乱，需要在以后的教学中反思、领悟以达到最终的明晰。

（三）引导学员重视心理研究

基础教育阶段的学生年龄小，有独特的心理特征，而他们又无法准确表述自己的思想，这就需要教师同时是一个心理研究的专家，能准确理解、把握儿童心理，针对具体的心理特点解决学生的具体问题。因此，我们为学员列举了心理教育方面的学习参考书目，同时，聘请山东青少年研究所的权富军副教授为学员讲授《小学生心理问题及解决对策》的课题，希望能引导学员重视这方面的学习。

总之，新课程的培训工作正在全国有条不紊地展开，我们虽然取得了一定的成绩，但也只是在探索中前进，希望我们的探索对其他学校有所启示，我们也要从兄弟院校借鉴经验，共同为新课程培训工作做些有益的工作。

教育实践

1998年，济南教育学院中文系开办文秘专业，标志着这所成人高校开始从事高等职业教育。这个跨度非常大，对于学校如何转型，教学理念、教学思路、教学内容、方法手段、实习实训等如何转变，都还是一个很大的问题，确实是摸着石头过河。

当时，我对于这种转型无所适从，感到现有的条件和状态转到高职教育有些不可思议。况且，对从事了十多年的教师教育和专业教学感情深，难以割舍，所以，一直到2004年合校前，对于专业上的学术研究还是情有独钟，高职教育涉及得很少。

学校真正的转型始于2004年由济南教育学院、济南机械职工大学和济南职工科技大学合并组建济南职业学院，也是自己对高职教育熟知并开始研究的真正意义上的起点。高职大学语文和人文素质教育成了我教学和研究的新对象和重点。2008年，我主持的大学语文获评省级精品课程，2010年获评国家精品课程，2013年转型升级为国家精品资源共享课建设项目。2016年7月获得教育部首批“国家级精品资源共享课”称号。

2006年6月，我调岗至宣传统战处任处长，写了一些宣传学院的文章，在媒体发表。这些文章既是呕心之作，也是高职教育发展最新的实践，一并收入在内。

高职人文素质教育的体系建构①

高职人文素质教育存在边界宽泛、难界定，人文素质教育内容丰富、难涵盖，人文素质教育实施分散、难集中的问题，设计构建针对性、科学性、操作性强的人文素质教育体系，通过人文素质教育把人类优秀的道德品质和人文科学知识转化为学生的内在气质品格，全面提升高职学生人文素质教育的实效性，是高职院校教育教学综合改革的重要课题。

一、人文素质教育的内容

实施人文素质教育，必须厘清其概念，解析其内涵并使之具象化，增强人文素质教育的可操作性。同时，研究分析高职学生特点，把握高职院校人文素质教育的原则，提高教育教学效果。

《辞海》："人文指人类社会的各种文化现象。"人文素质，指人文方面所具有的综合品质和达到的程度。联合国教科文组织对"人文素质教育"的定义，是"将个人的气质、情绪、才智等多方面因素统一起来发展培养使之成为综合全面发展的人"。在教育实践中，是通过多种内容、方式和途径，把人类优秀的道德品质和人文科学知识转化为学生的内在人格气质。

（一）人文素质教育的内容

人文素质教育有四方面内容：一是包括语言、文学、历史、哲学、艺术、道德等内容的人文学科教育。二是包括文化基本传统、基本理念、基本精神和民族精神、民族传统的教育等内容的文化教育，特别是民族文化

① 本文发表于《济南职业学院学报》2015年第1期。

的教育。三是包括人类文明基本成果、人类共同的道德观和价值观、共同的行为规范教育等内容的人类意识教育。四是包括精神境界、精神修养、理想人格、信仰信念教育等内容的精神修养教育。

（二）人文素质教育的核心课程是大学语文课程

人文素质教育所包含的人文学科知识教育、民族文化教育、价值观念教育、精神品格教育四个方面无可替代的课程载体就是大学语文，因此，大学语文是推广人文素质教育的最前沿阵地。

“读史使人明智，读诗使人灵秀，数学使人周密，科学使人深刻，伦理学使人庄重，逻辑修辞之学使人善辩。”思想家培根的话指明了不同知识对人的不同影响，特别强调了人文知识在完善人的素质方面的不可替代的作用。王步高先生认为大学语文承担着四大使命：梳理功能、传布传统人文精神、拓宽学生视野和开拓学生思维能力以及提高学生语文自学能力。因此，大学语文教学作为最重要的文化载体，应责无旁贷地承担起人文素质教育的重担。人文素质教育应该是大学语文教学的重中之重，是大学语文教学的支点。

二、高职人文素质教育的原则

（一）高职与本科人文素质教育的“同”与“不同”

高职教育领域一直在探讨高职人文素质教育与本科院校人文素质教育的异同，以期使教育内容、教育手段、教育方式等更加具有高职特色，增强教育的有效性。在人文知识、人文思想、人文方法、人文精神等人文素质培养的终极目标上，高职教育与本科应该是没有任何区别的。

但是，在具体实施中，差别显而易见。一个差别是学制时间不同，课时设计差别较大。另一个最大的差别是生源不同。从整体上分析，高职学生的知识储备、能力水平、态度方法、兴趣爱好等与本科学生有很大区别，高职院校必须充分研究分析学生现有特点、社会需求与可持续发展要求，在课程设计、课程内容、实现途径、体系构建等方面理清思路、明确目标、因材施教。

（二）高职人文素质教育应坚持的原则

人文素质教育有其一般规律，不是靠一门课或几门课就可以实现的，也不是靠一个或几个老师的努力就可以实现的，需要学校人文素质教育的顶层设计和学校各部门的通力合作。还要注重高职人文素质培养在文史哲、艺术、美学等知识能力层级的衔接。所以，高职院校人文素质教育应坚持的原则是：以生为本、明确目标、科学设计、形成合力、分步实施、中高衔接、务求实效。

三、高职人文素质教育的体系建构

由于人文素质的隐性特征、实践技能的显性特征、人文素质教育内容的纷繁复杂难以操作以及学校、社会、家长、学生的功利性需求，致使高职院校出现了“三重三轻”，即重技能、轻素质，重显性、轻隐性，重眼前、轻长远的局面。学生人文素质教育的碎片化、片面化、随意化现象严重，人文素质教育效果不佳，学生社会适应力不强，未来可持续发展力堪忧。

基于此现状，必须遵循以生为本、明确目标、科学设计、形成合力、分步实施、中高衔接、务求实效的原则，梳理学校教育、课程建设、课程内容、教学方法等各个环节，科学选择人文素质教育课程，挖掘人文素质的有效载体，整合优化课程内容，改革教育教学方法，构建高职院校人文素质教育体系。

（一）体系建构思路

横向上，树立大课程的概念，立足课程综合设计，建立新的课程体系。学校中广义的课堂是指具有教育意义的所有场所，要充分挖掘、利用学生教育的各种平台；同时，为有效利用教育时间，要对人文素质教育课程和课程内容进行整合优化，建构起内在逻辑联系紧密、职能分明、主题集中的新课程体系。

纵向上，深化各课程的改革，在传承的基础上进行系统性创新和建设。在有限的人文素质教育课时内，立足学生知识储备、能力水平、态度方法、兴趣爱好等进行课程内容、方法、手段、载体等系统性创新和建设，提升教育教学效果。

时间维度上，立足长远，做面向未来的系统性思考与规划。“立德树人”是教育的根本任务，人文素质教育的核心就是“立德树人”。要“树人”就不可能仅顾眼前，不顾长远。在人文素质教育中，要着眼于学生的可持续发展，更高的要求是能研究预测模拟未来的社会环境对人的素质要求，对学生进行超前的教育。

（二）“三维度”课程的立体建构

课堂教学是人文素质教育的主要阵地和途径，筛选、挖掘、重构蕴含丰富人文知识、人文思想、人文方法、人文精神的课程，是高职院校人文素质教育的第一步，也是最为重要的一步。根据课程内容、性质和作用，进行立体设计，可以组成“三维度”的课程立体构建，即以大学语文为核心基础课程，应用文写作、社交礼仪、普通话为重点选修课程，以国学经典选读、影视欣赏、艺术鉴赏、齐鲁文化、形象设计、演讲与口才、舞蹈、茶艺等多门课程为拓展课程，构建根基牢、立体化、辐射型的“树”状课程体系，为培养学生人文素质提供原动力和保障力。

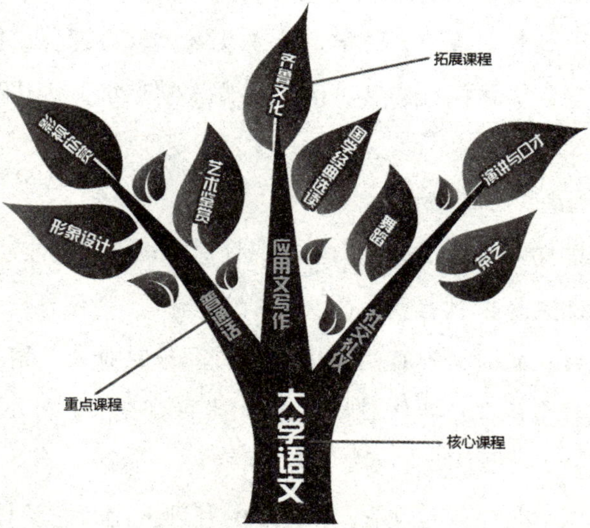

“三维度”课程的立体构建示意图

大学语文是核心基础必修课程。其作用在前面已有论述。但高职院校对大学语文在人文素质培养中的重要作用认识不足，加之受到课时的限制，高职院校大学语文正处于“被砍伐”的命运。各个层面都需要以对民族、社会、学生高度负责的精神、以高度的文化自觉来对待这门课程，对待学生人文素质教育。

应用文写作、社交礼仪、普通话作为重点选修课程。这三门课程与大学语文有着千丝万缕的关联，无论是课程培养内容的外化和拓展，师资力量的融合共生，还是课程建设的相辅相成，这三门课程无疑是核心课程最佳的外延。

“应用文写作”是“大学语文”教学中听说读写中“写”的一个部分，但由于大学语文课时的限制，因此把常用应用文体的写作单独列出。要明确的是，本课程的定位是公共基础课，专业应用文体的写作应属于专业基础课，不在此课程的范围内。

拓展课程的设计。八门拓展课程，作为核心课程和中心课程的外延，并提供给不同专业、不同需求、不同层次的学生选修。通过八门拓展课程的选修，借用杨叔子院士的话说，就是“有利于大学生形成正确的人生追求，有利于大学生形成完备的知识基础，有利于大学生形成优秀的思维品质，有利于大学生形成健康的生活方式，有利于大学生形成和谐的内外关系”。

各学校可以根据地方特色、学校特色或专业特色调整拓展课程及内容，以形成校本教材，体现地方和学校文化。

（三）“四平台”载体的立体运用

学校中广义的课堂是指具有教育意义的所有场所。挖掘、利用学生教育的不同平台，获取最佳的教育效果是人文素质教育必须关注并完成的关键工作。

课程平台在人文素质教育中起核心作用，是知识、能力、素质的主要传播阵地，是四平台中的基础和核心。在课程平台使用中，对开设课程进行问卷调查，了解学生反映，及时进行调整完善；同时，组织教师明确承担的课程在学生人文素质培养中的作用，根据课程作用及高职学生实际设计教学，实现教学效果最大化。

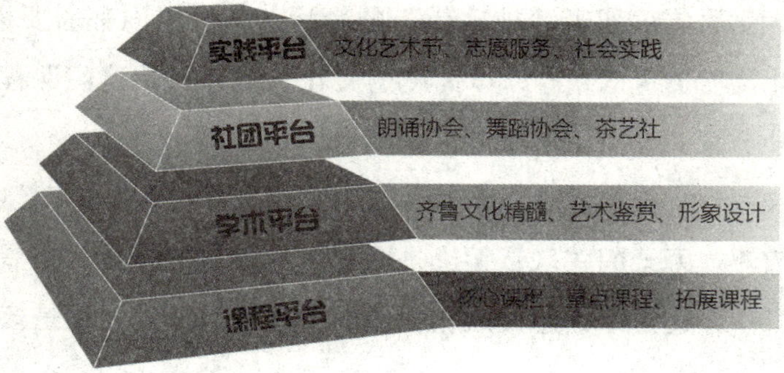

“四平台”载体的立体运用示意图

学术平台在人文素质教育中发挥或普及或提升或深化或弥补的作用，其特点是运用灵活，占用课时量不多，在发挥本校教师学术水平的同时，可以利用优质资源，邀请名家做客学术讲堂，使学生感受名家的学术风采和学术魅力，起到精神引领的作用。

社团平台在人文素质教育中具有独特作用，是发挥学生自我教育、自我管理、自我服务，提升综合能力水平，把课堂知识转化为实践能力的重要途径，满足大学生的多样化需求和个性发展的需要。为了使社团发展专业化、规范化，可以为社团配备指导教师，把教师对社团的指导纳入教学、科研计划，教师指导社团的过程也是密切学生关系、与学生共同成长发展的过程。

实践平台是指学生在校内外的实践活动，是人文素质教育的重要载体。校内服务、文化艺术节、科技创新、创业实践以及科技文化卫生“三下乡”、志愿服务等实践活动，培养创新思维、增强创新意识，进一步增强奉献精神、责任意识，打牢道德基础，提升人生的价值追求。

（四）整合优化课程内容、深化课程改革

知识结构与课程体系、教学内容的改革是教改的核心，针对学生的知识储备、能力水平、态度方法、兴趣爱好，强调整体化，重新审订调整总体课程设置，对课程内容定边界、定地位，删旧、增新。

深化课程的改革，在传承的基础上进行系统性创新和建设。三年制的高职教育的在校时间一般只有两年时间，两年里专业课程和实践课程占据绝对的实践，在有限的人文史教育时限内，立足学生知识储备、能力水平、态度方法、兴趣爱好等进行课程内容、方法、手段、载体的系统性创新和建设，以取得教育效果的最佳化。同时，在时间维度上，立足长远，做面向未来的系统性思考与规划。“立德树人”是教育的根本任务，人文素质教育的核心就是“立德树人”。要“树人”就不可能仅顾眼前，不顾长远。在人文素质教育中，要着眼于学生的可持续发展，更高的要求是能研究预测模拟未来的社会环境对人的素质要求，对学生进行超前的教育。

课程内容整合优化表

课程	类型	内容	学时	目标	作用
大学语文	核心课程（必选课）	古今中外经典作品	32	提高汉语能力；提升审美品位；培养人文情怀	人文素质综合培养
普通话	重点课程（选修课）	基本知识、实践训练、等级考试	32	提高普通话水平；提升口语交际	语言能力和职业能力培养
应用文写作	重点课程（选修课）	常用应用文体写作	32	掌握常用应用文体写作	写作能力和职业能力培养
社交礼仪	重点课程（选修课）	基本知识、仪容仪表仪态礼仪、日常交往礼仪、不同场合的社交礼仪等	32	知礼、懂礼、用礼	社会交往能力职业能力培养
哲学经典选读	拓展课程（选修课）	诗词赏析、诸子散文、明清小说、古代戏曲	32	提高鉴赏水平；提升文化品位；学习人生智慧、培育健康情怀；提升精神境界	中华传统文化教育

（续表）

课程	类型	内容	学时	目标	作用
影视欣赏	拓展课程（选修课）	影视知识 佳片鉴赏	16	提高影视审美能力和水平；提高生活品位	综合艺术素质培养
艺术鉴赏	拓展课程（学术讲座）	书法、绘画、音乐	12	提升鉴赏和审美水平；增加生活艺术素质	艺术素质培养
齐鲁文化精髓	拓展课程（学术讲座）	自强不息的刚健精神、崇尚气节的爱国精神、经世致用的救世精神、民贵君轻的民本精神、厚德爱物的人道精神	8	把握中华优秀传统文化精神；增强民族自信心和自豪感	中华传统文化教育
形象设计	拓展课程（学术讲座）	着装、化妆、形体	4	学习配色，了解不同肤色适合的色彩，不同体形、不同场合服饰的搭配技巧；学习养成优美高雅的形体习惯，打造成功的职业形象	职业精神、形象礼仪意识培养；形象打造能力塑造
演讲与口才	拓展课程（学术讲座、学生社团、实践活动）	朗读、演讲、辩论解说、推销	4	提高语言表达能力、逻辑思维能力；增强综合智慧和个人魅力；提高活动组织能力和综合素质	综合素质和职业力培养
舞蹈	拓展课程（学术讲座、学生社团、实践活动）	交谊舞、健美操	4	提高生活品位、增强自信心；提高活动组织能力和综合素质	艺术素质培养
茶艺	拓展课程（学术讲座、学生社团、实践活动）	选茗、择水、烹茶、茶具、环境	4	了解茶文化，以茶雅志，提高审美情趣和精神寄托；学习以茶怡情，以茶会友，以茶待客	美学观点的培养

四、两个注意事项

（一）形成教育合力

在高职教育中，涉及面最宽、领域最大、人员最多的就是人文素质教育，几乎无处不在，因此，防止人文素质教育的各自为政、壁垒森严非常重要。高职院校应该注重顶层设计，建构体系，按照全方位、全心、全员、全程育人的理念，形成由教务、宣传、学生、团委、公共教师组成的人文素质教育执行委员会，负责人文素质教育的设计、组织、实施。这种组织模式便于工作开展，形成育人合力。同时，在对学生考核评价上，也要共同参与，立体设计，科学合理，可操作性强，以取得良好的育人效果。

（二）培养教师的文化自觉

师资是制约教育质量和发展水平的一个关键因素，一流的高职师资铸造一流的高职教育。教师要加强文化自觉，担当育人的职责，主动挖掘利用人文素质教育资源和教育案例，提高教学的针对性、趣味性、人文性，提升教育教学品位和效果。同时，加强对学生职业精神的培养，让学生体悟职业教育中“精神气质”的内容，将专业知识的学习与人文教育结合起来，正确引导学生把做人和做事相结合。

总之，研究论证基础上确定了教改原则，减少盲目性；探索实践基础上构建了内容体系，增强可操作性；传承创新基础上深化了教学改革，提升实效性。

概而言之，高职人文素质教育要加强研究论证，以减少盲目性；要加强探索实践，以增强可操作性；要加强传承创新，以提升实效性。

以和谐文化促进和谐校园建设①

文化是一个民族赖以生存的根基，是促进社会和谐进步的保障。党的十六大报告指出：“当今世界，文化与经济和政治相互交融，在综合国力竞争中的地位和作用越来越突出。文化的力量，深深熔铸在民族的生命力、创造力和凝聚力之中。”

一、建设和谐文化是构建社会主义和谐社会的必然要求

构建社会主义和谐社会，是我们党从中国特色社会主义事业总体布局和全面建设小康社会全局出发提出的重大战略任务，反映了建设富强民主文明和谐的社会主义现代化国家的内在要求，体现了全党全国各族人民的共同愿望。实现社会和谐，既需要雄厚的物质基础、可靠的政治保障，也需要有力的精神支撑、良好的文化条件。党的十六届六中全会《决定》明确指出：“建设和谐文化，是构建社会主义和谐社会的重要任务。”十七大报告中指出：“和谐文化是全体人民团结进步的重要精神支撑。”认真学习和深刻领会这些论述，对于我们充分认识文化的战略地位具有十分重要的意义。

如果说和谐社会是一架安全、高速、平稳运行的巨型机器，那么和谐文化就是保障机器运行的动力源和润滑剂。和谐文化以崇尚和谐、追求和谐为价值取向，融思想观念、思维方式、行为规范、社会风尚为一体，反映着人们对和谐社会的总体认识、基本理念和理想追求。从这个意义上说，

---

① 本文发表于《中国成人教育》2007 年第 23 期。

建设和谐文化，实现文化和谐，在构建社会主义和谐社会的历史壮举中不仅至关重要，而且势在必行。

建设和谐文化既是长期的战略任务，也是紧迫的现实课题。必须立足于我国社会主义初级阶段这一最大实际，科学把握社会转型时期思想意识发展变化的新特点，以培育和谐精神、树立和谐理念为根本，从建设社会主义核心价值体系、培育文明道德风尚、营造良好思想舆论氛围、丰富社会文化生活等方面持续不断地加以推进。

二、创建和谐校园是校园文化建设的根本目标

和谐校园是指学校的一种协调、平衡、有序发展的态势，学校内部各种要素处于一种相互依存、相互协调、相互促进的状态。主要表现为校园组织结构要素的和谐、教育环境的和谐、教师人际关系的和谐、学生人际关系的和谐，以及自我教育、家庭教育、社会教育和学校教育的和谐等。和谐校园建设除了外在的规章制度的约束，更重要的是通过文化的浸润作用，变为人的内在要求，成为广大师生员工的自觉行动。

一般认为，文化可以分为物质文化、精神文化、行为文化和制度文化。大学文化作为大文化的一部分，也不例外。大学校园文化从广义上讲，是指校园内的师生员工共同创造的物质文化和精神文化的总和。

在中华民族建设先进文化的伟大工程中，在社会主义精神文明建设的伟大实践中，大学校园文化占有极其重要的位置。创建和谐校园是校园文化建设的根本，是和谐社会建设的有机组成部分。

和谐文化首先是以和谐为思想内涵，以文化为表现方式的一种文化。大学校园文化对大学生的思想观念、价值取向和行为方式有着潜移默化的影响，具有重要的育人功能。大学校园文化是教师、学生和管理者共同传承和创造的精神成果的总和，是大学区别于其他社会组织的重要象征，是一所大学赖以生存和发展的重要根基和不竭动力，是大学的精神和灵魂。从一定意义上讲，自学成长与就读正规高校之间最大的差别就在于校园文化的熏陶。

三、以独具特色的校园文化促进和谐校园建设

全面的、可持续的社会和谐，总体上就是广义的文化和谐，建设和谐校园，离不开和谐校园文化。大学既是一个共性的群体，又是一个鲜明的个体，大学校园文化的特点同大学在文化中的地位紧密相连。大学的个性既体现为学科设置，更体现于校园文化；校园文化的底层是相同的，但是如何实现本校的文化核心，其途径、形式和侧重点可以并且应该结合自己的和周边的条件而各显其能，各展其“特”。职业学院作为近年来蓬勃兴起的高等教育群体，在校园文化建设方面显示出了独特的追求、蓬勃的生机和别样的风采。

济南职业学院根据“要在全社会倡导不同层次、不同类型学校都能办出一流教育的思想”，为了保证学院有健康的发展前景，牢固树立科学发展观，在合校两年多的时间里，培育、提炼出了自己的校园文化：以人为本，和谐发展，文理兼容，锻造品牌，立足省会经济与社会发展，办出特色。和谐文化作为和谐校园建设的重要组成部分，对实现学院的和谐发展起着举足轻重的作用，因此，立足于和谐文化建设，树立为建设和谐社会服务的教育观和发展观，并将其渗透到人才培养、社会研究和社会服务的各个方面；在人才培养上注重教育观的和谐，注重学生的全面发展，努力提高学生的综合素质；按照建设社会主义核心价值体系的要求，用马克思主义中国化的最新成果教育大学生，引导学生树立正确的世界观、人生观和价值观；注重诚信观念、合作意识和奉献精神的培养，引导师生实现身心和谐发展。具体来讲，是从物质文化、制度文化、精神文化、行为文化四个方面，营造了具有特色的校园文化，促进了和谐校园建设。

物质文化：主要指校园环境、校园建设、教学和科学设施、生活设施等。学生在校园中生活、学习的过程就是与周围环境不断对话的过程。大学校园为学生搭建了一个充满意义的“生活世界”，呈现出各种各样的“意义形式”，学生生活在其中，通过理解和解释与之“对话”“交往”，形成自己的世界观和人生观，使教育不知不觉进入学生的精神整体。

在校园环境建设上力求使山、水、园、林、路等达到使用功能、审美功能和教育功能的和谐统一，用优美的校园环境激发学生的爱校热情，陶冶学生关爱自然、关爱他人的美好情操。坚持高标准、高层次、高品位的文化要求和生态化、园林化、景观化的目标要求，建成了颇具特色的办公楼、教学楼、实验楼等，建成了“一景”“两湖”“四园”等特色景观；建起了休读点、名人雕塑、名言警句石刻；实现了校园的绿化、美化、人文化，使一花、一草、一木、一石都散发着浓郁的人文信息。芊园、莘园、竹园、欣园郁郁葱葱、欣欣向荣，散发着青春气息和无边绿意，静心湖、中心湖等景点成为大学生迎朝阳晨读、伴晚霞休憩的良好去处。任之路、行知路、北文路、卿云路等校园道路也成为励志之路，激励着莘莘学子立志成才，勤奋学习。实现了“山水校园、绿色校园、生态校园、清洁校园、文化校园、人文校园”的建设目标。

制度文化：主要指校园内各种规章制度、师生行为准则、学校管理组织机构等。

制度是大学精神与办学理念的外在表现，制度反过来又培育和营造学校的文化氛围。在制度文化建设中充分发挥其在思想和行为养成中的育人功能。根据“一年打基础，二年抓规范，三年上水平”的工作思路，在合校建院第一年打基础、成规模的基础上，在第二年开展了“以制治校”为核心的“规范管理年”活动，汇集出版了《济南职业学院规章制度汇编》之“教学分册”“党建分册”“行政分册”等。通过“规范管理年”活动的全面展开，学院各项工作正朝着制度化、规范化、标准化、科学化方向迈进，一个“以人为本、科学民主、重心下移、注重服务、办事规范、管理有序、监督有效、保障安全”的学院管理新体系、新机制已经建立，学院工作秩序和校园环境、校园面貌明显改观。

精神文化：包括师生的价值观、生活方式、政治观点、思维方式、审美情趣、道德情操等。我们注重提升学院的文化品位，把学校建成师生员工的精神家园。良好的校园文化品位能提升人的精神境界，有着催人奋进的激励作用和潜移默化地教育人、培养人的功能。

合校前的济南教育学院长期从事中小学教师和校长培养培训，有着 52 年开展高等教育的历史，是全市全省齐鲁文化、济南历史文化研究基地，理论教学基础和人文底蕴深厚。济南机械职工大学和济南职工科技大学较早开展高职教育探索，与工商企业有着密切的渊源和联系，以实践教学和技能培训见长。三校合并，优势互补，为形成我院“人文与技能融合”的办学特色奠定了坚实的基础。

合校建院伊始，就确定“厚德博学、强能善技”为校训，把“理论与实践结合，人文与技能融合”作为办学特色，为建设精神文化创造了良好的条件。一是在教学安排过程中，形成了一套文理交融的专业课程体系，除按教育部要求开设人文方面的基础和专业教育课程以外，学院还把传统文化与中华民族精神、传统道德、礼仪与形象等作为讲授内容。二是积极开辟第二课堂，文化传播与艺术管理系的前身是建立时间比较早的中文系，师资雄厚，成果斐然，在当今齐鲁文化、济南历史文化研究方面占有重要位置。我们以此为依托，不断对“齐鲁文化”“济南历史文化”“大舜文化”进行发掘、整理和升华，将其纳入第二课堂，对大学生进行系统的中华民族优秀传统文化教育。三是建设人文精神教育基地，加强对大学生人文精神的熏陶。学院著名教授、全国优秀教师徐北文先生去世以后，其家属根据他生前遗愿，向学院捐赠了 3761 册珍贵图书。学院以此设立了“徐北文先生赠书陈列室”，在校园内和社会上引起强烈反响，广大师生深深被徐北文先生“人生有涯、师爱无疆”的精神所感动，陈列室成了生动的师德师爱教育基地。我们还在校园显著位置制作安放了我国职业教育的首创者黄炎培先生和学院著名教授徐北文先生的塑像，并在黄炎培先生塑像旁刻上了“敬业乐群”、徐北文先生的塑像旁刻上了“书开万卷、尚有百家”的铭言。2007 年 4 月，发起了“爱心传递，文化共享”的师生图书捐赠活动，目前这一活动正在进行中。人文精神的感染熏陶，为学生全面发展和学院发展提供了不竭的精神动力。

行为文化：主要指师生员工的行为习惯、生活方式，各类群体、社团的活动以及在此基础上表现出的校风、教风、学风等。

学院在合校之初，就开展了校风、校训、教风、学风、办学理念、办学特色、文明标语、道德格言和新校区路名、景点名征集活动。集思广益确定了“厚德博学，强能善技”的校训，“理论与实践结合，人文与技能融合”的办学特色，“求真务实、和谐团结、文明守纪、奉献创新”的校风，“德才兼备、为人师表、教书育人、敬业乐群”的教风，“崇德尚礼、尊师重道、勤学苦练、自强不息”的学风，进一步明确了学院的办学方向和育人目标。2006 年 11 月份通过了德育和文明校园建设“双评双优”，专家提出“学院精神”应该进一步凝练提升。今年开学后，在全院开展了“学院精神”大讨论。通过这些活动，师生员工亲身参与校园文化建设，感受到了浓郁校园文化的熏陶，极大地促进了和谐校园建设。同时我们经常开展高品位、群众性的校园文化建设活动。每年定期举办科技文化艺术节和运动会，举行各种形式的科技、文化、体育比赛，大学生歌咏、演讲、辩论、普通话比赛，大学生健美操、宿舍文化建设系列活动，文艺联欢会、书法、绘画、摄影作品展览等活动，丰富了学生业余文化生活，营造了健康高雅的校园文化氛围，陶冶了师生情操，培养了大学生的文化素质。

大学是文化传承与创新的重要阵地。从欧洲中世纪现代大学产生之日起，它就负有传承文化、研究文化、融合文化和创造文化的功能和使命。在努力建设社会主义和谐社会的今天，以和谐文化促进和谐校园建设，无论是对大学自身的发展，还是对推动全社会的和谐与进步，都有着极其重要的意义。

高职教育：强化优秀传统文化的育人功能[①]

一个民族的文化，凝聚着这个民族对世界和自身的历史认知和现实感受，积淀着这个民族最深层的精神追求和行为准则。任何一个国家和民族文化的延续和发展，都是在既有文化传统基础上继续的文化传承、变革与创新。如果离开传统，隔断血脉，就会迷失自我、丧失根本。中华传统文化博大精深、源远流长，经过数千年的积淀和共同发展，已经深深融入到中华民族的血脉之中，成为中华民族共同的精神记忆和中华文明特有的文化基因。

党的十八大报告强调“建设优秀传统文化传承体系，弘扬中华优秀传统文化”[②]。党的十八大以来，习近平总书记一系列重要讲话中，多次强调继承发扬中华优秀传统文化的重要性，明确指出“中华优秀传统文化是中华民族的突出优势，是我们最深厚的文化软实力”[③]。

中华优秀传统文化对高职学生世界观、人生观、价值观的形成有着极其重要的作用，高职教育要强化优秀传统文化的育人功能。

一、把握中华优秀传统文化的精髓

中华民族在几千年的历史长河中，创造了灿烂的中华文明，形成了优秀的文化传统。我们这里所指的中华传统文化是指狭义的文化，即思想文

---

① 收录于《文化育人》论丛，商务印书馆2016年版。

② 胡锦涛《坚定不移沿着中国特色社会主义道路前进，为全面建成小康社会而奋斗——在中国共产党第十八次全国代表大会上的报告》（2012年11月8日）。

③ 习近平《在全国宣传思想工作会议上的讲话》（2013年8月19日）。

化，以儒家文化为主流。中华优秀传统文化中天下兴亡、匹夫有责的爱国传统，天地之间、莫贵于民的民本理念，以和为贵、和而不同的和合思想，富贵不淫、威武不屈的高尚气节等对高职学生具有重要的教育价值和思想引领作用。

中华民族具有悠久的爱国主义传统，在历史典籍《战国策》中，就出现了“爱国”一词；屈原的《国殇》，歌颂为国捐躯的勇士：“诚既勇兮又以武，终刚强兮不可凌。身既死兮神以灵，魂魄毅兮为鬼雄！”汉代除苏武北海牧羊十八载外，还有贾谊“国而忘家，公而忘私”；三国时期诸葛亮“鞠躬尽瘁，死而后已”；唐代韩愈“欲为圣明除弊事，肯将衰朽惜残年”，柳宗元“城上高楼接大荒，海天愁思正茫茫”；宋代范仲淹“先天下之忧而忧，后天下之乐而乐”，岳飞“以身许国，何事不可为”，陆游“位卑未敢忘忧国”；明清除了郑成功抗击荷兰殖民者和夏完淳抗清的英勇事迹外，还有顾炎武“天下兴亡，匹夫有责”，林则徐“苟利国家生死以，岂因祸福避趋之”……这样的爱国精神代代相传，中华民族始得根深叶茂，能够抵御任何狂风暴雨。

先秦儒家思想的核心是“仁”与民本思想。从《论语·颜渊》中的“仁者爱人”到孟子的“仁政”和“民为贵，社稷次之，君为轻”的仁爱、民本思想，与今天所提倡的“以人为本，共建和谐”一脉相承。《论语·子路》中有“君子和而不同，小人同而不和”的记录，是指君子可以与他周围的人保持和谐融洽的关系，但他对待任何事情都必须经过自己大脑的独立思考，不会人云亦云，盲目附和；而小人则没有自己独立的见解，只求与别人完全一致，而不讲求原则，但他与别人不能保持融洽友好的关系。简单来说，“和而不同”指的是和谐的共生关系，显示出孔子思想的深刻哲理和高度智慧。儒家倡导的“仁义礼智信、温良恭俭让”的道德规范，对今天精神文明建设仍然具有积极意义。孔子的思想不仅仅在中国，也不仅仅在东方，甚至在西方、全世界，都产生着极大的影响。儒家思想总体来说，特别强调个体与群体的和谐相处问题，并以“仁义礼智信”来要求每一个体，提倡谦让与包容，对避免世界争端有着重要的启示。

中华优秀传统文化永远是人类的精神食粮。比如墨子主张兼爱非攻，其实就是现在世界人民呼吁的“世界和平”；儒家的“天人合一”、道家的崇尚自然，就是现在提倡的“人与自然的和谐”；孔子的“礼、乐、射、御、书、数”，对今天的素质教育有借鉴意义，“有教无类”思想仍然是今天“均衡教育”的主要内容……

中国古代先进知识分子的精神品格有非常可贵的一面，这就是：建立在“仁政”“民本”思想上的，追求实现先进社会理想的奋斗精神和在受压抑理想得不到实现时的抗争精神，也就是“为民请命”“怨愤著书”“不平则鸣”的精神，它体现了我们中华民族坚毅不屈、顽强斗争的性格和先进分子的高风亮节、铮铮铁骨。《论语·子罕》记载孔子说“岁寒，然后知松柏之后凋也”，这是从松柏不畏严寒来比喻人应当有不怕强暴的坚毅品格。《孟子·滕文公下》说“富贵不能淫，贫贱不能移，威武不能屈，此之谓大丈夫”，能够成为这样的“大丈夫”，才有骨气，才具备了理想的人格精神。正是出于对腐朽黑暗现实的不满，屈原“长太息以掩涕兮，哀民生之多艰”，为了实现“仁政”的理想，“虽九死其犹未悔”，宁“从彭咸之所居”，而不与恶浊小人同流合污，最终以身殉国。汉代司马迁遭受残酷宫刑折磨，能够“就极刑而无愠色”，“虽万被戮，岂有悔哉！”为的就是把自己的理想寄托于《史记》的写作。之后连绵不断地出现了陶渊明、李白、苏轼……他们刚健自强的精神和志存高远的胸怀，在几千年中华历史长河中，一直激励着正直人士发奋向上。

这些宝贵的精神财富至今仍然得到人民群众的广泛认同，仍然是衡量人们道德素质的重要尺度，为我们今天实现中华民族伟大复兴的中国梦提供了丰富而厚重的思想资源。只有深刻认识中华优秀传统文化的现实价值，继承和弘扬中华优秀文化传统，才能发挥其育人功能，培养出符合社会要求的接班人和建设者。

二、高职教育应强化传统文化的育人功能

中科院院士、著名学者杨叔子先生曾经说过：“一个国家，一个民族，

如果没有现代科学、先进技术，一打就垮；一个国家，一个民族，没有优秀传统，没有民族人文精神，不打自垮。”因此，在高职教育中融入中国优秀传统文化教育，对于教育学生树立正确的世界观、人生观、价值观，促进其成长成才，对于构建社会主义和谐社会，实现中华民族的伟大复兴，对于中国传统文化的传承和光大，人类文明的不断向前发展，都有着重要的战略意义。

高职教育的人才培养目标是培养拥护党的基本路线，适应生产、建设、管理、服务第一线需要的，德、智、体、美等方面全面发展的高等技术应用性专门人才。对于“高等技术应用性专门人才”，后来又表述为高素质技能型专门人才或高端技能型专门人才。在这些表述中，均强调培养的人才需具备两个特质：高素质和高技能。但高职教育现在的实际情况并非如此。从学校层面来说，由于学生实践操作技能易于培训的显性特征和精神塑造需要长时间培养的隐性特征，加之人才培养存在“短视”现象，造成了高职教育人才培养出现了重技能、轻素质的现状，即重视学生的技能培训，忽视学生道德情操、健康人格、精神境界的培养，弱化了高职教育“育人”的天职。从学生层面来说，越来越把学习功利化，认为学习只是为了生存、就业、挣大钱，只着重眼下，不着眼长远，过分注重技能，忽视人文素养的提高，认识不到人文素养的缺失会制约未来的发展，对传统文化学习的积极性不高。从社会层面来讲，多元文化对传统文化的影响和冲击也越来越大，“洋文化”对高职学生的吸引力很大，削弱了学生对传统文化的兴趣；同时，信息时代信息的来源不只停留在校园，信息来源多样化，造成了学生对信息的广泛浏览，但对一些知识（比如传统文化）浅尝辄止，不能深入。随之而来的，在产学结合、校企合作的高职教育背景下，设置中突出强化专业课和实践课，减少或删除文化素质课程，传统文化方面的内容在高职教育中几乎不见踪影，其特有的育人功能更无从谈起。

时任教育部职成司原高职高专教育处处长的范唯曾撰文说：“高等职业学校不能忘记自己的首要功能是育人，这是学校区别于研究机构、企业、培训机构的根本原因。学校可以有各种各样的教学方式以及形形色色的存在方式，但最本质的教书育人不能忘记。”①

现在的高职学生思想活跃、眼界开阔，接受新事物快，动手能力强。但毋庸讳言，在功利主义、享乐主义、虚无主义、拜金主义等不良思潮的侵蚀下，面对社会上诚信缺失、自私自利的不良现象，有些学生以追求个人享乐作为人生目的，以自我为中心，自私，没有责任感；有的学生一旦遇到挫折，便怨天尤人，自暴自弃；有些学生自控能力差，缺乏涵养，不注重以道德修养来约束自己的言行举止，等等。这样的学生，不仅不可能成为合格的社会主义建设者和接班人，而且个人生活也不可能过得充实而有意义。所以，必须强化对高职学生进行精神哺育。充分发挥中华优秀传统文化的育人功能，让学生通过对传统文化中民族精神、哲学思想、伦理道德、理想信仰、是非观念、行为习惯等的学习感悟，改变自己的价值标准，形成健康、积极向上的世界观、人生观和价值观。

三、提升文化自觉是强化优秀传统文化育人的关键

文化自觉，反映出作为文化主体的人的自我觉醒和自我创造，体现出一种广阔的文化境界、深刻的文化反思、充分的人文关怀和高度的社会责任感，决定着人的思想与精神状态。

文化自觉的重要标志就是育人理念。高职院校应该用中华优秀传统文化濡养学生心灵，拓宽胸襟视野，形成健康人格，把学生培养成为有文化底气、文化根基、文化思想和文化力量的一代新人，从而培养和呵护中华民族共有的精神家园，增强文化的转化和再造能力，促进文化的大发展、大繁荣。

提升文化自觉是强化优秀传统文化育人的关键。培养社会主义合格接班人和建设者，只培育“功利人”“工具人”是不够的，更需要塑造“文化人”“文明人”。从学校层面，要切实进行学生思想现状和传统文化教育现

① 范唯：《发掘高职学校不可替代的生命力和竞争力》，《中国青年报》2012 年 2 月 13 日。

状的调查研究，正确认识传统文化的育人功能，认识对学生进行精神培养的重要性，切实推进素质教育，提高育人的质量。从教师层面，要提高自身传统文化修养，研究传统文化教育的途径方法，探索新的教学模式，提高授课效果，积极应对学生传统文化缺失的现状。从学生层面，要认识到传统文化对自身成长成才的重要价值，对未来发展的重要价值，对提高生活质量和精神品味的重要价值，增强学生传统文化的自觉性。

高职院校首先要筛选、整合传统文化资源，发挥优秀传统文化的育人功能。“取其精华，去其糟粕”一直是文化传承中的基本原则。中华文化在漫长的历史发展中，既有积极的内容，又有消极的内容，只有选择优秀的传统文化才能起到健康精神培育的作用。否则，向学生灌输一些消极的、低级的、庸俗的东西，与我们育人的目的就是背道而驰了。因此，将中华优秀传统文化中所具有的重信尚义、坚韧勤勉的铮铮风骨，博大包容、融同和谐的文化胸怀，慷慨豪迈、秉正端直的操守气节等融入高职学生的思想和意识，并转化为其思想意识、道德情操和价值观念。

其次，要探索优秀传统文化教育的模式，增强优秀传统文化的育人功能。高职院校亟待解决的问题是给传统文化教育一定的课时量，恢复诸如大学语文（大学国文）、中华传统文化等优秀传统文化集中的课程，加大这些课程改革力度，更新教学方式和手段，探索多元的考核评价体系，提高课程的吸引力。增设诸如中外文学名著导读、传统社交礼仪、中华传统节日等选修课程或通识课程，通过经典阅读、历史人物和历史事件，感悟其中的人文情怀。充分利用校园文化活动和学校所在地的历史文化资源，打造优秀传统文化育人的多维空间，增强育人的成效。

再次，创新优秀传统文化教育的形式和载体，深化优秀传统文化的育人功能。为了充分尊重高职学生获取文化信息渠道的多样性、生动性和主动性的心理需求，调动其学习传统文化的兴趣和积极性，学校可以进行优秀传统文化资源网站建设，把受课堂限制的大量优秀传统文化资源设置板块，利用网络优势，增大优秀传统文化教育的比重，培养高职学生的诚实守信、重义然诺、豪迈爽利、开放创新、爱乡报国。同时，由教师带领兴趣小组，对优秀传统文化进行挖掘、整理或理论研究。鼓励教师带领部分学生开展优秀传统文化的研究、整理工作，承担文化传承创新的使命，引导学生对优秀传统文化进行深入研究，使高职学生在对优秀传统文化深入的研究中发现自身价值，感受优秀传统文化的生机与魅力。

基于人文素质培养的大学语文课程建设①

说在前面的话——思考教育本质

今天的教育似乎已经迷失，为了追本溯源，我们还是从“教”“育”二字的本义来寻找答案吧。

（教），本意是手持棍棒对着孩子，意亦从孝，指教育从孝入手。孝：金文“孝”字，为子承老形；小篆之孝，从老的上半部分，从子，意谓子背着父母，意即子能承其亲，并能顺其意。从这个意义上说，“教”的本义是用外力让孩子孝敬老人，孝是教育的起点，也是一个人德行的起点。

（育），本意是女人生育孩子，其本质就是孕育、养育，“养子使作善也”；“不从子而从倒子者，正谓不善者可使作善也”。从这个意义上讲，“育”的本义是由内而外的孕育，使得孩子成为一个好人，一个有德行的人。

“教”和“育”的本义是通过外力和内养的作用，培养一个人良好的德行，这是教育的起点，应该也可以说是目的和终点。

有无数先贤的思想印证了教育的本质：

孔子说“大学之道，在明明德，在亲民，在止于至善”；鲁迅说“教育是要立人”；蔡元培说“教育是帮助被教育的人给他能发展自己的能力，完成他的人格，于人类文化上能尽一分子的责任，不是把被教育的人造成一

① 2012年12月，由中国职业技术教育学会教学工作委员会等主办的全国高职高专教育教学改革——高等职业教育公共课教学改革论坛在南京召开，本文是应邀所作报告的内容，有改动。

种特别器具”。

爱因斯坦说：“学校的目标始终应当是使青年人在离开它时具有一个和谐的人格，而不是使他成为一个专家。照我的见解，在某种意义上，即使对技术学院来说，这也是正确的，尽管技术学院的学生将要从事的是一种完全确定的专门职业。发展独立思考和独立创新的一般能力，应当始终放在首位，而不应当把知识放在首位。如果一个人掌握了他的学科的基础理论，并且学会了独立思考与工作，他必定会找到自己的道路，而且比起那主要以获取细节知识为其训练内容的人来，他一定会更为适应进步和变化。”

爱因斯坦的话，对今天的职业教育应该有更大的警醒作用。

蔡元培说“大学者，研究高深学问者也”，“大学”是与传统“小学”（诸如训诂、音韵等工具性专业）相对应的名词，亦即古时“大学”，是指一种让人在精神上变得博大的学问。这里我们应该把大学的功能定义为精神上的成长成熟。而担负起精神成长成熟重要职责的课程应该是“大学语文”，正如夏中义所言，大学语文“是一门为大学生精神成人提供价值根基的公共课程”。

一、把握课程定位

大学语文的课程功能是什么？既有不能承受之重，就是赋予了大学语文太多的功能；又有不能承受之轻，就是大学语文的无用论。科学准确的课程定位是认识课程的第一步，也是实施有效教育的第一步。

高职高专院校开设的“大学语文”课程是一门以人文素质教育为核心、培养学生职业能力和职业素养的公共基础课。该课程具有工具性、人文性、开放性、综合性的特点，可以提高大学生的语文能力、职业核心能力和可持续发展能力，促进其精神的成长成熟。

（一）把握课程在人才培养体系中的定位

为什么说大学语文有不能承受之重，因为大学语文在培养高职学生的人文素质、思想品德素质、审美品质、创新意识、职业道德、综合职业素质等方面都会起到重要的作用。大学语文课程在整个高职院校教育体系中的定位是为高职学生提高基本语文素质和人文素质以及各种综合素质所开设的公共基础课程。

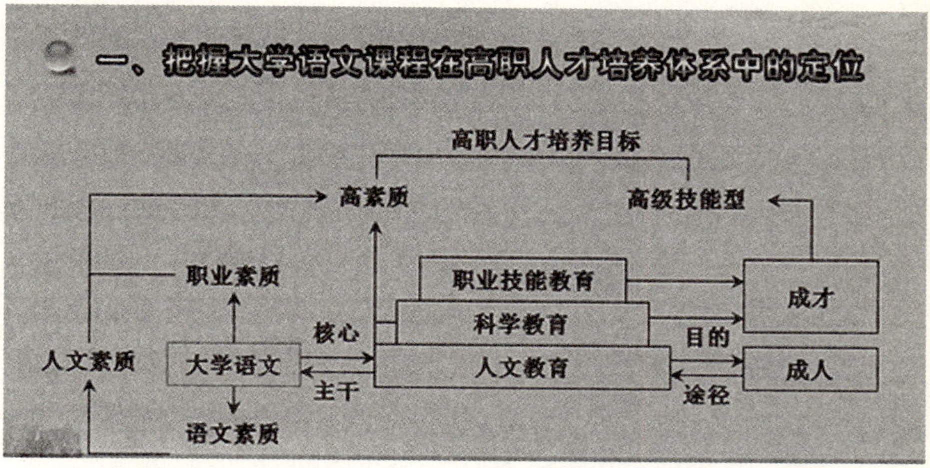

这个图表是在研究分析高职人才培养体系的构成以及大学语文课程功能的基础上，对大学语文在高职人才培养体系中进行的形象定位。大学语文的核心内容是人文教育，人文教育的主干课程是大学语文。通过大学语文课程，培养学生的语文素养、职业素养和人文素养，提高综合素质，以实现人才培养目标中的高素质和成人的目的。

（二）把握课程在专业培养中的定位

大学语文是一门公共基础课，不是专业基础课，其课程功能就是提高学生的人文素养。但这并不影响它可以根据面对的专业不同，进行相应的调整和侧重。根据不同专业，教师要对课程功能进行更进一步的精细定位，对现行教材内容进行取舍，突出专业特色，按照因材施教原则，根据学生的实际情况确定具体的教学内容。

比如在旅游管理专业授课中，大学语文注重游记文学、历史风物、社会文化等相关内容解读，普通话加强正音训练和表达能力训练，诗词欣赏着重著名景点的诗词楹联，社交礼仪着重接人待物的实际训练，为学生从事导游等相关职业服务；在财经专业授课中，应用文写作着重财经文体、法律文书的讲授和训练，新闻类的讲授简化；在艺术设计专业授课中，大学语文注重中华传统文化解读，加强学生审美能力培养，影视欣赏注重影视画面的质感讲授，为学生从事设计类职业服务；在学前教育专业授课中，普通话注重讲授理论，加强实践训练，大学语文注重文学作品的鉴赏教学，鼓励学生上台发言交流，甚至让学生自主讲解一篇文章，加强学生鉴赏能力和教学基本功培养，普通话为学生从事幼儿教育职业服务。

（三）把握课程在公共课中的定位

大学语文是人文教育的核心基础课，是其他公共课程中最为重要的核心课程。它既为其他公共课提供学习支撑，同时又与其他课程相互呼应，共同完成公共课的育人功能。

二、把握理念思路

理念是课程的灵魂，是课程建设的指导思想；思路是课程建设的方法步骤。二者是课程建设的核心要素，是课程得以沿着正确道路前行的标准规范。经过在高职院校对大学语文课程多年的教学及研究，根据课程属性和学生实际，确立了大学语文课程建设的理念。

（一）把握课程建设理念

课程设计的理念——以学生发展为本，重语文能力培养，重思维能力训练，重职业素质引导，重人文精神建树。以教师为主导引领学生参与教学过程，把课堂学习与实践环节结合，调动学生学习的积极性，实现文本内容内化为学生情操，书本知识转化为学生能力。通过大学语文教学，提高学生的语文素养，培养学生的职业素养，锻炼学生形象思维、抽象思维、理论思维能力，培养学生的可持续发展能力。人文精神更是一个人的立身之本，是一个人成为合格社会公民的首要条件，是一个人贡献社会的基础，也是创造美好生活的前提。因此，大学语文课程把培养学生的人文精神和职业素养作为核心任务，在此基础上促进学生职业技能的形成和发展。

这里尤其要指出的是，要特别重视学生思维能力的培养。思维能力是通过分析、综合、概括、抽象、比较、具体化和系统化等一系列过程，对感性材料进行加工并转化为理性认识及解决问题的能力。我们常说的概念、判断和推理是思维的基本形式。无论是学生的学习活动，还是人类的一切发明创造活动，都离不开思维，思维能力是学习能力的核心。思维能力包括理解力、分析力、综合力、比较力、概括力、抽象力、推理力、论证力、判断力等能力。它是整个智慧的核心，参与、支配着一切智力活动。一个人聪明不聪明，有没有智慧，主要就看他的思维能力强不强。思维能力的训练是一种有目的、有计划、有系统的教育活动，对它的作用不可轻估。人的天性对思维能力具有影响力，但后天的教育与训练对思维能力的影响更大、更深。思维能力的训练主要目的是改善思维品质，提高学生的思维能力，只要能在实际训练中把握住思维品质，进行有的放矢的努力，就能卓有成效地见到效果。

（二）把握课程建设思路

由于大学语文人文性、开放性、综合性的特点，课程设计的思路就应该按照“大课堂”的思路，进行开放式教学，设计“三结合”，即理论教学与实践教学相结合，课堂教学与课外教学相结合，校内教育与校外教育相结合。学好大学语文仅靠语文的小课堂不行，教学中还应与社会以及学习、工作、生活的环境这个“大课堂”相结合，与实践相结合，与专业教育相结合进行开放式、综合性教学。

三、把握课程建设的着力点

基于大学语文课程的性质功能、理念思路，在课程建设中要抓住以下四个着力点。

（一）增强语文能力，突出人文特色

高职院校学生的人文素质普遍较低，因此在课程建设中，突出课程的人文性，把语文教育的人文性、工具性结合起来，把提高人文素质与增强语文能力结合起来，把现代公民终身教育与职业教育结合起来，实现“以学生发展为本，重语文能力培养，重思维能力训练，重职业素质引导，重人文精神建树”的教学目标。

（二）立足职业发展，注重职业养成

通过大学语文课程教学，提高学生的交流表达能力和理解能力，培养学生的职业道德、合作意识和敬业精神等职业素养，夯实从业基础，帮助学生全面发展，培养学生的自我适应、自我发展能力并为顺利适应职业要求提供必要的准备。

（三）强化实践能力，夯实就业基础

大学语文的知识能力层级应该是这样的：赏—思—悟—习—用，即始于对文本的欣赏，进而是对思维的训练，最后达到对道理的觉悟，养成良好的语文习惯（自觉提升素质和作为学习工作的工具），在学习工作中能有效地运用语文工具。在实际教学中，强化学生鉴赏能力、思维能力、语言表达能力、文字组织能力等实践能力训练。

（四）开发系列课程，形成培养合力

大学语文不应成为单一的人文课程，应该开发系列相关课程：一是设置辅助课程，如口语表达、影视鉴赏、社交礼仪等，对学生人文素质的提高产生直接的影响；二是积极引进名校导师、企业行业专家进校，为学生开设学术讲座、企业文化讲座等，形成人才培养合力，开阔学生人文眼界，及早接受企业、行业文化理念和工作过程教育。

四、进行实践探索

从 2005 年开始，对大学语文进行了全面深入的研究，总结出了一些课程建设规律，在教学中进行了教学模式、方法手段、评价体系等改革，取得了良好效果。

（一）教学模式改革

查有梁的《教育建模》中有这样一句话："正如真正有效的教育是'自我教育'一样，对于每一位教师而言，真正有效的教学模式，是'自我构建'的教学模式。"

根据以大学语文为核心的人文素质课程的特点，沿着"大课堂""开放性"的思路，经过多年的实践探索，构建了大学语文"五结合"的教学模式：大学语文教学与人文讲坛相结合、与科技文化艺术节相结合、与学生社团活动相结合、与学生社会实践相结合、与社会热点问题相结合。

与“人文讲坛”相结合。我们课程组在学校首开“人文讲坛”，设计了人文讲坛的标识，每个学期课程组的教师都要有一场专题讲座，与大学语文的教学相互促进。

与“科技文化艺术节”相结合。在每年举办的科技文化艺术节中，指导学生的演讲比赛、辩论赛、墙报比赛、朗诵比赛等赛事，把大学语文知识转化为学生的语文能力。

与“学生社团活动”相结合。参与学生文学社团活动，进行指导，推荐优秀学生习作发表在《济南职业学院报》《学院青年》《济南共青团》《足迹》《萌芽》等刊物中，在大学语文精品课程网页开设学生习作园地——学生创作实践。

与“学生社会实践”相结合。指导学生的社会实践，让学生体会奉献时愉悦的心理感受，学会交流沟通，增强社会责任感和公民意识。

与“社会热点问题”相结合。对社会热点问题、热点人物、社会现象等进行探讨，使学生正确看待社会和人生。

“大课堂”“五结合”培养了学生的诚信品质、敬业精神、责任意识、竞争意识、参与意识，锻炼了学生分析问题和解决问题的能力，提高了学生的实践能力、就业能力和创新能力，切实提升其人文素质。

实施了“3+3”的教学组织模式——教学中采用“文与史的结合、文学与语言的结合、文学作品与文化现象的结合”，不仅可以极大地丰富学生的知识，还可以提高学生的阅读能力。更重要的是，运用比较、分析、想象等多种思维方式进行思考，养成善于思考的习惯，提高学生思维能力。“理论教学与实践教学相结合，课堂教学与课外教学相结合，校内教育与校外教育相结合”，拓展了教育的平台，开阔了学生的视野，增强了学生的学习积极性。“3+3”的教学组织模式在培养学生的自主学习、交流沟通、团结协作、信息采集处理、语言文字表达等职业核心能力上起到了重要的、无可替代的作用。

（二）教材改革

大学语文是一门以人文素质教育为核心的公共基础课程，包含着审美教育、情感教育、人格教育和创新素质教育，核心功用就是促成学生的精神成长，培养学生健全的精神品格。作为课程载体的教材，要承担起这样的职责，就需要编写者进行有针对性、目的性的全面设计。在长期的课程建设中，我们对大学语文课程的性质定位、理念思路、针对性、适用性等进行了有益探索，2011 年由北京大学出版社出版了《大学语文》教材，分为发轫之作、秦汉古风、魏晋风度、大唐气象、两宋雅韵、元曲新声、明话俗趣、清呈万象、现代传承、异域文采十个单元，有几个特点。

第一，纵横双视角。教材的编排既依照文学史发展脉络，又突出各个时期文学的特色。中国传统文学是中国传统文化的重要组成部分，题材丰富，体裁多样，经过漫长的历史沉淀，从先秦到清末流传下来大量经典作品，如何对其进行取舍，体现出编选者的文化眼光与审美标准。我们对每个时代的文学现象进行了总体介绍，目的是让学生了解中国文学发展的脉络，把握某一作家作品在文学的发展中居于哪个坐标点上，以改变过去“只见树木不见森林”的现状，进一步加深对作家作品的理解，强化知识的系统性。同时，阅读学习这些经典作品，对增强民族自豪感，了解、热爱祖国的传统文化，提高自身的文学修养和人文情怀，均具有重要意义。现当代作家中的优秀作品距离我们今天的生活比较近，所传达的丰富思想和情感，对青年学生理解近百年中国社会变迁、提升其人格修养将产生有益影响。纵横双视角的运用，使学生既可以领略中国传统文化的魅力，又可以呼吸与时俱进的时代气息。

第二，从文学到文化。大学语文与中小学语文的区别在哪里，一直是大家讨论的热点，但莫衷一是。我们基本上赞成这样的观点：小学语文的重点是“语言与文字”，中学语文的重点是“语言与文学”，大学语文的重点是“语言与文化”。为体现大学语文之“大”，我们注重从对作品的解读提升到对文化现象的思考，也就是从中小学语文对文本字词句、思想性、艺术性的领会把握上升为大学语文对生命、价值、命运等文化层面的深入思考，以拓宽胸襟视野，丰富精神体验，探索人生真谛，提升情感智慧。在“阅读导航”“思考阐释”“相关链接”中，虽显庞杂，但思路开阔，内容丰富，力争体现本教材的文化品位。

第三，前后勾连与知识拓展。一个作家作品的出现既有时代烙印，也具有文学自身发展的烙印，还有不同时代作家对同一现象的不同理解。因此，我们注意到对前后作家作品进行勾连，了解不同时代作家对同一现象的不同立场，解读其中的缘由，扩大知识面和阅读面，加强思维能力训练，这对于高职高专的学生来说很有必要。在与“思考阐释”和“相关链接”相关的内容设计上，我们希望能有所突破。

第四，选文的代表性与难易度。高职学生有其自身特点，因此选文时，一方面考虑作家作品在其所处时代的代表性、在文学发展史中的代表性，还考虑到文章的引导教育意义、难易程度、文学性和可读性，每个时代的文体顺序是诗、词、曲、赋、文、小说、戏曲。希望学生喜爱并有兴趣精读这些选文，学习人文知识，体会人文精神，拥有更丰沛的人文情怀，进而逐步学会用人文的方法思考和解决问题。

第五，关于应用文体。由于高职院校重视学生实用技能的培养，因此很多大学语文教材中有部分应用文体的介绍，有人甚至认为大学语文就是教会学生写应用文体，这是一个认识误区。大学语文与应用文写作的课程性质、课程定位、课程内容、课程功能等都有着本质的不同，应用文写作是“听说读写”语文能力中“写”的一部分，所以，仅仅从实用的角度对大学语文课程“偷梁换柱”是不可取的。众所周知，在职业活动中起支配和主导作用的职业核心能力不是专业技能，而是职业生涯中除岗位专业能力之外的基本能力，主要包括与人交流、与人合作、解决问题、信息处理、自我学习等几种基本能力，它适用于各种职业，是伴随终身的可持续发展的能力。这些能力的培养正是大学语文课程的优势所在。

（三）教学方法手段改革

在教师讲授上，一是结合不同专业特点，因专业制宜，调整大学语文教学重点。这个问题在前面已经有阐释。

二是注重开放式教学方法的运用，教学中引入“社会热点问题探讨”和“热点人物讨论”等教学环节，引导学生关心国家、社会和人生，培养爱国主义情怀。

三是注重因材施教，鼓励撰写调研报告和科研论文，指导学生参加社会实践，培养科学研究的意识、习惯和能力，为学生可持续发展奠定基础。

四是课文讲解与人文讲坛相结合，系统教学与专题讲座相互促进。在以教材为主系统讲解本课程的同时，开设人文讲坛，以专题讲座形式拓宽学生学习途径，从而促进本课程的学习。

五是注重教学内容的拓展及延伸，形成相关的系列课程。课程组的教师开设了《普通话》《影视欣赏》《旅游文化》《古代经典作品解读》《现代作家作品选读》《外国名著鉴赏》《唐宋诗词鉴赏》等选修课程。

为了调动学生学习的主动性、积极性，加深对作品的解读，提高实际能力，设计课前讲解、角色扮演、朗诵会、辩论赛等环节，让学生充分锻炼，提高表达能力。

在教学中应用多媒体课件教学，渗透诸如书法、绘画等中华传统文化形式，营造全方位的人文环境，调动学生视觉、听觉等多种感官，在生动、形象、可感的过程中，使学生身临其境，从而更深刻地理解作家作品，受到审美感染，收到良好效果。但同时，在多媒体普遍运用的今天，不要忘记阅读是一定要通过语言去感受作者的表达，因为任何的多媒体课件都不能代替语言文字的魅力。

（四）评价方式改革

一是实施过程考核。平时作业有成绩、课堂讨论发言有记录、课外征文演讲比赛等获奖有加分，在报刊上发表文章。

二是以能力考核为主。采取闭卷、开卷、口试、笔试、课堂内与课堂外、闭卷与开卷、论文与答辩等结合形式，由学生自主选择。“使每个学生都有进步”的目标，让学生在成功体验中树立起学习的信心。

三是改重写轻说为说写并重。在能力考核中一般来讲是重写轻说，写作（作文）每学期有几次成绩，而“说”则一学期很可能一次成绩也没有。为此，在每次上课前都要回答上次课布置的作业，锻炼口头表达能力。

四是体现考核的自主性。在考核中或让学生自主命题作文，或出多个题目让学生选择等，使学生由被动到主动。

五、彰显文化品位

大学语文要培养学生的人文素质，一定要注重美感，教师的语言要美，教学课件要美，特别注意将中国传统文化因素，如诗歌、书法、绘画融为一体，使学生置身于美感中，受到感染浸润；注重各种表现方式的融合，将音频、视频、动画等灵活运用，增强教学的形象性；注重学习资源的丰富性，彰显文化品质。

教师专业化发展之路径[①]

——以大学语文教师为例

我认为，教师是一个需要不断进行再认知的职业。为什么呢？因为我们的职业对象、职业环境、教学手段、教学要求等，会随着社会发展在随时地变化，因此，我们教师需要在变化中对我们的职业进行再认识、再学习、再提高……

从主题说起

现在我们首先要认清的是：我们是从事职业教育的教师，必须拥有现代职业教育的理念，完成教师的职业化也就是专业化转型。

那么什么是现代职业教育理念呢？职业教育理念包括四个方面。

一是职业教育现代化。所谓职业教育现代化，指的是要以转变人们的职业教育观念为基础，以完善职业教育体制为根本，以现代化的教育内容及教育手段为中介，建立为国民经济发展培养大批合格的劳动者的社会主义现代职业教育体制。

它包括职业教育观念的现代化、职业教育体制现代化、教育内容、教育手段的现代化。

二是职业教育社会化。所谓职业教育社会化有其特定的含义。它主要包括，保证女童和妇女接受职业技术教育与培训的机会均等；为失业者和各种

---

① 2014年7月9日，应邀在湖南大学为安徽省高职高专省培计划《大学语文写作类》集中与网络一体化高级研修班作报告，内容有改动。

处境不利人群提供各种正规与非正规TVET（技术和职业教育与培训）；对社会所有成员进行职业指导和咨询；促进弹性入学，以实现终身学习与培训。

三是职业教育产业化。所谓职业教育产业化，包括教育规律与经济规律相互统一、教育的宏观统一性和微观多样性相结合、合理分担教育成本与多渠道筹措教育经费相结合三个基本原则。教育产业化有五种思路：多主体办学；以市场为导向建立灵活的职业教育运行机制；实行产业化经营；办好校办产业；法人应具有良好的管理、经营才能。

四是职业教育终身化。所谓职业教育终身化，是指每一个社会成员一生中都要接受职业教育。它包括四个原则：即职业教育“终身”原则、职业教育与普通教育相结合原则、正规教育组织和非正规教育组织相结合原则、人人受教育与人人办教育相结合原则。

那么什么是教师的专业化？教师的专业化是指教师在整个职业生涯中，通过专门训练和终身学习，逐步习得教育专业的知识与技能并在教育专业实践中不断提高自身的从教素质，从而成为教育专业工作者的专业成长过程。它包含双层意义：既指教师个体通过职前培养，成长为具备专业知识、专业技能和专业态度的成熟教师及其可持续的专业发展过程，也指教师职业整体从非专业职业、准专业职业向专业职业转变的过程。

虽然以上两个内容貌似与我们下面讲的内容没有关联，但事实是，下面具体讲的教师的专业化发展就是在现代职业教育理念下完成的。

我们首先要面对的是我们的职业对象——学生，所以，我们的专业化发展首先必须从了解我们的学生起步。

一、了解学生

高职学生与高中学生的差异。虽然高职学生的绝大部分来自高中毕业的学生，但来到高职的校园中，他们与之前的自己有了很大的变化：压力感顿失、迷茫、无所适从是其基本特征。

高职学生与本科生也有很大的差别。与本科学生相比，高职学生的学习目标不明确、自信心不足、学习动力不足、自控能力差。

高职学生的群体特征是：学习动力不足，自控能力差、发展目标不明确，但思维敏捷，兴趣广泛，对新事物、新观念容易接受，适应性强，动手能力较强。

高职学生的基本诉求主要有两个：少部分学生希望在校好好学习，考上专升本；大部分的学生希望学好专业知识和技能，为找个好工作打好基础。

那么他们的这两个基本诉求与他们的能力水平之间是否存在偏差呢？偏差在哪里？如何弥补呢？

麦可思2011年调查数据：全国25%的大学毕业生工作能力或专业水平达不到用人单位要求；13%的毕业生在工作中出现重大过失；24%的毕业生业绩达不到用人单位要求；21%的毕业生在价值观方面不符合企业要求。

企业和社会最为关注的是毕业生哪些方面的素养呢？是否是高职学生自认为的专业知识和专业技能呢？答案是否定的。企业最为看重的是毕业生的综合素质、文化素养、职业精神和社会责任，具体说是六项能力，分别是积极主动、团队精神、执行力、责任心、沟通能力和专业学习能力。这六种能力集中体现的是一个人的人文素养，是一个人的职业核心能力，与《职业核心能力培训测评标准》中与人交流、信息处理、数字应用、与人合作、解决问题、自我学习和创新高度吻合。

供需偏离：能力与能力结构

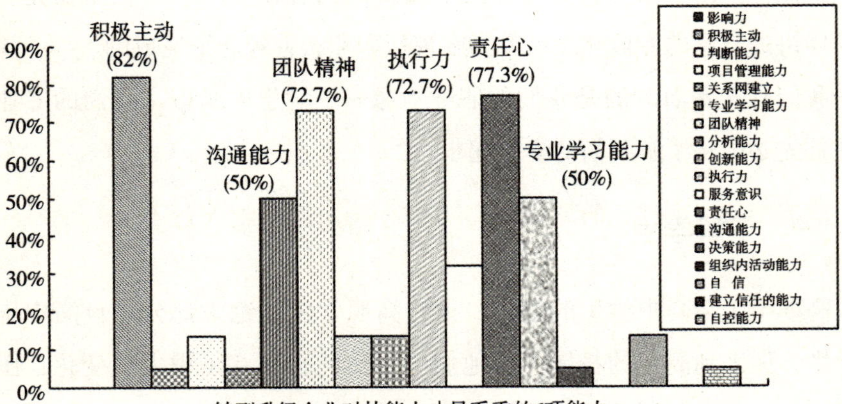

转型升级企业对技能人才最看重的6项能力

2007～2011年，深圳职业技术学院对珠三角2100多家企业进行了一项历时四年的跟踪调查，以“中国人力资源开发网”最新素质库18项基本素质为基础，了解转型升级中的企业对技能人才素质的需求。

既然企业和社会需要具有人文素质的学生，我们学校是否给学生提供了强有力的人文素质教育呢？学生对学校的人文素质教育是否满意呢？

我们曾经做过调查，结果是：学生们认为学校对他们的人文素质教育的重视程度并不高；学生们普遍喜欢科技（34%）、文化艺术（38%）的讲座，其他类型的也有涉猎，可见学生感兴趣的东西是多元而广泛的，而学校却只重视专业知识的讲授，对人文知识并不重视，通过深入学生了解，学校很少举行专题讲座。

作为人文素质课程的重要载体的大学语文课程起到了相应的作用了吗？在同一个调查中，学生对语文课程及教师的评价：学生的重视程度不高，教师在授课过程中感受不到学生的喜爱，自然地，讲课就缺少了激情；54%的学生认为语文老师讲课一般，8%的学生认为讲得不好。当然，也有不少学生认为语文是一门很有意思的学科，可以学到很多有趣的东西，所以，有36%的学生觉得语文老师讲课好。

从以上的数据显示，对大学语文教师的授课的满意度仅有三分之一，这个比例太低了，说明我们的教学接近三分之二在做无用功。因此，我们必须提高教学的有效性。教学的有效性是教师与学生课堂交流的双边活动，被看作课堂教学有效性的关键。

现代教育理论认为，课堂教学的有效性取决于四方面因素：教学目标、教学过程、教学方法和教学评估。其中，教学方法是教学目标的具体化，并始终贯穿课堂教学的全过程。于是，教学方法（教学策略）的研究被提升到前所未有的高度。

能够支持这个理论的现实是，学生对我们的教学评价不高，重要的原因是教师的教学方法存在问题。所以，提升专业素养、改进教学方法成为教师专业化发展的应有之义。

二、提升自我

虽然教学方法是教学有效性的关键，但是，支撑教学方法改进的方面却很多。

（一）人文情怀

作为一名教师，无论教什么课程，在教学过程中表现出的人文情怀都是最为重要的，我认为它超越了老师的知识水平。所以，我强调一些关键词，我认为这些对老师、对学生都是最为重要的，特别是对一个教语文的老师。那就是爱、责任、温暖、感动、坚强、悲悯……

记得2003年10月15日的第一节课，按照教学计划我应该讲胡适先生的《追悼志摩》一文，但那一天的上午九点是杨利伟乘坐神舟五号航天飞机进入太空的日子，我给同学们说："再过半个小时，也就是九点，杨利伟乘坐的神舟五号就要发射了，虽然我们无法做什么，但我们可以给我们的祖国、给杨利伟以最美好的祝福，因为中华民族的飞天梦想就要实现了，所以，今天我们讲苏轼的《水调歌头·明月几时有》"。我切实地感受到了同学们的情感，那天的课讲的、听的都与其他时候大不相同，浓浓的情感在彼此心中传递，这是爱，是温暖，是祝福。

2008年5月12日下午的天崩地裂，是我们心中永远的痛。一个面临高考的孩子，却把他的信念和责任用铿锵的句子传达出来：

因为那里有你

双脚跋涉千沟万壑，因为那里有你，我的兄弟姐妹。

双手刨开钢筋水泥，因为那里有你，我的兄弟姐妹。

即使天崩地坼，地动山摇，却依然不离不弃，因为那里有你，我的兄弟姐妹。

在这片绵亘千年的土地上，
我们用血脉锻造我们的汉筋唐骨，
用血脉熔铸我们的中国精神，
用血脉续写人定胜天的神话！
没有了你，九州会顷刻坍塌，苍穹将不再绚丽，
所以，坚持到底，永不言弃，我们共同缔造爱的奇迹，
让上天惊异，让大地恐惧！
相信自己，阴霾终会过去，明天，太阳依旧会升起，

我们，终将胜利！

读到这样的句子，看到这样的孩子，我觉得这才是我们教育的成功。

这里，我还想提到史铁生，一个用生命写作，又把坚强与悲悯延续的人。史铁生（1951 年 1 月 4 日—2010 年 12 月 31 日），1951 年出生于北京，1967 年毕业于清华大学附属中学，1969 年去延安一带插队。因双腿瘫痪于 1972 年回到北京。后来又患肾病并发展到尿毒症，需要靠透析维持生命。自称是“职业是生病，业余在写作”。史铁生创作的散文《我与地坛》鼓励了无数的人。2010 年 12 月 31 日史铁生因突发脑溢血去世。据其遗愿，他的脊椎、大脑捐给医学研究，他的肝脏捐给需要的患者。

2002 年史铁生获华语文学传媒大奖年度杰出成就奖，授奖词是这样的：“史铁生是当代中国最令人敬佩的作家之一。他的写作与他的生命完全同构在了一起，在自己的‘写作之夜’，史铁生用残缺的身体，说出了最为健全而丰满的思想。他体验到的是生命的苦难，表达出的却是存在的明朗和欢乐，他睿智的言辞，照亮的反而是我们日益幽暗的内心。他的《病隙碎笔》作为二〇〇二年度中国文学最为重要的收获，一如既往地思考着生与死、残缺与爱情、苦难与信仰、写作与艺术等重大问题，并解答了‘我’如何在场、如何活出意义来这些普遍性的精神难题。当多数作家在消费主义时代里放弃面对人的基本状况时，史铁生却居住在自己的内心，仍旧苦苦追索人之为人的价值和光辉，仍旧坚定地向存在的荒凉地带进发，坚定地与未明事物做斗争，这种勇气和执着，深深地唤起了我们对自身所处境遇的警醒和关怀。”我们在讲这样的作家和这样的作品的时候，怎么能不把我们的感动、温暖以及作家坚强、悲悯的人文情怀与学生产生共鸣呢？

（二）广博学识

今天的老师，已经失去了权威的地位。互联网改变了我们的学习方式，课堂不再是唯一，学生的信息渠道来源多样。教师不仅要是专家，还得是杂家。特别是大学语文老师，要广泛涉猎文学、历史、哲学、政治、军事、文化、社会各方面的知识和信息，才可能与不同的学生有“共同语言”。

2003 年 3 月，美、英等国以伊位克隐藏有大规模杀伤性武器并暗中支持恐怖主义为借口，绕开联合国安理会，公然单方面决定对伊拉克实施大规模军事打击。同学们非常关注，在课间热烈讨论战争走向。我就引导同学们讨论为什么美、英敢于绕开联合国，敢于动武；为什么世界上的其他国家不联合起来反对美、英；为什么阿拉伯国家不一起支援伊拉克；同学们讨论的深入程度超出了我的想象，他们得出的结论更是一种自我教育。

（三）科研素养

印第安有一句谚语："别走得太快，等一等灵魂"，说的是一个土著人的故事：有一队西方人到非洲神秘的原始森林里探险考察，请了当地土著人做向导。当地的自然条件非常恶劣，土著人也极为贫穷，食物匮乏且常常衣不遮体。在这样恶劣的生存条件下，他们磨炼出极能吃苦耐劳的品性。而给考察队当向导这种薪水相对较为丰厚的工作机会可不是常有的，几个土著向导带着考察队出发了。一路上，土著人不但要负重前行，还要时时手持砍刀在密林里砍伐藤条树枝，辟出供考察队行走的小路。这样辛苦的赶了三天的路后，到了第四天，几个土著向导却说什么也不愿再往前走一步了，他们要求原地休息。那些日程安排的极为缜密的急待探险的西方人弄不清楚是哪里出了问题。询问之下，得到了土著人严肃的回答：一定要休息一天，因为他们匆匆忙忙地赶了三天的路，他们的灵魂一定赶不上他们的脚步了，所以有必要停下来，等待他们的灵魂追赶上来。

在我们忙于完成各种教学任务时，我们的灵魂是否跟上了呢？在教学中，停下来，让灵魂跟上要做的就是教学的研究。我们要对教学进行反思、审视、研讨、提升，科研是必修课，是提高教学水平的助推器和加速器。教学质量与科研水平是相辅相成的，科研素养是一个好教师必备的素养。

三、研究课程

课程是文化传承的载体，是教师耕耘的土地。不研究课程是不会教好课的。

对于高职院校来说，由于人文素质的隐性特征、实践技能的显性特征、人文素质教育内容的纷繁复杂难以操作以及学校、社会、家长、学生的功利性需求，致使高职院校出现了“三重三轻”的现象，即重技能、轻素质，重显性、轻隐性，重眼前、轻长远的局面，学生人文素质教育的碎片化、片面化、随意化现象严重，人文素质教育效果不佳，学生社会适应力不强，未来可持续发展力堪忧。用三个字概括就是：散、浅、短。

散：缺少科学、系统、立体的人文素质教育体系设计。由于高职院校人文素质教育是一个系统工程，内容纷繁，概念宽泛，在许多课程中都或多或少地含有人文素质教育的内容，所以需要科学、系统、立体的设计。

浅：课程设计浅易性、碎片化，没有内在逻辑联系。人文素质教育不可能像教给学生一项操作技能那样立竿见影，加上课时的限制，所以在人文素质教育中就把一些能马上体现学校教育效果的内容割裂运用。比如有的学校开《口才与应用文写作》，这样显性的却没有内在逻辑联系的内容凑在一起，教育效果可想而知。

短：教育的目光只关注到学生毕业，不会更远。目前，我们学校教育的立足点都是放在学生在校到毕业这个过程，对于能够支撑学生可持续发展能力的教育关注不多，像国外一样研究、预测、模拟未来社会发展需要所进行的“超前教育”更无从谈起。

习近平强调：“一个国家、一个民族的强盛，总是以文化兴盛为支撑的，中华民族伟大复兴需要以中华文化发展繁荣为条件。对历史文化特别是先人传承下来的道德规范，要坚持古为今用、推陈出新，有鉴别地加以对待，有扬弃地予以继承。国无德不兴，人无德不立。必须加强全社会的思想道德建设，激发人们形成善良的道德意愿、道德情感，培育正确的道德判断和道德责任，提高道德实践能力尤其是自觉践行能力，引导人们向往和追求讲道德、尊道德、守道德的生活，形成向上的力量、向善的力量。只要中华民族一代接着一代追求美好崇高的道德境界，我们的民族就永远充满希望。”

《完善中华优秀传统文化教育指导纲要》中也指出：加强中华优秀传统文化教育，必须正视面临的一系列困难和挑战。……但是，面对新形势、新要求，中华优秀传统文化教育还存在不少突出问题，对中华优秀传统文化教育重要性的认识有待进一步提高，教育内容的系统性、整体性还明显不足，重知识讲授、轻精神内涵阐释的现象还比较普遍，课程和教材体系有待完善，教师队伍整体素质有待提升，全社会共同参与的教育合力有待加强等，有效解决这些问题，迫切需要进一步完善中华优秀传统文化教育。

杨叔子院士认为：大学语文有利于大学生形成正确的人生追求，有利于大学生形成完备的知识基础，有利于大学生形成优秀的思维品质，有利于大学生形成健康的生活方式，有利于大学生形成和谐的内外关系。

为了发挥大学语文的课程作用，我们不得不认知研究这样几个问题。

（一）高职高专的大学语文是一门什么课程？有什么功用？

高职高专院校开设的“大学语文”课程是一门以人文素质教育为核心、培养学生职业能力和职业素养的公共基础课。该课程具有工具性、人文性、开放性、综合性的特点，可以提高大学生的语文能力、职业核心能力和可持续发展能力，促进其精神的成长成熟。

（二）高职高专的大学语文怎么教？

我们先来看我在网上找到的一个可能不真实的例子，可以给我们很多启示。

中国版《灰姑娘》：

上课铃响了，学生、老师走进教室

老师：同学们好！

学生：老——师——好——（拉长音）

老师：今天上课，我们讲灰姑娘的故事，大家都预习了吗？

学生：这还要预习？老得掉渣了。

老师：灰姑娘是格林童话还是安徒生童话？他的作者是谁？哪年出生？作者生平事迹如何？

学生：……（小声）书上不都写了吗？不会自己看啊？

老师：这故事的重大意义是什么？

学生：得，这肯定要考了的。

老师：好，现在开始讲课文。谁先给分个段，并说明一下这么分段的理由。

学生：前后各一段，中间一段，总分总……

老师：这一段的描述非常生动，用词很准确。大家回到家里抄5遍，然后背下来，下节课我要检查。

学生：哎呀，又背?!

老师：不多，就一小段。

学生：还有其他科要背呢……

老师：开始讲课了，大家认真听讲。谁来先朗读第一段，其他同学注意听，总结一下本段的中心思想是什么？

学生：(朗读)

老师：说到这里，大家注意这句话。这句话是个比喻句，是明喻还是暗喻？作者为什么这么写？

学生：N个人开始睡觉……

老师：大家注意这个词，我如果换成另外一个词，为什么不如作者的好？

学生：(又N个人开始睡觉……)

老师：大家有没有注意到，这段话如果和那段话位置换一换，行不行？为什么？

学生：我又不是你，我怎么会注意到啊？

(又N个人开始睡觉……)

老师：说到这里，大家注意这句话，这句话是比喻句，是明喻还是暗喻啊？作者为什么这么写啊？

学生：睡觉的继续睡觉……

老师：怎么这么多人睡觉啊，你们要知道，不好好上课就不能考好成绩，不考好成绩就不能上大学，不上大学就不能……

美国版《灰姑娘》：

上课铃响了，孩子们跑进教室，这节课老师要讲的是《灰姑娘》的故事。老师先请一个孩子上台给同学讲一讲这个故事。孩子很快讲完了，老师对他表示感谢，然后开始向全班提问。

老师：你们喜欢故事里面的哪一个？不喜欢哪一个？为什么？

学生：喜欢灰姑娘，还有王子，不喜欢她的后妈和后妈带来的女儿。灰姑娘善良、可爱，后妈很恶毒。

老师：如果在午夜12点的时候，灰姑娘没有来得及跳上她的番瓜马车，你们想一想，会出现什么情况？

学生：灰姑娘就会变成原来脏脏的样子，穿着破旧的衣服。哎呀，那就惨了。

老师：所以，你们一定要做一个守时的孩子，不然就可能给自己带来麻烦。

老师：好，下一个问题，如果你是那个后妈，你会不会阻止灰姑娘参加王子的舞会？你们一定要诚实哦。

学生：我会阻止她去参加王子的舞会的。

老师：为什么？

学生：因为我希望我自己的女儿当上王后。

老师：是的，所以，我们看到的后妈好像都不是好人，她们只是对别人不够好，可是她们对自己的孩子却很好，你们明白吗？她们其实不是坏人。

老师：孩子们，下一个问题，灰姑娘的后妈不让她去参加王子的舞会，甚至把门锁起来，她为什么能够去，而且成为舞会上最美丽的姑娘呢？

学生：因为有仙女帮助她，给她漂亮的衣服，还把番瓜变成马车，把狗和老鼠变成仆人。

老师：对，你们说得很好，如果灰姑娘没有得到仙女的帮助，她能去参加舞会吗？

学生：不能。

老师：所以孩子们，无论走到哪里，我们都是需要朋友的，我们的朋友不一定是仙女，但是我们需要他们，我也希望你们有很多很多的朋友。下面，请你们想一想，如果灰姑娘因为后妈不愿意她参加舞会就放弃了机会，她可能成为王子的新娘吗?

学生：不会!

老师：对了，如果灰姑娘自己不想参加舞会，就是她的后妈没有阻止，甚至支持她去，也是没有用的，是谁决定她要去参加王子的舞会?

学生：她自己。

老师：所以，孩子们，就是灰姑娘没有妈妈爱她，她的后妈不爱她，这也不能够让她不爱自己。就是因为她爱自己，她才可能去寻找自己希望得到的东西，如果你们当中有人觉得没有人爱，你们要怎么样?

学生：爱自己!

老师：最后一个问题，这个故事有什么不合理的地方?

学生：（过了一会儿,）午夜12点以后所有东西都要变回原样，可是那双水晶鞋没有变回去。

老师：天哪，你们太棒了！你们看，就是伟大的作家也有出错的时候，所以出错不是什么可怕的事情，我担保，如果你们当中谁将来要当作家，一定比这个作家更棒！你们相信吗?

孩子们欢呼雀跃

这个例子可能是不真实的，同时，我也不认为美国的教育模式和效果一定比我们好，但是，这个对比还是对我有触动。因为中国版的讲法我们太熟悉了，好像我这个年龄的人语文课就是这样上过来的：特别注重对各种篇章结构等知识点的“死知识”的学习和记忆，困难可想而知。而所谓的美国版更重视从生活实际和兴趣点出发，教学效果的差别显而易见。两种教法之间是理念、方法、模式等方面的差别。

那么，我反问一下：我们今天的课堂上是否还重复着昨天的故事呢?我们已经习惯了这样的三个思维惯式：我要教给学生什么？我能教给学生什么？我教给了学生什么？这里老师都是从“我”出发，强调“我”的作用，忽视了对方。

现在，我们必须要改变，要形成这样的三个思维习惯：学生需要我教什么（内容）？学生需要我怎么教（方法）？学生学习到了什么（收获）？就是从内容到方法到成效都以学生为出发点和落脚点。

我是这样给我的大学语文国家精品课程写的自荐词，这也是我对课程研究的定位：

> 你希望提高听说读写水平，做到静心聆听，优雅谈吐，深入阅读，笔走龙蛇；你盼望丰富人生体验，感悟生命真谛，做到穿越古今，游走中外，洞察世情，明辨是非；你渴望提高生活品位，实现人生梦想，做到思想深邃，精神充实，热爱生命，快乐生活……那就从“大学语文”起步吧。

当然，如果要转变轻视人文素养的局面，我认为从国家层面要强力推进，学校层面要全面实施，教师层面要立体提升，学生层面从静心阅读开始。

四、把握教材

对于澳大利亚、德国等国家来说，职业教育是一种教育类型，已经有比较完备的职业教育体系，而且与其他教育类型打通了通道。但我们国家的职业教育体系正在形成过程中，高职的大部分生源来自高中，而非中职，因此中高职的衔接也就不紧密。但将来的发展趋势肯定是中高职衔接。

作为课程载体的教材，也应该体现中高职的衔接。目前，中职语文教材分为三个模块：基础模块、职业模块、拓展模块，有阅读与欣赏、语言与表达、综合实践活动三个单元。而现在的高职高专大学语文教材的体例有“主题＋文选”模式、“专题＋文选”模式、“作家＋文选”模式、“文史＋文选”模式，从体例上没有实现中高职衔接，所以在2013年我申报了大学语文“十二五”国家职业教育规划教材，获得通过，2015年由高等教育出版社出版。前言中的部分内容就是我教材建设的新主张。

高职高专“大学语文”教材建设要遵循高职学生的成长规律和职业特点，加强社会主义核心价值体系和中华优秀传统文化教育，使学生形成正确的世界观、人生观、价值观；培养学生学习汉语的兴趣，开阔学生的文学视野，注重文本的文化解读，引导理性思辨，提高学生的文学修养、审美能力、思维能力；强化实践训练，增强学生社会责任感、创新精神、实践能力，提升人文素养和职业素质。

第一，“一个原则四个突出”的编写理念。基于高职高专“大学语文”课程的定位，教材编写立足于高等职业教育的特点，坚持语文素养、职业素养、人文素养三位一体的原则，突出与中职教材的衔接，突出职业素质的养成，突出实践技能的训练，突出人文精神的建树。

第二，体现中高职语文的衔接与提升。内容设计突出与中职语文模块设计和知识点的衔接与提升；能力设计针对高职生的知识水平、认知水平及终身发展需求；体系设计实现听说读写汉语能力的有机统一；方法设计组合运用情景导入、分组讨论、任务完成、案例分析、拓展延伸、实践训练、综合实践等学生喜闻乐见的有效方法；评价设计探索考试、作业、写作、实践、自评互评、参赛、表演等多元化的考核方式。

中职语文教学大纲分为三个模块，基础模块、职业模块和拓展模块，三个模块的关系是递进关系，每个模块分为阅读与欣赏、表达与交流、语文综合实践活动三个部分，涵盖了语文能力的听说读写四个部分。高职高专的大学语文要与此衔接，也要更为明晰地体现听说读写四种汉语能力。因此，本教材设计为三个模块，阅读欣赏模块、语言表达模块和写作技能模块，从形式到内容再到实践，都与中职很好地衔接，并在此基础上进行提升。

第三，完成“听说读写”的有机统一。语文能力可以用听说读写四个方面概括，其中“听”相对来说具有隐性特征，“说”“读”“写”具有显性特征。而且“听”往往与“说”联系在一起，所以在“口语表达”模块，也谈到了倾听的艺术。本教材涵盖听说读写四种语文能力的三个模块之间并不是割裂的，“阅读欣赏”模块虽然集中体现在“读”上，但是在每篇文章后面的“思辨感悟”和模块后的“综合实践活动”中，也设计了“说”和“写”的内容，使之既能有所侧重，又浑然一体。同样，“语言表达”和“写作技能”模块着重“说”“写”，但“阅读欣赏”是基础。因此，三个模块形成了语文能力的有机融合。从模块内部来说，语言表达构成了一个由知识到训练到运用的完整过程；文学写作和应用写作又完整体现了写作的内容，每个部分也是一个由知识到训练到运用的完整过程。

第四，注重文化解读和情感体验。遵循教育教学规律和学生身心发展特点，重点从对文本字词句、思想性、艺术性的领会把握上升为民族精神、道德情操、人文涵养等精神内涵的深入挖掘和阐释；强化学生文化主体意识，引导学生对生命、价值、命运、传统等文化命题的深入思考和辨析，提高学生自主学习和主动探究的能力，培养其文化创新意识。为加强学生的情感体验和深入解读，在“思辨感悟”“拓展延伸”“综合实践”的设计上，现实针对性强，思路开阔，内容丰富，有助于学生的内化提升。

第五，配有丰富的数字化课程资源。针对“教与学”的全过程主体环节，借助于国家级精品资源共享课网站，深入分析教师、学生和社会学习者对大学语文课程的需求，开展全方位、系统化、实用性强的数字化教材资源库建设，提供课程教学建议、多媒体教学软件、网络课程、测试系统等一系列教学资源，为教学提供全程化解决方案。

五、理性对待数字化

我们先来看什么是数字化资源，它有什么特点。

（一）数字化教学资源的概念及特点

数字化教学资源是指经过数字化处理，可以在多媒体计算机及网络环境下运行的多媒体教学材料。

数字化教学资源特点：多样性——多媒体/超文本结构/友好交互界面/虚拟仿真。共享性——在网络环境下可以全球共享并随意获取。扩展性——可以在原有基础上补充、扩展。工具性——可以作为认知工具，探究知识、构建知识。

数字化资源的多样性、共享性、扩展性、工具性决定了它在很短的时间内席卷整个教育界。现状已经不是我们要不要用、爱不爱用的问题了，而是要必须面对、不得不用的问题了。我化用了扎西拉姆·多多《班扎古鲁白玛的沉默》来说明我们必须正视数字化中的声、图、影：

你见　或者不见我　我就在那里　不悲不喜
你念　或者不念我　图（情）就在那里　不来不去
你爱　或者不爱我　声（爱）就在那里　不增不减
你跟　或者不跟我　我的影（手）就在你手里　不舍不弃
来我的怀里　或者　让我住进你的心里
默然　相爱　寂静　欢喜

（二）数字化教学资源建设的原则

虽然数字化资源得到快速、普遍的使用，但是我们在进行课程资源建设时还是要坚守一些原则，下面是我国家精品资源共享课资源建设的原则：

一是资源的系统化。课程资源建设中，对涉及的重点、难点、人物、事件、背景、评价、研究等进行了系统设计，由浅入深；在资源的种类上，教学录像、演示文稿、音频视频、图片论文等资料详实，系统性强，便于教师、学生和社会学习者使用。

二是资源的关联化。课程资源建设中，要对资源进行取舍，选择有代表性、与文本关联度高的资源，以免资源庞杂，学习者无从下手，茫然无序；有的资源在前后不同的文本中都会出现，在资源整理中，注重资源的前浅后深、循序渐进，系统深入。

三是资源的动态化。资源建设是一个不断丰富的过程，这也体现出网络课程建设的特点，不是一蹴而就，需要长期的积累完善。为了符合学生求新求变的心态，网络资源的建设需要不断上传更新，以吸引更多学习者的浏览学习，同时也不断使网络资源更为丰富。

四是资源的校本化。徐北文先生是全国知名学者，齐鲁文化研究专家、我院资深教授，其在历史文化研究、散文随笔、诗词曲赋、楹联题写、书法技艺等方面取得了令人瞩目的成就，为后人留下了宝贵的文化财富。按照其生前愿望，家人把他收藏的3761册图书无偿捐献给了学院，这种大爱无疆、止于至善的精神品格令人感佩不已。先生的治学与为人均是我们学习的榜样。因此，在拓展资源建设中，收集了徐北文先生的著作、散文、诗词、楹联、书法，供大家学习欣赏。

（三）数字化教学资源使用的思考

数字化教学资源的方便、快捷、延展等特点给我们的教学带来了很大的便利和形象化，提高了教学的效果。但是作为大学语文教学，有自身的特点，所以，提醒大家三点。

一是在教学中把握好“度”。在大学语文教学中，不是什么内容都要用图、声、形、影来展现。语文教学一个重要功能是要培养学生的想象力，如果什么内容都用直观的方式展现，对于学生想象力是一个扼杀。

二是坚信语言的魅力永存。我们看曹雪芹的《红楼梦》中对黛玉形象的描写刻画：

> 两弯似蹙非蹙笼烟眉，一双似喜非喜含情目。态生两靥之愁，娇袭一身之病。泪光点点，娇喘微微。闲静时如姣花照水，行动处似弱柳拂风。心较比干多一窍，病如西子胜三分。

这种文字刻画的黛玉与任何人扮演的黛玉都是距离遥远的，这也就是为什么陈晓旭扮演的黛玉在当时受到了极大的排斥，蒋梦婕在新版《红楼梦》中也得不到认可的重要原因，“意态由来画不成”，自然也“演不成”。

共勉的话

当下，提高大学语文的教学效果，需要利用好数字化教学资源，但仅有此是远远不够的，更需要我们了解学生、提升自我、研究课程、把握教材，路很长，努力也就很长……

教学不是一部时尚大片，需要严谨、需要务实、需要提升……

学习不是一场视觉盛宴，需要静心、需要思考、需要感悟……

大学语文学习方法[①]

《大学语文》是普通高等院校一门公共基础课，是一门很重要的素质教育课程。教育部高教司1996年就曾明确指出："大学语文课，是普通高校中面向文（汉语言文学专业除外）、理、工、农、医、财经、政法、外语、艺术、教育等各类专业学生开设的一门素质教育课程。""课程设置的目的是培养学生汉语言文学方面的阅读、欣赏、理解和表达能力。这是大学生文化素质中的一个重要方面。"而这些能力，高职学生尤为欠缺，尤其要重点加强培养。

按照文学体裁，文学作品分为诗歌（广义）、散文、小说、戏剧四种，四种文学体裁的作品在赏析的过程中有共同点，也有区别，下面就分体裁介绍作品赏析的一些方法。

一、诗歌

诗歌的概念是广义的，包括诗、词、散曲。

（一）了解背景

了解作品的写作背景是学习赏析诗歌的第一步。每一首作品的问世都有几个"特定"，它是特定作家在特定背景下表达特定情感的特定作品。因此，充分了解作家写作的背景是非常重要的，它有助于读者正确认知、理解、把握作品，是读者学习作品的前提，对其他文体的作品也适用，但对于学习理解诗歌尤其重要。

---

① 本文是笔者主持的国家精品资源共享课"大学语文"的学习指南，见"爱课程·中国大学资源共享课"网站：http：//www. icourses. cn/coursestatic/course_ 6459. html。

（二）反复吟诵

反复吟诵是学习诗歌的第二步。情感是诗歌的生命，反复吟诵，可以正确把握诗歌的感情基调，体会作者的情感表达。我认为情感是人类传递信息的纽带和桥梁。无论哪种体裁的作品，对其理解把握的起点和终点都是情感。而对情感最好的体验是吟诵，所谓书读百遍其义自现。

（三）意象解析

意象解析是理解欣赏诗歌的第三步。意象是指诗人借以表达思想情感的具体可感的物象或画面，它可以是人，也可以是花、草、虫、鱼等物。作者的思想情感是借助于意象塑造完成的。作者往往把要表达的情感通过笔下的意象表现出来，读者可以通过感受意象自身的特点和意象所承载的或明快或感伤或悲凉或奔放的情感，进而对作品进行进一步的解读。

（四）艺术表达

分析艺术表达方法是学习鉴赏诗歌的第四步。成功的好诗一定有独到的艺术手法和技巧。表达方式包括记叙、描写、抒情、议论；艺术手法包括描写方式、表现手法、修辞手法、描写对象、抒情方式等。具体在学习中要关注这样一些点：一是表达方式。表达方式中描写、抒情是考查的重点；描写方式有动静结合、虚实结合等的不同；抒情方式有直接抒情和间接抒情两种方式，具体表达有直抒胸臆、借景抒情、寓情于景、情景交融等。二是结构形式。诗歌的结构形式，常见的有首尾照应、开门见山、层层深入、先总后分、先景后情、卒章显志、过渡、铺垫、伏笔等。三是修辞手法。主要的修辞手法有对偶、比喻、拟人、借代、夸张、排比、反复、象征、寄托等。四是写作技巧。主要有赋比兴、衬托、对比、渲染、卒章显志、画龙点睛、以小见大、欲扬先抑、联想想象、语序倒置等。

（五）意境挖掘

挖掘意境是学习赏析诗歌的第五步，也是最需要读者文化积淀的。

意境是诗歌所追求的最高艺术标准，意境是把思想情感与环境描写完美地融合在一起。王国维在《宋元戏曲史》里面这样说：“写情则沁人心脾，写景则在人耳目，述事则如其口出是也。古诗词之佳者，无不如是。”

王国维又说："能写真景物、真感情者，谓之有境界，否则谓之无境界。"王国维在《人间词话》中说："词以境界为最上。有境界，则自成高格，自有名句。"将"境界"（即意境）分为"有境界"与"无境界"、"造境"与"写境界"、"有我之境"与"无我之境"、境界的大与小等。有无意境，是判断一首诗（词）成功与否的重要因素之一。

诗歌的意象按照诗人的情感逻辑连接在一起就构成了一种完整的境界——意境。意境是由情、理、形、神融合在一起而引人联想和想象的艺术世界。意境与意象不同，意象是一首诗中单一的具体的形象。意境是指诗的形象的整体。一首诗可以有多个意象，却只能有一个意境。意境是诗的整体效应。意境还有"象外之象"和"韵外之致"。"象外之象"中的第一个"象"是实象，即诗中所直接呈现出来的情境。第二个"象"是虚象，即读者从诗人所提供的情境中所想象出来的不确定的境界。"韵外之致"的"韵"指诗歌形象中所包括的情韵、情感。"致"是指读者通过对形象的思索和体悟所得到的情致。因此，意境不仅是诗人审美创造的产物，同时还要依靠读者的审美接受来实现。

二、散文

（一）古文的学习方法

1. 多诵读，练语感。学习古文与学习诗歌有同样的要求，就是多诵读。但目的不同，诵读诗歌是为了把握作品的情感，诵读古文是为了提高阅读古文的语感。这种语感虽然说起来很抽象，但语感对学习古文是非常重要的。语感强了，对词义的理解就强了，停顿、断句的感觉也对了，说到底，其实就是对古文的感悟力和理解力增强了。

2. 多练习，夯基础。由于古今词义的变迁、句式的变化、语言表达习惯的改变，学习古文时，最大的障碍就在这里。因此，我们要比较熟练掌握基本的古汉语知识，如重点掌握一些重要的实词、虚词、通假字、古今异义词、一词多义、词类活用和一些特殊句式，夯实古文阅读的基础。所谓的捷径就是在培养语感的基础上，多多练习，以便能够牢固知识点的记忆，在此基础上，由浅入深，提高古文阅读能力水平。

3. 多查书，重积累。学习文言文，一要经常查阅古汉语知识的工具书，如《古代汉语常用字典》《常用文言虚词词典》《康熙字典》《说文解字》《辞海》《辞源》等。二要具备一些必要的历史文化知识，这对于疏通文句、理解文意、知本探源都有好处。历史文化知识细分起来很多，基本的如天文地理、岁时节日、礼仪制度、职官沿革、学校科举、典籍宗教、科学技术、姓名称谓、衣食住行及其他，等等。这些知识都有许多的专门书籍有清楚的介绍，如《古代文化常识工具书》等。通过不断的积累，不仅古文阅读水平提高了，对古代历史文化知识的涉猎和掌握也丰富了，个人的文化水准也提高了。

（二）散文的阅读理解方法

大家已经习惯的中学所分的议论文和记叙文，都应该归入散文，古代散文和现代散文的阅读分析方法是一致的，因此，下面的内容同时适用于古文和现代文。在中学语文中，除了记叙文和议论文之外，还有一类文体是说明文，以科普说明文为主，也可以归入文学作品中。

1. 议论文。议论文是以议论为主要表达方式的一种文体。它通过列举事实材料和运用逻辑推理，表明对问题的观点和态度，阐发对事物的理解与认识。各行各业的人们为了接受和表达思想，都需要经常阅读与写作这种文体。议论文有三要素，就是论点、论据和论证。在阅读中应抓住这些重点去理解文章。

①抓住题目。好的议论文常有一个画龙点睛的好题目，它或点明中心论点，或表明论述的问题，或点出议论的范围。有的带启发性，有的带讽刺性，有的显得严肃庄重，有的显得新颖别致。

②抓住论点。论点是议论文的第一要素，是议论文中心的体现，只有抓准论点，才能把握全文中心。有些议论文，由于内容单一，只有一个论点。有些议论文，由于内容复杂，论点不只一个。在我们阅读时，抓住了中心论点或并列的主要论点，也就把握了文章的中心。从论点在议论文中出现的位置来看，有的出现在标题，有的在文章开头，有的在文章中间，

有的在文章结尾，有的散见于全文中，需要读者自己归纳。

从抓准论点去把握全文中心，目的在于学习作者如何提出问题，如何用论据去证明论点，全文是怎样围绕中心去展开论述的。

③抓住论据。论据有事实论据（包括数据）和理论论据，它是议论文的第二个要素。在阅读议论文时，要理清材料，掌握论据，认识它证明论点或驳论点所起的作用，进一步领会观点统帅材料，材料服从观点的关系，克服写文章时观点是观点、材料是材料的毛病。

2. 记叙文。记叙文是以记叙为主要表达方式，通过写人、记事、写景、状物来表达中心思想的一种文体。阅读记叙文，必须注意把握文章的基本要素，理清记叙的线索，准确理解记叙文中的描写、议论和抒情。只有这样，才能从整体上全面把握记叙文的内容。

①明确形象。每一篇文章，都要有一个作者集中塑造刻画的形象，这个形象可以是人物、事物、景物、器物等，它们是作者倾注情感所描写的。在学习中，第一步就是通过反复阅读确定文章描写的形象是什么。

②解读形象。第二步就是确定这个形象有什么品质特征。作者在刻画形象时，倾注了自己比较浓烈的情感，往往通过不同的事件或不同侧面刻画出文章形象突出的本质特征，这个本质特征就是作者所喜爱和颂扬的。

③形象承载。作者笔下的形象，往往具有某些象征意义。在明确形象、解读形象的基础上，就要进一步理解形象所承载的象征意义，这就是作者想要传达或表现的思想，也就是作品的意旨。

④形象表达。作者在刻画形象时，会运用各种各样的艺术描写手法，通过这样的艺术表现手法，才能使形象丰满、丰富起来。学习把握作者所运用的艺术手法，不仅对于解读形象至关重要，同时，对于提高自己的写作水平也是非常有益的。

3. 说明文。说明文是一种常用文体。它的应用范围十分广泛，特别是在科学技术迅速发展的现代社会，说明文已成为人们传播、掌握科学文化知识，交流介绍工作、学习以及日常生活经验、方法的重要文章体裁。

①把握说明对象。阅读说明文，首先要准确地把握说明对象，从而区

分事理说明文和事物说明文，进一步理解说明内容。接着还要重点把握说明对象的特征。这是分析一篇说明文的关键。只有准确地把握说明对象的特征，才能深入理解说明对象，以此为突破口，进而理清文章的结构层次、中心内容。想要准确把握说明对象的特征，必须认真阅读、理解课文内容，尤其要注意仔细揣摩关键词句（中心句、过渡句、体现作者思路的句子以及文章中反复出现的句子）。

②把握说明顺序。说明文的结构并不复杂，常见的结构形式有“总（概说）—分（具体）”式、“总（概说）—分（具体）—总（概说）”式、“分（具体）—总（概说）”式、并列式、递进式等。理清结构，可以帮助我们了解作者的思路，更清晰地领会内容要领。说明顺序是多种多样的。采用什么样的说明顺序，取决于说明对象的特点和说明目的。常用的说明顺序有时间顺序、空间顺序、逻辑顺序三种。有时一篇文章可交叉使用几种说明顺序，各种顺序在语言上都有一定的标志。阅读时抓住有一定标志作用的语言，可以更加顺利地分析说明顺序。总之，说明文的结构和说明顺序密不可分，相辅相成，分析时可同步进行。

③把握说明方法。常见的说明方法有举例子、列数字、打比方、作比较、分类别、下定义、作诠释、配图表等。阅读说明文，了解它采用的说明方法，一要看用怎样的说明方法，说明什么对象，有什么作用，二要看所用说明方法是通过怎样的语言形式表达出来的，这样分析才透彻、扎实。

④把握语言特点。准确、简洁是说明文语言的主要特点。当然，说明文的语言风格也是多种多样、各有特色的，有的以平实见长，有的以生动活泼见长。一般来说，以说明事物为主的说明文，重在抓住事物的特点，用简明的语言平实地加以说明。

三、小说、戏剧

之所以把小说、戏剧放在一起，是因为二者是通过故事情节、人物形象、环境描写来完成创作的，从阅读文本的角度来看，它们是一致的。

小说（戏剧）有三个要素：人物形象、故事情节、环境（自然环境和社会环境）。我们学习小说（戏剧）首先要从这三个要素着手。

（一）把握故事情节

这是读懂小说的关键，也是欣赏小说艺术特点的关键。小说的故事情节一般为开端、发展、高潮、结局等几个阶段，把握了小说的线索，对于把握人物的性格等一些问题有很大帮助。

（二）揣摩人物形象

小说中的人物都有极其鲜明的个性，我们在阅读小说的时候，必须掌握小说刻画人物的方法，如语言描写、外貌描写、动作描写、神态描写和心理描写等，并能从这些描写中分析概括人物的性格特征，对人物进行较为客观公正的评价。

（三）体会环境描写

环境描写分为自然环境描写和社会环境描写。小说的环境描写和人物的塑造与中心思想有极其重要的关系。在环境描写中，社会环境是重点，它揭示了种种复杂的社会关系，如人物的身份、地位、成长的历史背景等。自然环境包括人物活动的地点、时间、季节、气候以及景物等。自然环境描写对表达人物的心情、渲染气氛都有不小的作用。

（四）挖掘作品主题

小说的主题是小说的灵魂，也是作者写作的目的所在，更是作品价值意义之所在，在阅读中要从分析小说的情节和人物的形象入手，也可联系小说的时代背景和典型的环境描写进行分析，还可从小说精巧的构思中把握作品的主题。

（五）掌握小说艺术表现手法和表达方式

在阅读中，要逐渐掌握小说艺术表现手法和表达方式以及修辞手段，作者是如何来构思文学作品的，作者是如何运用表现手法来塑造人物形象的，作者是如何运用语言来刻画人物、描写环境的。通过不断的积累，一定能够不断提高自己的审美情趣和审美品位。

高职院校人文素质教育与大学语文教学①

一、人文素质教育对高职教育的意义

人文素质是指科学文化素质之外的一种素质，其涵盖面很广，道德修养、个性人格、理想追求、人际关系等都属于人文素质。它主要指人的涵养，与人性、情感、欲望、情绪、人际关系等方面密切相关的做人的素质。这也是目前我国许多人对社会上出现的令人不满的事情的评价语“素质太差”中所指的素质。毫无疑问，提高人文素质与教育有着最直接的关系。

教育部于1998年颁布了《关于加强大学生文化素质教育的若干意见》，意见中指出：“随着世界科学技术的发展进步和物质财富的高速增长……人文教育受到冷落，并随之带来一系列世界性的社会问题。为此，各国都在采取各种办法整合科学教育和人文教育，特别是把提高学生人文素质教育作为高等教育改革的重要方面，以促进精神文明与物质文明的同步发展，建立人与自然、人与社会、人与人之间的和谐关系。加强文化素质教育正是这一时代发展的要求，是社会可持续发展对高素质人才的呼唤。”并特别指出：“我们所进行的加强文化素质教育工作，重点是指人文素质教育。”人文素质教育不是可有可无的，如同《意见》中指出的一样，轻视、冷落人文素质教育的后果是十分严重的。《意见》表明了教育部进行高等教育改革的重点，就是加强人文素质教育，可见人文素质教育在教育中的地位和

---

① 本文发表于《中国成人教育》2007年第5期，是笔者主持的济南市“十五”社科规划重点研究项目《济南市职业技术教育人文素质培养现状调查研究》研究报告中的部分内容。

意义是不容低估的。

就职业教育的发展来看，人文素质教育甚至比其他院校更需要加强，更加重要，职业教育的健康发展绝对离不开人文素质教育。高职院校中的课程设置偏于专业技能，人文课程非常少，人文素质教育也非常薄弱，许多学生只了解自己的专业和技能，对于文、史、哲、艺等人类文化的传统，对于中华民族的优秀文化传统了解得比较少，由此造成了学生的知识面狭隘，缺乏互通和创新能力，导致学生人文素质普遍不高。

人文素质教育对高职教育发展意义重大。首先，当代社会，人文科学与自然科学日益交叉，人文素质教育填补了职业教育进行专业技术教育时的薄弱环节，帮助高职院校培养出现代科技社会的发展所需要的具有丰富的人文精神内涵、情感和谐、全面发展的高素质的人才。其次，人文素质教育的加强是提高高职院校毕业生竞争力的关键。人文素质教育作为一种手段，对提高劳动者素质将会起到重要作用，对于就业后很难接受系统的人文教育素质的高职毕业生来说，要保持个人的可持续发展，最关键的是他的人文素质。再次，人文素质教育对引导高职院校学生发展具有重要的意义。高职院校存在的部分学生素质低下、道德意识差、生活品位低等状况，只有人文素质教育可以进行扭转。

二、大学语文教学是高职院校进行人文素质教育的重要途径

在高职院校开展人文素质教育需要从多个方面入手，包括广博的文化知识的滋养、高雅的文化氛围陶冶、优秀的文化传统熏染和深刻的实践体验等。而高职院校由于某些先天不足，现阶段要大量扩充人文学科在高职院校似乎很难实现，而文化氛围也非一朝一夕可以营造，常常花大力气也难以营造应有的文化氛围，而这种欠缺的氛围又降低了学生自我体验的文化蕴涵。更严重的是，这种缺陷还深深地印在学校传统中，影响着教职员工的心理，形成不利于人文教育的思维定式。因此，作为高职院校的公共基础课——大学语文在高职院校的人文素质教育中，就担负起责无旁贷的义务，成为实施人文素质教育的重要途径，或者说最佳途径之一。

语文是一门以语言文字为主要教学内容的综合性学科，它具有工具性、人文性、思想性、知识性等，作为语文学科重要组成部分的大学语文，当然也同样具有这些特点。教育部高教司《大学语文教学大纲》（征求意见稿）对大学语文开设的目的和意义是这样描述的："在全日制高校设置大学语文课程，其根本目的在于：充分发挥语文学科的人文性和基础性特点，适应当代人文科学与自然科学日益交叉渗透的发展趋势，为我国的社会主义现代化建设培养具有全面素质的高质量人才。"可见，大学语文课程重点强调的是人文性和基础性。当然，在职业教育中也不能忽略它的工具性。

发挥人文性引导青年学生思考人生的目的、意义、价值，去追求人的完美，发展人性，完善人格，陶冶情操。而所谓人文性，就是把文学作品当作文化的载体，当作文化现象来审视，理解其中的人文意蕴和文化价值。大学语文的人文性总是与它的审美性相伴而生，文学的审美性就是把文学作品作为载体，养成学生的阅读和理解能力、欣赏和评判能力，让学生养成阅读习惯，学会思考，学会创新。这两者基本概括了大学语文人文素质教育的核心。至此，我们可以确定大学语文教学在高职院校的作用应该是，一方面培养学生热爱本民族语言，规范语言运用，并恰当运用本民族语言进行交际；另一方面，用文学的人文性和审美性，以情感育人，使学生吸取自强不息、改革创新的民族精神，促进中华民族优秀文化向学生心理品质和思想道德的转化，重点是承担人文素质教育的功能。

三、大学语文教学在高职人文素质教育中的重要作用

（一）大学语文教学对学生文化素质的培养具有专业优势

职业教育具有功利性的一面，即满足社会的发展、职业的需要和学生个人生存发展的需要。但是高等职业教育毕竟也是高等教育的一种，它还有非功利的一面，即陶冶情操、提高文化素质、充实精神世界等。在高职院校，如果过分强调职业教育、专业教育，而忽视了文化素质教育、通识教育，就会牺牲掉对受教育者全面发展的关心。因此，高等职业教育的内在要求应该是既要立足十职业的需要，又要注意培养学生的文化素质，丰

富他们的思想，不仅教他们如何“做事”，更要培养、提高他们如何“做人”的内在文化素质。在这方面，大学语文具有独特的专业优势。

大学语文课程内容丰富，既有中国、外国的优秀文学作品，还与音乐、绘画等艺术相互交融，同时在学习文学作品的同时，也在掌握本国的语言、文化、历史等内容。大学语文教学从向学生传授文、史、哲等知识入手，以批判继承的态度，正确看待中外文学和文化，吸取精华，剔除糟粕，引导学生学习、了解中外优秀的文化成果，进而通过自己的实践，提高观察问题、分析问题、解决问题的能力，从而逐步培养学生良好的文化素质。大学语文教学在培养学生文化素质中的优势是不言而喻的，其地位也是不可替代的。

（二）大学语文教学对学生思想道德素质的培养具有潜移默化的作用

随着改革开放的深入，市场经济的大潮风起云涌，面对可能随之而来的拜金主义、金钱至上等负面影响，如何树立人的尊严、行使人的使命，怎样确立高尚的思想、塑造健全的品格已成为人才培养必须面对的严峻课题。党和国家的领导同志也多次在不同场合强调要建设以思想道德教育和科学文化为核心的社会主义先进文化。高职院校的学生因为多从中专学校升入大学，因为环境的影响，其思想道德素质比较低。大学语文正是适应这种需要，选取古今中外一系列与人格修养、性情陶冶有关的文学作品，作为思想道德教育的范本。

大学语文课程包涵自然事理、哲学原理、社会伦理、民族意识、良好习惯等，是一个非常广泛的范畴。可以帮助学生认识自然、认识社会、认识自我、认识人生，用它来实施思想道德素质教育是潜移默化、不知不觉、“润物细无声”的。大学语文课程的作家的情操和作品的精神都可以渗入学生心灵深处，使学生建立起健康的道德感，树立起高尚的人格。

（三）大学语文教学具有培养学生创新思维和能力的功能

创新是一个民族发展的灵魂，这已经成为人们的共识，技术人才甚至是技术工人的创新是最直接最有针对性的创新，而创新的关键点是想象力。高职院校培养的学生当然应具有创新思维和想象力。许多人的经验表明，加强文学阅读，增添文学修养，是丰富情感、提高想象力、促进科学创造的一个有效途径。

大学语文课程选取大量文学作品和文学形象，学生通过阅读文学作品，从感知形象入手，经过体验品位达到对形象的深刻理解。在文学阅读过程中，其想象力和联想活动极为活跃，心灵空间特别开阔，想象思维能力得到训练，创造性思维也能得到激发。同时大学语文中的协作训练也是一种高度的精神劳动和思维创造，写作不仅需要运用创新思维来探讨事物的规律及其内在联系，而且还要将其成果用语言文字表达出来，这没有固定模式和规则，均在创造之中。可见，大学语文在创新思维和能力训练上具有独特的作用，高职院校应抓住学生一生中最富于想象和幻想的时期，及时开发学生的创新思维和能力。

（四）大学语文教学可以塑造学生审美素质

人文素质教育的一个重要方面就是美育。美育注重培养和谐、健康、全面发展的个体，这样的个体是社会发展所需要的，美育对感性、情感方面的直接作用，可以说是任何一种教育方式都不能比拟的。而感性、情感等正是人文素质中最重要的组成部分。人格的完善，离不开情感的熏陶和审美的训练，但是美育却是人文素质教育的一个薄弱环节。高职院校的学生由于认识的差距，从总体上来看，审美能力有许多欠缺，需要在训练中塑造。审美素质是理解、欣赏文化艺术的一种能力，是人们认识美、发现美、创造美的一种能力。这种能力需要在学习中进行训练。

大学语文包含了美的各个领域和各种形态，如人性美、自然美、艺术美、科学美等，这些美是通过生动的形象、情景交融的意境、健康向上的情趣、优美动人的形式表现出来的。要培养学生健康的审美心理和良好的审美素质，大学语文教学无疑是一个好的切入点。大学语文教学，选用优秀的文学作品，为学生展现美好的生活图景，提供辨别真善美和假恶丑的标准，引起学生心灵深处的回应，从而激发学生的美感，陶冶他们的心灵，帮助他们形成正确的审美观。

大学语文课文凝聚着中华民族深厚的历史文化传统和民族情感，具有丰富的意象美、情感美和语言美。带动学生去体味这种美，也正是培养学生发现美、表现美和创造美的过程。这个过程有利于培养学生敏锐而健康的美感和审美能力，使学生热爱美好的事物，并通过不断的积累，逐步建立起健康的审美观念。

（五）大学语文教学对学生身心素质的培养起着重要作用

社会需要全面发展的人才，激烈的市场竞争要求人们具备强健的体魄和健康的心理素质，在这种形式下，拥有健康的心态和良好的社会适应能力至关重要。现在的大学生，大多是独生子女，在优裕的物质条件下成长，这一代人普遍带有身心的缺憾：心理比较脆弱，胸怀不够宽广，承受能力有限，面对困境措手不及。因此，培养学生的积极心态，帮助他们确定和把握自身在现实环境中的位置，克服人情淡薄、以自我为中心的偏执是十分必要的。

大学语文课程的设置，恰恰提供了这样一种途径。通过学习大学语文中的作品，观照优秀作家走过的漫漫人生，学习他们练达的处世风度，从他们的人生旅途中去体味、借鉴。比如，通过学习苏轼、秦观、刘禹锡等的作品，观照他们的人生经历、处世态度，可以让学生理智地醒悟：如何看待人生、把握人生，完全由自己决定，坦然面对挫折，培养积极心态，将会获得有价值的人生。

素质教育已经引起全社会的重视，人文素质教育又是重中之重。高职院校的学生更需要加强人文素质教育，大学语文在培养学生的人文素质中，有着责无旁贷的作用。

四、高职院校大学语文课程设置的现状和对策

大学语文教学在高职院校人素素质教育中的作用是十分重要的，但是当前大学语文在高职院校的地位却十分尴尬。许多院校在专业设计之初，已经将大学语文边缘化，甚而置于可有可无的地位。这样，各个院校甚至各个专业各自按照自己的理解来组织教学，大学语文课程的设置始终处于一种自发自在的状态，随意性很大。主要表现在：一是将刚刚开设不久的

每周四课时的大学语文改为每周两课时；二是干脆取消，把大学语文课从教学计划中抽去，在专业设计上，不给大学语文课任何位置；三是那些与中文专业离得较远的系科，如财经类专业认为应用写作的实用性强，因而不再开设大学语文课而改开应用写作。

大学语文目前这种尴尬处境背后的根本原因在于高职院校中普遍存在的浮躁的功利教学思想。高职学生就业压力大，特别是教育主管部门也把就业率作为评估高职院校办学的重要指标，因此，高职院校从上到下都有一种危机感，应对的措施之一便是让学生学好专业课，多考几个专业证书。这就需要学时，而挤占学时只能从公共课入手：“两课”类不能挤占，这是国家规定的；外语类也不能挤占，原因不言而喻，因为外语能力对求职也很重要，那就只能从大学语文入手了，减少课时或者彻底取消。即使是尚存大学语文课程的专业的学生，也因为学校自上而下的轻视思想，上课随意旷课或看其他书籍，到最后学生们形成的思想是：只要看起来与就业没有直接关系的课，一律放任甚至放弃。

但是，大学语文就真的对高职生的就业而言毫无用处吗？高职学生就应该只会动手干活而无需人文素质的培养吗？显然不是，这个问题上文我们已经讨论过了。如果不重视人文素质教育，那将是社会发展中的一大缺憾，将来再去弥补时所付出的成本要远大于今天。这样的教训，在我国的教育史上并不少见。

大学语文在高职院校的尴尬处境还与高职院校的大学语文教学思想和教学方式有很大关系。如教材选用不合理，教学目标混乱，教学和考核方式落后等。这些都使得大学语文教学难以充分发挥出它在高职院校人文素质教育中的作用。对此，我们可以从教育观念更新、教材建设和教学实践改革三个纲目来思考大学语文课程的研究。

首先，在教育观念上，对大学语文的课程定位应该明确，要确定对高职学生加强人文素质培养这一核心。《中共中央国务院关于深化教育改革全面推进素质教育的决定》中指出：“高等学校应要求学生选修一定学时的包括艺术在内的人文学科课程。”因此，在专业课程设计时，必须抛弃那种功利性的教育观念，多方听取意见，保证学生学习人文课程的必要学时，促进学生人文素质的提高，最终达到全面发展。另外，不要把大学语文看成中学语文的延续，大学语文不是“高四”语文，并非对中学语文的补课。

其次，在高职院校大学语文教材建设方面，或者选用名家教材，或者进行校本教材开发。要坚持的一点是必须突出教材的人文性，即力求将一个时代的人文精神浓缩在经典作品之中，通过这些作品的学习，达到对时代和社会的认识。这就要求，在选用或编写教材时，应摈弃那种以文体分类为依据的模式，这样的做法过于因循守旧，在相当程度上影响了对学生人文精神、人文素质培养的效果。其次，大学语文教材应该是独立、完整的，不是多种材料的简单拼凑，本身有其内在的逻辑性。而目前好多教材却成了文学作品与应用写作的混合物，其实这完全是两门不相干的课程，大学语文注重培养学生人文素质，应用写作着重培养学生应用写作能力。

第三，在教学实践方面，应该有所创新。这个问题包含了多方面的内容：应该树立“大语文”观念，开辟子课程，甚至可以根据学生的兴趣、爱好以及学生的实际生活来设计课程，如文学与生活、文学与流行文化、传统文学与网络文学等；对于课程资源的掌握可以自由灵活，可以打破原有教材的逻辑顺序，对教材内容进行增删或整合；授课方式应灵活多样，可以讲授，可以讨论，可以做讲座，视条件和需要利用现代化的多媒体教学手段进行教学等。

对于高职院校大学语文课程的研究，这里只是做一个大体的纲目性的交代，具体的操作和研究可以在以后的教学实践中继续深入探讨。

高职院校高品质校园文化的德育功能研究①

——以济南职业学院为例

一、高职院校校园文化建设的德育意义

党和国家十分重视发挥校园文化在高校德育工作中的作用。作为高等教育重要组成部分的高职教育，其校园文化建设对于进一步加强和改进学校德育工作具有重要的现实意义。高品质校园文化不仅能够陶冶学生的情操，形成正确的价值取向，促进和提高高职院校德育功效，同时也能进一步提高自己的品位。

高职院校校园文化的德育功能包括：校园德育意义、校企对接意义、社会示范意义。所谓“校园德育意义”，是指传递道德文化、政治文化的意义。所谓“校企对接意义”，是指高职院校校园文化不仅要体现正确的政治方向、科学的价值观念、高尚的道德情操，而且要体现企业的经营观念、企业精神、价值观念、行为准则、道德规范等，企业文化中包含的责任、敬业、守纪、创新、竞争、合作、服务、效率、质量等企业生存和发展必需的意识和观念，也是高职院校校园文化中应该渗透的重要教育内容。“社会示范意义”是指通过高职院校的精神风貌、学术气息、人文氛围和道德标准，使社会逐渐认同学校的道德文化，学习学校的道德标准，从而在社会中起到了良好示范作用。

---

① 本文是笔者主持的2006年济南职业学院科研创新计划人文社会科学重点项目《以高品质校园文化促进高职院校德育工作》研究报告的部分内容。

二、发挥高职院校校园文化德育功能的基本思路

校园文化建设在高职院校德育中承担着重要的责任，它是德育的重要载体。在新的历史时期，校园文化建设应在内容、方式等方面实现新的转变，使大学生在校学习期间既学得科学知识，又能成为具有高尚道德风貌的全面发展的人才。要以丰富多彩、健康、向上的校园文化活动为载体，促进并形成厚重的校园文化积淀和高尚的校园文化风尚，使学生在良好的人文环境中陶冶情操，努力践行“让行为符合规范，让规范成为习惯”，不断追求崇高的人生境界。

（一）前瞻性——加强学校对校园文化建设的宏观指导

学校应根据高职院校的培养目标，有计划、有目的、有规范地设计和开展校园文化建设，发挥共产党、共青团和工会的政治优势和组织优势，坚持高标准、严要求，创新校园文化建设方式，丰富校园文化建设内容；充分发挥学生会、学生社团的桥梁和纽带作用，开展丰富多彩、生动有效的校园文化活动，教育全校师生员工紧紧团结在党的周围，为建设社会主义和谐社会做贡献。

（二）均衡性——高职院校校园文化建设应充分体现多元化

建设体现时代特点、高职学院特色、多元的校园文化，形成良好的校风、教风、学风。把德育和校园文化建设有机地结合起来，加强学生人文素质教育，开展丰富、健康、向上的、大学生喜爱的校园文化活动。多元化的校园文化活动既给大学生人文素质的提升提供了多种选择，又可打造优良的校园文化育人环境。

（三）普适性——少学术、多人文知识讲座

为使校园文化建设更具普适性，校园文化建设过程中，在开设部分“专业知识讲座”的同时，可以大量开设“文化素质教育系列讲座”，只要学生在校学习期间累计选听规定场次的讲座，并提交一份有思想性和针对性的书面报告，经考核合格就可获得相应的学分，从而提高学生的专业能力、方法能力、社会能力，为国家培养合格的复合型的技能型人才，为学

生未来的就业岗位开拓更为广阔的空间。

（四）针对性——准确把握社会的需求和学生的实际需要，切实加强校园文化建设的时效性与实效性

高职院校大学生的学习压力与普通本科高校大学生的学习压力显然不能同日而语，这就为通过校园文化活动开展德育提供了得天独厚的有利条件。高职院校校园文化建设必须准确把握时代的脉搏和大学生的精神需求与价值取向，积极研究新形势下校园文化建设的新内容、新方法、新机制、新途径，从而增强校园文化建设的针对性、时效性、实效性，赋予校园文化建设以更大的活力。

（五）可持续性——切实培养学生的职业能力、方法能力、社会能力，有效提高大学生的竞争力

人的认识从来不是从空白处开始的，总是从已有的经验和观念出发的，从而在不断地接受过程中，强化或改变固有的经验和观念。当前，高职院校大学生自身的经济压力、学习压力、就业压力，使得他们有时感到非常困惑。从高职院校的培养目标着眼，坚持不懈地提高教学质量，加强校风、教风和学风建设，坚持不懈地、有针对性地加强校园文化建设，创造良好的育人氛围和育人环境，以保证校园文化建设的德育功能更具可持续性。

三、高职院校高品质校园文化建设的途径

（一）领导重视，全员参与

领导重视是搞好高职院校校园文化建设的重要保证。学校领导对校园文化建设的认识端正与否，对校园文化的重视程度以及领导个人教育思想、领导风格、工作作风、人格魅力和办学主张，都从不同角度影响着校园文化的形成和建设。从建设力度上来讲，领导亲自抓，校园文化建设就有希望，就能得到人力和物力的保证。

高职院校要建设具有特色的校园文化，必须在校内形成一种观念和风格上的共识，凝聚广大师生的精神力量。健康向上的校园文化，对师生员工的成长和发展非常有利。高职院校各个部门和全体师生员工，对于校园

文化建设都是责无旁贷的。师生员工全员参与校园文化建设，既是搞好校园文化建设的必要措施，又能最大程度地发挥校园文化的育人功能。

（二）以人为本，和谐发展

高职院校建设高品质校园文化，突出以人为本，不仅是学校育人的需要，也是时代的需要，构建和谐社会的需要。校园文化是高职教育的重要组成部分，发挥着引导人、充实人、熏陶人、影响人的重要教育作用，其落脚点在于坚持以人为本，具有广泛的群众性、知识性、娱乐性、哲理性和启发性，对学生有着潜移默化的熏陶作用。

在校园文化建设过程中，首先应强调学生的主体意识，充分发挥学生的主观能动性，使学生的知识与智慧、意志与能力以及特长在参与中得到充分体现。其次，要切实加强教师队伍建设，努力形成高尚的师德、严谨的治学态度，以及民主创新的风格，建立健全教学、科研、教代会、学术委员会等制度，通过加强校风、学风、教风等的建设来优化育人环境。

（三）规划设计，满足需要

高职院校各种活动所反映的意识形态、活动方式及精神的物化形态都可以构成校园文化的内容。校园文化建设作为学校精神文明建设的重要组成部分，其根本目的是与学校德育目标相一致的，从某种意义上说，校园文化建设就是德育目标逐步落实的渐进过程。因此要对校园文化建设进行规划设计，使之满足以下要求。

第一，校园文化必须满足师生愉悦要求。就校园环境而论，硬件建设既要实用，又要蕴涵浓郁的文化气息。校园的绿化与学校的整体建筑相协调，赋予物质设施以文化内涵。校园文化在寓教于乐、满足师生愉悦要求的同时，还要使文化活动上档次，升品位，要以提高学生职业能力、增长专业知识、陶冶学生情操为主要建设目标。

第二，校园文化要满足学生求知欲望。由于课堂教学并不能满足学生的多方面需求，所以校园文化就成了学生与社会沟通的主渠道，成为学生探求书本以外知识的辅助课堂，使高职学生能通过校园文化来满足自己的求知欲。

第三，校园文化应侧重价值观的引导。高职学生的思想比较复杂，高职校园文化不仅要满足学生对科技、文化、娱乐、艺术等方面的需求，还要融入正确的人生观、价值观、审美观等内容，渗透集体主义、爱国主义和社会主义意识。

四、以高品质校园文化促进高职院校德育工作的具体措施

（一）加强思想政治教育，培养良好的道德修养

首先要加强用马克思主义、邓小平理论和“三个代表”重要思想以及科学发展观武装学生，培养面向生产、建设、管理、服务第一线的高素质高级技能型人才。为此，应重视加强思想政治理论课教学，同时还要注意以重大历史事件和重大活动为契机，通过征文比赛、演讲会、社会调查等多种形式广泛开展爱国主义、集体主义、社会主义思想教育，采取“集中自学、专题讲座、专题讨论、收看录像、社会考察”相结合的方式做好工作。

其次，要发挥好榜样示范作用。在教师和学生中经常性地开展评优创先活动，树立教学、科研、学习等先进典型，进行广泛宣传，发挥示范作用，营造积极向上、争先创优的良好氛围。

再次，开展大学生文明修身活动。制定一整套培养学生良好道德行为习惯的知行推进活动计划，组织一系列有利于学生良好行为养成的实践活动，并注意抓好落实。

（二）抓好科技教育，营造良好的学习与学术氛围

高职校园文化建设中，要不断完善以鼓励师生求知创新为目的的科研奖励机制，激励师生崇尚科学，追求真理，勇于实践，形成一种以技为荣、崇教尚学的氛围。

第一，抓好学术活动，营造良好的学术氛围。可采取以下方式：一是请专家教授来校做学术报告；二是举办企业家创业论坛，邀请企业家来校做讲座；三是鼓励并资助师生进行科研；四是对科研成果、学术专著、学术论文加大奖励力度。

第二，抓好大学生科技创新活动。可以以大学生课外学术科技作品竞赛为载体，建立一整套鼓励大学生积极参加课外科技活动的制度，以鼓励学生科技创新，培养学生的科技创新能力。

第三，抓好社会实践活动。可以通过社会调查、科技服务等实践形式，在社会这个大课堂中受教育、长才干、做贡献，还可以锻炼和培养学生的实际动手能力，向社会展示当代大学生良好的精神风貌。

（三）积极推进学生社团建设，发挥学生社团的作用

学生社团是校园文化现象的重要组成部分，是校园文化的有效载体。积极推进社团建设，应力争使每位同学都能参加自己喜爱的社团。学生社团指导教师，应按照因材施教的原则，充分发挥自己的引导作用，给他们以积极热情的支持、指导和鼓励，不断激发他们的开拓进取精神，鼓励他们攀登科学高峰的勇气，挖掘、发展他们的创造才能，只有这样，才能把学生社团办得更好。

（四）广泛开展好丰富多彩的文艺体育活动

第一，搞好群体文艺活动。校园科技文化艺术节、各种晚会、表演等群体性文艺活动，可以丰富校园文化生活，形成健康、活泼、尚美的校园景象。第二，搞好各种竞赛活动。高职院校应紧紧围绕职业技能的培养，开展一些诸如演讲、辩论、操作技能竞赛活动，以培养学生的参与意识、竞争意识和团队意识，锻炼学生各方面的能力素质。第三，搞好体育活动。高职院校应组织师生经常性地参加各种体育锻炼，开展一些诸如球类、棋类等比赛和系部之间的友谊赛，并定期召开全校运动会，既可强健体魄，增强身体素质，又可培养团结协作的意识。

（五）充分利用网络为校园文化建设服务

网络时代为高职院校校园文化突破旧的发展模式、实现健全的校园文化的发展注入了全新的活力，带来了宝贵的发展契机。网络的快捷性，使获取知识方式与操作方法更为快捷，极大地提升了高职院校校园文化传播手段现代化与科学化的进程。

高职院校要充分运用、发挥网络的技术优势，提高管理效率，重视营

造健康的文化氛围和加强思想道德建设。在网络平台上，学校应充分运用舆论工具，营造出积极、生动而形象的校园文化氛围。要通过加强师生的网络素质教育，引导师生理性地使用、利用和创造网络资源，增强师生抵御网络文化中不良因素影响的“抗体”，掌握校园网络文化建设的主动权。

（六）重视校园环境建设，创建和谐高雅的育人环境

一是加强校园人文环境建设。要写好校史，激励学生继承和弘扬学校优良传统。要确定校训、校歌、校徽，提倡大学生牢记校训、学唱校歌、佩戴校徽，激励学生热爱学校、刻苦学习。要精心设计、认真组织好开学典礼、毕业典礼、奖学金颁发仪式等具有特殊教育意义的活动，倡导院领导为每一位毕业生或毕业生代表颁发毕业证书，激励大学生勤奋向上、求实创新。二是重视校内文化设施建设。要建设、设计好教学场所、图书馆，完善教学设施，优化学习环境。三是重视校园景观建设。加强校园规划和建设，特别是要做好绿化美化工作，使校园的山、水、园、林、路等达到使用功能、审美功能和教育功能的和谐统一，用优美的校园景观激发大学生的爱校热情，陶冶情操。四是重视校园治安综合治理工作。要进一步建立健全责任制，加强学校内部安全管理和安全保卫工作，及时处理侵害大学生合法权益、身心健康的事件和影响学校、社会稳定的事端。

五、济南职业学院建设高品质校园文化发挥其德育功能的实践探索

济南职业学院根据“要在全社会倡导不同层次、不同类型学校都能办出一流教育的思想”，为了保证学院有健康的发展前景，牢固树立科学发展观，在合校两年多的时间里，培育、提炼出了自己的学校文化：以人为本，和谐发展，文理兼容，锻造品牌，立足省会经济与社会发展，办出特色。具体来讲，济南职业学院从物质文化、制度文化、精神文化、行为文化四个方面，营造了具有特色的高品质校园文化，促进了学院的德育工作。

（一）环境建设达到了使用功能、审美功能和教育功能的和谐统一

校园物质文化主要指校园环境、校园建设、教学和科学设施、生活设

施等。学生在校园中生活、学习的过程就是与周围环境不断对话的过程。大学校园为学生搭建了一个充满意义的“生活世界”，呈现出各种各样的“意义形式”，学生生活在其中，通过理解和解释与之“对话”“交往”，形成自己的世界观和人生观，使教育不知不觉进入学生的精神整体。

在校园环境建设上力求使山、水、园、林、路等达到使用功能、审美功能和教育功能的和谐统一，用优美的校园环境激发学生的爱校热情，陶冶学生关爱自然、关爱他人的美好情操。坚持高标准、高层次、高品质的文化要求和生态化、园林化、景观化的目标要求，建成了颇具特色的办公楼、教学楼、实验楼等，建成了“一景”“两湖”“四园”等特色景观；建起了休读点、名人雕塑、名言警句石刻；实现了校园的绿化、美化、人文化，使一花、一草、一木、一石都散发着浓郁的人文信息。芊园、莘园、竹园、欣园郁郁葱葱、欣欣向荣，散发着青春气息和无边绿意，静心湖、中心湖等景点成为大学生迎朝阳晨读、伴晚霞休憩的良好去处。任之路、行知路、北文路、卿云路等校园道路也成为励志之路，激励着莘莘学子立志成才，勤奋学习，实现了“山水校园、绿色校园、生态校园、清洁校园、文化校园、人文校园”的建设目标。

（二）完善制度建设，规范校园秩序

制度文化主要指校园内各种规章制度、师生行为准则、学校管理组织机构等，是大学精神与办学理念的外在表现，制度反过来又培育和营造学校的文化氛围，在制度文化建设中充分发挥其在思想和行为养成中的育人功能。

根据“一年打基础，二年抓规范，三年上水平”的工作思路，济南职业学院在合校建院第一年打基础、成规模的基础上，在第二年开展了“以制治校”为核心的“规范管理年”活动，汇集出版了《济南职业学院规章制度汇编》之“教学分册”“党建分册”“行政分册”等。通过“规范管理年”活动的全面展开，学院各项工作正朝着制度化、规范化、标准化、科学化方向迈进，一个“以人为本、科学民主、重心下移、注重服务、办事规范、管理有序、监督有效、保障安全”的学院管理新体系、新机制已经建立，学院工作秩序和校园环境、校园面貌明显改观。

（三）提升文化品位，创建人文氛围

精神文化包括师生的价值观、生活方式、政治观点、思维方式、审美情趣、道德情操等。济南职业学院注重提升学院的文化品位，把学院建成师生员工的精神家园。良好的校园文化品位能提升人的精神境界，有着催人奋进的激励作用和潜移默化地教育人、培养人的功能。

合校前的济南教育学院长期从事中小学教师和校长培养培训，有52年开展高等教育的历史，是全市全省齐鲁文化、济南历史文化研究基地，理论教学基础和人文底蕴深厚。济南机械职工大学和济南职工科技大学较早开展高职教育探索，与工商企业有着密切的渊源和联系，以实践教学和技能培训见长。三校合并，优势互补，为形成学院“人文与技能融合”的办学特色奠定了坚实的基础。

合校建院伊始，就确定“厚德博学、强能善技”为校训，把“人文与技能融合”作为办学特色，为建设精神文化创造了良好的条件。一是在教学安排过程中，形成了一套文理交融的专业课程体系，除按教育部要求开设人文方面的基础和专业教育课程以外，学院还把传统文化与中华民族精神、传统道德、礼仪与形象等作为讲授内容。二是积极开辟第二课堂，文化传播与艺术管理系的前身是建立时间比较早的中文系，师资雄厚，成果斐然，在当今齐鲁文化、济南历史文化研究方面占有重要位置。学院以此为依托，不断对“齐鲁文化”“济南历史文化”“大舜文化”进行发掘、整理和升华，将其纳入第二课堂，对大学生进行系统的中华民族优秀传统文化教育。三是建设人文精神教育基地，加强对大学生人文精神的熏陶。济南职业学院著名学者、全国优秀教师徐北文先生去世以后，其家属根据他生前遗愿，向学院捐赠了3761册珍贵图书。学院以此设立了“徐北文先生赠书陈列室”，在校园内和社会上引起强烈反响，广大师生深深被徐北文先生“人生有涯、师爱无疆”的精神所感动，陈列室成了生动的师德师爱教育基地。学院还在校园显著位置制作安放了我国职业教育的首创者黄炎培先生和学院著名教授徐北文先生的塑像，并在黄炎培先生塑像旁刻上了

"敬业乐群"、徐北文先生的塑像旁刻上了"书开万卷、尚有百家"的铭言。2007年，发起了"爱心传递，文化共享"的师生图书捐赠活动，目前这一活动已经延续下来。人文精神的感染熏陶，为学生全面发展和学院发展提供了不竭的精神动力。

（四）尊师爱生、文明守纪蔚然成风

行为文化主要指师生员工的行为习惯、生活方式，各类群体、社团的活动以及在此基础上表现出的校风、教风、学风等。济南职业学院在合校之初，就开展了校风、校训、教风、学风、办学理念、办学特色、文明标语、道德格言和新校区路名、景点名征集活动。集思广益确定了"厚德博学，强能善技"的校训，"理论与实践结合，人文与技能融合"的办学特色，"求真务实、和谐团结、文明守纪、奉献创新"的校风，"德才兼备、为人师表、教书育人、敬业乐群"的教风，"崇德尚礼、尊师重道、勤学苦练、自强不息"的学风，进一步明确了学院的办学方向和育人目标。2006年通过了德育和校园文明建设"双评双优"，专家提出"学院精神"应该进一步凝练提升，在全院开展了"学院精神"大讨论，通过这些活动，师生员工亲身参与校园文化建设，感受到了浓郁校园文化的熏陶，极大地促进了和谐校园建设。同时经常开展高品质、群众性的校园文化建设活动。每年定期举办科技文化艺术节和运动会，目前已将三大学术讲堂办成了学院标志性学术讲座，并举行各种形式的科技、文化、体育比赛，大学生歌咏、演讲、辩论、普通话比赛，大学生健美操、宿舍文化建设系列活动，文艺联欢会、书法、绘画、摄影作品展览等活动，丰富了学生业余文化生活，营造了健康高雅的校园文化氛围，陶冶了师生情操，培养了大学生的文化、文明素质。

高职院校校园文化建设的德育功能是显而易见的。如何使高职院校校园文化建设在新的历史时期焕发新的生机与活力，并成为德育的重要组成部分，使其具有更加鲜明的高等职业教育特色，将是高校德育的一项重大的研究课题。目前，大学生就业形势仍相当严峻，在未来的就业市场上，复合型的技能型人才将备受欢迎。因此，要把校园文化建设同落实行为规范结合起来，提供可操作性；要把校园文化建设同抓好学习结合起来，注重实效性。在抓好校园文化建设的同时，倡导积极进取、有所作为的人生精神，注重人格修养，追求至善至美人生境界。通过高职院校校园文化建设及其德育功能的极大发挥，使大学生牢固地树立未来职业工作岗位需要的“让行为符合规范，让规范成为习惯”的职业道德品质，推进高等职业教育的可持续发展，不断为社会培养具有正确的人生观、价值观，具有互相关心、共同进步、团结协作精神和良好行为规范的全面发展的人才。

高职学生道德素质调查分析①

一、调查背景和目的

2004年8月26日，中共中央国务院下发了《关于进一步加强和改进大学生思想政治教育的意见》，其中对学生的道德规范有具体的要求："要认真贯彻《公民道德建设实施纲要》，以为人民服务为核心、以集体主义为原则、以诚实守信为重点，广泛开展社会公德、职业道德和家庭美德教育，引导大学生自觉遵守爱国守法、明礼诚信、团结友善、勤俭自强、敬业奉献的基本道德规范。坚持知行统一，积极开展道德实践活动，把道德实践活动融入大学生学习生活之中。"高职院校的学生有自身的特点，为了增强工作的针对性，特设计了调查问卷，在高职学生中展开调查，并根据调查问卷中反映的问题进行了分析，以便给今后的工作提供第一手资料。

二、调查设计及组织

（一）调查内容

1. 在公共汽车上见到有老弱病残幼，你会——

A. 假装没看见　　B. 别人不让我也不让

C. 主动让座　　D. 看心情

2. 你认为决定青少年社会公德意识的主要因素是——

A. 社会环境　　B. 家庭熏陶

① 本文是笔者主持的济南市"十五"社科规划重点研究项目《济南市职业技术教育人文素质培养现状调查研究》研究报告中的部分内容。

C. 学校教育　　D. 舆论导向

E. 影视作品影响

3. 你对宿舍长明灯、长流水的看法是——

A. 主动关掉

B. 视而不见，谁爱管谁管，反正不是我开的

C. 没什么大不了，我也做过

4. 在外读书，你一般多久往家打一次电话——

A. 每天一次　　B. 每周一次

C. 每月一次　　D. 一般不打，等家里人打来

E. 其他（请写出　　　）

5. 你对考试时作弊行为怎么看——

A. 为了考高分，可以理解　　B. 总比补考好吧

C. 没什么大不了，我也干过　　D. 反感，自己从来不作弊

6. 你觉得进职业学校学习是为了——

A. 学习技术，走向社会　　B. 升学，进一步深造

C. 混日子，没意思　　D. 其他（请写出　　　）

7. 什么样的价值观符合你的选择？

A. 全心全意为人民服务

B. 做好本职工作，不做亏心事

C. 在不损害别人利益的情况下，只做对自己有利的事情

D. 只要有好处就做，不管是不是损人利己

E. 想到什么就做什么

8. 如果你在学校跟其他同学发生了矛盾，你会——

A. 主动认错，与对方言归于好　　B. 通过老师或者中间人调解

C. 他不主动来找我，我也不去找他　　D. 大打出手，暴力解决

9. 你怎么看待现在年轻人那种奇怪的发型、奇装异服、扎好几个耳朵眼儿、带鼻环等“另类”的做法？

A. 很时髦，很酷，我也这么做　　B. 觉得不错，但是我不这样

C. 这也是一种美，值得鼓励　　D. 这是私人的行为，不关心

F. 反感，自己从没想过这样

10. 对于遵守交通规则你怎样看？

A. 无所谓，只要自己注意点车就行　B. 别人都不遵守我也不遵守

C. 应该严格遵守　　D. 看心情

11. 你怎样看待学生上课时手机铃响或打手机、发短信现象

A. 无所谓　　B. 别人都这样我才这样的

C. 不应该　　D. 不知道

12. 你学习的目的是什么？

A. 为父母　　B. 为找个好工作　　C. 为老师

D. 不知道　　E. 其他目的

13. 你认为处理好人际关系对自己的学习生活重要吗？

A. 重要　　B. 不重要　　C. 无所谓

14. 你认为应该践行“八荣八耻”吗？

A. 非常必要　　B. 应该　　C. 没必要　　D. 无所谓

15. 你认为爱国应如何体现？

A. 在生与死的大事上才能体现，平时无所谓

B. 应该体现在日常的点滴小事中

C. 不知道

16. 当国家有难需要你挺身而出时，你会——

A. 毫不犹豫　　B. 先看看危险性有多大再说

C. 让别人先上吧　　D. 无论如何不出头

17. 母亲节时，你认为最能表达对母亲感激之情的方式是——

A. 送康乃馨　　B. 送妈妈最喜欢的礼物

C. 帮助母亲做点力所能及的事情　　D. 什么也不做

18. 你怎样看待大学生谈恋爱现象

A. 无所谓

B. 不应该，应把精力放在学习上

C. 正常现象，正确处理感情与学习的关系即可

D. 有男（女）朋友可以证明自己的实力

E. 大家都谈，所以我就谈

19. 父母给的钱，你花起来——

A. 想怎么花就怎么花，花完再要

B. 有节俭的意识，但管不住自己，花得不少

C. 能不花就不花

D. 其他（　　　　）

20. 当某人遇到困难，让你帮忙时，你会——

A. 不计后果，立刻去帮

B. 看他跟我关系好不好

C. 看他能不能给我什么好处

D. 怎么样都不会帮的，省得引火上身

（二）调查方法

抽样问卷调查和典型调查相结合。

（三）调查对象

选取了我院文理科共计100名学生，文科为文秘专业，理科为会计专业，发放调查问卷100份，回收100份，其中有效问卷98份，有效回收率98%。期间，还深入校园，与师生进行口头交流与调查。

（四）分析方法

调查结束后，我们对各个参与调查者的相关情况进行了统计、汇总。以学生专业划分，回收样本构成比例如下：

调查对象的基本情况及构成

选项	专业		有效率	
	会计	文秘	会计	文秘
人数	50	50	50	48
比例	50	50	51	49

样本的构成基本上反映了我院学生的一般特征，具有较强的代表性。通过对样本的特征分析可以推断总体的一般情况。

三、调查结论及分析

学生道德素质测试情况

	1	2	3	4	5	6	7	8	9	10	11	12	13	14	15	16	17	18	19	20
A	2	52	90	6	28	64	6	58	0	8	28	16	92	10	12	60	8	6	2	48
B	0	32	10	70	28	26	78	8	36	4	2	68	4	68	78	30	12	12	54	48
C	92	12	0	4	10	6	16	32	2	82	70	2	4	6	10	10	80	82	34	0
D	6	2		8	30	4	0	0	58	6	0	2		16		0	0	0	10	2
E		2		2	4		0	2	4			2						0		2

调查表明，多数学生具备良好的社会公德意识。比如92%的学生表示在乘车时会主动给老弱病残让座，90%的同学能主动关掉“长明灯”，82%的同学认为应该自觉遵守交通规则，60%的同学愿意在国家危难之时挺身而出，78%的同学认为爱国应该体现在日常的小事情上。但是我们同时也发现，还是有个别同学冷漠地认为这些都是与己无关的事情，没有必要去做。

在第2题里面，52%的学生认为决定青少年的公德意识的主要因素是社会环境，32%认为是家庭熏陶，12%认为是学校教育。其实，青少年时期主要接触的社会还是校园，近些年来，社会上一些不良习气也涌入校园，对学生形成了不小影响。所以，与其说社会环境影响学生公德意识，不如说社会环境影响校园，学校应在净化校园环境、创建校园文明方面狠下功夫。

由于长期以来的应试教育的影响和职业教育的专业性，很多学校忽视了道德教育的加强。所以我们看到，竟然有70%的学生认可作弊行为，30%的学生认为上课打手机没有什么大不了，48%的同学要看平时的关系好不好再决定去不去帮助别人，甚至还有极个别的表示怎么样都不会帮，省得引火上身。

大多数学生都拥有自己的学习目标和理想，或者要走向社会（64%），或者选择继续深造（26%）。多数学生觉得奇装异服这种“另类”打扮没有什么不好（36%）或者根本就不关心（58%），但是并没有人表示会可以去模仿。82%的人认为谈恋爱是正常现象，只要处理好学习与感情的关系就好，78%的认为应该践行“八荣八耻”。由此可见，尽管我们看到高职生总体素质似乎很差，其实他们内心是向往美好的。

针对调查结果，我们认为德育不仅仅是“两课”教学的任务，还必须营造良好的校园环境，建设良好的校园文化，通过环境潜移默化地塑造他们美好的品质，甚至要通过教师个人的人格魅力来影响他们。

四、对学生道德教育的理论思考

（一）端正校风教风学风势在必行

十六届六中全会提出要构建社会主义和谐社会，什么是和谐？笔者认为，一切皆有秩序就是和谐。要达到有秩序，那就需要人人遵守秩序。毋庸讳言，今天高校的学风存在严重问题。这次的调查中，竟然有70%的学生认可作弊行为，30%的学生认为上课打手机没有什么大不了，这样的结果可谓是触目惊心，这体现的是一种无序。校园中学子的中心任务是学习，好的学习成绩应该通过努力而获得，但却有大多数人认为可以通过作弊完成，把“非”当成了“是”，这种思维可能会延伸到对待其他事情上的不择手段，会使他们走向社会进行无序的竞争，那和谐从何而来。从表面看，这是学习风气的问题，实际上同时关联的是学校的校风和教风，校风和教风直接影响学风。学校领导的行为、老师的行为会在校园中弥漫成一种氛围，这种氛围会对学生的学习态度产生直接影响。当然，众多高校的舞弊成风，就都要归罪于学校的领导和老师吗？那样自然太过偏颇。如果对学校存在的问题仅从校园寻找症结，恐怕难以完成。今天的校园已经十分密切地与社会联系在一起，社会的弊端无孔不入地渗透到校园的角角落落。单纯依靠校园解决校风、教风和学风，恐怕难以奏效，应该从变革社会风气开始。52%的学生认为决定青少年的公德意识的主要因素是社会环境，也说明了这个问题。

（二）发挥传统文化的道德教化功能

由于长期以来的应试教育的影响和职业教育的专业性，很多学校忽视了道德教育的加强。所以我们看到，48%的同学要看平时的关系好不好再决定去不去帮助别人，甚至还有极个别的表示怎么样都不会帮，省得引火上身。出现这种现象的原因很复杂，当今的道德教育正处于一种“拔根”的状态——整个社会处在急剧变革的时代，新的道德体系没有建立，旧的又不完全适应于变化了的时代，社会道德面临尴尬的局面。社会的道德滑坡、道德冷漠也会影响到校园。因此，在2006年7月15日至19日召开的“第四次中国道德教育高层论坛”上，代表提出在没有创造出新的道德体系前，我们应该进行道德“寻根”，从传统的道德体系中发掘、整理、提炼适合现代社会的道德教育内容。具体说来，对学生进行传统文化的教育是不可缺少的。对于大多数学生而言，三年的时间是他最后所接受的系统的道德教育时期，走出校门，定型的道德观就很难改变了。因此，应该抓住这个使学生成为“好人”的最后的机会。但现实不容乐观。就我院来说，仅在文科中开设“大学语文”课，学生在某种程度会受到传统文化的道德熏陶，而理工科学生三年的道德教育似乎仅剩“两课”了。由于“两课”课程内容、教学手段等方面存在不足，学生真正的受益并不理想。那么，我们是否应该对理工科学生进行中国传统文化的教育呢？

（三）强化爱国主义集体主义教育

60%的同学愿意在国家危难之时挺身而出，这个比例虽然超过了半数，但令人担忧。一个国家、一个家庭或一个人，只有知道自己的历史，才能创造自己的未来。中华民族有近百年的屈辱史，这是每一个中国人的屈辱，个人的命运是与国家命运紧密连接在一起的。在国家危亡之际挺身而出是每个公民的首要选择，因此，对学生进行行之有效的爱国主义、集体主义教育和中国近代史教育，在熟悉屈辱历史的同时，熟悉我们辉煌的历史文明，增进民族自信心和自豪感，这是我们民族发达兴旺的不竭动力。

（四）教师的道德表率作用不容忽视

“在教育工作中，一切都应以教师的人格为依据。”学生的内心有向往美好的倾向，我们怎样把这种倾向内化为他们的行动？加强校园文化建设，营造文明的环境，提供道德实践的机会，应该是我们努力的方向。其中，非常重要的一点是教师的道德表率作用。作为与学生朝夕相处的教师，本身就是影响学生个性化发展的很重要的“德育环境”。车尔尼雪夫斯基曾说：“教师把学生造就成一种什么人，自己就该当这种人。”教师的一言一行、一举一动，对学生都有重要影响。因此，教师应当成为学生道德的表率，用自己的情感去激发学生情感，用自己的人格力量去感染学生，让学生在潜移默化中得到教育和思想道德的升华。

（五）改变学生道德需要不足的现状

为什么今天的道德教育如此艰难？主要原因是学生的道德需要不足。这种不足导致了青年道德选择的偏差、道德认知与道德行为的分离和道德行为的动摇。这种现象出现的社会历史背景和主要原因是：激烈且无序的竞争和高诱惑的社会生活环境，道德付出与道德回报的悬殊，道德信仰和道德榜样的匮乏以及当代青年对社会主流道德价值观认同不足等。解决这个问题，可以进行一些道德教育实施的实验和探讨。其中开发校园文化建设是一条重要途径：校园中学生的社团活动、校园环境建设、课余活动的设计等。我院在这方面做出了巨大努力，在校园文化建设、人文环境的设计、文明用语的征集、道德格言的征集等方面取得了较大成绩。

（六）营造浓郁的校园文化氛围

《中国教育管理史》中谈到蔡元培先生十分重视校园文化的建设和管理。他有三条意见，一是应该注意学校的环境，二是树立良好的校风，三是重视学校的社团建设和管理。陈海在《大学校园文化建设简论》中，对校园文化建设有所阐释。今天的大学校园，受到社会商品经济影响，思想非常复杂，学生的追求五花八门，心灵色泽不一，有发奋立志高尚者，有只期获得一纸文凭者。即使重视了学业，也有人不重视灵魂的塑造。因此，加强校园文化建设，创造一种优良的适合学生要求的文化氛围，作为思想教育的手段与补充，应该是可行的。比如，通过课堂教学、社团活动、学术讲座、文化娱乐等，“引导大学生自觉遵守爱国守法、明礼诚信、团结友善、勤俭自强、敬业奉献的基本道德规范”。这些，单从某学科的专业教育是难以做到的，而一种美好的校园文化气氛的浸润，效果往往是出人意料的。

把“育人”的天职背在肩头[1]

——济南职业学院人才培养纪实

学生把三年的时间奉献给了学校，家长把家庭的希望奉献给了学校，国家把发展的未来奉献给了学校。学校该拿什么奉献给学生、奉献给家长、奉献给国家？济南职业学院作为山东省示范高职院校、国家骨干高职院校建设单位，坚持“特色立校、服务强校、合作兴校”的办学方针，在办学过程中始终把“育人”的职责担在肩头，为了学生，为了家长，为了国家，以文化自觉立德树人，以开拓进取强能善技，以锐意创新成就梦想，向学生、家长、国家交出了满意的答卷。学校也因此被评为山东省德育工作优秀高校、省级文明校园、全省高校思想政治教育工作先进单位和省级文明单位。

一、为国家：育其德

十八大报告明确指出“立德树人是教育的根本任务”，“育人为本，德育为先”是实施教育的主导思想。“人无德不立，国无德不兴。”“德”无论对于个人修身立业，还是国家长治久安都具有奠基作用。但是，由于高职教育实践技能的显性特征和人格品质的隐性特征，高职院校一定程度上迷失了育人的方向。济南职业学院一直把培养学生良好的精神品质作为“育人”的首要任务，坚持文化育人、全方位育人、全过程育人，积极探索建立了文化育人“五个平台”，把正确的道德认知、自觉的道德养成、积极的

---

① 本文发表于《中国教育报》2013年6月15日。

道德实践紧密结合起来，努力培养有德之人。

一是制度平台。制度约束是学生管理与教育的第一步。学院不断健全完善科学有效的学生管理规章制度，以此养成学生良好的行为习惯、自我约束能力和良好的品德规范，凝聚起人生的正能量。

二是课程平台。课堂是教书育人的主阵地和主渠道。学院建立了贯穿品德教育的“四大课程体系”，即专业课程体系、人文课程体系、思政课程体系、健康课程体系，形成教育合力，全面提升学生的道德素养和综合素质。

三是社团平台。学生社团对于丰富学生的文化生活、提升学生的文化品位、提高学生的自我管理能力和自我教育能力有着非常重要的作用。学院通过对学生社团的整体规划、规范管理以及明星社团的打造，满足了大学生的多样化需求和个性发展的需要。

四是学术平台。学术讲座是高校教学的延伸，学院设立了以著名齐鲁文化研究专家、学院教授徐北文先生名字命名的人文社科类讲坛——北文论坛；作为省级文明单位，还设立了“道德讲堂”，学术精英、道德模范包括学生榜样的讲座，提升了学生的道德责任感，激发了学生的道德追求。

五是实践平台。大学生社会实践活动是学校教育的延伸和补充，是对大学生进行素质教育的重要途径。学院结合学生专业特长和社会需求，开展富有系部和专业特色的“三下乡”、泉城义工品牌志愿服务活动等，提升学生的公民意识和社会责任感，促进其人格养成和完善。

二、为家长：育其才

如何培养学生的理论基础、实践技能，让学生有尊严地生活，不仅是学生的需要、家长的希望，也是社会和谐稳定的基础。“厚德博学、强能善技”是济南职业学院的校训，“强能善技”正体现了高职院校的基本属性。学院积极适应办学体制机制改革的新要求，通过“四个对接”培养素质高、业务熟、能力强的有用之才。

一是专业体系与产业行业对接。根据济南市“工业强市”战略的实施，学院积极调整专业体系，重点为济南产业结构调整升级培养人才。通过对接济南市机械制造和交通装备业、电子信息业、现代服务业，建立了以机电一体化、应用电子技术和软件技术、旅游管理和会计电算化为龙头的三大专业体系，保证了人才培养的针对性和定向性。

二是教学内容与职业标准对接。学院深化与企业合作，将行业企业标准引入学校，与企业共同拟定教学计划，共同投资建设实训室，有效保证了教学内容与职业标准对接，学生专业技能学习与企业生产的更新换代对接，学生“入学—在校学习—就业”得到有机结合和一线贯通。

三是教学过程与生产过程对接。学院率先实施“校中厂”的实训模式，在校内与企业建立生产性实训基地，“教室即工厂、老师即师傅、学生即工人”，实现了教学过程与生产过程对接，确保毕业生与职业岗位的“零距离”。

四是学历证书与职业资格证书对接。学院在核心课程开发、职业技能训练、岗位职业能力认证等方面积极探索，“课岗证融合”，将相关课程考试考核与职业技能鉴定合并进行，使学生在取得毕业证书的同时，获得相关专业的职业资格证书和行业岗位职业能力证书，大大提升了学生的职业竞争力。

三、为学生：育其梦

习近平总书记指出：创新是民族进步的灵魂，是一个国家兴旺发达的不竭源泉，也是中华民族最深沉的民族禀赋。济南职业学院把助力学生创新创业、成就梦想作为工作动力，锐意创新，与巨人为伍，与品牌同行，为学生梦想成真提供优质的教育资源。

一是引进德国“双元制”职业教育体系。德国“双元制”职业教育培养模式是“德国制造”征服世界的重要原因。济南职业学院与德国工商大会合作建立中德技术培训中心，通过引进以“高质量、严要求、重实践”为宗旨的德国“双元制”职业教育系统，提升学院教育理念和教育实践，开拓学生国际视野，培养学生严谨作风，提升学生实践技能，真正实现高端人才培养目标。

二是探索校企合作育人模式。高职院校人才培养离不开企业的积极参与。学院在选择合作企业时，坚持“与巨人同行、与品牌为伍”的理念，与国有大型企业济南二机床集团等知名企业全方位合作，在校企合作育人的总体目标、校企合作育人的最佳模式、校企合作育人的实现途径等方面，与企业进行深层次的理论探讨和实践探索，实现校园文化与企业文化的融合，实现人才培养质量的提升。

三是创新校校合作模式。打破了高职院校与高职院校结对提升的校校合作模式，学院与山东省重点建设的综合性大学“济南大学”签署了《济南大学帮扶济南职业学院提升内涵发展水平的协议书》，借助济南大学的优势，促进学院在办学理念、学校管理、师资建设、专业课程建设、实习实训条件建设、科研开发、社会服务、学生工作等方面水平明显提高。学生是学院与高水平大学合作的直接受益者。

四是提升学生创业创新能力。大学生有热情、有梦想、有创造力。学校的责任就是为学生竖起实现创业创新梦想的梯子。济南职业学院成立了以院长为主任的“大学生科技创新工作委员会”，指导、协调学生科技创新工作，制定了《济南职业学院大学生科技创新项目管理办法》，设立了专项资金，支持大学生开展科技创新立项活动，为自主创业导航；学院创办了青年创业沙龙暨“未来企业家培养计划”训练营，通过搭建“政行企校”多方合作平台，共同发现并推动有激情、有创业梦想的大学生，由优秀青年企业家、创业导师一对一帮扶学生注册法人并指导经营，帮助他们实现“创业梦想”。

十年树木，百年树人。育人的路在前，希望在前，奋斗在前，济南职业学院的脚步也将继续向前迈进。

校园小老板 人生大收获①

——济南职业学院学生创业教育纪实

一、“走，创业去！”

“走，创业去！”这句话，出自毕业生之口不足为奇，若出自许多大一、大二的在校生之口，背后肯定是有故事的。

曹继鹏，黑框眼镜，二八分头，立领外套，沉稳的做派，得体的言谈，很难想象他是一个大一的学生。就是他，济南职业学院2013级工商管理系连锁经营与管理专业的学生，在学校和创业导师帮助下，于2014年2月18日注册成立了自己的公司“济南泰鹏信息技术有限公司”，主营电商行业B2C和微信第三方服务，服务对象是100万驻济高校学生；员工13人，其中5人是他的在校生同学，其余是社会招聘，员工底薪工资2000元，外加提成。这个只有20岁的大一学生俨然是一个已经承担社会责任的小老板。

曹继鹏的公司来自于他参加学校创业大赛的创意项目，尽管这个项目当时只获得了三等奖。曹继鹏说：“虽然我一直在思考基于C2C、B2C、B2B、O2O电商平台的搭建，但真正要把它实现为一个公司，还需要大量的数据证实和资金支持。说实话，当时有点泄气，但导师给了我很大的肯定和支持，让我重新振奋了起来。”曹继鹏所说的导师是商敬工，她是济南职业学院创业学院理事单位之一的济南市中小企业公共服务中心创业专家委员会主任。有了导师的支持和创业学院的一条龙服务，曹继鹏依靠YBC

① 本文刊登于山东省委高校工委《山东高教通讯》2014年第3期。

（中国青年创业国际计划）的 5 万元无息无担保贷款顺利注册了公司并于次月做成了第一笔生意。目前，他的公司还吸引了风险投资，现已有注册资金 10 万元，流动资金 20 多万。

比曹继鹏公司规模小的小老板在济南职业学院的校园内不乏其人，带动的学生人数就更多了。在这里，创业成了学生就业的一种新选择，也成了他们人生历练的新起点，而且这种选择和历练在大一就开始了。这主要得益于本校开展的创业教育。

“创业教育被联合国教科文组织称为教育的‘第三本护照’，但我们的创业教育不单纯培养学生的创业能力，而是经过严格的知识储备和实践训练，使学生具备战略眼光、协调能力、营销能力、决策能力，并具备良好的情商。我们的创业教育关注的是学生的可持续发展。”济南职业学院院长申培轩这样描述他们学校创业教育的定位。

正是基于这样的定位，学校成立的创业学院是以创业培训为引领，创业见习和创业实践为主要手段，以创造企业为目的的新型创业人才培养模式，通过搭建“政行企校”多方合作平台，共同发现并推动有激情、有创业梦想的大学生，在优秀青年企业家、创业导师一对一帮扶下，真正投身创业实践，成长成才。创业学院包括创业班和创业训练营。创业班的学生来源是全院有创业意向的学生在完成一年级基础课程的学习后，自由报名后，经面试预选、综合素质测评、职业能力测试等环节，选拔出具有创业素养的学生进入创业班，接受 2 年的创业课程和创业实训教育。由于创业班需要大量的教育和实训资源，为保证教育效果，每年只选拔 60 名学生参加。为满足更多学生接受创业教育的机会，设立了半月一期的创业训练营，采用创业计划书 + 创业训练的教学模式，学生带着创业方案进入学院，学院在课程培养的同时安排企业家担任指导教师，通过做项目来提升学生的创新创业能力。

创业学院由课程中心、创业孵化中心和企业家导师俱乐部构成。其中课程中心是创业学院人才培养的核心部门，课程中心协同企业行业专家共同开发实训课程，建立实训课程体系并实施课程教学。创业孵化中心目前有十几家学生自主经营的创业公司入驻，既是学生创业实践的平台，又可以接纳学生创业实训。一批有社会责任感的企业家组成的导师俱乐部，参与课程研发、课程实施和实训指导，并提供部分创业基金。

2013 年 11 月，在由山东省经济和信息化委员会、省教育厅、省人力资源和社会保障厅联合主办的山东省大学生综合素质大赛中，2011 级文秘专业学生李婷婷作为前 10 强选手中唯一一名高职学生，表现出色，斩获一等奖，2011 级市场营销专业学生韩炳尚荣获二等奖，2011 级会计专业学生苏玮文荣获三等奖，而这三名学生均出自创业班。

二、未来企业家训练计划——创业训练营

“我有两个最大的感触，一是上课时睡意全无，二是创业的欲望蠢蠢欲动，我觉得不用再跟家里要生活费了”，2013 年 5 月，从创业训练营走出的 2012 级市场营销专业的董世睿这样说。一个月后，他注册成立了自己的公司“睿信教学设备维修中心”，成了又一个校园小老板。经过半年多健康运转，目前，他已经考察好了市场，正准备购买一辆车，带领着他的同学，转做楼宇的智能安防。

董世睿说：“原来我以为创业必须有雄厚的资金，有气派的公司，还要有一支庞大的人才队伍，但现在我对创业有了新的认识：只需要一个贴合实际的计划，做出一次有胆识、有魄力的行动，想方设法让项目长期‘存活下来’，这就是一次成功的创业。”创业训练营让很多像董世睿一样的学员改变了对创业的印象。

“未来企业家培养计划——创业训练营”是由济南职业学院与济南市中小企业公共服务中心、团市委济南青春创业服务中心联合主办的，是济南职业学院面向更多学生开展的集中创业教育。全国优秀创业培训师王永和，苏州大学医学院应用心理研究所研究员滕晖、济南市小微企业创业服务实训基地主任矫超等兼职教师与本校教师一起对学生进行创业理论和实践的强化指导。训练营的授课方式完全颠覆了传统的授课模式，理论课与实践课同时开设，项目化模拟和实训为主的教学方式使学生从学习的被动接受

者转变为主动参与者。解决问题、注重实践是其最大的特点，通过基本企业周期、拍卖、风险投资等游戏以及市场调查、采购和销售等实践，极大地激发了学生的学习热情、实践能力和创造能力。

训练营的实操环节是公益创业。在这次训练营上，每个小组5人共6个小组的学生拿着学校提供的600元创业基金到济南市残联“我的兄弟姐妹驿站”购买残疾人做的工艺品，用时最少、盈利最多的团队获胜。2012级市场营销专业的学生和书霞幽默地说：“公益创业的实践让我们清醒地认识到：理想很丰满，现实很骨感。本来我们认为在人群涌动的泉城广场卖出去这些25块钱一个的工艺品很容易，但没想到，整个上午一个都没卖出去。后来，我们小组吸取教训，改变策略，不再主攻年轻人，而是主要向中年妇女兜售，一直干到天黑，总算完成了任务。如果没有经过这样的实践，无论怎么讲团队合作的重要性，我们也体会不到。那一天，我们连中午饭都没吃上，但收获的却很多很多。”说到这里，她眼圈泛红。6个团队经过一天的努力，把本来就高于市场价购置的公益商品全部卖出，纯利润1183元，当他们把这些钱送给残联时，他们收获的不仅是自己的劳动成果，也送给了残疾兄弟姐妹学习一技之长自食其力的信心和力量。公益创业项目虽小，但整个营销运营环节无一遗漏，同时还培养了学生的回报社会、帮助弱者、感恩社会的责任感，提升了情商。

训练营结业时，学生们对自己的创业项目进行展示，并与到会企业家们进行互动、交流。经过企业家的充分论证和讨论，6个团队分别与山东人力在线人力资源有限公司、济南中能信电子科技有限公司、济南海达人力资源管理公司、惠生活实业（济南）有限公司签订了创业实践公司意向投资协议。学生们成立的公司就是在学校和企业家“一对一”指导下，注册法人并开展经营活动的。

董世睿同学自信地说：“创业教育不仅提升了我们的创业能力，更提升了我们的综合素质。我相信，即使我不创业，我毕业后到任何一个单位，凭着我的能力素质、踏实作风、合作精神，我肯定很快就会得到赏识和重用。”曹继鹏同学感激地说，“创业训练营不仅教给了我创业的本领，更重要的是让我这个来自农村的学生收获了成长和自信心，我最大的收获是两个字：我行”。而来自城市家庭的2013级国际贸易专业学生鞠文腾不无得意地说：“我的最大收获是感到我长大了，春节回家我可以帮助父母做家庭决策了，他们对我的分析刮目相看。”

三、一流的学校定标准

一流的企业定标准，已经成为人们的共识。对学校来说也是如此，能够参与到标准制定中去，无疑是实力的证明。作为构建现代职业教育体系的重要内容，企业实训基地建设在山东被列为民生工程。其中，济南市小微企业创业服务实训基地作为山东省唯一一家由省政府命名的省级大学生创业实训基地，被授权牵头制定山东省创业实训标准。济南职业学院由于在学生创业实训方面积累了丰富的经验，与山东大学一起被邀请参加《山东省创业实训标准》制定，成为参与标准制定的两所高校之一。目前，《山东省创业实训标准（试行）》即将出台，济南职业学院将成为实施这一标准的第一所院校。

结合这一标准，创业学院的人才培养分为4个阶段。

第一阶段“我是谁”的品德集中教育。“立德树人”是教育的根本任务，创业学院把育人放到首位，将德育落到实处。通过开放式、模块化大课堂教学，使学生自觉完成自我认知教育，同时使学生在潜移默化中养成勤俭、奋斗、创新、富有社会责任感的企业家精神。除集中教育外，此项教育贯穿于整个培养过程中。

第二阶段“我要做什么”的职业人文教育。通过理论模块和心理课堂、创业讲坛、实践访谈、素质拓展等实践模块，培养学生职业道德、职业技能、职业行为、职业作风和职业意识。决定一个人能站多高、走多远的是职业人文精神。

第三阶段“我能做什么”的项目选择教育。主要包括市场销售的专业知识、商业模式分析、行业分析、市场调查预测、销售广告、销售网络、财务管理、团队建设等8个技术包，教给学生如何发现项目，选择项目，培养学生的创新创业能力。

第四阶段“我怎么做”的创业实操训练。包括团队建设、运筹方案、项目选址、人员培训等，是项目化的实际运作。通过这种创业实践，提升学生综合素养。

创业学院新的培养模式贯穿于4个阶段的始终，“创业不是一门简单的课程，而是一门综合的学问，所以创业课程除了营销专业等经济类课程，还有法律课程、团队建设等，我们就是要打破传统，尝试新的培养模式”。济南职业学院创业学院院长曹乐臣说，创业学院的课程教学由专业课程教学、企业项目运营实操和移动课堂案例分析导师辅导等三大模块组成，通过这三个模块的学习和4个阶段的培养，学生们最终将完成商业计划书，这就是他们的“毕业论文”或“毕业设计”，只有完成商业计划书才有资格参加毕业答辩。“创业学院的毕业生将全部实现创立法人企业或高质量就业”，曹乐臣信心满满地说。

曹乐臣的信心来源于创业学院自身的实力。创业学院由济南市中小企业公共服务中心、济南市创业促进会、济南市小微企业创业服务实训基地、共青团济南青春创业服务中心和济南职业学院等5家单位组成理事会，力求形成最大培养合力。依靠这个理事会，创业学院为每个学生配备了4位不同类型的导师，分别是资源型导师（由政府促进就业相关机构负责人担任）、伙伴型导师（由青年创业精英担任）、实训导师（由企业家担任）以及高校导师（由学院专业课教师担任），每位导师可指导3名学生。而作为创业学院人才培养核心部门的课程中心，也下设了6个教研室，分别是商业模式教研室、职业素养教研室、销售技能教研室、团队建设教研室、市场营销教研室、企业管理教研室，各教研室主任均是在理事会协调下，聘请的驻济知名企业负责人及青年创业精英担任。

济南职业学院在创业教育的理念、组织架构、培养体系、培养模式等方面进行了有益的探索和尝试，为学生成长成才开辟了一条新路，期待着更多的学校探索出更多的方式，为更多的学生展翅飞翔助力、加油！

铿锵的足音①

——济南职业学院内涵发展侧记

短短十年，济南职业学院能够从三所学校顺利合并组建为一所学校，从成人高等院校成功转型为高等职业院校，从办学力量薄弱的学校发展为社会影响力强劲的学校，从后起的高职院校步入国家骨干高职院校建设单位的先进行列，这所学校注定有着自己独特的发展“源”动力。济南职业学院奋进的意志、铿锵的足音、涅槃的美丽，源于矢志不渝的“十大工程”建设。

“十大工程”建设集中体现了济南职业学院“追求卓越”的精气神，即在遵循高职教育发展规律、把握高职教育特质、凸显学校文化底蕴和风格特色、提升教书育人品质上反映出来的独特精神、气质、神韵。

一、铸魂工程

学校的核心价值观是学校的灵魂，是师生的精神家园，也是文化传承的内涵。济南职业学院“厚德博学，强能善技”的校训、“淳朴坚毅”的学院精神、“自强不息”的校风，无不是师生共同的精神向往和理想追求。

人是需要有点精神的，师生均是如此。作为国家骨干院校建设单位，济南职业学院对口帮扶新疆巴音郭楞职业技术学院，机械制造系孙振强、工商管理系颜军、电子工程系贾玉凤（女）、财经系李明和牛曼冰等多位教师克服条件艰苦、生活不便等困难，充分发挥各自在专业和教学上的能力优势，体现出了济南职业学院教师的业务水平。他们扎实工作，圆满完成

① 本文发表于《济南日报》2014年7月7日。

了支教任务，为学院赢得了荣誉。

2013年9月，学校成立义工服务团，首期注册义工2000余人，占到新生总数的85%。义工服务团面向社会持续开展各项扶贫解困、助老帮幼、社会服务等志愿活动。截至目前，财经系、经贸系、学前系、外语系、机械系还分别建立了自己的校外义工工作站，每周开展义工服务活动。经贸系的泉城义工获济南市优秀志愿服务集体、十佳泉城义工服务集体等多项荣誉。济职义工服务团已经成为学生开展志愿服务的品牌团队。学院组织的“济职好青年”评选活动也已成为榜样文化品牌。“济职好青年”——外语系李丽丽，荣获2012年度“中国大学生自强之星提名奖”。

秉承传统、彰显特色的学院精神增强了广大师生员工的向心力和凝聚力，也激励着全体师生以奋发有为的精神状态、锲而不舍的工作态度、团结和谐的工作作风，将热情与执着镌刻在学院发展日新月异的画卷中。

二、融合工程

一所学校的发展，靠积淀、靠内涵、靠创新，更离不开抓重点、抓核心。校企合作、工学结合是高职教育的本质特征，是高职教育人才培养质量的基础保证。探索校企融合机制体制建设，形成独特的深度融合模式，为学生提供更好的实践工作环境，使学生得到知识技能、职业精神等全方位的锻炼提高，体现的是济南职业学院“产教融合、校企合作”的办学总体思路。

今年6月13~14日周末两天，对于奔赴北京参加一系列校企合作活动的计算机系一行人来说是忙碌而充实的。他们先后走访了北京新大陆时代教育科技有限公司、鼎捷软件股份有限公司、北京中关村软件园发展有限责任公司、北京快乐学有限公司、北京首跃科技有限公司等企业，并与中关村软件园发展有限责任公司签署了校企合作专业共建协议，与北京新大陆时代教育科技有限公司商定了实训室建设、专业发展等一揽子合作方案，参加了鼎捷软件股份有限公司举办的“校企合作共建ERP人才培养摇篮”研讨会，在北京快乐学有限公司、北京首跃有限公司进行了专业调研并看望了已成为公司骨干员工的毕业生张养静、张西银等。

计算机系主任许文宪在校企深度融合中尝到了甜头，从此一发而不可收。他说：“2008 年，我们首次与国家认定的高新技术企业北京首跃科技有限公司合作，是他们在我系选拔优秀毕业生赴北京工作。随着合作深入，他们投资十万元在我系建立了首跃工作室，由首跃派工程师定期来校指导。工作室的学生以大二学生为主，学习公司的开发框架，承担部分公司任务，大一学生主要打基础，感受公司氛围。毕业后进入首跃工作的学生先后有近四十人，最多时占到公司总人数的一半。首跃公司总经理王圣平任我系校企合作理事会理事，在专业建设、教材编写、实训室建设等各个方面全方位合作，学生的实践能力、协作能力、敬业精神等显著提高，人才培养质量得以提升。”

经过几年的探索磨合，学校搭建了政府—学院—系部三级校企合作多方参与管理平台，形成了“校企互动、多方介入”校企合作机制体制建设，建立了校企资源共享机制，提升校企合作的内在驱动力，增强服务区域发展的战略能力。成立了济南职业学院校企合作理事会，100 余家企事业单位和职能部门成为理事会成员，理事会成员单位全面参与学院的人才培养过程，整合了办学资源，拓宽了办学渠道，创新了管理机制，增强了办学活力，提高了办学水平和人才培养质量。

学校与企业共同建立生产性实训基地，实施“校中厂”的实训模式。“教室即工厂、老师即师傅、学生即工人”，已经成为现实。与鸿腾实业有限公司等合作建立了实训中心，学生拿工资、学知识、练技能，一举三得。与重汽集团、舜耕山庄、海信集团等数十家企业共建“厂中校”，实现教学过程与生产过程的对接，确保毕业生与职业岗位的“零距离”。

三、质量工程

质量是生命。如何让生命之树常青？济南职业学院的具体做法是“纵向贯通、横向联合、打造专业、培养名师”。

纵向贯通。现代职业教育体系构建的关键是如何做好中职、高职、应用型本科的上下贯通与衔接。对上，学院主动联系济南大学签订帮扶协议，建立帮扶关系，借助济南大学在办学、教学、科研及专业课程等方面的优势，大力实施对口帮扶工作；与齐鲁工业大学合办“3+2”高职本科贯通教育，两校联合制定“3+2”分段人才培养方案，并在课程体系构建、师资队伍建设、专业建设等各方面实现强强联合、有效衔接，共同培养高素质应用型人才。对下，学院与济南电子机械工程学校、济南第三职业中等专业学校、济南信息工程学校和济南第六职业中等专业学校建立对口关系学校，共同培养学生。

横向联合。2013年，由济南职业学院牵头，山东省七所国家骨干高职院校自愿组成的非营利性、非法人的山东省国家骨干高职院校联盟——“七校联盟”成立，在资源共享、专业建设、人才培养、队伍建设、科学研究与社会服务、国际交流与合作等方面开展全方位、深层次合作，实行学分互认、教师互聘，实现优势互补、资源共享等。

联盟本着“服务圈域经济，共享教育资源，形成整体优势，突出办学特色，增强总体实力”的原则，构建了山东省国家骨干高职院校交流与合作平台，实现了地域和空间优势互补，起到连接政府、学校与社会的桥梁作用，扩大了高职高专教育的影响，推动了山东省高职高专教育的改革与发展。“七校联盟”定期交流与不定期交流相结合，充分发挥和利用了联盟成员学校的特色和优质办学资源，开展了一系列教学、科研、管理、服务、国际交流等方面的互补性合作，提升了各联盟成员的教育质量、办学水平、社会声誉和服务能力，整体提升了山东省高等职业教育的竞争力和影响力。学校还与莱芜职业技术学院签订友好合作协议，资源共享，强强联合，共同促进济莱教育协作发展。

打造专业、培养名师。在横向、纵向的联合办学中，对重点专业进行重点打造，并通过专业打造培养教学团队和教学名师。机电一体化技术、应用电子技术、软件技术三个专业是教育部、财政部确定的中央财政重点扶持专业，旅游管理、市场营销两个专业是教育部、财政部列入“高等职业学校提升专业服务产业发展能力”项目支持专业，会计电算化、旅游管理、市场营销三个专业被确定为地方政府重点支持专业。餐旅服务与管理专业被教育部确定为部级高职高专教学改革试点专业，计算机应用技术专业被省教育厅确定为省高等职业教育示范专业，机电一体化技术专业、应用电子技术专业、软件技术、旅游管理专业和计算机应用技术专业被省教育厅确定为省级特色专业。龙头专业的建设取得的成绩和经验，带动了其他专业的建设和发展，全面提升了人才培养质量和水平。目前，已经形成了机械制造、电子信息和现代服务业等特色鲜明的优势专业群，建成省级特色专业 5 个，国家、省级、校级精品课程 104 门，省级以上教学成果奖 10 项，主编“十二五”职业教育国家规划教材 8 部。

四、伯乐工程

“王平嶂主任是我专业成长道路上的贵人”，年轻的机械制造系副主任车君华对指导、帮助、提携他的老教师充满了感激之情。36 岁的车君华副教授是机电一体化专业的专业带头人，是国家级数控设备应用与维修专业教学资源库企业资源子课题项目负责人，是两门省级精品课程的负责人，是省级教学团队的核心成员，他的成长得益于学校启动的“伯乐工程”。

古人云“世有伯乐，然后有千里马。千里马常有，而伯乐不常有”，一语道出了识人辨才的重要性。《济南职业学院“导师带徒”管理办法》中对导师条件、职责、权利、考核，徒弟职责、权利、考核以及带教期管理等都有明确规定，目的就是帮助指导青年教师提高思想道德水平和专业技能素质，加快人才成长，推动学院跨越式发展。截至目前，已有近百名青年教师受益，成长为专业带头人、骨干教师、精品课程负责人等。

现如今，车君华也已经带起了徒弟，而且开始了导师带徒的逆向培训，就是一反导师带徒中师傅讲、徒弟听的模式，改为徒弟讲、师傅听，然后由师傅针对其中的一些重点、难点问题提出培训课题，徒弟按照培训课题准备答案后，再由师傅进行讲解，纠正错误，并对重点、难点问题进行探讨，最终形成统一认识，从而提高徒弟的理论和技术水平。

逆向培训充分发挥了徒弟的主观能动性，变“要我学”到“我要学”。当徒弟拿到题目后就会千方百计地寻找答案，这样不但能够很好地掌握，而且会加深印象，同时在和师傅的交流过程中，能够相互学习，进一步认识问题和分析问题，达到共同进步的目的。

五、培优工程

2013 年 7 月 3 日，学院校园网上发布了“济南职业学院 2013 年学生科技创新项目立项公示”信息。内容显示，共有 203 项科技创新项目参与申报，经理工类和综合类专家组评审，对其中 110 项给予立项。重点项目 25 项，提供 1500 元经费支持，其余为一般项目，提供 1000 元经费支持。立项的项目分为制造发明类、技术改造类、学术研究类、调查研究类等，每个项目都有相应的指导教师，严格的中期检查和结项评审。在中期检查中，对投入大、研究前景好的项目，可以追加 500 元或更多的经费，学校总体投入在 15 万元左右。保守估计，每个项目 3 个学生参与，一年的参与人数就达到了 330 人，三年就是 1000 人左右，占学生总数的 1/10。学生通过做项目，创新意识、科研意识、科研方法、科研手段、动手能力、发现问题和解决问题的能力得到极大的提升。

他们把书本上的死知识和实训中练就的活技能完美糅合在一起，做出了一个个令人刮目相看的小发明、小创意。中德培训中心的吴向波同学发现市面上的越野车模产品存在诸多设计不合理之处，凭着对机械设计的直觉和兴趣，吴向波相信自己一定可以做出更为科学的汽车模型。模型的零部件一共 240 个，而其中 180 余个却是吴向波利用废旧笔芯，亲手设计打磨加工出来的，而以笔芯为原料加工出来的零件的性能丝毫不减标准件，这些都得益于他在平常实训中的历练。“它就像我的孩子，当你完全投入到研发中，你获得的不仅仅是荣耀，还有无法言说的快乐”，吴向波看着自己“伟大”的作品，骄傲而自豪。电子工程系王洪超同学制作的 wifi 无人控制侦察智能车摒弃了传统的由遥控手柄控制的做法，通过随身自带的手机控制智能车，实现了 wifi 技术对玩具车的遥控控制，使 wifi 玩具车的批量生产成为轻而易举之事。学校的支持鼓励，打开了他们人生的另一扇窗，让他们看到了不同寻常的景致，体会到了非同寻常的乐趣。

一所好的学校，能让每个不同层次的师生都能得到发展和提高。这就需要为师生中的佼佼者提供更大更广阔的发展平台，不仅让他们的人生更为精彩，还能使他们成为学校发展的名片和带动力量，同时能辐射影响更多的人提升境界、勇于探索、完善自我、永不止步。

六、活力工程

辅导员作为大学生健康成长成才的指导者和引路人，责任重大。为了加快辅导员队伍职业化、专业化建设，济南职业学院采取激励政策，让辅导员能够“两条腿走路”。一是实行辅导员职级竞聘制（三级），打通上升渠道；二是职称评聘上为辅导员单列指标和评比标准，解决辅导员职称晋升问题。

“一切为了学生的发展、一切为了教职员工的发展、一切为了学校的发展是我们的职责所在。我们要为那些想干事、能干事、干成事的师生提供更多的机会、更大的空间、更好的前景，形成奖优罚劣的心理共识和文化氛围，才可能实现学生的可持续发展、教职员工的可持续发展和学校的可持续发展。‘活力工程’的意义在于告诉师生员工：奋斗可以活出更精彩和有价值的人生。”学院党委书记王小平的话朴实平直，却道出了人事管理的理念思路。

“优秀青年教师”选拔制度。为激发助教职称教师进取、成长、提升的热情，学校打破一切条条框框，仅凭助教的讲课质量，选拔 10 名“优秀青年教师”，签订三年的培养计划。10 人通过考核可上可下。每一年，助教都要完成教学、科研、顶岗锻炼、社会服务等工作任务，年终进行考核，考核通过的给予一次性奖励，并转入第二个培养期；未通过考核的，自动解约，再通过竞争方式递补 1 人，保证人员稳定在 10 名。对于承担超工作量的教师，学校也出台了同等情况下的“优先措施”：优先进修、优先培训、晋升职称有“优惠”。

善于激发教职员工工作的积极性和创造性，不仅是一种管理理念，也是一种管理能力、管理方法和管理技巧，更是一种管理的大智慧。

七、创业工程

“创业教育被联合国教科文组织称为教育的‘第三本护照’，但我们的创业教育不单纯培养学生的创业能力，而是经过严格的知识储备和实践训练，使学生具备战略眼光、协调能力、营销能力、决策能力，并具备良好的情商。我们的创业教育关注的是学生的可持续发展。”院长申培轩这样描述自己学校创业教育的定位。

正是基于这样的定位，济南职业学院成立的创业学院是以创业培训为引领，创业见习和创业实践为主要手段，以创造企业为目的的新型创业人才培养模式，通过搭建“政行企校”多方合作平台，共同发现并推动有激情、有创业梦想的大学生，在优秀青年企业家、创业导师一对一帮扶下，真正投身创业实践，成长成才。创业学院包括创业班和创业训练营。创业班的学生来源是全院有创业意向的学生在完成一年级基础课程的学习后，自由报名，经面试预选、综合素质测评、职业能力测试等环节，选拔出具有创业素养的学生进入创业班，接受2年的创业课程和创业实训教育。由于创业班需要大量的教育和实训资源，为保证教育效果，每年只选拔60名学生参加。为满足更多学生接受创业教育的机会，设立了半月一期的创业训练营，采用创业计划书+创业训练的教学模式，学生带着创业方案进入学院，学院在课程培养的同时安排企业家担任指导教师，通过做项目来提升学生的创新创业能力。

自信、阳光、成熟、坚韧是济南职业学院创业学生的集体表情。在这里，已有10余个盈利的在校学生创办的法人公司独立运转，“学生老板”的身份也成了他们人生历练的新起点。创业教育的历练使学生得以全面发展。2013年11月，在由山东省经济和信息化委员会、省教育厅、省人力资源和社会保障厅联合主办的山东省大学生综合素质大赛中，该校2011级文秘专业学生李婷婷作为前10强选手中唯一一名高职学生，表现出色，斩获一等奖，2011级市场营销专业学生韩炳尚荣获二等奖，2011级会计专业学生苏玮文荣获三等奖，而这三名学生均出自创业班。

梧桐成荫凤自栖。济南团市委的“青春创业工作站”已经落户济南职业学院，济南市人社局牵头成立的“济南创业大学”也已经与该校接洽多次，即将正式落户。

八、国际化工程

心有多大，舞台就有多大。没有国际视野，不学习国际先进的办学模式和人才培养模式，就不可能走出自己的一片天地。济南职业学院从两个国际合作项目中受益匪浅。

一个是与德国工商大会（AHK）合作，引进德国“双元制”职业教育培养模式，以“高质量、严要求、重实践”为特色，举办“德企订单班”，为企业培养拥有德国技术能力标准的专业技术人才，同时可为企业培训和培养工业机械、模具机械类高技能技师。学生或企业职工通过德方培训课程的教学及考试，可获得由德国商会上海代表处颁发的欧盟通认的职业资格证书。该项目已成为高职教育的高端品牌，被德国工商大会评价为“最科学、最规范、最神速”的“济南模式”，雄踞德国工商大会在中国的50个项目之首。此项目层次高、技术含量高，符合职业教育的大方向，开创了济南市职业教育的新天地，随着该项目的逐步做大做强做优，将对更多的德国企业来山东投资、对山东现代制造业提高技术水平和竞争力、促进实体经济的发展产生积极而深远的影响。

一个是与西澳大利亚州理工学院合作办学，设有酒店管理、旅游管理、财务管理和计算机信息管理四个专业，四个专业均按照澳大利亚职业教育与培训框架体系的质量标准、评估内容进行教学考核，同时西澳大利亚州理工学院的资深教师定期到学校授课，学生成绩合格可同时获得中澳两国的毕业证书和职业资格证书四个证书，拓宽了学生的知识技能视野和就业途径，解决了学用脱节问题，做到了与产业发展、与职业岗位零距离。国外先进培训模式的引入，促进了专业和课程体系的改革力度，提升了学校整体办学质量和办学水平。

九、服务工程

“立足济南、服务社会”是济南职业学院的办学定位。按照省会经济需求设置专业，构建起适合省会经济社会发展需要的特色专业体系，学校主动面向省会经济主战场，突出了高职专业的职业性、实用性和针对性。一是主动链接济南市制造业，设置了机电一体化技术、汽车检测与维修、模具设计与制造、机械设计与制造、计算机辅助设计与制造等专业，形成了机械制造类专业特色，受到了企业和学生的欢迎；二是积极对接济南市服务业，设置了市场营销、国际贸易实务、餐饮管理与服务、物流管理等专业，形成了现代服务业专业特色，同样受到社会和市场的重视；三是积极服务济南市信息化，设置了应用电子技术、软件技术、计算机应用技术、计算机网络技术等专业，形成了信息化专业特色。三个专业特色，分别服务于省会制造业、服务业和信息化，形成了一个布局合理、特色鲜明、满足省会经济社会发展需要、充满生机活力的特色专业体系。

学院积极承担高校服务社会的办学职能，开展了技术创新、推广、服务等多种形式的社会服务活动。学院职业技能鉴定所每年承担 1000 余人、16 个工种的中高级职业资格培训鉴定工作，组织 3000 余人次的会计从业资格考试认证；专业教师积极参与各类技术输出和技术服务，主动与企业合作开展技术研发、技术咨询和技术帮扶，先后与山东省农业厅、千佛山医院、山东黄河河务局济南局、济南金达投资咨询有限公司等数十家单位合作，产生经济效益达 1200 余万元。对口支援新疆巴音郭楞职业技术学院、宁夏民族职业技术学院、广西北海职业学院，发挥骨干院校的辐射带动作用，实现资源共享，双方共赢。

十、阳光工程

2013 年 9 月 9 日，《齐鲁晚报》以“19 岁‘小不点’女孩济职入学，学校提供单独宿舍”为题，报道了先天侏儒症女孩于佳田来到济南职业学院后，学校为方便她母亲陪读，为她们母女安排了单独宿舍；为缓解她家庭困难，为她母亲安排了物业工作。佳田对学校充满了感激：“学校给我安排的宿舍比我家还大、还好，给了我一个大大的惊喜。我现在能做的除了好好学习，再就是看看我能做什么来回报学校。”

已有五项发明专利的电子工程系专业带头人滕丽丽老师说：“现在搞科

研，学校提供了很好的资金支持，我的发明专利和科研成果也得益于学校的资金支持，我感谢学校。”

“过去指导学生搞科研在别人看来很奇怪，现在学校政策支持鼓励教师指导学生创新，底气很足，干起来带劲。”为山东许多单位开发制作过软件的计算机系副主任王秀红这样说。

“我在这里工作有压力，但我有机遇、有舞台、有发展，我很高兴。”教务处青年教师赵朝晖如是说。

被誉为“校园老板”的工商管理系学生曹继鹏说：“我在这里学习，自己当法人创办了公司，学校教给我了创业的本领，提供给我创业基金，我能自食其力，还能帮助其他人就业，我感受到了关心和爱，我希望将来能把这些传递出去，我很幸福。”

……

让师生感到满足、幸福就是“阳光工程”的出发点和落脚点。

推进阳光工程，关键是领导班子，校领导要先“阳光”，办事充分体现民主意识，充分为教师考虑，积极营造公平、公正、公开的办学环境，促进每一位教师拥有阳光的心态以及归属感、幸福感。济南职业学院推进的“十大工程”建设，其目的就是促使教师提高专业能力和水平，提升职业自豪感和社会认可度，体现自身价值和魅力，最终的衡量标准就是幸福感。

教师的阳光，不仅要积极进取，热情开朗，还要敬业乐群，善于创新，最重要的是把真挚的爱洒落在教书育人的每一个角落，让学生感受到爱与责任，这是学生幸福感的重要来源。学生的阳光，是积极向上、不断进步，体会成功的喜悦，感受爱的温暖，为每个学生全面、可持续发展提供源源不断的动力。最终，整个学校充满阳光，不断发展壮大。

在人杰地灵的齐鲁大地上，济南职业学院将继续致力于“十大工程”建设，砥砺前行，为学生、家长、社会交上更为满意的答卷。

就业率·稳定率·发展率①

——济南职业学院的就业“新主张”

在前不久举办的2014全国职业院校宣传部长联席会年会上，济南职业学院被授予全国职业院校就业竞争力示范校荣誉称号，与全国其他29所院校一起登上领奖台。济南职业学院连续四年毕业生就业率均超过98%。在追求高就业率的同时，更追求学生就业后的“稳定率”和“发展率”，新主张的背后，是对学生从“入口”到“出口”的精心培育。

一、就业率：教学质量的“试金石”

郑林，济南职业学院工商管理系2008级物流专业学生，2011年通过专升本考试考取了山东工商学院，2013年，考取西南政法大学财经金融专业硕士研究生，2014年9月，首次参加国家司法考试，11月，得到了顺利通过的消息，获得了由司法部统一颁发的法律职业资格证书。他第一时间把这个喜讯告诉了母校的老师，并充满感激地说：“是济南职业学院的老师让我在学习上开了窍，支撑我走到了今天。”

有一条再简单不过的道理：学校的教学质量高，学生素质就好，就业率自然就高。

一流的师资队伍，铸造一流的学校教育品质。济南职业学院从教学质量最关键的环节入手，率先提出了教师“五力培养计划”——即培养教师的教学力、科研力、实践力、社会服务力和职业教育国际化能力。专门成

① 本文发表于《中国青年报》2014年12月17日。

立“教师发展中心”，通过“纵向贯通、横向联合、打造专业、培养名师”的质量工程，通过选贤荐能、提供支持的“培优工程”，通过激发活力、脱颖而出的“特聘岗位制度”，通过境内外学习培训、企业研发锻炼、本专科学校学习支教等举措，提高教师“五力”水平，建立起了由教学名师、专业带头人（培养对象）、骨干教师、普通教师、新进教师和行业企业的兼职教师组成的堤坝式教学团队，成为教学质量的有力保障。

“一切资源配置都是为了学生”是我院院长申培轩经常挂在嘴边的话，他的理念是“培养教师就是培养学生”。郑林算是众多优秀学生的一员。

电梯工程技术、航空机电设备维修等尖端专业的设置，“与品牌为伍、与巨人同行”的合作企业选择；“校企互嵌、多方介入”的校企合作机制体制建设，“课岗证融合，教学做一体”“工学结合、产训融合”“校企一体、淡校旺企、逐级提升”的人才培养模式改革；项目化以及以赛代练、以赛促学的课程改革；“大学生科技创新计划”等一系列教育品质提升举措，促进了人才培养质量，学生的就业竞争力自然就强。

二、稳定率：就业教育是“点金术”

2014 年的秋天，收获的季节，带着比老师翻番的薪酬，更带着对老师的由衷感激，2010 级机械制造系机电一体化三班毕业生王旭“衣锦还乡”回到学校，王旭请机械制造系自己的恩师裴丽颖、牛军、王亮、邓珊吃了顿大餐，以此表达自己的感谢。

这还得从 2013 年毕业前夕说起：家在东营的王旭当时想留在济南工作，原因不言而喻：大城市、机会多、空间大……但老师们发现他在济南找的工作专业不对口，发展空间并不大，远离家乡也会有诸多的不便，反倒是学校招聘会上的山东方圆有色金属集团（驻地在东营）所提供的岗位更适合他，专业对口、环境熟识、生活方便，在那里工作，应该更容易稳定住，而且他的精灵踏实会给他带来很大的发展空间。最后他听从了老师的建议。不足一年，认真的态度、扎实的作风、灵活的头脑使他得到重用，公司新上了一个项目，他成了项目负责人。他说，是老师关键时刻负责的分析、点拨成就了今天的他。虽然目前他工作压力巨大，但信心满满，干劲十足。

“就业质量”不单单指觅得一份待遇优厚、前景乐观的好工作，更多的是应该立足现实，从个人素质和单位情况综合考虑，这也是教师对学生职业生涯规划指导的应有之义。为给学生提供优质的就业服务，提高就业的“稳定率”，避免不断跳槽带来的负面影响，提高职场成功率，济南职院构建了就业工作领导小组——就业指导处——系部就业办公室的三级纵向脉络，而在横向结构中，则包含了大型毕业生双选会、小型专场招聘会、电视栏目招聘以及校外实习实训基地、就业信息网络平台、就业帮扶平台等，搭建起一个“全方位、立体化”的就业网络，为学生提供了从宏观就业政策到微观个人定制的有效指导。

三、发展率：素质培养是“硬道理”

“我们的眼光不能仅仅关注到学生毕业，教育的眼光要关注到学生走出校门之后的可持续发展，所以，什么时候、任何环节都不要忘了学生的综合素质培养。”党委书记王小平的话道出了学生就业后有好的发展的缘由。

山东省大学生素质大赛是由山东省经信委、省教育厅、省人社厅联合主办，每年都会吸引山东省80多所高校5000余名毕业生踊跃报名参赛。经资格赛、复赛、半决赛各阶段严峻挑战，在每个比赛环节，选手们要经过知识、技能、团队合作等综合素质的展示和考核，还要到企业进行岗位实训锻炼，接受企业用人单位的培训和考评。历时五个多月，经过层层选拔，环环淘汰，最终前十名优秀选手战胜对手脱颖而出。

2013年，文化传播系的李婷婷过关斩将进入前十，2014年，经济贸易系姜云一路凯歌挺进十强，她们都是前十中唯一的高职院校的学生。

济南职业学院确定了“以生为本、明确目标、科学设计、形成合力、分步实施、务求实效”的人文素质教育的原则，从环境熏陶、制度约束、课堂教育、学术引导、社团活动、实践养成“六个维度”，对学生综合素质培养进行顶层设计、立体实施，其中特别重视职业情感和职业精神的培养，使学生具备企业需求的基本素质，因此，很多原本不具专业优势的毕业生同样成为用人单位的骨干力量。

外语系商务英语专业2012届毕业生李丽丽，毕业后进入一家广告公司工作。英语专业毕业的她在这家公司并不是“专业”人才，她从基础做起，由于特别认真、扎实、肯干，仅10天就被提拔为小组长，很快又被提拔为部门主管，现在已经成为公司重点培养的骨干管理干部。

勤恳、踏实、有责任感，是用人单位对济南职业学院学生的共同评价，这也是学院对学生职业精神培养的成果。2012年，李丽丽荣获“中国大学生自强之星提名奖”，她将2000元奖金全部捐给学院爱心基金，感谢母校的培养，也用来激励自己的学弟学妹。

从宏观到微观，从单一到多元①

——济南职业学院教学模式优化新探索

2014 年 11 月北京 APAC 的部分会议安排在钓鱼台国宾馆举行。王伟帅，济南职业学院 2014 届计算机网络技术专业的毕业生，钓鱼台国宾馆网络中心的工作人员，与同事一起严谨、精心、细致地工作着。当所有的工作任务顺利完成后，他给自己的辅导员李娟老师打来电话，“李老师，在钓鱼台国宾馆工作，参与这样规格的国家活动，这感觉，你懂的，哈哈……”

2013 年底，钓鱼台国宾馆在全国挑选了 6 个即将毕业的本专科学生到国宾馆网络中心实习。实习过程中王伟帅的专业技能就显得尤为出众，六个月的实习结束后，成为唯一被留用的学生。

一、课堂离岗位到底有多远？

“像王伟帅一样上手快、一点就透的学生是我们用人单位最喜欢的”，网络中心的负责人说。

对于高职教育来说，“零距离”对接岗位是一个不太可能实现的理想状态，但在专业技能培养中设计科学合理的教学模式，能更好地培养学生的专业技能，提高人才培养质量。教育部在 2006 年就发文提出了“积极推行订单培养，探索工学交替、任务驱动、项目导向、顶岗实习等有利于增强学生能力的教学模式”的要求。但是，在教学实践中发现，由于地域经济、学校实力、专业设置、师生素质等方面的差异，高职教育教学模式的实践

① 本文发表于《中国青年报》2014 年 12 月 29 日。

性、开放性和职业性没有得到充分体现，提升人才培养质量的预期目标并不理想。

出路在哪里？问题倒逼改革。2010 年起，济南职业学院计算机网络技术专业在充分调研的基础上，探索实践把课程内容、模式、考核与评价，按照项目化要求进行改造，弱化专业，强化岗位，打破静态的课程结构，用项目实施教学，以企业产品为教学载体，根据学生的认知水平和学习规律，通过带着学生做项目的方式，在项目实战中积累经验、拓展知识、提高技能。功夫不负有心人，改革取得明显成效：学生学习积极性高、参与度强，专业技能提高幅度大，国赛省赛屡屡夺魁，毕业生受到用人单位欢迎。

系主任许文宪说："'产品载体'项目导向需要按照学生的认知规律分层级精心设计，比如我们设计了四个层级：通过简单产品的'完成'，尽可能涵盖更多的知识点，初学者易于接受，并为下面的知识技能打下基础，我们称之为'知识点聚合产品项目'；'教学改造产品项目'是指对真实项目进行教学化改造，去掉真实项目中重复、繁琐的内容，更适合学生认知和接受；'真实工作产品项目'则是来源于企业的真实项目，直接就是真刀真枪实战；'拓展项目'包括三项内容：一是其他项目无法包含但却是学生必须掌握的知识点；二是在岗位技能中非常重要，并需要强化的知识点；三是为拓宽学生知识面，提升职业能力的具有一定难度的项目"，"同时，要特别注意实施过程考核机制，合理设置考核点，严格监控教学效果。"

正因为尝到了教学模式优化的甜头，现在该系根据不同专业、不同课程、不同学生的需要，选择多样化的教学模式进行教学。

二、现在我的身影在教室，春节时我的身影将在大酒店

"现在我的身影在教室，春节时我的身影将在大酒店"，这是张兆斌前天的微信留言，他学的是酒店管理专业，"校企一体、淡校旺企"的人才培养模式，使他的学期分配与其他专业相差甚远，"按季分段"工学交替的教学模式形成了他与他的同学们的"特色学期"。

"按季分段"工学交替是在遵循高职教育教学规律和技能人才成长规律的前提下，以职业能力培养为主线，按照企业生产淡旺季周期或农牧生产周期，将教与学的时段划分为"学习学期"和"工作学期"；在这两个学期内，教与学、学与训交叉融合、交替进行。

目前，高职院校施行的工学交替多数是在校内学期制基础上学与训的轮换。济南职业学院在具有明显产业周期的旅游类专业实施了"按季分段"工学交替教学模式——"淡校旺企"模式。根据山东省旅游季节淡旺季的特点，将"学习学期"和"工作学期"分为6个学期时段，交叉实施教学与实训。

在旅游管理系老师和学生眼中，旅游淡季是他们汲取专业知识、打好理论基础、提升职业基本素养的关键时节，也被他们称之为学习学期，学生主要在校内接受职业通识能力、专业基础能力和专业核心能力课程教育，在校内实训室开展模拟教学，初步感知未来职业岗位；旅游旺季时节是学生的工作学期，也是收获最大的"季节"，所有学生被直接送到旅游企业开展实践学习，课堂搬到景区，教学搬到一线，一边是聘任的资深导游现场教学，一边是自家老师理论复习指导。现场学习和理论复习同步进行，学生能够把学到的知识和现场情景有机结合，提高专业技能也不再是难题一桩。

三、教学模式优化有利于学生创新能力培养

机电一体化专业刘延兴发明的"防触电插座"和"环保黑板擦"都获得了国家专利，两项发明涉及电子技术、控制技术、机械传动等多方面的知识，制作成型对综合技能有更全面的要求。但这个专业获得专利权的同学并非刘延兴一个，而是有10多个同学。该专业教师车君华博士的解释是：教学中采用单一的教学模式，就像一个人只吃一种菜一样，不但会厌烦，还会营养不良。只有在教学中根据不同知识点、不同技能、不同岗位需求采用灵活多变、动态调整的教学模式，才能让学生易于接受，感受到了教学的变化，拓宽思路；而且，丰富有效的教学模式，还能较好地培养学生

良好的思维习惯，对于学生创新思维和创新能力起到潜移默化的影响，可谓是“营养”全面，乐趣无穷。

经过几年的探索实践，济南职业学院按照“分类选择、多样融合、动态并行”的实施方法，优化了五种教学模式：将工学交替模式探索优化为“按季分段”工学交替模式，将项目导向教学模式优化为“产品载体”项目导向教学模式，将任务驱动教学模式优化为“过程主线”任务驱动教学模式，将顶岗实习教学模式优化为“课岗耦合”顶岗实习教学模式，将教学做一体模式优化为“双境互补”教学做一体模式，并在国内部分国家示范性高职院校、国家骨干高职院校建设单位、山东省技能型名校建设工程院校进行了推广，技能培养的效果从低端到高端发展，学生职业能力显著提升。该教改项目还获得了今年的国家级职业教育教学成果二等奖。

该项目的负责人申培轩教授也谈到了探索实践中存在的问题，如这些教学模式的整合需要学校严谨细致的顶层设计，选择运用这些教学模式对学校的校企合作、实训场所建设提出了更高的要求，教师选择和驾驭这些教学模式的能力有待提高等，虽然这些教学模式并非适用于每一所学校，但积极的探索实践会对高职教育质量的提升有帮助。

根设置　类合作　行标准
双主体：济南职业学院校企合作“新常态”①

对于高职教育来讲，影响学生培养质量的“瓶颈”当属校企合作，什么是高质量的校企合作？“我认为，校企双方要‘长袖善舞’，不仅要找到利益的契合点，更要找到事业发展的契合点。校企合作的模式要务实、过程要真实、效果要扎实，目标是学生受益、学校受益、企业受益、社会受益，结果是校企相生相伴、共生共长。作为学校一方，必须要有智慧和胆识激活企业合作动能，引领企业遵循教育规律和学生成长规律，探索更为有效的合作方式”，这是济南职业学院分管教学的副院长李海平博士的理解，也是济南职业学院校企合作的指导思想。

也就是在这种思想指导下，济南职业学院不断深化校企合作，根设置，类合作，行标准，双主体，成为其校企合作的“新常态”。

一、根设置：与龙头企业共建紧密对接产业发展需求的专业

2013年，新上专业之前，学院对国际、国内以及山东省电梯行业的发展现状、发展趋势、人才市场需求等进行了为期一年的详尽调研分析。调研结果显示，电梯工程技术专业人才紧缺，毕业生处于严重供不应求的状态。学院审时度势，根据自身资源优势，紧扣区域经济发展转型的需求，瞄准了电梯工程技术专业，并与迅达电梯（中国）有限公司合办专业。迅达电梯（中国）有限公司投入750万元电梯实训设备，共建集专业教学、

① 本文主干内容发表于《光明日报》2015年5月29日。

研发、培训、职业鉴定“四位一体”的电梯类省际中心。

以往，学校总是在专业进入了招生计划、学生进了学校以后，才为专业的发展寻求校企合作，这往往造成专业人才培养目标不清晰、专业发展道路模糊等问题。济南职业学院打破了专业设置后再联系合作企业的陈旧思路，本着校企共同做事业的原则，以“行业需求、企业优质、就业保障”为新增专业的前提，在新上专业之初，就已经瞄向了行业产业发展中的巨龙，使专业设置之初就有了发达的根系，人才培养目标、专业发展方向清晰、科学。

与之相同的还有航空机电设备维修专业，由学院与辽宁天业民用航空培训服务有限公司共建，企业投入1000万设备，校企共建8个实训室和一个实训基地，建立民航CCAR147培训基地。

上述企业还明确表示，将在学生自愿的基础上全员接收合作专业的前三届毕业生。

二、类合作：借鉴德国职教模式，对口合作一“类”企业

王稹稹，中德技术培训中心首期学员，2014年毕业后入职费斯托（FESTO）中国有限公司济南分公司，半年后升任钣喷专业技师，负责培训公司钣喷员工。“收入保密，但是肯定超出你的想象”，王稹稹笑着对他老师说。

济南职业学院中德技术培训中心成立于2011年，由学院与德国工商行会（AHK）、德资企业三方合作成立。与其他校企合作项目不同的是，合作企业不是一家，而是“一类”——以精细、严谨、质量著称的德资企业。目前合作的有FESTO（费斯托济南气动有限公司）、SKF（斯凯孚济南轴承设备有限公司）、STIHL（安得烈斯蒂尔动力青岛有限公司）等7家德资企业。

这一合作项目的特点在于，学院不是一对一为某一企业培养人才，而是统一按照德国教育部和德国工商总会颁布的职业教育大纲的内容，基于德国工商总会的职业技术培训课程体系，为中国德资企业培养技术员工。考核也采用全球统一试卷，由德国认定的PAL机构命题，由独立的考试委

员会统一组织实施，实现了“标准统一、教考分离”。这样的“类合作”，正是建立在“标准统一”的基础上，学生获得了德国职业资格证书，就获得了选择到所有德资企业就业的“通行证”，自然提升了学生就业的适应性和广泛性。

“我们的培训师除了德国资深技术人员之外，中方人员也必须经 AHK 上海培训，通过其严格的考核才有资格上岗”，济南职业学院中德技术培训中心教学部主任荆强指着其获得的“双元制职业和工作教育学资格证书”说，“AHK 负责监督并严格把关教学过程，指定德国资深技术人员指导中德技术培训中心的教学过程”。

三、行标准：行企技术标准转换为学校的教学标准

“与品牌为伍，与巨人同行”，是济南职业学院校企合作理念，李海平说：“我们的校企合作重点要瞄准代表行业发展方向、站在行业发展前沿的企业，这样才能保证我们的人才培养始终适应行业发展需求，适应现代技术、现代科学、现代经济发展方式的需求。”他表示，先进企业掌握着产业和行业技术标准，与这些企业合作可以将这些技术标准整合为学院教学标准、人才培养标准，企业资源也可以有效转化为教学资源。

济南二机床集团有限公司是济南职业学院多年来的亲密合作伙伴，双方的合作实现了“全方位”——设立订单班，共同介入招生过程，共同拟定人才培养方案，共同制定课程标准，共同实施教学过程。三届订单班学员全部被企业接收，部分优秀员工很快成长为技术骨干，2013 届毕业生孟祥玉就是其中之一，短短几年就成长为公司技术骨干。

二机床集团作为行业龙头企业之一，其技术标准代表了机床行业的标准，校企合作培养的学员毕业后不仅可以在该公司大展身手，即使到其他机床企业也是如鱼得水。

四、双主体：积极探索现代学徒制，办学双主体

“职业教育如果离开企业，就不是真正意义上的职业教育，目前职业教

育的办学主体单一化，企业没有站出来。”教育部职业教育与成人教育司巡视员王继平在一次接受采访时这样说。

2013 年 8 月济南职业学院与上海中锐教育集团正式签订合作办学协议，引进“华汽教育”项目，该项目立足于学院现有汽车检测与维修专业，通过中锐集团在课程体系开发、企业师资派驻、教学设备投入、就业服务支持等多方面的投入，实现专业共建，合作办学。而早在 2011 年，济南职业学院就开始探索现代学徒制，引进德国“双元制”职教体系精髓，校企“双主体”合作育人取得显著成效。

济南职业学院党委书记王小平表示：“中德技术培训中心坚持校企双主体育人、学校教师和企业师傅双导师教学，学生入校就被合作德资企业挑选为准员工（学徒），明确学徒的企业员工和职业院校学生双重身份，50% 的时间在校学习理论并进行基础操作实训，50% 的时间到被订单的德资企业进行专业操作训练，形成了学校和企业联合招生、联合培养、一体化育人的长效机制。”该项目被 AHK 评选为示范项目，在全国 50 余个“中德双元制”项目中享有很高声誉。首期学员已于 2014 年暑假毕业，全部进入德资企业工作。

前不久，学院与二机床集团合作开展的现代学徒制试点专业也已获批，将从 2015 年开始招生。

济南研究

济南教育学院中文系有研究济南历史文化的学者徐北文先生和李永祥先生，最初是在他们的影响、带领下关注、研究济南历史文化，并写出了一些文章。

从 2005 年开始，参加了济南市哲学社会科学规划办（隶属济南市委宣传部）组织的济南哲学社会科学规划项目的申报，多次获得重点立项，也多次获评优秀项目，与其他优秀项目的研究报告（删减版）一起集册出版。

作为一个济南市民，面对着可圈可点、悠久灿烂的历史文化，能够做一点普及、传承的工作，也是一件幸事和乐事。

五百年一出的贤者——员半千[①]

714年的某一天，须发全白、衰老无力的94岁高龄的员半千仰卧于床榻之上，双目微睁，慢慢地侧过头去，透过窗棂，朦胧地望见尧山（在今陕西省）上的青松翠柏，听着沮水滔滔的声响，他的思绪仿佛跟随着流水流淌到了一个非常遥远的地方……

621年，员半千出生于齐州全节（今济南章丘），员半千并非是他本来的姓和原有的名，他的姓和名都有一番来历。先说他的姓：员半千的先祖原为彭城（今江苏徐州）刘氏，其十世祖刘凝之，为南朝刘宋起部郎，刘宋灭亡后逃奔北魏，自以忠烈比伍员（即伍子胥），北魏皇帝因此封赐其姓氏为“员”。半千本名余庆，字荣期，成人后，他与乡人何彦先同师王义方。王义方见余庆刻苦攻读，才学超群，心地纯正，很是爱重。在一次授课后，王义方当着所有学生的面称赞余庆说：“五百年有一贤者降生，你对此当之无愧。五百年是半个千，我为你改名为‘半千’，你意下如何？”余庆尊崇先生忠正耿直、不为权势所折服的品性，钦佩先生渊博的学识，能得到先生的赞誉，他感到莫大的荣幸，岂有不从之理？半千叩头谢先生赐名之恩。自此之后，“员半千”就成了他的名字。

回想自己的一生，员半千自认为没有辜负恩师的期望，他认认真真地度过了自己的一生。他也非常感谢上苍为他营造的生活环境，使得他在成长的关键时期，能够吸收到人生和社会的精华，成长为堂堂正正的男儿，成长为为百姓谋利益的清官，成长为“贫贱不能移，威武不能屈，富贵不

① 本文收录于李永祥、刘培东主编《济南名士多》（济南出版社2005年版），收录时内容有改动。

能淫”的真正意义上的人。

员半千父亲早亡，由他的伯父抚养，他童年早慧，童年即能够读通书史。他跟随伯父客居晋州（今山西太原），应童子试，成绩优异，殿试对诏，已经能讲解《易经》《老子》，时任宰相的房玄龄对这一位小老乡特别赏识。成人后，其师王义方的渊博学识对员半千更有着直接的影响和熏陶，并赢得了老师对他的称誉。多年的刻苦攻读，终于使他成为一个博学多才的人。

他的家乡齐州全节，原名也不叫“全节”，其中也有典故，这要追溯到唐初。唐初设有平陵县（治所在今济南章丘平陵城），贞观十七年（643）齐王佑谋反，平陵百姓忠于朝廷，坚决不顺从齐王。朝廷平息了这场叛乱后，为表彰平陵人的忠节，下诏改平陵县为全节县。在当时的社会，忠君即爱国，已经二十多岁的员半千对这场轰轰烈烈的事件应是直接经历亲身感受的，至少是非常熟悉整件事的过程。民众的忠君爱国的刚直行为对他一定产生了重要的影响。

恩师王义方除了教给了员半千广博的知识，同时，以自己忠正耿直的人格魅力熏陶着学生。学识渊博的王义方曾为侍御史，因当廷怒斥奸相李义府，为李义府所陷害，贬官莱州司户参军，后来客居昌乐（今河南南乐县），聚徒讲学。老师的经历不仅让员半千痛恨权奸，更为老师刚直的品德所折服。王义方死后，半千与同学何彦先为老师修墓植松柏，庐墓三年才离去。由此可见，他对老师的深情。

员半千之所以能成为一个正直的人，成为一名清廉的官吏，应该说与以上事件有着密切直接的关系。

唐咸亨年间（670—674），员半千连中八科制举。但是，他虽有满腹才学、远大的志向，无奈因家境清寒，与朝廷官员没有任何关系，没有人举荐，长期未被授任官职。这些经历让他对社会有了更为清醒的认识，也练就了他达观的性格。

后来，他被授武陟（今属河南）县尉，适逢连年旱灾，百姓穷困潦倒，饥饿难耐，他建议县令殷子良开仓赈济灾民。殷子良一是不会把小小的县蔚放在眼里，二是粮食赈济灾民，他挪用的机会就会减少，因此，没有听从。员半千义愤填膺，但也无可奈何。恰巧，县令到怀州拜见刺史郭齐宗，半千便来了个一不做二不休，乘机把官仓中的存粮全部发放给灾民。半千并不是不知道这样做的后果，但眼看着百姓被饿死，即使他能保全自己的官职，做这样不为民做主的官又有什么意义呢？他已做好了最坏的思想准备。果然，怀州刺史郭齐宗听到这一消息后，又惊又怒，他万万没想到，一个小小的县尉竟敢如此胆大妄为，如若不重重惩处，自己的威严何在？他下令把半千捉入大狱，要治以重罪。

黄门侍郎薛元超任河北道存抚使，巡察至此，了解了此案，他一方面觉得员半千的做法是对的，但又不愿得罪郭齐宗，便来了一个两全其美的办法，他对郭齐宗说："你作为刺史而不能抚恤百姓，让惠政出自一个小小的县尉，你能治他的罪吗？此事流传出去，你如何交代？"郭齐宗自知理亏，虽咽不下这口气，但薛元超讲的也不是没有道理，只好释放了员半千。

高宗永隆元年（680），员半千应岳牧科制举，在武成殿应对兵书天阵、地阵、人阵之说，博得高宗李治赞赏，对策擢为上策。后历华原、武功县尉。垂拱年间（685—688），任左卫胄参军，充宣慰吐蕃使，出使吐蕃，辞行时，武后召见，倾慕其才学，说："我早就听到你的名声，原以为是位古人，却在朝任职，境外出使之事，何用你去，你应留在朝中待命。"旋即入阁供奉，升任司宾寺主簿。武则天的长处，就在于善于选拔人才，委以重任。在她的统治时期，朝中有才能的文武大臣，几乎不比贞观时少，她能听谏，也多少有一些唐太宗的风度。耿直的人只要不被她怀疑为谋反者，他能从酷吏、亲近人的陷害中保全这些耿直人。后来她对员半千的宽容也证明了这一点。

证圣元年（695），员半千为左卫长史、弘文馆直学士，与著作佐郎路敬淳分日待制显福门下。此时，员半千撰写了《明堂新礼》3卷，武则天封禅中岳（嵩山）时，又撰《封禅四坛碑》12首，皆献于武后，前后受赐绢帛千余匹。这应是员半千一生中最受重用、最为舒心快志的时期。虽则如此，他也并未看重地位、恩宠、钱财这些别人追求不已的东西，当然，也不怕失去这些。人，无欲则刚！

武后圣历二年（699），朝中设置宫中近侍宿卫机构控鹤府，以武后的男宠张易之为监（长官）。武后提升员半千为正谏大夫兼控鹤内供奉。半千节操清白，已经78岁高龄的他怎可能与这些人为伍？于是直言不讳地上奏武后说："控鹤府古来没有这种机构，况且入选的都是浮荡无行的少年，不是朝廷按德操选拔的，恳请予以罢除。"武后没有想到，员半千是她一手提携起来的，对他恩宠有加，不断地委以重任，他怎么可能这样来回绝她？再说，男性皇帝可以三宫六院，女皇帝为何就要受到种种的束缚？甚至是她所赏识、信赖、重用的人也要如此将她的军？如此不顾及她的尊严，她感到非常痛心。凭着她的身份和权利，她可以治他的罪，可以杀他的头，可她没有这样做。她喜欢他的才学，赞赏他的品德，欣赏他的耿介，所以，她把他留了下来。但内心的不快已使她不想让他在身边出入，当然也要对他的不恭有所表示，因此就把他左迁为水部郎中，预修《三教珠英》。后，员半千又外任棣州刺史，再后，复入朝为弘文馆学士。

当时，宠臣武三思（武后侄子）等人不学无术，借助于武后的权威，专横跋扈，排除异己，员半千的才学与刚直当然遭到了武三思之流的嫉妒、排挤。经历了大风大浪的员半千当然不会把武三思这类人放在眼中，但达观的个性使他也不会与这种人争风吃醋，便出任为濠、蕲二州的刺史。80多岁的员半千在州不专任胥吏，更注重教化，当地的民风变得淳朴忠厚起来。

睿宗即位（710）后，已经90岁高龄的员半千凭借自己的崇高威望，被征拜为太子右谕德，兼崇文馆学士，加银青光禄大夫，累封平原郡公。但这些高官厚爵对于他这个年龄的人来说已经毫无意义，他的身体状况也不允许他为朝廷有更多的贡献。所以，不久，他自请辞官，定居尧山、沮水之间，与青山绿水为伴，放情山水，过着完全属于自己的安详平淡的生活……

沮水渐渐地流远了，青山渐渐地模糊了，员半千感觉他有些累了，他已经没有什么遗憾了，他要休息了，他要去见他的恩师，他要告诉恩师他所经历的许多事情，他相信老师一定会再次称颂他。他要带着他的耿介刚直和他的诗情才学走了，他要走了，轻轻地、慢慢地，员半千合拢了双眼……

官员百姓闻知员半千驾鹤西游，痛哭流涕，哭声和眼泪是他们最真诚的敬意和感激！

最后，让我用员半千抒写自己出淤泥而不染的清白节操的诗歌来结束本文，这应该也是他的心愿：

陇右途中遭非语

赵有两毛遂，鲁闻二曾参。
慈母犹且惑，况在行路心。
冠冕无丑士，贿赂成知己。
名利我所无，清浊谁见理。
敝服空逢春，缓带不著身。
出游非怀璧，何忧乎忌人。
正须自保爱，振衣出尘世。

“文章四友”中的崔融[1]

在唐代初年，苏味道、崔融、李峤、杜审言皆为大家，世谓“文章四友”，其中的崔融即是我们济南人。崔融能诗会文，在唐代济南诗人中算得上是佼佼者。《新唐书》本传记载：“融为文华婉，当时未有辈者。朝廷手笔，多手敕委之。其《洛出宝图颂》尤工。”《旧唐书》记载：“融为文典丽，当时罕有其比。”可见崔融当时文笔名声之高。

崔融，字安成，唐代齐州全节（今济南章丘）人，最初应八科制举，皆金榜题名，累补宫门丞、崇文馆学士。在中宗李显为太子时，崔融以博学多才选为侍读，兼侍属文，东宫表疏多出其手。圣历元年（698），武则天到中岳嵩山封禅，见到崔融所撰的《启母庙碑》，非常喜爱，深加叹美；封禅毕，又命崔融撰《朝觐碑》，再次受到赏识，便由魏州司功参军提升为著作佐郎，转右史。圣历二年（699），除著作郎，兼右史内供奉。圣历四年（702），迁凤阁舍人。至此，崔融的仕途还是很顺畅的。但在久视元年（700），他因故惹怒武则天嬖臣张宗昌，贬为婺州（今浙江金华）长史。武则天的嬖臣为人所不齿，当时朝中稍有廉耻的人对他都嗤之以鼻，崔融自然也不例外。但因此而遭贬谪使他内心又有说不出来的滋味，这次应是个教训。不久，崔融又被召为春官郎中，知制诰事。长安二年（702），再迁凤阁舍人，翌年，兼修国史。此时有司正上书议税关事，主张凡行人尽征之。崔融以扰民太甚或致骚动为由，上疏反对，主张只税商贾，不税行人。崔融的奏疏条条款款，由古而今，有理有据，引经据典，论辩有力，从六

---

① 本文收录于李永祥、刘培东主编的《济南名士多》（济南出版社2005年版），收录时内容有改动。

个方面阐述了不可“人人皆税”的理由。通过这一奏疏，我们也可窥见崔融文才之一斑。这样言之凿凿的奏疏很自然地说服了武则天，她采纳了他的建议。此事自然使崔融的名声更振。

长安四年（704），崔融任司理少卿，仍知制诰。张易之、张宗昌兄弟广招文学之士，崔融屈节佞附。在此之前，崔融曾违逆张宗昌，而此次屈节，应是由于第一次的被贬，他本意是想逃过沉浮的命运。但张易之被诛杀后，崔融又因屈节而被贬为袁州刺史，命运给他开了个不大不小的玩笑。好在不久他被召拜国子司业，兼修国史。中宗神龙二年（706），因为预修《则天实录》有功，封清河县子。

崔融的《则天哀册文》尤见工力。据说作《则天哀册文》时，苦思过甚，遂发病而卒，中宗念其有侍读之恩，追赠为卫州刺史，谥号“文”。

在新、旧《唐书》中都盛赞崔融的文章，那是因为他的文章都是御用文章，事实上，崔融在文学史占有一席之地的是他在诗歌领域的成绩。崔融是宫廷诗人，他常与宋之问、杜审言等诗人交游唱和，其时，近体诗正处于定型时期。近体诗以律诗为代表，律诗的韵、平仄、对仗，都有许多讲究，由于格律很严，所以称为律诗。崔融的诗作对我国律诗的定型和成熟做出了一定贡献，在中国近体诗的发展史上具有一定的地位。举两首诗加以说明：

和宋之问寒食题黄梅临江驿

春分自淮北，寒食渡江南。
忽见浔阳水，疑是宋家潭。
明主阍难叫，孤臣逐未堪。
遥思故园陌，桃李正酣酣。

留别杜审言并呈洛中旧游

斑鬓今为别，红颜昨共游。
年年春不待，处处酒相留。
驻马西桥上，回车南陌头。
故人从此隔，风月坐悠悠。

这是崔融所作的两首五言律诗。律诗主要有四个特点：一是每首限制八句，五律共四十字，在这方面，这两首诗没有问题。二是要押平声韵，第一首“南”“潭”“堪”“酣”是平声韵，第二首的“游”“留”“头”“悠”也是平声韵。三是每句的平仄都有规定，五律要么是平起式，要么是仄起式，这两首诗在平仄上还谈不上是平起式还是仄起式，平仄不太成熟，说明此时的律诗正处于一种探索状态，律诗还没有完全定型化。四是每首必须有对仗，对仗的位置一般是中两联，即颔联和颈联。第一首诗的颔联和颈联“忽见浔阳水，疑是宋家潭”和“明主阍难叫，孤臣逐未堪”，第二首的“年年春不待，处处酒相留”和“驻马西桥上，回车南陌头”符合对仗对词性的要求，对得还是很工整的。这里简单的分析就可证明崔融对律诗的贡献。

虽然崔融曾屈节于嬖臣，无论是身不由己还是其他原因，总不算是光彩的事情。但崔融也有可称颂的地方，就是奖引后学。崔融赏识杜审言（盛唐伟大诗人杜甫的祖父）的才学，因此一直对他多方的关怀和奖引，杜审言之所以能名列“文章四友”之中，应该说与崔融不无关系，从上面的诗中也可看出他对杜审言的情谊。杜审言自然铭感于心，崔融殡葬时，审言以子弟身份为他服孝守灵。中国文学史上奖掖后学的事例很多，这也算作文学界的一大景观，籍于此，文学才得以薪尽火传，延续至今。

崔融的《从军行》《塞垣行》等篇，写得颇有气势，不失为佳作。

从军行

穷庐杂种乱金方，武将神兵下玉堂。
天子旌旗过细柳，匈奴运数尽枯杨。
关头落月横西岭，塞下凝云断北荒。
漠漠边尘飞众鸟，昏昏朔气聚群羊。
依稀蜀杖迷新竹，仿佛胡床识故桑。
临海旧来闻骠骑，寻河本自有中郎。
坐看战壁为平土，近待军营作破羌。

这首诗是乐府旧题，最有特点的是中间四句，通过富有边地特色的意象如“关头落月”“塞下凝云”“漠漠边尘”“昏昏朔气”等来营造边关的荒凉冷落的景象。在这样一个凝滞、昏暗的背景上，塑造了神武英勇、所向无敌、充满战斗豪情的戍守将士。“临海旧来闻骠骑，寻河本自有中郎”借用汉朝名将来赞颂当今朝廷的人才济济。“天子旌旗过细柳，匈奴运数尽枯杨”用比的手法表现了对匈奴的蔑视，结句体现出了必将胜利的坚定信念。此诗没有直接描写战争的场面，而是渲染气氛，从侧面进行烘托，把残酷、血腥的战争描写得举重若轻，体现了大无畏的精神面貌。

塞垣行

疾风卷溟海，万里扬沙砾。
仰望不见天，昏昏竟朝夕。
是时军两进，东拒复西敌。
蔽山张旗鼓，间道潜锋镝。
精骑突晓围，奇兵袭暗壁。
十月边塞寒，四山沍阴积。
雨雪雁南飞，风尘景西迫。
昔我事讨论，未尝怠经籍。
一朝弃笔砚，十年操矛戟。
岂要黄河誓，须勒燕山石。
可嗟牧羊臣，海外久为客。

一般说来，盛唐边塞诗在渲染边关恶劣环境时，习惯抓住边关的狂风、暴雪、酷寒，这首诗也算是出现较早的边塞诗。他主要抓住了具有边关特色的“风”来展开描写，前四句突出了横扫千里、遮天蔽日、挟沙带砾、自朝至夕的狂风，勾勒出了一幅昏暗迷茫的边关画面，写得很有气势！在这样恶劣的背景上，展开了两军的交战。中间六句通过遮蔽天日的旌旗和震彻大漠的战鼓来衬托出激烈、壮阔的战事场面，歌颂了两路将士的勇敢智慧和出奇制胜。接下来四句又进一步描写十月边关“雨雪纷纷连大漠”的大雁南飞、了无生气、寒冷异常的景象。戍守将士就是在这样严酷的环境中与敌征战的。气候如此恶劣、环境如此危险，但展现出了作者的热望。

接下来的六句，说明了作者秣马厉兵、苦心钻研，希望有朝一日，投笔从戎，征战沙场，为国立功。《汉书·窦宪传》记载：窦宪带兵横扫匈奴，一直打到了匈奴境内的燕山，在燕山上刻字留念以示神勇。崔融借用此典是为了说明自己有着与窦宪一样的威武，希望能驰骋沙场报效朝廷。《汉书·苏武传》记载：汉武帝时，苏武奉使至匈奴，被扣留。匈奴屡次胁迫苏武投降，均遭拒绝。后来，苏武被流放到北海上。他为了表示不忘汉廷，终日手持汉节，在海上牧羊。被羁留前后十九年，节毛尽脱。作者在末两句借用这个典故，应是表明他对朝廷的忠心耿耿。从这首诗中描写的情感来看，应是作于崔融遭贬谪时。

隋朝时不多的描写边关生活的诗歌被视为是唐代边塞诗的先驱，边塞诗成为一个流派是在盛唐时期，武则天时的崔融属于宫廷诗人，他能够写出气势昂然的边塞诗是应该给予肯定的，他的诗歌对盛唐边塞诗派是有影响的，他的人以及他的诗歌又为历史文化名城增加了更为厚重的底蕴。

“诗仙”李白在济南[①]

天宝元年（742），正值壮年的41岁的李白应唐玄宗的征召前往长安，临行前，他是充满着他所特有的豪情壮志和对自己的才能和政治前途的自信心“仰天大笑出门去”的，他认为自己的“四方之志”“经济之才”即将得以施展。到了长安，太子宾客贺知章“谪仙人”的称谓使李白名声大振。但唐玄宗命令他供奉翰林，陪从侍宴，代草文书，并没有重用他。

唐玄宗最宠信的宦官高力士，是势倾内外的显赫人物。传说李白在玄宗面前喝醉了酒，曾喝令高给他脱靴，终于为高力士、杨贵妃等人不容，只得“恳求”归山。就这样，李白带着曾有的“龙巾拭吐，御手调羹，贵妃捧砚，力士脱靴”的骄傲和政治上的失败、仕途上的挫折被“赐金”送出长安。虽然他“高歌大笑出关去”，但与他来时的“仰天大笑出门去”的“大笑”是多么不同。当他辞别家人的时候，他想到的是自己十多年来日思夜想的理想即将成为现实，这时的“仰天大笑”是发自内心的极度欣慰和喜悦的表现；而现在的“高歌大笑”，却是蕴涵着多么深沉的郁结、悲愤和痛苦！

金樽清酒斗十千，玉盘珍馐直万钱。
停杯投箸不能食，拔剑四顾心茫然。
欲渡黄河冰塞川，将登太行雪满山。
闲来垂钓碧溪上，忽复乘舟梦日边。
行路难！行路难！多歧路，今安在？
长风破浪会有时，直挂云帆济沧海。

---

① 本文收录于李永祥、刘培东主编的《济南名士多》（济南出版社2005年版），收录时内容有改动。

这就是李白离开长安的心情，也是他来济南前的心情。

李白离开长安，在洛阳与诗人杜甫相遇，后“李杜”并称，成为中国文学史上的两颗最璀璨的明珠。李杜结伴同游，于天宝四年（745）春夏之交来到齐州（今山东济南)。齐州的灵山丽水慰藉了失意的李白，并且，在这里他成了一名真真正正的道士，完成了李白真正意义上的“升仙”。

下面我们追寻李白的思想轨迹，看他是怎样一步步走入道教“仙境”中去的。

李白青少年时代即相信道教，他除了比较经常地隐居在安陆境内的小寿山和白兆山桃花岩之外，还曾和道友元丹丘一同隐居在河南嵩山。此外，他还和元丹丘、元参军演问道于湖北随州胡紫阳。到了山东之后，又和鲁中名士孔巢父、韩准、裴政、张叔明、陶沔隐居在徂徕山，过着高歌纵酒的生活，当时号为“竹溪六逸”。此后，南去浙江，又和道士吴筠隐居于剡中。在这期间，和他气激道合、过从最密的也主要是逸人隐士和道教徒一类的人物。例如孟浩然，便是当时著名的诗人和隐士，才高不遇，隐居于襄阳鹿门山，不屑仕进，过着饮酒作诗的悠闲生活。《新唐书·孟浩然传》记载：采访使韩朝宗约浩然一起到京城，想举荐给朝廷。恰巧他的友人来访，饮酒正酣。家人提醒他与韩朝宗有约，孟浩然斥骂说：“我们已经饮起酒来了，哪还能顾及他?”最终也没有赴约。朝宗大怒，拂袖而去。孟浩然却不在意。这样的生活作风和李白非常接近。他们两人在襄阳相识后，便立即建立了深厚的友谊。再如孔巢父、韩准、裴政、张叔明、陶沔，也都是仕途上并不得意的人物，和李白当时的情况相仿，因此，他们在一起高歌岩户，过着“出山揖牧伯，长啸轻衣簪”的生活。至于胡紫阳、元丹丘、吴筠，都是当时有名的道教徒。胡紫阳居湖北随州，当时是“南抵朱陵（湖南衡山)，北越白水（河南白河)，禀训门下者三千余人，邻境牧守，移风问道”。胡紫阳死后，李白还为他作碑铭。元丹丘是胡紫阳的弟子，居河南嵩山，李白和他“殊身同心，誓老云海”，友谊尤其深厚。李白和吴筠相识较晚，但李白奉诏去长安，就是吴筠举荐的结果。

李白一生的大部分时间是在隐居和求仙学道的生活中度过的。早在二十岁之前，他就隐居在岷山之阳有数年之久，并与道教徒相往还。长安时期是他一生最得意的时间，但就是在那个时期，他仍然与一些山人逸士相过从。在他一生的后期，这种生活就更加突出。李白这种隐居和求仙学道的生活，就其总的精神来说，是他酷爱自由，追求个性解放的表现，但它在不同时期又具有不同的意义，不能一概而论。他二十岁以前的隐居生活，虽然已经寓有养望待时的目的，但主要还在于读书习业；而在他离开长安以后，他的隐居和求仙学道则是出于对封建黑暗势力的否定、反抗和对自由隐逸生活的追求。同时，由于政治上的失意，也不可避免地带有更多的消极成分。在今天看来，这两者似乎是相互矛盾的，但在唐代的特殊情况下却有它的现实基础。

唐朝为李氏天下，为了政治上的需要，皇室把春秋时代道家学说的创始人老子（名李耳）尊为远祖，并追号“太上玄元皇帝”。特别是开元、天宝年间，是道教最昌盛的时代。由于统治者的崇信与大力提倡，道教俨然以国教的面目出现。差不多所有的上层统治阶级人物都迷信道教，都和道教有一点瓜葛。玄宗的妹妹玉真公主，宰相李林甫的女儿李腾空，都以贵族的身份隶籍道教。当时的一些著名道教徒也无不与统治阶级有密切的关系，有的还直接受到皇帝的礼遇。例如李白在江陵谒见的、曾称誉李白“有仙风道骨，可与神游八极之表”的司马承祯，便曾在武后、睿宗、玄宗诸朝迭被召见。玄宗还把他安置在王屋山，以便就近问道。在这样的情况下，一些利禄之徒，便假借隐居学道来谋取富贵利禄，隐居学道便成为谋取仕宦的一种手段。《新唐书·卢藏用传》记载：“司马承祯尝召至阙下，将还山，藏用指终南山曰：‘此中大有佳处。’承祯徐曰：‘以仆视之，仕宦之捷径耳。’”这正是这种时代风尚的具体说明。事实上当时也确有许多人是通过这条途径而踏上仕途的。因此，李白这时的隐居和求仙学道生活也有养望待时，为政治前途打开出路的目的是不足为奇的了。

不过，李白的寻仙访道并不是完全为了富贵利禄。李白的建功立业的思想是受“济苍生”“安社稷”“使寰区大定、海县清一”的崇高理想的驱动。同时李白的隐居学道当然首先是由于时代风尚的影响，但这种生活却培养了他的对自由的热爱，对精神解放的追求，以及不愿受世俗羁绊的性格；而这种性格一旦形成，又反过来促使他更加爱好这种生活。李白受到庄子学说和神仙思想的影响很深，因而他的隐居学道是带有一定迷信和消极遁世成分的，有时甚至表现得很严重，但他同时又接受了儒家兼济思想，因而又有强烈的用世要求。隐居学道和建功立业这两种思想在李白身上是同时存在的。不过它们有先后主次之分，其中后者是主导的，前者是以后者为前提。他说："苟无济代心，独善又何益?"他首先要为国家和人民建立一番轰轰烈烈的功业，然后才能像范蠡、张良一样荡舟五湖，从赤松子游，安心地去过那自由自在的隐居学道生活。悲剧在于，终李白一生，他的建功立业的要求一直没有得到实现，因而尽管李白一生的绝大部分时间是在隐居和求仙学道的生活中度过的，尽管这种生活是李白所素好的，但是由于功业未成，他始终未能安心于这种生活，甘心做一个飘然世外的隐士。

唐玄宗开元二十九年（741），玄宗命两京及诸州各置玄元皇帝庙，在京师者号玄元宫，在诸州者号紫极宫。

当李白在长安遭受了沉重的打击后，消极遁世的思想情绪就在这样的矛盾痛苦中抬头了，在这样的思想情绪的支配下，他一出京城，便立即再一次地追逐起求仙访道的生活来了。他匆匆赶往齐州紫极宫皈依道教，正是消极遁世思想抬头的必然结果。在他的政治活动遭到大失败后，以此来安慰自己是再自然不过的事了。郭沫若先生认为李白是先去了安陵（今河南鄢陵县）找盖寰道士把《道箓》造好了，他托河南采访使李彦允介绍，特地请著名的道教天师北海（今山东青州）高如贵到这里主持自己的入道仪式。

道教徒受《道箓》有非常严格的仪式，形式十分繁琐，比佛教徒的受戒、耶稣教徒的受洗礼，规模仪式还要细致。入道之人，首先要念《五千文箓》，再念《三洞箓》，最后念《上清箓》。这些"箓"都是用朱砂写在白绢上的，记录了诸天曹官吏的名称、具体的数额。还有许多的道符错落在经文中，文章诡怪，世人不识。

入道的人要接受洁斋，然后手持金环和贽币拜见天师。天师接受了贽币，把《道箓》授予李白，佩带在身上。把金环剖开，天师和李白各持一半，表示相互约定，李白已是道教徒了。

进行洁斋的方法，有黄箓、玉箓、金箓、涂炭等种种斋法。要做成三成的神坛，每一成都挂上用绳子捆扎的茅草作为限域。旁边各有开门，每门都有法象。斋戒者也有严格的人员限制，受道的人背起双手，鱼贯而入，环绕神坛，口中不断地念念有词，向神祇忏悔，昼夜不息，有的是几乎不间断地行走七天七夜，有的走十四天十四夜。李白走了几天几夜不得而知，总之，在这之前，李白只是思想上信仰道教，从此，在齐州，他就正式成为道士了。入道使李白非常高兴，虽然李白的身体已非常疲惫，但精神上得到了极大的解脱，也有了寄托，他置酒为高天师送行，感谢他为自己主持入道，并赋诗一首《奉饯高尊师如贵道士传道箓毕归北海》。

李白完成了长久的心愿，他迈着轻快的步子，足迹踏遍了济南的湖滨山巅，并留下了赞美济南山水的佳作，《陪从祖济南太守泛鹊山湖三首》便是其中的一组：

初谓鹊山近，宁知湖水遥。
此行殊访戴，自可缓归桡。

湖阔数十里，湖光遥碧山。
湖西正有月，独送李膺还。

水入北湖去，舟从南浦回。
遥看鹊山转，却似送人来。

古时，济南北部东至华山、北至鹊山、南至标山是一个大湖——鹊山湖，烟波浩渺，气象万千，风景秀丽壮美。关于鹊山的名称，有两个传说，一是据说在每年的七八月间，乌鹊翔集于此。另有一说，扁鹊曾在此炼丹，故名为鹊山。李白与李太守（姓名不详，唐代人好联宗叙谱以示亲近，此人不一定真是李白从祖）泛舟湖上，尽情观赏佳山秀水，所以李白说，此行不像东晋王羲之雪夜乘舟访问戴逵，匆匆而去，刚到戴逵门前又觉兴致已消，匆匆而返，而只管在这湖中缓缓荡舟，尽情欣赏这无边的美景。

第二首诗里，李白亦化用一个典故。东汉李膺文武双全，为官威严明审，誉满朝野。博通典籍的郭泰游历洛阳，与时任河南尹的李膺相识，结为朋友。后郭泰返乡，诸儒衣冠整齐送至黄河边，车数千辆。郭泰唯与李膺同舟而渡，众人望之以为神仙。诗中李白将李太守比作李膺，自比郭泰。郭泰年轻时，母亲想让他供职朝廷，郭泰说："大丈夫怎能让见识短浅、器量狭小的人所役使呢?"后来司徒黄琼征召，太常赵典荐举，其他人亦劝其进身为官，郭泰看到朝廷衰败，纲纪废弛，已无可挽回，于是一概不应。他周游郡国，以高尚的节操被世人景仰，李白此时的心境与郭泰是相通的。李白遭受了政治上的失意，对他来说，重新登上仕途之路几乎是不可能了，入道对他的精神是一种莫大的慰藉。这里也许他是借郭泰来表明朝廷的不可扶持，也许借郭泰给自己的内心些许的安慰。此诗妙在前三句中的"湖"字，一般而言，同一首诗中切忌一个字多次出现，而此诗之妙即在于此，旨在突出湖的浩渺、湖光山色、湖月相映的美景，气象开阔、壮观、静谧。

后来，李白回忆起这次济南之行，还写过一首古风：

昔我游齐都，登华不注峰。
兹山何峻秀，绿翠如芙蓉。
萧飒古仙人，了知是赤松。
借予一白鹿，自挟两青龙。
含笑凌倒景，欣然愿相从。

赤松即赤松子，传说是神农时的雨师，至昆仑山，常入西王母室，随风雨而上下。《史记·留侯世家》记载，张良辅佐刘邦平定天下后，对刘邦说："愿弃人间事，欲从赤松子游耳。"于是，便按道家方法演习引导飞升之术。这首诗李白不仅以浪漫主义的幻想写其登上华山之巅恍如驾云乘风、飘飘欲仙的感觉，还蕴含着他对定国安邦、功成身退的一代人杰张良的景仰和追慕。

离开齐州，李白继续他的漫游生活，如果不是安史之乱的爆发，也许李白可以过着信道漫游的生活而终老。安史之乱又重新燃起了他实现理想拯救苍生的热望，但政治上的天真使他没有觉察到永王的夺位野心，结果最后被流放夜郎（今贵州），“平生不落泪，此时泣无穷”是此时他内心的真实写照。后遇大赦，他才沿途返回，在宝应元年（762），李白来到当涂，投靠他的祖叔、当涂县令李阳冰。不久，他就病重了，在这一年的十一月，这位伟大的诗人便在寂寞凄凉的境遇中与世长辞了，终年六十二岁。李白死后，安葬在当涂采石的龙山东麓。五十余年后，他的朋友范伦的儿子范传正，根据李白生前“悦谢家青山”的意愿，把坟茔迁至当涂东南的谢公山（即青山）之阳。据范传正寻访所知，李白死后仅留有一子伯禽，于贞元八年（792）死去，没有做过官。伯禽有一子，在范传正去访问时已经出游十二年了，不知下落；有女二人，都已嫁给当地的农民。关于李白死后的情况，可以知道的就只有这些了。

李白希望成就一番事业后，像张良、范蠡一样再去归从道教，做一个真正的道教徒，他虽然在济南入道，遗憾的是，他一生并没有真正地全身心地皈依道教。但济南给了失意的李白以安慰，而李白也给济南增添了浓郁的人文景观。

历下亭中说杜甫[①]

漫漫古道上走来一个洋溢着蓬勃朝气的年轻人，他充满自信，脚步轻快，不时地转头四顾，欣赏着周围秀美的景色。渐渐地，近了，近了，已经看到了雄伟的五岳之首的轮廓，他抑制不住内心的喜悦，加快了脚步。虽然他曾千百次地想象过泰山的壮美景色，但当泰岱逐渐清晰地矗立在他的面前时，他还是被震撼了，不由自主地发出了惊叹声！高大雄伟、满目青翠、钟灵神秀的美景使他叹为观止，胸中洋溢的激情按捺不住，秀口一吐，一首充满激情自信、气势雄伟、语言警拔的诗篇从此名扬四海：

岱宗夫如何？齐鲁青未了。
造化钟神秀，阴阳割昏晓。
荡胸生层云，决眦入归鸟。
会当凌绝顶，一览众山小。

泰山的景象如何呢？辽阔广大的齐鲁之地还无法包容它无边无际的青翠之色，高居五岳之首的“岱宗”，巍峨雄伟，得天独厚，大自然把它所有的神奇秀丽都集中在这里。峻拔的山峰遮断了阳光，把山的南北分割成了两个世界，一边是阳光明媚，霞光万丈，一边却是夜色迷蒙。站在半山腰，翻滚的云海激荡着诗人的心胸，登高远望，天边的归鸟结伴而行。壮美的景象激发了诗人的雄心壮志和对未来的坚定信心，结句洋溢着积极向上、奋发图强的豪情。

一般认为，这是今天我们所见到的唐代伟大的现实主义诗人杜甫的最

① 本文收录于李永祥、刘培东主编的《济南名士多》（济南出版社 2005 年版），收录时内容有改动。

早的一首诗。在开元二十四年（736），当时年仅24岁的杜甫，到东都洛阳应贡举落第，他的父亲杜闲时任兖州司马，杜甫到兖州省视父亲，并漫游齐、赵（今山东、河北境），过了一段“裘马颇清狂”的生活。本诗就是他登泰山的记录。他登上了泰山的顶峰——日观峰，“穷秋立日观，矫首望八荒”，他望见了：

平原独憔悴，农力废耕桑。
非关风露凋，曾是戍役伤。
于时国用富，足以守边疆。
朝廷任猛将，远夺戎虏场。

开元后期的穷兵黩武，边将的好战贪功，征戍的频繁，赋役的繁重，使中原地区开始凋敝，这种对国计民生的关注，表明青年时期的诗人已经在忧国忧民了。他早就树立了“致君尧舜上，再使风俗淳”的理想，并为实现这一理想积聚力量！

齐州（今济南）是当时的大都会，距泰山只有一百多里的路程，名胜古迹众多，按说，杜甫肯定会到齐州一游，遗憾的是，我们今天找不到杜甫这次游历在济南活动的有力证明。但庆幸的是，八年之后杜甫又一次来到了济南，并为济南留下了“海右此亭古，济南名士多”的诗句，使济南增添了更为厚重的文化底蕴。

杜甫这一次出行，这里谈两件事，一是他与李白、高适的相遇，一是他在济南的题咏。

李白，唐代伟大的浪漫主义诗人，被称为“诗仙”；杜甫，唐代伟大的现实主义诗人，被称为“诗圣”。这两位年龄相差11岁的中国及世界文学史上的伟大文学家相聚于东都洛阳，并结下了深厚的友谊，成为文学史上不可多得的佳话。他们互赠的诗歌，一千多年来在世间流传。这次具有历史意义的聚会是在天宝三年（744）。

李白在天宝三年带着无尽的失意离开了长安，首先经商州（今陕西商洛市商州区）来到当时的东都洛阳。这时，伟大的现实主义诗人杜甫，自开元二十九年（741）结束了他的吴越齐赵之游后，正在洛阳闲居，这两位伟大诗人在这里第一次相会。李白在洛阳逗留不久，便和杜甫商定秋天在梁园相会。秋天，杜甫从洛阳赶来梁宋（今河南开封、商丘一带），与李白相见，就在此地，他们又遇见了唐代边塞诗派的代表作家高适。

高适在二十岁的时候到长安求仕没有成功，只好在梁宋一带度过了十几年的“混迹渔樵”的贫困生活。高适才高傲物，性格狂放不羁，曾经北上蓟门（今北京西南），想从军报国，找一个立功的机会，但没有成功。却由于他对边塞生活的了解和切身感受，使他写出了一些优秀的边塞诗，特别是写于开元二十六年（738）的《燕歌行》使他诗名大振，其中的“战士军前半死生，美人帐下犹歌舞”深刻地揭示了战争失败的原因。

杜甫与高适不是第一次见面，过去两人曾在汶水之滨相见。此次，与李白、高适两位诗人同时相见，欣喜的心情可以想见。当时，李白44岁，是名扬天下的大诗人，高适43岁，是享有盛誉的边塞诗人，杜甫33岁，应该说还是一个名不见经传的无名小卒。两位诗人丰富的想象力、奇特的构思、随时随地迸发的才情，使杜甫大受启发、大开眼界。三人登上酒楼，开怀畅饮，吟诗作赋，不亦快哉！

他们从梁园漫游到了宋州（今河南商丘），又从宋州到了单父（今山东单县），此地有一片大泽，他们纵情游猎，抒情快志。在天宝四年（745），高适南游，李白、杜甫北上，他们便分手了。李白、杜甫来到了齐州，李白在齐州紫极宫接受高天师的“道箓”，正式加入道教，杜甫在齐州拜访了因有事在齐州的北海（今山东青州）太守李邕。在这一年的秋天，杜甫到了兖州，李白由任城（今山东济宁）赶来与杜甫相会。这次重逢，杜甫写了四句诗赠送李白，表达了怀才不遇、愤世嫉俗的心情：

秋来相顾尚飘蓬，未就丹砂愧葛洪。

痛饮狂歌空度日，飞扬跋扈为谁雄！

冬天，他们在城东的石门分手，临别，李白赠诗给杜甫：

醉别复几日，登临遍池台。

何时石门路，重由金樽开？

秋波落泗水，海色明徂徕。

飞蓬各自远，且尽手中杯！

后，杜甫去长安求取功名，两人就分手了，从此就再也没有相见。分别后，李白在沙丘（今山东临清）又写了一首诗表明了对杜甫的深厚情意：

我来竟何事？高卧沙丘城。

城边有古树，日夕连秋声。

鲁酒不可醉，齐歌空复情。

思君若汶水，浩荡寄南征。

此后，两位诗人互致问候、互相牵挂的诗歌还有许多，证明两位大诗人之间深笃的感情。

另一件事便是杜甫、李邕交往，济南的《历城县志》中有一幅名联，是其交往相知的记录：

李北海亦豪哉，杯酒相邀，顿教历下此亭，千古入诗人吐嘱。

杜少陵已往矣，湖山如旧，试问济南过客，有谁继名士风流！

在天宝四年（745），李邕的从孙李之芳任齐州太守，这年夏天，李邕来到济南，因此恰巧与杜甫相遇。李之芳是唐太宗第七个儿子蒋王李恽的后代，擅长五言诗，开元末年为驾部员外郎，当时出为齐州太守，后来官至礼部尚书，改太子宾客。

李邕是注解《文选》的李善的儿子，广陵江都（今江苏扬州）人，少年便有文名，被任为左拾遗。他品性刚直，当武则天时的御史中丞宋景冒死当面要求武则天处置她的嬖臣张宗昌、张易之时，满朝文武面面相觑，只有李邕勇敢地站出来支持宋景，因此名声大振，并获得了“干将莫邪”之美誉。由于家学传统深厚，加之他自己的聪敏好学，他的文章、书法、篆刻都享有盛名，他一直过着豪奢又狂放不羁的生活。仇人曾告李邕贪赃枉法，许昌人孔璋上书仗义执言：斯人所能者，拯孤恤穷，救乏赈惠；积而便散，家无私聚。他的耿介使李林甫平素就嫉恨，并视若眼中钉、肉中刺，因此在天宝六年（747）正月借故杖杀了他。二十年后，代宗大历元年（766），杜甫在蜀中避乱，得知李邕被杀的消息，悲愤之中，于《八哀诗》（之五）之《赠秘书监江夏李公邕》中遥寄不胜痛惜之意。该诗是一首五言古诗，诗中热情赞美了李邕超群的才学："声华当健笔，洒落富清制。风流散金石，追琢山岳锐。情穷造化理，学贯天人际"；赞颂了他耿介的品格："独步四十年，风听九皋唳。呜呼江夏姿，竟掩宣尼袂！往者武后朝，引用多宠嬖。否臧太常议，面折二张势。衰俗凛生风，排荡秋旻霁"；对他的含冤惨死表达了深沉的悲愤与哀痛："忠贞负冤恨，宫阙深旒缀。放逐早联翩，低垂困炎厉。日斜鹏鸟入，魂断苍梧帝。荣枯走不暇，星驾无安税。几分汉廷竹，夙拥文侯彗。终悲洛阳狱，事近小臣敝。祸阶出负谤，易力何深哜！"

李邕比杜甫年长34岁，他与杜甫的祖父杜审言为诗文之友，交往甚密。杜甫少年居住在洛阳时，李邕就见过他，并且很赞赏他的聪颖好学。此次李邕也在齐州，作为晚辈的杜甫当然要前去拜望。李邕在当时的大明湖历下亭设宴招待齐州士绅蹇处士等人，也特邀杜甫陪宴，杜甫的《陪李北海宴历下亭》便记录了当时的情景：

东藩驻皂盖，北渚凌清河。
海右此亭古，济南名士多。
云山已发兴，玉佩仍当歌。
修竹不受暑，交流空涌波。
蕴真惬所遇，落日将如何。
贵贱俱物役，从公难重过。

诗中首句叙李邕驻临济南，设宴历下亭。第二句申明往历下亭之故。方位以西为右，以东为左，齐地在海之西，故曰海右。因济南有鲍叔牙、邹衍、伏生、房玄龄等大批历史名人，又因为蹇处士等人在场，因此称赞曰名士多。接下来四句是亭内外的景物描写，写宴饮的兴致、环境的清幽。末四句则说此亭蕴涵真趣，故以得一游为快。但日落则席将散，而且同为事物所役使，不得自由，抒发了盛会难再的感慨。诗中的"海右此亭古，济南名士多"两句，颂扬得实，同时也凝聚了诗人对济南人文景观的无限倾慕之情，传诵千古，使济南人永远引以为荣。现在，大明湖历下亭的迎门的门联便是由清代大书法家何绍基题写的杜甫的这一名联。但杜甫所游览的历下亭并不是今天的历下亭。杜甫所游览的历下亭在今五龙潭一带的古大明湖上，元代以后大明湖的面积逐渐减小。今天大明湖上的历下亭始建于明朝，清朝初年重修。

在历下亭，李邕曾和杜甫评论诗文，从“初唐四杰”谈到了“文章四友”，他佩服杨炯的诗文写得雄壮，但不满意李峤辞藻的华美，一谈到杜审言，李邕就称赞他的《和李大夫嗣真奉使存抚河东》是一首杰作，声律和谐，气势不凡。李邕对杜甫的才学非常欣赏，同时对杜甫的理想给予了赞誉，作为长辈，他还给予杜甫极大的鼓励。杜甫对李邕的多才和耿介非常敬佩，两人结下了深笃的友谊。

此次宴饮之后，杜甫还曾陪同李邕游览李之芳在鹊山湖对面所建的员外新亭，杜甫有诗《同李太守登历下古城员外新亭》记之：

新亭结构罢，隐见清湖阴。
迹籍台观旧，气冥海岳深。
圆荷想自昔，遗堞感至今。
芳宴此时具，哀丝千古心。
主称寿尊客，筵秩宴北林。
不阻蓬荜兴，得兼《梁甫吟》。

诗中前四句叙写亭之周围的景象，坐在亭中，鹊山湖时隐时现，昏明异候，亭之气象远与海岳冥接，境界开阔博大，有吞云吐月之势。中四句叙主客登亭赋诗之兴致，想古城原属旧时胜地，已废而复新，因此有着今昔兴废之感。诗人由眼前美景荷花和历史遗迹城堞，生发出了思古之幽情，而假令“圆荷”“遗堞”道出，可谓是新颖别致。于是诗人便情不自禁地直抒胸臆：“芳宴此时具，哀丝千古心。”

结联见同赋意，兼及历下，因此用诸葛亮的《梁甫吟》比同赋之诗，故谓“得兼”。李邕也有和诗《登历下古城员外孙新亭》：

吾宗固神秀，体物写谋长。
形制开古迹，曾冰延乐方。
泰山雄地理，巨壑眇云庄。

高兴汩烦促，永怀清典常。

含弘知四大，出入见三光。

负郭喜粳稻，安时歌吉祥。

从中可以看出，老友新聚，心境相通，其乐融融。

当时，杜甫的弟弟杜颖任齐州属县临邑主簿，主管治河事务，曾有书信寄与杜甫，杜甫暂赴临邑与弟弟相聚，途经鹊山湖亭（即员外新亭），正值李之芳到青州，独杜甫有诗怀之，题为《暂如临邑至鹊山湖亭奉杯李员外率尔成兴》：

野亭逼湖水，歇马高林间。

鼍吼风奔浪，鱼跳日映山。

暂游阻词伯，却忘怀青关。

霭霭生云雾，惟应促驾还。

诗中描绘了鹊山湖的奇丽景色，并且表达了对已经离济去青州的故友的怀念，尾联两句，情真意切，令人感念。杜甫在济南与李邕的交往主要是靠诗句记载的，从中我们可以想象到当时的聚会是多么轻松愉快、情真意切！

杜甫的漫游生活是在他 35 岁之前，这时正值开元盛世，家庭的经济状况良好，是他一生最为快意的时期，因此这一时期的作品充满了对前途的乐观和自信。此后，他的生活陷入困顿，政治理想遭受挫折，特别是官场生涯的打击，使他漂泊天涯。由于朋友稀少，气候恶劣，大历三年（768），杜甫想由夔州返回洛阳，于是乘船出峡。大历五年（770）冬天，这位伟大的诗人唱尽了人世间的离乱悲苦，病死在由潭州到岳阳途中的一条破船上，终年 59 岁。灵柩只好权厝在岳州，直到元和八年（813），才由他的孙子杜嗣业将他归葬偃师，由新乐府运动的主要成员元稹书写了墓志铭，葬在他祖父杜审言的墓旁。因此，杜甫死后，他的尸骨还在外漂泊了 43 年。相对于诗人一生的沉郁顿挫，他在济南的微吟欢醉就显得尤为珍贵！

元代济南的经济文化环境与杂剧作家作品[①]

济南是一座历史悠久、文化内涵丰厚的城市。纵观整个历史发展，在今天的山东境内，济南几乎一直是政治、经济、文化等领域的领军城市，在这片土地上生活过众多的知名人士，因此，博得了“济南名士多”的美誉。元代济南的发展历史有一些独特之处，文学的发展也就有了一些印记，本文旨在探讨元代济南的经济文化环境与杂剧作家作品的基本情况。

一、元代济南的经济文化背景

在元代初期，济南的经济文化没有延续它的领军势头，而是落后于周边地区，其重要原因是发生在1262年2月的李璮武装叛乱。

李璮（？—1262），字松寿，是叛降蒙古的南宋民兵首领李全的儿子。李全曾领导农民抗金义军配合宋军作战，在攻占青、莒等州后，割据山东自立，后投降蒙古。1231年李全侵宋败死，李璮承袭父职，辖地称益都行省，专制山东30年，成为专制一方的军阀。1260年，忽必烈即位，其弟阿里不哥与之争夺汗位。忽必烈加封李璮为江淮大都督。忽必烈北征阿里不哥，李璮借口防御南宋，拒不出兵。1262年2月，李璮乘忽必烈与阿里不哥作战的时机，起兵反叛，以涟、海三城献于宋，还军益都，于2月26日占据济南。忽必烈紧急召集诸路蒙汉军队去济南平定叛乱，并命诸王合必赤总督诸军。3月，史枢、韩世安、阿术等在高苑老僧口打败李璮，李璮退守济南。4月，忽必烈又命令右丞相史天泽征伐李璮。史天泽与左右商议，

① 本文收录于《济南文史论丛》（济南出版社2003年版），收录时内容有改动。

建筑环城长期围困济南。李璮被围四个月，城中粮尽，李璮投大明湖自尽，未死，被俘，史天泽把李璮斩首军前。这次历时半年之久的叛乱，对济南的破坏是可想而知的。因此，在元代初期，济南的经济和文化应该是处于恢复期。而济南周边的地区，由于免遭战乱，经济文化一直处于平稳发展的状况。

东平州的经济文化状况。

元初的东平行台辖境甚广，今天的济宁、兖州、泰安、德州等地区均包括在这一范围内。东平能够成为元代前期杂剧创作的活跃之地，有它的原因。在金末元初这一历史阶段，东平在汉人世侯严实、严忠济父子辖领之下。他们比较注意辖区的社会稳定，采取了一些发展生产、涵养民力的政策，因此在一定程度上制约了蒙古游牧民族对中原地区的直接破坏，保持了辖区内社会的相对安定繁荣。马可波罗在元统一之初曾到过东平，他曾描述东平是“一座雄伟壮丽的大城市，商品与制造品十分丰盛”，“有一条深水大河流过城南……大河上千帆竞发，舟楫如织，数目之多，简直令人难以置信”。严氏父子重视文治，喜揽人才，“四方之士闻风而至，故东平一时人材多于他镇”，如元好问、杜仁杰等著名文人，都曾寓居东平。据元好问《东平府新学记》，严忠济于宪宗二年（1252）重修府学，招诸生近百人。著名杂剧作家高文秀，即为府学生员。在那个斯文扫地、暗淡无光的时代，东平相对来说是文士的一方乐土。

在这片乐土上，有几位散曲杂剧作家值得一提，因为他们的创作在当时及对后世均产生了重要影响。

杜仁杰（约1201—1282），元代泰安州长清县人。出生于诗书之家，博学多才，诗文并佳，尤喜散曲，“德行文章冠冕南北”，但不出仕为官。金亡后，元代至元年间，屡经征召仍不出仕。元代东平府学影响北方文风很大。杜仁杰不屑仕进，却依托于崇好文学的东平严氏之门，先后为严实、严忠济父子的幕府宾客。他在严氏父子的礼遇下，对东平儒士有很大影响，仅就戏曲而言，东平培养出许多知名戏曲作家，杜仁杰是一关键人物。他不仅擅长北曲写作，而且也与剧作家交游。其妹婿梁进之也是剧作家，为关汉卿好友。晚年他多优游于泰山、五峰山、灵岩寺间，与全真道人过往甚密。济南一带的金元之际宫观道流文献，多由其执笔。长清在元代属于泰安，今天属于济南，因此，杜仁杰对济南一带的影响是直接的，也是显而易见的。

另一位东平的杂剧作家是高文秀，《录鬼簿》说他“东平府学生员，早卒。都下人号小汉卿”，从中可以知道他生活于元代初期，年龄小于关汉卿，当然杂剧成绩也逊色于关汉卿。

传说宋江、李逵等好汉在山东梁山泊啸聚，这段活生生的故事自然成为东平作家的首选题材。于是许多有关水浒的杂剧，便以东平为背景，东平便成了杂剧水浒的发祥地。高文秀便是著名的一个。他是一个多产的青年作家，共有杂剧作品 32 种，水浒戏 8 种，是元代写水浒戏最多的作家。现仅存《黑旋风双献功》。

提到水浒戏，就要提到另一位杂剧作家——康进之，虽然他不是东平人，是棣州（今山东滨州）人，他也创作了两种水浒戏，《梁山泊黑旋风负荆》和《黑旋风老收心》，仅存的《梁山泊黑旋风负荆》从多个角度展示了李逵的性格和丰富的内心世界，是水浒戏中最具神韵的一种，对后来出现的小说《水浒传》中的李逵形象的塑造影响很大。

东平的民间文艺十分活跃，《元史 · 礼乐志》载，至元三年（1266），朝廷一次“召用东平乐工四百一十二人”，可见东平乐工之多。据王志民先生《元杂剧活动中心之一——东平府》一文，套曲所描述的演剧场面，即东平的情况。

东平与济南毗邻，东平繁盛的杂剧景象对济南这样一个文化悠久的城市的影响是不言而喻的。

济南的经济和文化背景。

由于济南的文化渊源，历来对文教非常重视，元代所出现的无论是文化人还是重视文化事业的官员，对济南的文化建设均产生了重要影响。

张荣（1181—1263），字世辉，金元之际济南历城人。曾抵抗蒙军十几年，在元太祖二十一年（1226）率军民 50 万降蒙古，被元太祖授金紫光禄大夫，山东行尚书省兼兵马都元帅，知济南府事。在此期间，河南民众多北迁济南，张荣命令分给房屋土地，妥善安置。不仅荒地多被开垦，百姓安居乐业，而且文教发达，中书省考绩，张荣为天下第一。元世祖忽必烈即位后，封其为济南公。

如果济南的文教能够沿着张荣领导的情况继续发展的话，济南的文化就会是另一种景象了。遗憾的是，李璮的叛乱破坏了经济文化的发展。但叛乱平息之后，经济文化得到了恢复和发展。

刘敏中（1243—1318），字端甫，号中庵，济南章丘人。少时，其才学博得了散曲作家杜仁杰的赏识。刘敏中是元初的名臣，为官清廉，《元史·刘敏中传》记载，他“不积贮私财，不谈论钱物，坚守道义，从不苟且图谋升迁。入朝任职一定要对朝政国事有所纠正补救，引古论今，从容不迫”。元仁宗即位时（1311），特召元世祖一朝熟知政务、颇有名望的十五位老臣入朝辅政，刘敏中名列其中。

刘敏中是元代的词人，著有《中庵集》25卷，收词149首。清初朱彝尊编辑《词综》一书，选词严格，而刘敏中的词即被选中。清末朱孝臧辑刊词集，编了《中庵乐府》一卷，收词26首，列为《彊村丛书》之一，可见他的作品对后世的影响。他的词的内容主要是抒写他对仕宦生活的厌倦和对隐逸生活的热爱和向往，一些作品表现内心的苦闷和怅惘。风格以豪放俊逸为主，《蕙风词话》评其作“雄阔而不失之于伧楚，蕴藉而不流于侧媚”。另有《平宋录》（又名《丙子平宋录》）3卷，记叙至元十三年（1276）元军南下临安以及宋幼主赵㬎被俘北迁之事，很有史料价值。

张养浩（1270—1329），字希孟，号云庄，元代济南历城人。自幼为学勤苦，刻意经史，兼长诗文，散曲尤为人称道。以省荐为东平学正，拜监察御史，累官翰林直学士、礼部尚书，又拜陕西行台中丞。正直敢言，为权贵忌恨。他的散曲多写其闲适生活，对社会现实也有所触及，《潼关怀古》便是一首名作，作品指出不论怎样改朝换代，人民总不能摆脱痛苦的境地。全诗感情沉郁，气势雄浑，结语尤为警拔。他的部分作品表现出封建文人欲有所作为又担心受打击迫害的矛盾心情。著有散曲集《云庄休居自适小乐府》、文集《归田类稿》以及《三事忠告》。散曲与杂剧关系十分紧密，散曲的发展对杂剧的曲词会产生直接的影响。

戏曲是一门综合性的艺术，不仅需要各种艺术成分的成熟结合，而且要有一定的物质条件作为基础，因此杂剧与社会经济的发展关联紧密。

《马可波罗游记》中有对济南经济繁华景象的记载："……抵达一个名叫济南府的城市。从前这里是一个宏伟的都市……这地方四周都是花园，围绕着美丽的丛林和丰茂的瓜果园，真是居住的胜地。这里丝的产量，多得出奇。在司法上，这个城市管辖着帝国的十一个城市和为数相当多的村镇。这些都是一些商业昌盛的地方，尤其是丝绸业。"另据《历城县志》记载，元代历城是一个盛产丝的地方，这与《马可波罗游记》中的记载吻合，说明济南地区的丝织业发达，相应地会带动与之相关的产业的发展。

另外，元代的戏剧演出频繁，拥有大量观众。夏庭芝在《青楼集》中记载各地的商业演出都非常火爆："内而京师，外而郡邑，皆有所谓勾栏者，辟优萃而隶乐，观者挥金与之。"勾栏就是城市中的游乐场所，能供戏剧演出。杜仁杰在散曲《庄家不识勾栏》中，写到一个乡下人进城看到勾栏的情景："要了二百钱放过咱，入得门上个木坡。见层层叠叠团圆坐，抬头觑是个钟楼模样，往下觑的都是人漩窝。见几个妇女向台上儿坐，又不是还神赛社，不住的擂鼓筛锣。"从这段描写可知勾栏里有木搭的舞台，台的上方有钟楼模样的"神楼"，围着舞台有观众席。要注意的是，观众进入勾栏要交钱，说明戏曲演出已经成为商业活动。据夏庭芝在《青楼集》中记载，戏曲的从业人员队伍庞大："我朝混一区宇，殆将百年，天下教舞之妓，何啻亿万。"作为一个较大的都市，济南的这种戏曲演出一定不少。

再次，伟大的戏剧家关汉卿的杂剧《杜蕊娘智赏金线池》就是以济南为背景，这说明关汉卿曾在济南有过戏剧活动，也就间接说明当时的济南还是比较繁荣的。"金线池"就是今天的珍珠泉，遗憾的是，作品中没有对"金线池"周边环境的描写，使我们无法领略数百年前珍珠泉的美景，但是，剧中的杜蕊娘是上厅行首，说明济南的娱乐场所是比较多的，而娱乐场所的多寡，往往是与社会经济的盛衰紧密相连。

以上所介绍的情况是元代济南杂剧出现的一个经济和文化背景。

二、元代济南杂剧作家武汉臣、岳伯川以及他们的作品

元代济南的杂剧作家被收在钟嗣成的《录鬼簿》中的只有武汉臣和岳伯川两位。

钟嗣成，字继先，号丑斋，自称古卞（大梁）人，寓居杭州。他在《录鬼簿》中著录元成宗大德以前的元杂剧作家56位，列为“前辈名公乐章传于世者”，武汉臣和岳伯川名列其中，由此可知，两位作家生活于元代初期。《录鬼簿》最终完成于至顺元年七月二十二日（1330年6月6日）。

武汉臣，《录鬼簿》载其为济南人，元末明初贾仲明补作了一首《凌波仙》：

> 先生清秀济南人，风调才情武汉臣。登坛拜将穷韩信，老生儿，关目真。新传奇，十段皆闻。听泉水，看暮云，如此黄昏。

从中可知，武汉臣人才“清秀”，以“风调才情”而著称。所作杂剧10种，流传甚广。他可能长期生活于故土，一生过着“听泉水，看暮云”的悠然自得的生活。

据钟嗣成的《录鬼簿》记载，他的10种杂剧是《曹伯明错勘赃》《弃子全侄鲁义姑》《赵太祖天子班》《虎牢关三战吕布》《散家财天得老生儿》《女元帅挂甲朝天》《楚江楼月夜关山怨》《穷韩信登坛拜将》《四歌神助提头鬼》《郑琼娥梅雪玉堂春》。今仅存《老生儿》一种，收在明代臧晋叔（臧懋循）的《元曲选》。《元曲选》中还有一种署名为武汉臣的杂剧《玉壶春》，可是贾仲明的《录鬼簿续编》中的《玉壶春》作者为贾仲明，贾仲明不可能自己把自己的作品搞错了，因此，可能是臧懋循把《玉堂春》误成了《玉壶春》。而《四歌神助提头鬼》即《包待制智赚生金阁》，因此，武汉臣现存杂剧是《老生儿》和《生金阁》两种。

《散家财天得老生儿》是一部家庭伦理剧。写东平府刘从善经商致富，年老无子，只有一女，招婿张郎。从善有一个侄子名刘引孙，父母早亡，依从刘从善生活，为从善之妻不容，逐出家门。从善纳婢女小梅，身怀有

孕，女婿张郎为夺家产，欲害小梅。从善的女儿引张暗中相救。从善将家产交给女婿掌管。后，在寒食节，从善命女婿张郎置备祭品到刘家祖茔祭奠，却发现女婿把祭品用来祭祀张家祖茔，而刘家坟前只有穷困潦倒的侄子引孙祭扫，于是，在从善的开导下，其妻感悟，从善也将女婿掌管家产的钥匙要回，暂时交给侄子掌管。婢女小梅生下一子，带着儿子来认父，从善晚年得子，自然十分高兴，便将家产分为三份，分别交给儿子、女儿和侄子。

本剧表现的是一个财主家庭围绕子嗣及继承权引发的纠纷，展示了以血缘区分亲疏远近的封建家庭成员间复杂而微妙的关系，让人们透过封建伦理道德观念笼罩在家庭关系上的脉脉温情的面纱，看到了其真实的一面，极具认识价值。

剧作刻画人物真切、自然、生动，特别注重对人物心理的刻画。像主人公刘从善盼子心切，平日最怕人骂“绝户的刘员外”。当他得知侍婢小梅有了身孕时，内心忐忑不安，当稳婆告诉他是个男孩儿时，他既高兴，又不敢相信，只好“频频的加额，落可便暗暗的伤怀”。“恨不得曲躬躬将他土块的这砖头来拜”，把一个财主对家世无人继承的恐惧与悲哀，以及对得子的期盼和喜悦等复杂的内心活动，表现得细腻真实，生动传神。刘员外的女婿张郎是封建时代追逐财产继承权的一个典型。他的内心独白表明了他与刘引张结婚的真正目的：“我当日与这刘员外家做女婿，可是为何？都则为这老的他有那泼天也似家私。寸男尺女皆无，所以上他家做女婿。”这段自白展示出了他丑恶的嘴脸。当他得知小梅身怀有孕，内心极度恐慌，“我想来若是得个女儿也，则分的她一半儿家私，若是得一个小厮儿，我两只手交付与他那家私，我不干生受了？”当他的妻子说出想要结果了小梅时，他激动地说：“你那里是我的媳妇，你是我的亲娘，你可怎么说？”作者虽用的是夸张的喜剧手法，但符合张郎的特点，把他欣喜若狂、语无伦次的情状表现得酣畅淋漓。

剧作语言生动，曲白相生，尤其以宾白的质朴本色而为后世人们所赞赏。对元代杂剧的语言特点，一直以来分为两个派别，一个是以关汉卿为代表的“本色派”，一个是以王实甫为代表的“辞采派”，当然，有的评论家对这种分法的本身就持有疑义。我们姑且不论。事实上，关汉卿和王实甫作品的语言都是从作品人物的身份特点出发的，这是一部作品的语言甚至是整部作品成功与否的关键。《老生儿》中的人物除刘员外外，人物定位是市井之人，他们的语言就应该具有浓烈的生活气息，语言本色自然、口语化。而刘员外的身份特点以及他对儒家文化的向往，使他的语言特别是曲词中，“雅”的成分相对多一些，这也符合他的特点，所以为人称道。

剧作强调“散家才”，实际是儒家文化影响的结果，因此本剧有着比较浓厚的宣传教化的作用。“善有善报，恶有恶报”是中国人的传统的审美取向。儒家倡导人的行为准则是“仁”，而“仁”的好处在什么地方，儒家没有明示。但是人们自发地把“仁”的结果与“善报”结合起来，就可以成为人们自觉为“仁”的动力。我们无意于说这样的结合是好还是不好，应该视作是儒家“大智慧”与民间“小聪明”的结合，而这种结合却实实在在地延续到今天的生活和文学中来。

这部作品从19世纪开始便有英、法、日、德等译本陆续出版：清嘉庆二十二年（1817）由达庇时译成英文在伦敦出版；德泰尔桑根译成法文，于嘉庆二十四年（1819）在巴黎出版；克莱回将其译成德文，写进《戏曲史》；1925年官原平译成日文，收入《古典剧大系》第十六卷。

《包待制智赚生金阁》描写一个“打死一个人如捏杀个苍蝇”的庞衙内，强占了穷秀才郭成的宝物生金阁，还要霸占郭成的妻子李幼奴。郭成不从，便被铡死，而且因为嬷嬷同情幼奴，又害死了嬷嬷。郭成的鬼魂提头追赶庞衙内，并向包公告状，包公巧妙地赚出生金阁，并将庞衙内斩首示众。

本剧比较尖锐地反映了权豪势要的横行霸道、无法无天。剧中庞衙内一出场，就有一段精彩的自报家门：“我是权豪势要之家，累代簪缨之子。我嫌官小不做，马瘦不骑，打死人不偿命。若打死一个人，如同捏杀个苍蝇相似。平生一世，我两个眼里，再见不得这穷秀才。我若是在那街市上摆着头踏，倘有秀才冲着我的马头，一顿就打死了。若到人家里，见了那好古玩好器皿，琴棋书画，他家里倒有，我家里倒无，教那伴当每借将来，我则看三日，第四日便还他，我也不坏了他的。但若是他同僚官的好马，他倒有我倒无，着那伴当借将来，则骑三日，第四日便还他，我也不坏了他的。人家有好宅舍，我见了他家里倒有，我家里倒无，搬进去则住三日，第四日就搬了，我也不曾坏了他的。”这简直是强盗的自白，在庞衙内口里说出，却是如此的天经地义。他家里无所不有，他无恶不作，他就是元代权豪的代表，从而反映了元代黑暗的社会现实。

郭成则真实反映了元代知识分子的矛盾心态和悲惨遭遇，通过他，我们可以了解到元代知识分子的尴尬处境和内心痛苦。他“满腹文章”，但毫无出路，只想利用生金阁换取一官半职，但没想到反为此丧命。元代两度停止科举，知识分子的晋身之阶被堵死了，他们肩不能挑担，手不能提篮，加之儒家“穷则独善其身，达则兼济天下”思想的左右，找不到出路，地位低下，内心苦闷，元代的许多作品都反映出知识分子的这种心态，因为在元代这种矛盾心理是普遍存在的。

包公的形象是公案剧中正义和清廉的化身。在暗无天日的黑暗时代，人们的冤屈只好借助于包公来伸张。千百年来，包公的形象在各种作品中深入人心，实际上象征了人们对正义和光明的追求。本剧塑造的乃是一个忠君爱民、机智聪颖的清官包拯的形象。

我们应如何看待作品中的浪漫主义的情节安排？在公道不彰的黑暗时代，邪恶肆虐，处于弱势地位的人被欺凌残害，在用人间的力量不足以昭明冤屈的情况下，只好采用非人间的力量，用浪漫的形式消灭邪恶，这样处理是大快人心的，是中国人善良愿望的体现。中国之所以没有纯粹意义上的悲剧，究其原因，是与中国人的审美愿望是分不开的。关于这个问题，我们应该客观地对待。这个结局的安排与《窦娥冤》有异曲同工之妙。

岳伯川，曹寅所刊《录鬼簿》版本载其为济南人，或说是镇江人。贾仲明作了一首《凌波仙》曲吊之：

老父共汝不相知，《鬼簿》钟公编上伊。度铁拐李乐新杂剧，更梦断杨贵妃。玉京，燕、赵名驰。言词俊，曲调美，衰草烟迷。

贾仲明“言词俊，曲调美，衰草烟迷”的评价当指《杨贵妃》一剧而言，而对其他的事迹一无所知。明代的朱权在《太和正音谱》中评价说：“岳伯川之词如云林樵响。”

岳伯川的杂剧，《录鬼簿》收有两种：《罗公远梦断杨贵妃》和《吕洞宾度铁拐李岳》，今仅存《吕洞宾度铁拐李岳》一种，收在臧懋循的《元曲选》中。

《吕洞宾度铁拐李》一剧，写北宋时，郑州六案都孔目岳寿有神仙的缘分，上洞八仙之一的吕洞宾奉法旨度脱，岳寿不悟，反以为吕洞宾是道人，命令手下张千将吕洞宾吊在门外。时郑州官吏滥污，朝廷特派韩琦为廉访使前来查办。韩琦装扮为老农，进行暗访，来到岳寿门前，放了吕洞宾。岳寿大怒，命令张千扣住韩琦责问，张千又向韩勒索钱财，韩琦只好亮明身份。岳寿惊恐而死，魂灵到了阴曹，吕洞宾向判官说明了原委，判官允许放岳寿还魂，不料尸体已经被其妻焚化。恰值城中李屠夫之子李拐儿新死，于是借尸还魂。经过这一番生死的周折，岳寿遂参透了世情，改名李岳，随吕洞宾出家学仙去了。

他借助于这段八仙传说的神仙度脱故事，描绘了现实世界的种种情状，对当时的官吏欺凌平民，凶诈贪婪，有十分生动的描绘：“前日中牟县解来的囚人，想该县官吏，受了钱物，将那为从的写做为首的，为首的改做为从的。来到咱这衙门中，若不与他处决，可不道人之性命，关天关地。兄弟，你哪里知道俺这为吏的，若不贪赃，能有几人也呵！”“想前日解来强盗，都只为昧心钱买转了这管紫霜毫。减一笔教当刑的责断，添一笔教为从的该敲。这一管扭曲作直取状笔，更狠似图财致命杀人刀。出来的都关来节去，私多公少。可曾有一件儿合天道。”将元朝的腐朽揭露得淋漓尽致，批判得尖锐有力。

剧本情节曲折生动，斑斓起伏，结构巧妙。这从以上对故事情节的介绍就可以看出。

作品富于浓郁的喜剧气息。如，岳寿在死前，把妻子支开，要孙福照看妻子，实际是让孙福替他规范妻子的行为，不要做对不起他的事情。当他妻子偷听到出来解释时，夫妻俩有这样一段对话：

［旦上悲科云］孔目，你怎生对着小叔叔说这等话那。［正末云］大嫂，这等近礼的话，我也难对你说。［旦云］则愿的无是无非。便有些好歹，你则放心。我一车骨头半车肉，我一马不鞴两鞍。轮不碾四辙。守着福童孩儿直到老死也不嫁人。有你在时，三重门儿，也不曾出，休道你死了，我可出门去？［正末云］你道你不出门去，保守着不见人的面皮。略说几件儿见人的勾当，与你听者。［旦云］你说我听。［正末唱］［倘秀才］或是祭先祖逢冬遇年。［云］到那冬年时节，月一十五，孩儿又小，上坟呵，大嫂，你可出去见人麽。［旦云］我不去着，张千引着孩儿坟上烧纸便了。［正末云］这个且罢。［唱］或是待亲戚排筵坐筵。［云］福童孩儿娶媳妇，六亲相识每吃筵席，你不出去支待，着谁支待？［旦云］若有女客来，我便支待，若有男客来，着张千支待罢。［正末云］大嫂，若有呵，［唱］非五服内男儿不会教见一见，则为你有人材、多娇态，不老相，正中年。［带云］我死之后，［唱］你休忘了大人家体面。

［旦云］孔目，你但放心，我只不出去见人便了。［正末云］大嫂，你道你不见人，我有些好歹，一头地停丧在家。我往日相识的朋友，听的到岳孔目死了，他没的不来烧纸，张千兄弟在外执料，福童孩儿年纪幼小，家中再无一人，你不出去接待，可着谁人接待。［唱］［滚绣球］你必索迎门儿接纸钱。［旦云］孔目也，你直恁般多心，我着张千领着孩儿出去迎接，我只不见人便了。［正末云］可早一桩儿也。这个也罢。我死之后，停到一七者，便停到二七者波，想着咱二十年儿女夫妇，你没的不送我到郊外。［唱］又索随灵车哭少年。［云］有那等年纪小的后生，便道岳孔目有个好浑家。三门四户不出。无人能勾得见。今日出来送岳孔目的殡。看去来［唱］那其间任谁都见。［带云］见了你这个中注模样［唱］有那等厮图谋的贼汉心专。［云］有那谎汉每便

道这个是岳孔目的浑家。我久已后。好歹要娶了他。[唱] 俺亲眷行除孝服。你爷娘行使会钱。[带云] 俺的亲眷。你的爷娘。都肯了。只你不肯。[唱] 他与你些打眼目的衣服头面。[云] 你见了好衣服好头面。那里还想我哩。[旦云] 孔目也。我坚心守志。怎生肯嫁别人。[正末唱] 你便守煞呵。刚捱到服满三年。你嫁个知心可意新家长。[带云] 哎吆。福童儿也。[唱] 那里发付那有母无爷小业冤。就儿里难言。

[孙福云] 哥哥，俺嫂嫂不比其他妇女。[旦云] 你说什么话，我和你二十年儿女夫妻，我怎肯做这般勾当。孔目，你则将息，你那病休胡说。假如有些好歹，我坚心守志。[正末云] 我主意则是要你休嫁人。[唱]

令人忍俊不禁。

济南泉水背景下的
历史文化资源开发利用与创意转化研究①

文化创意产业以其创造性的理念成为21世纪最具活力和竞争力的产业，它比传统文化产业更能真切地体现文化产业的低能耗、高产出并始终处于文化产业价值链的上端，因而是文化产业中真正创造巨额价值的部分。文化创意产业的生产要素不再以人力、能源、原材料为主，而是将人类的创意作为产业发展资源，是一种以无形的智力消耗来创造有形的价值的生产模式，其产值源于源源不断的创意。所以，它否定了以往产业以能源为发展核心的理念，确立并肯定了创意在产业发展中的核心作用，从而有效地减少了产业生产对不可再生资源的依赖度，缓解了因能源紧张给社会、经济发展带来的压力。同时，文化创意产业在带动相关产业的发展、推动区域经济发展的同时，还可以辐射到社会的各个方面，全面提升人民群众的文化素质。

"在知识经济时代，经济发展过程中主导性资源出现了划时代的变化，即人力资源和知识成为主导资源和驱动力。当人的创造力成为主体资源，资源的内涵和外延得到了更深刻和广泛拓展时，一些具有历史积淀的物质载体（如哥德堡号沉船、上海的石库门建筑等）、民间传说（如南海观音、牛郎织女等）、民俗风尚（如节庆祭祀、对歌等）、小说故事（如三国、西

---

① 笔者承担的2011年济南市哲学社会科学规划研究项目《济南泉水背景下的历史文化资源开发利用与创意转化研究》获得济南市2011年度哲学社会科学优秀成果奖，本文是研究报告的主干内容，收录于《加快科学发展，建设美丽泉城——2011年济南市社会科学规划研究项目优秀成果集》（济南出版社2012年版）。

游、聊斋志异等）等，就均可纳入资源的范畴，加以开发和利用，成为促进经济增长的有用资源。这种开发和利用的成功与效果则取决于人们创意的发挥。”① 一个城市的历史文化资源决定了一个城市文化的内在品质，为创意产业提供了无限的利用空间，构成了发展文化创意产业的坚实基础。

一、历史文化资源是济南文化创意产业的根基

文化创意产业与文化密切相关，深厚的文化资源是发展文化创意产业的基础。济南是国家历史文化名城和闻名世界的“泉城”，济南的历史文化资源与济南泉水密不可分，济南名士是喝着泉水、赏着泉水来吟咏泉水的，济南曲山艺海的演唱场所是在趵突泉边或大明湖畔，济南的历史演变是由泉水见证的。因此，它们共同构成了济南的泉水文化。

（一）济南得天独厚的泉水资源

济南的泉水是大自然的恩赐，洪荒造就，源远流长，据《春秋·桓公十八年》记载：“公会齐侯于泺。”北魏地理学家郦道元在《水经注·济水二》中描述道：“泺水出历（城）县故城西南，泉源上奋，水涌若轮。”济南七十二泉之说源于元朝于钦《齐乘》一书记载的金代民间流传的“名泉碑”上的七十二泉。元代文学家元好问在《济南行记》中说“济南名泉七十有二”。据济南市名泉保护管理部门最新调查，济南市辖区范围内共有泉水 733 处，仅在古城区 2.6 平方公里的范围内就分布着趵突泉、黑虎泉、珍珠泉、五龙潭等四大泉群 136 处泉水，正常日喷涌量多达 30 万立方米，堪称世界之最。

1998 年 6 月，济南市政府着手进行新 72 名泉的评定，经过历时 5 年的搜集、整理和评审，在 2004 年 3 月份，济南市名泉研究会向社会正式公布了 10 大泉群名录及新 72 名泉名录。众多清冽甘甜的泉水，从城市地下涌出，泉水串流于小巷、民居之间，后汇成河流、湖泊，构成独特的泉城风

---

① 厉无畏：《历史文化资源的开发利用与创意转化》，《学习与探索》2010 年第 4 期。

貌。济南以泉而生，泉是济南的生存源头。

（二）济南独树一帜的泉水文化

济南的各处泉、河、湖等均有众多的文化名人题咏赞叹，数不胜数，而这些是济南泉水文化创意产业源源不断的源头活水。下面仅粗略梳理有关趵突泉的题咏。

桓公十八年（前694）“公会齐侯于泺”。北魏郦道元《水经注》中说：“泺水出历县故城西南，泉源上奋，水涌若轮。”唐宋八大家之一的曾巩观赏了趵突泉后，惊叹大自然的神奇造化之功，情不自禁地写下了《趵突泉》《金线泉》的诗句。他在《齐州二堂记》中写道：盖五十里，而有泉涌出，高或至数尺，其旁之人名之曰趵突之泉。这是关于“趵突”之名最早的记载。李清照的咏泉词《如梦令》中“常记溪亭日暮，沉醉不知归路”中的溪亭即在今趵突泉公园李清照纪念堂内。元代大书法家赵孟頫的咏《趵突泉》中“云雾润蒸华不注，波涛声震大明湖”，原有明嘉靖三十七年（1558）的石刻，如今由当代济南书法家金棻镌写镶挂在“泺源堂”大门两侧。“三尺不消平地雪，四时尝吼半空雷”是散曲家张养浩的比喻。清康熙帝曾三临趵突泉，二十三年（1684）十月抵达济南，在观澜亭内见三座泉眼浪花飞溅，急命侍从拿碗取水，饮后赞不绝口，御笔亲题“激湍”二字，并作诗一首。五年后，康熙于己巳年（1689）正月又临趵突泉，观泉题书“润物”。康熙第三次驾临趵突泉是在癸未四十二年（1703）正月，御书“源清流洁”四字，赋诗一章。清高宗乾隆皇帝于乾隆十二年（1747）由京南下巡视，特意驾临趵突泉。当品尝了清冽质纯的泉水后，赞叹不已，即令侍卫把京城带来沿途饮用的北京玉泉水全部换成趵突泉水，遂把趵突泉改为“玉泉趵突”，御封趵突泉为“天下第一泉”。乾隆对趵突泉的美景一直依恋不舍，于乾隆三十六年（1771）二游趵突，时值山东大旱，乾隆站在泉池边，看到众泉停喷，趵突泉涸，想到当年“趵突腾空”“水涌若轮”的壮观景象，不禁浮想联翩，当场写下《再题趵突泉作》。蒲松龄作《趵突泉赋》，“海内之名泉第一，齐门之胜地无双”。“三股大泉，从池底冒出，翻上水面有二二尺高”是刘鹗在《老残游记》中的描述。老舍先生的《趵突泉的欣赏》脍炙人口。文学大师郭沫若游泉城后写下《趵突泉》《题李清照故居》两首诗，并为李清照纪念堂和辛弃疾纪念祠题写了楹联。

（三）济南底蕴深厚的名士文化

济南浓郁的文化氛围和深厚的文化积淀不知影响了多少人，唐代大诗人杜甫就对此有深刻印象，所以才给济南留下了“海右此亭古，济南名士多”的著名诗句。根据安作璋先生在《济南通史·总序》中的概括，济南历史上的名人还真不少①，这里只略举一二。

春秋战国时期“神医扁鹊”采用望、闻、问、切的方法以及用针灸、汤药等方法为人诊病、治病；战国时期邹衍，创立了阴阳五行学说，在中国历史上产生了广泛而深远的影响；汉文帝时的伏生，传授今文经《尚书》二十八篇，对汉代经学的发展做出了重要贡献；汉武帝时的终军，出使南越，为了促进国家统一，献出了自己宝贵的生命，史称“终童”；东汉灵帝时，曹操任济南国相，政绩显著，其惩治贪官污吏的故事，后世传为美谈；唐代高僧长清人义净，继玄奘之后西行求法，译佛经百余部，还撰写了《南海寄归内法传》，为中外文化交流做出了重大的贡献；宋金之际，济南“二安”蜚声词坛，婉约派词祖李清照（字易安）词作情真意切语新，具有独特的艺术风格，豪放派词宗辛弃疾（字幼安）不仅是一位抗金的民族英雄，还是一位著名的词人，他创作的词慷慨激昂，与苏轼词并称为“苏辛体”；金元之际，长清人杜仁杰、章丘人刘敏中、历城人张养浩，都是著名的散曲作家，元代散曲至张养浩已达到高峰；元朝博学多识的历史学家、济南人张起岩，奉诏担任辽、金、宋三史的总裁，这三部史书后来均被列入“正史”；明代“前七子”之一历城人边贡，诗作以清新飘逸见长，“后七子”领袖历城人李攀龙是文学复古运动的积极倡导者，章丘人李开先则是著名的戏剧作家，他们都对明代文坛的繁荣有较大的贡献；历城殷士儋、平阴于慎行官至宰辅，也是享有盛名的文坛巨匠；清代济南周永年是《四库全书》主要编撰者之一；历城马国翰穷其毕生精力完成了《玉函山房辑

① 安作璋主编：《济南通史》，齐鲁书社2008年版。

佚书》，保存散佚古籍六百余种，成为中国辑佚学的皇皇巨著。

借助纪念历史文化名人，不仅可使某种特定的文化或文化范畴中某些特定的内容发扬光大，同时也可以丰富文化创意产业的内容和形式。很多西方国家在纪念历史文化名人方面有许多有价值的创意，也产生了较大影响力，值得借鉴。

（四）济南别具一格的黑陶文化

1928 年 4 月，著名考古学家吴金鼎（时在清华大学读书）到离龙山镇城子崖（今属济南市章丘区）遗址不远的汉代平陵城遗址作假期野外考察时发现了大量色泽乌黑、表面光滑的陶片，这也就是日后龙山文化的代表黑陶。在城子崖之前，中国出土的古陶器大都是含沙量极高的彩陶和红陶，而以河泥为原料的黑陶可以说是 4000 多年前东夷民族所独有的创造。城子崖出土的黑陶艺术品蛋壳杯杯壁只有 0.5 毫米，重量只有 50 克左右，是黑陶中的极品。不要说是 4000 多年前的古人，就是今天想要烧制出这样成色的陶器也是非常困难的。

遗憾的是龙山文化代表的黑陶文化在今天的济南影响不大，反倒是日照、东营等地在黑陶产品开发上取得了很大成绩。

（五）济南泉水文化、名士文化创意转化开局良好

深厚的历史文化积淀、人文资源和“山泉湖河城”的自然优势，赋予济南文化创意产业丰富的内涵。特别是近几年济南借助一些重大活动，以泉水文化、名人文化创意为重点，推出了影响大、反响好的文化创意，积累了宝贵经验。

1. 第十一届全国运动会为济南文化创意产业发展提供了良好契机。2009 年 10 月 16 日晚八点，第十一届全运会开幕式掀开了神秘的面纱：开幕式是以“一滴水的故事”开头的，切合了济南代表性的泉水文化，“四面荷花三面柳，一城山色半城湖”的“荷红柳泉”将济南的名胜古迹一一介绍给全国乃至全世界的观众。“常记溪亭日暮，沉醉不知归路。兴尽晚回舟，误入藕花深处。争渡，争渡，惊起一滩鸥鹭”，开幕式将李清照的词采用词歌并用的手法，感情饱满的朗诵加上蔡琴动情的演唱，让人们又沉浸

在柔情和浪漫的情绪之中，将济南厚重的历史文化风韵表现得惟妙惟肖。浓郁的文化气息、深远的历史内涵、唯美的画面和意境、充满活力的编排与表演以及出人意料的点火方式等众多文化创意，为发掘和利用优秀传统文化和地方特色文化提供了机会和平台，为文化创意产业提供了丰富的资源。

2. “天下泉城”品牌深入人心。《天下泉城》的城市宣传片展现了世界独一无二的济南泉水的自然景观，产生了震撼人心的效果；《名士济南》展现了由泉而生的文化景观，文人乐山乐水，文以载道，诗以悦情，人文的参与使济南泉水更具魅力、更具色彩。虽然这是两部城市宣传片，但是其绝佳的文化创意打响了“天下泉城”这一文化品牌，对形成相应的文化创意产业奠定了良好的基础。随着“天下泉城”品牌影响力逐渐扩大，以泉城特色为内核的城市文化个性得到进一步彰显。广播电视、新闻出版、国有文艺院团改革取得新的进展和突破，涌现出了《泉城人家》《李清照》《粉墨》《宝贝儿》等一批优秀文艺精品力作。济南市已出台文化产业发展意见，“到2015年，基本建成与社会主义市场经济体制相适应、有力支撑经济文化强市建设的现代产业体系，使济南成为彰显历史文化底蕴和现代文化气息的文化名城、产业优势突出的文化强市、带动全省文化产业发展的区域性文化产业中心城市。”①

继《天下泉城》《名士济南》《泉城之光》之后，今年5月10日大型电视片《曲山艺海》在大明湖畔的明湖居举行开机仪式，这必将是又一部深入挖掘济南人文历史资源的成功范例，将进一步扩大“天下泉城”的品牌影响力。

3. 护城河、小清河全线通航。众多名泉从地下涌出，汇集流入济南护城河。2010年全线通航使济南成为全国唯一可乘船环游老城区特色风貌带的城市。全线通航后的济南护城河泉韵悠长，泉、河、湖形成有机整体，

---

① 中共济南市委关于学习贯彻党的十七届六中全会和省委九届十三次全会精神加快建设文化强市的实施意见，2011年11月。

游客可乘船游览趵突泉公园、大明湖风景区、五龙潭公园、黑虎泉、解放阁、泉城广场等众多景区景观，可谓“一水连百景”，促进了文化产业结构的优化和调整。

4. “西街工坊”文化创意产业园开工建设。2012年4月18日，位于济南市槐荫区营市西街18号的“西街工坊”创意产业园正式开工建设，为济南的文化创意产业又增添一处浓墨重彩的亮点。与北京798或上海M50一样，“西街工坊”也是充分利用废弃的老厂房，进行整体改造和开发，打造艺术文化创意中心，从而发挥艺术创意产业所带来的经济、社会效益和品牌效应。

这些济南泉水文化创意成果，以富有创意的文化产品、文化服务为载体，促进济南文化的传播和文化产品的提升。2008年至2010年，全市文化创意产业增加值分别达到91.5亿元、144亿元和185亿元，占GDP的比重分别为3%、4.3%和4.7%，2011年文化产业增加值占GDP的比重接近5%。全市从事文化及相关产业的单位达万余家，从业人员超过10万人，以动漫游戏、影视制作、文艺娱乐、创意设计、文化商品交易等产业门类为主导的文化创意产业体系初步形成。

二、历史文化资源的开发利用与创意转化问题分析

近几年，济南市对本地文化资源进行了一定程度的开发，但是开发利用存在分散和单一化现象，对文化资源内涵的提炼和提升不够，制约了文化业态的升级，影响了文化产业亮点的形成。

（一）济南的文化创意产业与先进城市尚有不小差距

目前文化创意产业发展呈“井喷”态势，数据显示，2010年，北京文化创意产业实现增加值1692.2亿元，占全市GDP比重12.3%；上海文化创意产业增加值约为1630亿元，占全市GDP比重为9.6%。我们不与北京、上海这样的城市相比，与成都、西安、杭州、长沙等副省级省会城市相比，济南文化创意产业总量偏小，占比过低，综合实力较薄弱。

长沙现有全国最大的书市，最大的出版物交易中心，唯一的版权交易

中心，第一个民族卡通品牌，最大的动漫原创基地，最早组建的广电集团，湖南卫视的“超女”“快男”海选及其优胜者在全国产生广泛的影响。2005年长沙文化创意产业总产出为302.19亿元，比2004年增长26.7%，增加值占GDP的比重达9.7%，比全省平均水平高出5.5个百分点。长沙文化创意产业增加值占全省的比重达54.3%。全市文化创意产业吸纳的从业人员达25.22万人，占二、三产业从业人员的比重达10.8%。数据表明，长沙文化创意产业已初具规模，并在全市乃至全省经济社会发展中具有举足轻重的地位①。

（二）泉城之魂的泉水保护力度有待加强

泉水、泉城和老济南的泉边生活，是济南市作为国家级历史文化名城的历史文化、（城市）民俗文化、泉水文化的现实载体，是济南地方文化的“灵魂”。但随着经济的发展、城市的建设，如今泉水的生存环境也受到了严重的影响。

2010年7月17日，大众网上传了一篇调查报告《济南大学：探寻地域特色文化的新出路》，其中写道：通过实地走访和调研可以看出济南泉水的生存现状并不乐观，一方面面临着城市化高速建设的威胁，另一方面又饱受废水、垃圾等人为污染。一位负责泉水池畔卫生清洁的张女士说，虽然每天会有专人负责打扫泉水旁的垃圾，但由于游客量太大，每天打扫完没过多长时间，泉水旁就有了新堆积的垃圾。可见，泉水生存现状的恶化与人们爱泉、护泉意识的淡薄有直接联系。

爱泉、护泉等表象层面的泉水保护非常重要，同时，还要特别重视对泉水进行深入的科学研究，如深化泉水形成、涵养、生态等方面的科学研究，加强对泉水的科学认识，建设地下水自动监测系统，提高对地下水的科学、动态管理能力。

（三）泉水文化弘扬不足

济南泉水文化历史内涵深厚，商代甲骨文中就有“泺”的记载，历代

---

① 陈汉欣：《中国文化创意产业的发展现状与前瞻》，《经济地理》2008年第5期。

文人墨客乃至达官、皇帝为济南的泉水写下了数以万计的诗词文赋、题刻、碑刻、楹联，凝聚成通天博地、天人合一、地域特色浓郁的泉水文化。

1. 缺乏对泉水文化的深度挖掘。济南的城市沿革、发展、历史事件、文化蕴涵、民风民俗无不与泉水有着密切的关系。然而，今天，大部分人缺少对济南泉水文化的了解，鲜有人知道济南郊区还分布着六大泉群，历史悠久深远的泉水文化更是有待传承，当前在对济南泉水文化开发的过程中只注重了与泉相关的历史表象和诗文文本自身所映现出的特征，却忽视了对泉史的深度追寻和对泉水文化内涵的深度挖掘，影响了泉水文化品质的提升。

2. 对泉水文化的宣传过于单一。与泉水文化相依相伴、互融互长的必然有众多的文化资源，如艺术文化资源、饮食文化资源、民俗文化资源等，这些有形和无形的文化资源相映生辉，形成了济南泉水文化的内涵外延。应从时代发展的角度审视对济南泉水文化的宣传，仅仅将视角注目于泉水本身而忽略其他文化资源与泉水文化的连带关系，就显得过于单一。

3. 泉水文化的专业研究成果较少，导致宣传内力不足。高质量的泉水文化旅游业从业人员相对过少，特别是许多导游人员缺乏对济南泉水文化的系统了解，在向受众传播时，不能形色并绘地表述出济南泉水文化之美；缺乏泉水文化特色旅游产品，尤其是精巧的产品，使旅游者在品味济南泉水文化的过程中产生缺憾，更达不到向外广泛流传的好效果。

4. 缺少泉水文化品牌战略规划和特色品牌的开发。泉水周边及护城河畔分布较多的是一些小摊点，这些小摊点基本都是当地居民自主经营，以饮料、爆米花、手工艺品等简单的生活用品和小饰品为主要经营对象。在这些泉水周边缺乏能够突出泉水特色、彰显泉水文化的相关旅游、餐饮等产业。

（四）文化创意产业园区刚刚起步

园区是文化创意产业的“孵化器”。杭州把文化创意产业作为“第四产业”，重点打造西湖创意谷等十大文化创意产业园；武汉以“东湖开发为核心、中心城区为主体”，规划建设了 20 个文化园区；西安曲江文化产业示范区、高新文化创意产业园、经济开发区印刷包装产业基地、浐灞生态文化产业园的建立，使古老的西安焕发了勃勃生机；南京在“南京工程机械厂”衰败、破旧的原址上改造而成的“红山创意工厂产业园”，都为文化创意产业的大发展打下了坚实基础。济南的创业园区影响力还远远不够。

（五）缺乏泉水与历史文化资源创意转化标志性的旅游项目

济南虽然基本形成了泉水景观和人文景观相映衬、观光旅游和度假旅游同发展的大旅游格局，但在“山水圣人”和“黄金海岸”两大旅游区中发挥的作用不显著，地位不突出。究其原因，主要是旅游资源开发力度不够，目前已开发的部分旅游产品老化严重，品牌观念不强，泉水文化旅游的特色形象不突出、不明确，“泉城”品牌的区位优势相对不足，旅游业排名相对落后，对国内外游客缺乏强大的吸引力。

三、加强历史文化资源的开发利用和创意转化

2011 年底，历时一年时间，《济南市“十二五”文化产业发展规划纲要》编制完成，共由 9 章组成，提出了“以打造世界泉水名城为主体、以发展文化创意产业为主导、以建设大型文化产业园区为重点、以建设历史文化名街为灵魂”的文化产业发展方向，以及“一核、九区、三带、四组团”（简称 1934）的文化产业空间布局构想，为济南市及各县区文化产业发展提供了较为科学合理的空间框架。

（一）借鉴其他城市开发利用和创意转化的成功经验

历史文化资源的开发利用和创意转化在许多城市已经有了很好的成果经验，而且有的城市与济南的城市文化非常相近，因此，要学习借鉴其他城市的成功经验，为我所用，少走弯路。

广西有脍炙人口的壮族民歌和关于刘三姐的传说，经过创意策划，开发了以名胜风景漓江山水为背景的“印象刘三姐”大型歌舞剧，在 2004—2006 年三年里接待了 160 万观众，获得 1.2 亿多元门票收入，有力地拉动了旅游业，三年里阳朔县旅游总收入增加了 6 亿多元。同时景区和县城土地平均增值 5 倍多。类似的还有泰安开发的以泰山为背景的大型实景演出“封禅大典”；福建武夷山开发的以自然山水为背景的大型实景演出“印象大红袍”；张家界将民间传说“刘海砍樵”结合土家族民歌改编成大型实景

歌舞剧“天门狐仙”；杭州的“印象西湖”和“宋城千古情”；西安的“梦回大唐”和“长恨歌”等，吸引了大批旅游者，还出现了一票难求的状况。

通观这些用创意开发利用历史文化资源将其转化为经营资源的成功案例，有三个特点需要特别把握。一是原生态存在的历史资源蕴含的文化要与时俱进才更能为现代消费者广为接受。在开发利用历史文化资源中必须适当注入现代元素，并与现代科技结合，达到推陈出新的效果。二是以故事化的形式演绎历史文化资源。历史文化资源的背后往往有许多故事，以多种形式宣传、演绎这些故事可更好地张扬其文化内涵，吸引消费者。也可以编故事，或用创意将各种原生态存在的等待开发与利用的、有市场增值潜能的资源整合到一起，赋予新的价值，活化这些资源。三是创造情感资源。创意源于生活，好的创意必须要洞悉消费者的心理，尤其是情感需求，然后将产品或品牌跟情感联系起来。需要捕捉到产品与情感之间的关联点，这样的情感创意才能收到预期效果。

（二）规划泉水文化创意产业龙头

1. 举办首届“济南国际泉水文化艺术节”，加强“天下泉城”文化旅游品牌的推广。泉是济南的人文灵魂，是济南独特鲜明的城市个性。“济南国际泉水文化艺术节”已经呼吁多年，应整合旅游、园林、商贸、文化、教育、体育、城建等各种社会资源，策划举办“泉水文化节”等旅游节庆和演艺活动，打造“天下泉城”世界级旅游目的地。

2. 经营泉水文化。泉城济南未来要想在国内大中城市中提升形象，必须有与众不同的特殊优势，而“泉水文化”则是济南无与伦比的城市特色，所以应当积极倡导泉水文化，对济南泉水文化的形成、发展以及名人故事等进行搜集和整理，挖掘泉水文化的历史文化价值，形成旅游、餐饮、休闲等一体化的泉水文化消费方式，以提升济南城市形象和城市内涵，以充满魅力的特色文化引领济南的城市发展。

（三）做“活”济南名士品牌

在长春，有一个雕塑园，彰显了城市的文化品位，同时也是旅游者游访的地方。济南名士众多，名士文化是济南历史文化的重要组成部分，而且每个名士都有丰富的人生经历，故事性强，因此，济南应该打造名士群雕园，这是历史文化创意转化的重要方面。

2010 年，山东省雕塑家协会副主席杜利华选择、组织全国优秀的雕塑艺术家创作 72 济南名士群雕，以暗合济南 72 名泉，以彰显济南的名士文化。“济南则有着非常鲜明的名人特色和深厚的地域文化底蕴，更应该拥有自己的‘名士园’。如果济南能兴建这样一座特色雕塑园，我们可以把‘济南名士群雕’的全部塑像都提供出来，让其成为这个雕塑园的主要陈列作品。这样做，一是可以让更多人了解济南数千年的历史与文化，了解济南历史名人，了解他们在历史上所做的贡献，了解他们与济南的关系，而这也是将济南这座城市的文化内涵更加丰富，也使其更具影响力的最直观的艺术行为”，杜利华希望有一天济南可以建设自己的“名士园”。

（四）塑造泉水文化创意知名品牌和知名园区

1. 规划建设泉水主题公园。可围绕护城河，精心做好泉城特色标志区建设，系统整合和提升四大泉群、三大名胜及千年古城，打造国家 5A 级“天下第一泉”景区。做好名泉的保护开发，深入挖掘人文底蕴，规划设计一批以泉水为主题的公园、广场和街景，强化休闲、娱乐、购物功能，开发以“名泉游”“船游泉城”“步游泉城”为核心的泉水文化旅游产品系列。

2. 建设泉水文化博物馆。探索泉水文化与数字信息技术的深度结合，注重用现代科技和数字技术集中展现“山、泉、湖、河、城”浑然一体的城市风貌，积极推进以多维技术为载体的动态的泉水文化博物馆建设。

3. 打造济南华山水景园。依托历史名山华山，开挖大湖面，形成山水相依的自然景观，按照“七岛伴三山，玉带连两湖”的总体结构，建造“一山两湖十八园”，再现“四面荷花三面柳，一城山色半城湖”的历史风貌。

4. 建设历下民俗旅游区。据了解，历下区今年将投资 700 多万元，对泉城路地区的老城街巷改造整治，从贡院墙根、花墙子到马市、起凤桥，从王府池子、辘轳把子到芙蓉街、鞭指巷白墙青瓦、小桥泉水、杨柳清风，老街老巷透出了古色古香；泉水文化周、古城老街泉水游，一系列文化旅游项目引来八方游客。目前，历下区正规划建设芙蓉街曲水亭民俗风情旅游区，以维护和延续家家泉水、户户垂杨的自然人文景观，建成集观泉、购物、休闲于一体的民俗旅游区。

（五）亟需打造泉水与历史文化融合的大型实景演出剧目

近年来，国内一些地方相继出现了一批山水实景演出项目，名气比较大的有云南丽江的《印象丽江》、浙江杭州的《印象西湖》等，省内也有一些山水实景演出项目，如临沂的大型水上实景演出《蒙山沂水》、泰安的《封禅大典》等。然而，泉城济南迄今还没有一台这样的山水实景演出。泉水节举办之际，济南应该“上马”一台有济南特色的泉水实景演出，对留住、吸引游客都会成为一个非常好的资源和产品。政府主导是这些演艺节目得以成功和持续发展的关键。因此，济南应该解放思想，在各地实景演出经验的基础上，搞好创意策划，争取完成更为精彩的演出项目，做好市场营销，吸引客人、留住客人。

（六）培养、吸引文化创意领域人才

文化创意产业离不开市场研究、项目策划、产品开发、宣传营销等相关专业人才的实际操作，亟需要把产业规划变成现实的有用之才。尽管济南拥有一定的人才优势，但相对于快速增大的市场需求和日益激烈的市场竞争来讲，专业人才仍然缺口较大并且有一定外流现象。目前我市文化创意产业奇缺两类人才：一是既熟悉创意产业内容又通晓市场规则、融资规范、营销渠道、运营方式的经营管理人才；二是洞悉并能引导市场需求的作品原创者。而这两类人才无法在短时间内满足市场需要，有待大学、科研机构的大力培养，企业的实践锻炼以及社会的长期储备。

济南泉水数量之多、形态之美、历史文化底蕴之深厚，国内独有，世界罕见。泉水已成为济南最大的城市特色和最靓丽的品牌，是济南城市发展的独特资源和战略资源。历史文化资源的开发是一项涉及范围较广的系统工程，不仅要规划先行，从长计议，统筹开发，还要树立融合开发观，加大资源整合力度，实行多元文化和多种功能的融合，才能打造完善的产业链，创造并实现更大的市场价值。

提高济南高职教育质量，满足省会区域经济和社会发展的对策研究①

近几年，济南经济社会快速发展，高等职业教育也有了很大发展，培养了一大批高素质技能型人才，为省会经济发展提供了强有力的智力支持。但作为省会城市，济南的经济实力在全省优势并不突出，经济发展的滞后影响了济南市高职教育的发展；济南高职院校的人才培养与省会需求有缝隙，人才培养的质量不是很高，对省会经济发展也产生了影响。目前，济南市经济发展需要大批高技能人才，人才缺口比较大，为满足省会区域经济发展对高技能人才的需求，济南市高职教育必须注重内涵建设，努力提高人才培养质量。

一、现代高等职业教育与区域经济发展的关系

在现代教育体系中，高等职业教育是指面向职业岗位，培养高级应用型技术人才的高等教育，它的兴起和发展是为了满足社会对高层次技术型人才的需求。高等职业教育培养的高技能人才，“是在生产、运输和服务等领域岗位一线，熟练掌握专门知识和技术，具备精湛的操作技能，并在工作实践中能够解决关键技术和工艺的操作性难题的人员，主要包括技术技能劳动者中取得高级技工、技师和高级技师职业资格及相应水平的人员。

① 笔者承担的2009年济南市哲学社会科学规划重点研究项目《提高济南高职教育质量，满足省会区域经济和社会发展的对策研究》获得济南市2009年度哲学社会科学优秀成果奖，本文是研究报告的主干内容，收录于《服务科学发展，建设美丽泉城——2009年济南市社会科学规划研究项目优秀成果集》，经济日报出版社2010年版。

他们是我国人才队伍的重要组成部分，是各行各业产业大军的优秀代表，是技术工人队伍的核心骨干。”①

狭义的区域经济就是某一特定经济区域内部的社会经济活动和诸种经济要素相互关系的总和，是地域性综合经济体系。现代区域经济的发展表现已经不再是单纯的经济增长、经济结构的改进与优化、经济效益与经济稳定度的提高、生态环境改善及社会文化进步等问题的某一个或某几个方面的简单线性关系，而是多方面、多要素的有机组合与非线性叠加，是地域人口、资源、环境、社会与经济的协同与可持续发展。

发展高职教育的原动力来自于社会经济发展的需求，尤其是区域经济的快速发展引发的对新型人力资源的需求；来自于行业对从业者职业技能标准的提高；来自于企业对高职教育直接的参与和支持。更进一步说，现代经济社会是由若干区域经济组成的，每个区域受到自然环境、人文历史、地理分布、政策因素的影响形成了各自不同的经济特征，正是这些不同的经济特征决定了本区域内的高职教育发展。比如，区域经济的发展水平决定了高职教育的发展规模和发展速度，区域内的产业结构决定了高职学校的院系和专业设置，区域内行业技术结构决定了高职教育的岗位技术层次和知识构成，等等。

具有地域性特点的高等职业教育是面向地方经济、面向地区产业、面向大众的，其传播知识、培养人才、推广科学技术等都是围绕地域经济与社会发展展开的。因此，高职教育是教育事业与经济社会发展联系最直接、最密切的部分，特别是对于区域经济发展影响是十分巨大的。区域内部的企业之间、产业之间、城乡之间的差距如果过大，势必会影响到整个区域经济的正常发展。高职教育具有把高技能人才由重点大型企业向中小型企业扩散，由第一产业向第二、三产业扩散，由中心城市向边远城市、中小城市、经济欠发达地区扩散的辐射功能，可以弥补这种差距。同时高职院

---

① 劳动和社会保障部《高技能人才培养体系建设“十一五”规划纲要》，2007 年 12 月。

校的科研职能、社会服务职能对经济社会发展有重要推动作用。

二、济南市经济社会发展目标、高技能人才现状及培养规划

（一）济南市经济社会发展目标

2006年1月济南市提出，尽快形成一批具有竞争优势，能够带动相关产业和地方工业经济发展的优势产业和产品群，实现我市国有经济传统制造业优势的提升再造；① 2007年4月强调，“大力实施工业强市战略，增强工业对省会经济发展的支撑作用……逐步形成以高新技术产业、先进制造业和现代服务业为主导的省会产业新格局”；② 2007年6月，确定加快装备制造业发展的思路③；2009年7月，根据国家和山东省工业调整振兴规划，济南市出台了2009—2011年冶金产业、电子信息产业、化工产业、装备制造业、轻工业、纺织工业、工业调整振兴规划等8个工业领域的振兴发展规划。④ 济南确立了“工业强市”的战略目标，明确了三大产业新格局，即高新技术产业、先进制造业和现代服务业，具体说来就是交通装备、电子信息、冶金钢铁、石化化纤、机械装备、食品药品等六大产业集群和金融保险、邮电通讯、现代物流、旅游会展、文化产业等现代服务业。

（二）济南市高技能人才培养规划

为实现“工业强市”的奋斗目标，完成三大产业新格局，必须有人才的支撑，《济南市“十一五”人才发展规划》和《中共济南市委济南市人民政府关于进一步加强高技能人才工作的意见》对高技能人才培养的数量、进度、培养模式、培养方式等进行了全面规划部署。其中提到要建立以企

---

① 济南市人民政府国有资产监督管理委员会《济南市国有经济“十一五”结构调整与发展规划》，2006年1月。

② 焉荣竹：《坚持科学发展，构建和谐济南，为全面建设小康社会而不懈奋斗》，2007年4月。

③ 杨镇：《依靠“龙头”加快产业集聚》，华夏经纬网，2007年6月5日。

④ 济南经济网：http：//www.jnec.gov.cn/。

业为主体、职业院校为基础、学校教育与企业培养紧密联系、政府推动与社会支持相互结合的高技能人才培养体系，紧紧围绕我市交通装备、电子信息、冶金钢铁、石化化纤、机械装备、食品药品等六大产业集群和金融保险、邮电通讯、现代物流、旅游会展、文化产业等现代服务业对高技能人才的需求，每年培养高技能人才不少于8000人，其中技师、高级技师不少于2000人。到2010年，全市高技能人才占技术工人的比例达到26%以上，其中技师、高级技师比例达到6%以上。到2020年，全市高技能人才占技术工人的比例达到45%以上，其中技师、高级技师比例达到12%以上。实施高技能人才振兴工程，在装备制造业、现代服务业等技能含量较高的职业中，加快培养一批技术技能型、复合技能型和知识技能型人才。完善技能人才职业资格证书制度，推进技师考评制度改革，每年培养6000名高级技工，3年培养技师、高级技师5000人。改进有突出贡献高级技师、技师评选工作，建立首席技师制度。①

济南市委市政府出台的这些规划或意见特别强调要加强职业院校建设，把高技能人才培养的重任放在了高职学院——济南职业学院、济南工程职业技术学院、济南技术学院（济南技师学院）的肩上。3所高职学院的人才培养是否适应济南经济发展对高技能人才的需求呢？

（三）济南市高技能人才现状分析

1. 济南市经济社会发展需要一支强大的高技能人才队伍。当前，高技能人才的总量不足、结构不合理和素质偏低已成为制约经济社会持续发展和阻碍产业升级的“瓶颈”。今后10年，是我市全面建设小康社会的关键时期。加快推进人才强市战略，大力加强高技能人才工作，培养造就一大批具有高超技艺和精湛技能的高技能人才，稳步提升我市技术工人队伍的整体素质，是提高我市综合实力和核心竞争力的必然要求。

2. 济南市高技能人才队伍已经初具规模。近年来，市委市政府认真落实中央和省里的决策部署，把高技能人才工作纳入人才强市战略重要内容。

---

① 《济南市“十一五”人才发展规划》，2005年8月。

在市人才工作领导小组的领导下，实施了“高技能人才振兴工程”“金蓝领培训项目”“三年五千新技师培养计划”，开展了“首席技师”和“突出贡献技师”评选表彰活动，举办了全市首届职业技能大赛。目前，我市高技能人才的培养渠道更加畅通，评价方式更加科学合理，经济待遇和社会地位不断提升，一支结构合理、素质较高的高技能人才队伍初具规划，成为我市经济社会发展中一支重要的生力军。

3. 济南市高技能人才供需现状及预测。一是从总体上看，我市高技能人才的总量、结构和素质还不能适应经济社会发展的需要，特别是在制造、加工、建筑、能源、环保等传统产业和电子信息等高新技术产业以及现代服务业领域，高技能人才严重短缺，已成为制约经济社会持续发展和阻碍产业升级的“瓶颈”；二是技能人才的总量需求与经济社会发展所处阶段有关，与产业结构调整紧密相关，其变动态势具有一定的周期性和不稳定性。2009 年 7 月发布的《济南市人力资源市场 2009 年二季度职业供求状况分析》表明，金融危机导致的经济危机对我市经济及职业供求的影响仍在继续，求职人数与去年同期相比基本持平，但用工单位提供的岗位数与去年同期相比下降了 31.4%。从按技术等级或职称分组情况看，用工单位对掌握初级和中级技能的人员需求较大，说明我市有相当一部分的企业科技含量不高，大多从事一些最简单的生产操作和流水线加工，这需要我们企业和政府一起努力才能逐步地调整和改善。

从人才开发战略的角度，对我市今后一个较长时期的技能人才需求进行考察和推测，大体存在三个较大的潜在动能。一是城镇化水平提高，会对技能人才需求产生较大的拉动作用；二是制造业强市战略的实施，需要开发大量的高技能岗位，培训工作任重道远；三是年龄结构的变化将会增加技能人才的需求弹性。

三、济南市高职教育人才培养的现状分析

（一）济南市高职教育人才培养能力分析

目前济南市属高职院校有 3 所，济南职业学院、济南工程职业技术学

院、济南技术学院，前两所学校属于济南市教育局主管，后一所学校由济南市劳动和社会保障局主管。

济南职业学院由三所成人高校合并组建，其特点是合并前的3所院校均为专科层次，教师学历层次高，高级职称的比例高，理论水平和科研能力较强，文化底蕴较深，校园文化建设较好，学生的人文素质较高。学院服务社会意识较强，专业建设主动链接省会三大产业，工学结合、校企合作向深度发展，与济南一机床集团合作建设的生产性实训基地也即将投入使用。但双师型教师比例较低，实习实训设施设备投入不足，资金负担重。

济南工程职业技术学院在专业建设上特点突出，与其他学院形成互补，这几年在内涵建设上有比较大的进步，校企合作、工学结合有进一步的发展。由于学院的行业背景和专业原因，学生的就业率比较高；因学校由几所中专学校合并升格而成，教师的学历层次和职称结构不合理，教师数量不足，双师型教师比例较低，实习实训设施设备投入不足，资金负担重。

济南技术学院由几所技校合并升格组建，优势是实习实训设施、设备比较好，双师型教师比例较高，校企合作有一定基础，工学结合有较长的历史，学生动手能力较强。但教师中高级职称比例较少，教师的理论水平有待于进一步提高；人才培养的重要部分是初级和中级技术人才，高技能人才培养只是其中的一部分。

（二）济南市高职教育人才培养质量与省会区域经济发展

济南市3所高职院校各有在校生万人左右，每年为社会输送近万名毕业生，通过分析3所学校的专业设置和招生就业情况，得出以下结论：

一是生源好的专业学生的就业率也高，而且这些专业是与山东省和济南市重点发展的产业密切相关或紧密相连的；二是济南职业学院和济南工程职业技术学院的济南本地生源在整个学生来源中占据的比例很低，约占5%左右，但留在省会工作的毕业生占到总毕业生人数的80%以上，说明两所学院所培养的高技能人才直接进入了省会各个行业工作，为省会区域经济发展服务，是高技能人才的重要来源；三是从3所学院专业设置情况来看，交通装备、电子信息、冶金钢铁、石化化纤、机械装备、食品药品等六大产业集群和金融保险、邮电通讯、现代物流等现代服务业所需求的专业基本具备，但邮电通信、旅游会展、文化产业还是空白。由此看来，从大的专业类别来看，济南高职教育的专业设置与省会区域经济要求基本相符，个别领域有待于加强；四是从学生就业单位来看，学生就业单位中济南的企事业单位占到70%多。而省属高职学院学生在济南就业的比例要低得多。从中可见济南市属高职院校对济南经济社会发展的支持作用；五是从三所学校的高就业率来看，毕业生受到了社会欢迎。根据对济南职业学院2006、2007两届毕业生的抽样调查，社会和企业对毕业生政治表现、业务能力、综合素质及履约情况等方面综合评价好，2006届优秀率为95.9%，2007届优秀率为94.3%。用人单位对毕业生的总体评价是：具有吃苦耐劳的精神，责任感和事业心强，能够主动进行由学生到职工的角色转换和由学校到社会的文化融合，较快适应工作岗位要求，将在学校所学应用到实际工作中去。毕业生就业稳定性好，质量水平较高，流失率较低。

（三）影响济南市高职教育人才培养质量的原因分析

1. 专业建设存在的问题。一是专业设置问题。济南职业学院机械制造系现机电一体化技术、机械设计与制造、模具设计与制造技术、汽车检测与维修技术四个专业，培养的人才均是山东省、济南市经济发展所需的紧缺人才，具有很好的专业发展前景。数控技术、焊接应用技术、铸造技术、机电设备维修技术等也是省会高技能人才缺乏的专业，但新上专业存在增加教师、增加实习实训设施设备等问题，这些问题单靠学校难以解决。二是专业投入问题。高职教育培养学生的实际操作能力，要求各专业配备相应的实习实训设施设备，但学校资金有限，严重影响专业建设质量。

2. 教师队伍建设存在的问题。最突出的问题是师资数量严重不足；教师的年龄结构、职称结构不合理；双师素质教师比例不足，教师的实践教学能力有待提高，实践课指导教师学历层次偏低，对新技术的掌握还不够，人员配备也远远达不到学生实训的要求；教学理念及课程体系改革缺乏整体联动。

3. 工学结合、校企合作存在的问题。目前，各高职院校对工学结合、校企合作的积极性很高，但企业基本没有积极性。学校为学生安排工作有一定困难，要安排专业对口的工作更难，学生工作要取得报酬更是难上加难。究其原因，学校不能为企业解决实际问题，校企合作的层面只限于学生的实习实训，企业工程师、管理人员到学校搞个讲座、授课等，没有项目和课题作为纽带带动学校和企业深层次合作。国家、省、市对高职高专院校工学结合、校企合作的政策支持和资金支持还远远不够。

4. 订单式培养存在的问题。订单式培养也叫“人才定做”，对学生、学校和企业均有益处，但订单式培养做起来困难重重，一是企业需要定制的人才，学校是否有能力培养出来；二是企业订单式人才的培养往往与企业接受的产品订单相关联，但学校的培养周期往往比较长，人才培养出来了，产品订单可能有了根本性的变化；三是学校订单培养的人才往往也不能真正马上进入企业挑大梁，还必须依靠一段时间实际工作的磨炼，这也是企业积极性不高的原因。

除此之外，虽然学生就业总体情况较好，但在学生就业质量、对口就业率和规模就业方面还有待提高。同时要加强对毕业生的教育，转变学生择业观念，加强学生就业指导。

四、提高济南市高职教育质量的对策措施

（一）把以工学结合、校企合作作为加强、完善教学建设的核心

1. 主动根据省会经济发展的需要设置专业。专业是高职院校人才培养的载体，是高职院校与社会需求的结合点，是体现学校办学内涵、办学特色、人才培养工作水平的标志，也是高职院校师资队伍建设、软硬件设施建设和实训基地建设的基本依据。① 2006 年济南工业新格局形成之后，根据“工业强市”的发展战略，济南职业学院在专业设置上突出了高职专业的针对性。一是主动链接济南市制造业，设置了模具设计与制造、汽车检测与

① 方光罗：《高职院校专业设置的原则探析》，《中国高教研究》2008 年第 5 期。

维修、机械设计与制造、计算机辅助设计与制造、机电一体化技术等专业，形成了机械制造类专业特色。二是积极对接济南市服务业，设置了餐饮管理与服务、物流管理、市场营销、国际贸易商务等专业，形成了现代服务业专业特色。三是积极服务济南市信息化，设置了计算机应用技术、计算机网络技术等专业，形成了信息化专业特色。以上三个专业特色，分别服务于省会制造业、服务业和信息化，形成了一个满足省会经济社会发展需要、特色鲜明的专业体系。①

2. 剖析企业人才需求，强化专业技能培养。学校要充分了解企业所需人才规格，根据专业需求，加强专业技能培训。如餐厅服务岗位群须具备的专业技能包括中西餐服务能力、基本菜点制作能力、营养配餐能力、推销能力、服务功能设计能力、人力资源配置能力、营销策划能力、服务质量控制能力、物料管理能力、心理分析能力、英语（韩语）交流能力等。学校应在课程教学、实习实训、技能大赛中，着力培养学生的相关技能。

3. 加强校企合作、工学结合。校企合作的桥梁，要靠政府搭接。靠学校或企业单方面的努力是办不好的，政府要出台相应的政策和具体措施，鼓励那些规模大、技术实力雄厚、产品生产技术含量较高的企业加入到校企合作的行列中来，不但要确保企业正常生产和经济效益不受影响，更要有校企合作的优惠政策，让企业从合作的过程中得到实惠，尝到甜头，以利于促进企业的规模生产，发展壮大企业。

（二）强化职业养成教育，提升职业核心能力

1. 坚持服务宗旨，树立职业养成教育与职业核心能力培养一体化的教育理念。职业核心能力主要是培养学生“与人交流、与人合作、解决问题、信息处理、自我学习”等几种基础能力。加强职业核心能力培养有利于提高择业就业的竞争力，有利于提高立业创业的可能性，有利于培养创新意识和创新精神。职业养成教育是教育者通过有目的、有计划、有组织、有

---

① 蒋雪艳：《济南职业学院为省会经济社会发展助力》，《济南日报》2007 年 5 月 21 日。

步骤的教育训练活动，培养学生的职业核心能力。职业养成教育与职业核心能力是相互依存的关系，职业养成教育是职业核心能力的基础，职业核心能力是职业养成教育的外在表现。

2. 围绕就业需求，通过强化职业养成教育促进职业核心能力的形成与发展。一是通过管理养成，培养学生自我教育的意识，提升理性水平和自我约束能力；二是通过实践养成，培养学生的团队意识，提升与人合作能力和创新能力；三是通过课堂养成，培养学生自主学习意识，提升可持续发展能力；四是通过心理健康养成，注意培养学生承受挫折、控制情绪的意识，提升社会适应能力；五是通过环境养成，培养学生现代公民意识，提升综合适应能力；六是通过身教养成，培养学生奉献意识，提升责任感和敬业精神。

3. 加强产学结合与校企融合，不断创新和逐步完善高素质高技能人才培养模式。一是坚持高职生职业养成教育的方法性原则：坚持共性与个性相结合原则，坚持做事教育与做人教育相结合原则，坚持内化教育与外化教育相结合原则，坚持自律与他律相结合原则和坚持学校、社会教育相结合原则；二是坚持高职生职业养成教育的八种方法——自我教育、修养指导、情境体验、情感陶冶、对话晓理、榜样示范、社会实践锻炼、评价反馈。

（三）坚持教育教学改革创新，培养学生创新精神和创新能力

创新精神包括追求创意的强烈意识、对未知事物的敏感和好奇心、对新事物价值的准确认识、对新知执着的探究兴趣、对新发现和新发明的百折不挠的追求，是一个人创新的灵魂与动力。创新能力，是人类高智能活动的集中体现。它一方面表现为人的认识能力和实践能力的有机完美结合，另一方面又表现为人自身的创造智力和创造品格的有机完美结合。

培养学生创新精神和创新能力是一个系统工程，需要在教育思想、观念、手段、方式乃至人才培养模式上进行改革和创新。① 一是尊重学生在学

---

① 杭国英：《论培养高职院校学生的创新精神和创新能力》，《国家高级教育行政学院学报》2002 年第 6 期。

习中的主体地位，调动学生的学习积极性和主动性；二是注重培养学生的智能，教会他们“学会学习”；三是改革教学方法，实行启发式教学；四是增加实践性教学环节，提高学生的创新意识、创新经验和创新技能。

（四）高职教育积极担负起服务社会的职责

服务社会是高职教育的重要职能，主要包括两方面，一是促进科学技术转化为现实生产力。如果高职院校不积极参与企业的科技研发与推广，在经济建设的一些前沿课题上处于失语状态，不仅影响了经济发展的速度和进程，同时也失去了自己的地位。目前济南高职院校这方面的力量还比较薄弱，需要重点突破。二是对社会担负起职业技能培训工作。当前甚至今后若干年，作为省会城市，济南的密集劳动力市场迫切需要职业技能培训，高职院校开展职业培训符合高职教育的办学宗旨，有利于高技能人才的培养，有利于充分利用教学资源，有利于提升高职院校的造血机能，有利于提升人们对高职院校的认知程度。

（五）发挥政府在高职教育发展中的主导作用

职业教育属于准公益事业，发展公益事业的主要责任在政府。特别是高等职业教育，其发展历史较短，国家对其整体投入不大，基础设施较差，但又是今后一段时间高等教育增量的主要承载者，因此更需要政府的大力扶持与保护。高职教育是一种需要高投入的教育，济南的市属高职院校至今未能办出特色，不能跻身国家示范性职业学院的行列，一个非常重要的原因就是政府扶持力度不够，经费不足限制了办学条件的改善和人才培养质量的提升。

1. 建立联席会议制度。要尽快建立市政府和高职院校、高校主管部门联席会议制度，立足于互动发展，形成切实有效的协调、议事机制。打破市属高职院校游离于济南经济发展之外的局面，加强多领域、多层面的协调、互动，充分发挥省会城市的人才、智力资源优势。

2. 加强政府对高职教育宏观调控的力度。根据济南经济发展的中长远规划，产业结构调整和变化趋势，及时向高等职业院校发布人才需求信息，特别是人才质量、规格需求的调整信息及预测信息，为高等职业教育架起与市场联系的桥梁，指导学校调整专业结构和培养计划；建立高职院校毕业生人才库，将用人单位与毕业生、学校密切联系起来，帮助高职院校毕业生沟通、疏通就业与创业的渠道，完善劳动力市场和就业信息反馈机制。

3. 搞好实训基地建设，确保高职培养目标的实现。由政府投资，建设一个综合实训基地，实训基地根据济南市区域经济发展的需要，会聚各行业先进的技术设备，为高职学生提供一流的实践训练场所。实训基地还可以为这些行业和岗位的在职人员进行培训。随着我国职业资格证书制度的进一步实施，各行业高技术职业岗位也将实行持证上岗制度，实训基地将成为最好的培训点和考点，因此，它的建设将推动相关高技术行业持证上岗制度的实施，为济南市培养高技能人才提供最佳通道。

4. 加大资金投入和政策支持。政府要依照《中华人民共和国职业教育法》和国务院颁布的《国务院关于大力推进职业教育改革与发展的决定》的有关规定，把职业教育经费落到实处，如财政性经费、生均事业经费和专项建设经费等。同时，市政府还应帮助学校进行资本经营，盘活资源，多方面吸纳教育资金，如吸收银行贷款、国外教育资金、企业资金和社会其他资金等，并在征地、基建等方面为高等职业教育的发展制定一些优惠政策。

（六）高职教育要适应区域对外开放的要求，加大对外合作办学力度

省会城市的对外开放工作与其中心城市的地位和作用相适应，是加快改革创新步伐、推进经济社会快速健康发展的重要举措。省会高校坚持走对外合作办学之路，有利于进一步解放思想，开阔眼界，提高办学水平，有利于创新型、高素质人才的培养，是省会教育和文化对外交流的重要组成部分。

2006 年，由济南市政府牵头，济南职业学院与澳大利亚西海岸职业学院正式签署合作办学协议，双方合作办学项目开始启动。目前设有酒店管理和旅游管理两个专业，招收近 200 名学生。济南工程职业技术学院与英国、新加坡等国的合作事宜正在洽谈中。

如何让济南高职教育与省会区域经济发展相互之间产生相互促进的作用，从理论研究到实际层面的解决方案，是一个系统工程，需要政府的经济部门或劳动部门、高职院校、各个行业企业共同参与，进行更为全面、细致、准确的调查研究，摸清具体情况，查找存在问题，拿出解决办法，使济南市的高职教育和经济社会协调、科学地发展。

闲语散记

到济南后，我菏泽师专的同事申伟带着她3岁的女儿到我家玩，见到了我写的《我的云竹》，就把这篇文章推荐给了她的在《山东教育（中学版）》做编辑的大学同学，于是，便有了我在《山东教育（中学版）》的第一篇文章。

我的济南教育学院中文系的同事黄明老师经常在《山东教育（中学版）》上发表一些杂文。有一天，黄老师告诉我《山东教育（中学版）》的主编让他约一篇写教师服饰的文章，问我是否有时间，我便写了《衣饰的文化》，发表时题目改为了《典雅：女教师衣饰的审美底蕴》。之后，又发表过几篇短文。

这十几篇文章时间跨度长，内容繁杂，更多是一时所思、所感、所悟。

师德——教育的灵魂[①]

教师担负着人才培养的重任，医生掌握着恢复病人身体健康的重责，这两种职业对道德的要求自然是最高的，因此，就有了“师德”“医德”之称。

中国古代的造字非常有讲究，两个字的“教育”一词就包括了教师的全部职责，那就是既要教给学生知识，又要培养学生的品德。“师德”一词也包含两方面的意义，一是教师的“才”，二是教师的“德”。中国有句老话，叫：要想给别人半碗水，自己先要有一碗水。这句话往往用来要求教师的学识。在我看来，教师的专业水平固然重要，但更重要的是教师个人的品质。巴甫洛夫有一句名言很说明问题，“对于学生而言，最重要的不是教师的知识水平，而是教师的道德水平”。

我永远不会忘记我高中时期的英语老师，当时我没有能力判断她的业务水平的高低，只是非常愿意上她的课。她很喜欢我们，也爱护我们。我们都记得她那一双眼睛，当我们圆满地回答了她的问题时，就会感受到她那带着喜悦的、温柔的目光；当我们的行为违逆了她的期待，就会看到她嗔怪的、略带惋惜的眼神，这眼神使我们觉得犯错的不是我们，而是她。其实，她并没有惊天动地的伟业，但就是那些点点滴滴时时地滋润、影响着我们。那时，与其说我们是为了什么远大的理想学习，倒不如说我们怕让如此敬业、对我们如此关心的老师不高兴，怕看到她那失望的眼神。在我们班，有一个奇怪的现象：包括一些非常调皮捣蛋、其他课程几乎是零

① 本文写于2006年，后刊登于《济南职业学院报》。

分的同学，英语成绩却很好。高考后，许多落榜的同学英语成绩都在 80 分以上（当时高考英语成绩满分为 100 分）。今年春节后，高中毕业已经 20 多年的我按惯例又去给老师拜年，在她的写字台上看到了一张学生给她的贺年卡，它代表了我们大家的心声：

我不是你最出色的学生
而你却是我最尊敬的老师
在这临近佳节之际
我要把一份最崇高的敬意献给你
在不远的将来
无论我成为挺拔的乔木
还是低矮的小草
我都将以生命的翠绿
向你致敬

显然，从老师那里，我们所学的不仅是知识，更重要的是做人的责任感、美好的品质、高尚的情操，有了这些，我们就拥有了世界上最可宝贵的，就会知道怎样去做一个合格的人。卢梭曾说过："只有一门科学必须教给孩子，这门科学就是做人的天职。"教给别人的东西自己要先具备，这是再普通不过的道理。可是，我们为人师表的老师本身的道德水准如何呢？个别教师上课迟到早退，不负责任，更有甚者，打骂学生。小学生的家长大概都听说过孩子的老师扇学生耳光、拧孩子耳朵、踢孩子屁股的事情，面对这样面目狰狞的老师，我们的孩子学会的是什么？野蛮、暴躁、暴力而已！这样的老师还有一点"身正为范"的意识吗？最近，在报纸上看到两则消息，令人发指：一是某小学的男教师竟然奸污了班里的十几名女学生，这种连人都不配做的畜生，怎么可能去让他做老师？二是某学校的老师坐庄，让自己的学生赌博。虽然这是极为个别的现象，但对他班里的学生来讲，这就是全部。这些无德老师的行为会使这些孩子的一生都是灰色的，孩子的心理会是健康、纯净的吗？高等学校的学生正是世界观、人生观和价值观定型时期，教师的言行对他们的影响是显而易见的，老师可能把他们引上正直、善良的道路，也可能造就他们狭隘自私、不择手段的人生。

社会的高速发展，知识经济时代的到来，人才大战硝烟弥漫，教育越来越受到人们的重视，要教出品德纯正、才学渊博的学生，教师责任重大。国务院和教育部三番五次地强调师德问题，要求教师要有高尚的“德”，用自己的人格魅力“润物细无声”般地感染学生，培养出具有神圣的责任感、具有钢铁般的毅力、具有为国家民族献身精神的学生，这才是我们的社会和时代所需要的人才。这一切，都来源于如何去教育，而如何教育又来源于教师自身的“德”。孟二冬虽然走了，但他的灵魂将会永远驻留在学生心中，他的精神将会薪火相传！

但愿我们每一位教师都能认识到自己肩负的重大职责，当有一天离开教师岗位时，扪心自问，可以自豪地说：我无愧于自己所从事的太阳底下最光辉的职业！

我的云竹[①]

在儿时的记忆中，印象最深的就是我家的一盆云竹。她不茁壮，也不茂盛，就那样大大方方、文文静静、素素雅雅地立在一个小小的泥盆里。不知是喜欢她的青翠，还是喜欢她的文静，抑或是喜欢她的素雅，总之，我喜欢她，并把她占为己有，放在我的桌角。就这样，在灯光下，她陪我度过了小学、中学的一个个夜晚，特别是伴我熬过了高考前的那一个个紧张不安的炎热的夏夜，目送我走进了大学的校门。

风风火火又具有诗情画意的浪漫充斥了我的大学生活，总觉得还未细细地品味出大学生活的真正滋味，四年一晃而过，怀着对大学时代的无限眷恋，无可奈何地走上社会，然后结婚生子。每天的日子紧张、单一，忙忙碌碌，疲惫不堪，加之生活的不如意，总觉得生活在郁闷、压抑和无奈之中。

在一个月色如水的夜晚，儿子睡着了，百无聊赖的我走出房门，来到父母精心布置的院子里，坐在椅子上，心情并不像月光那样好。目光漫无目的地在院子里参差的花草上游移。忽然，我的眼睛一亮，身子不由地有些颤抖，因为我又看到了我已有近十年没有注意、没有想起的云竹！我站起身，走到花盆旁边，蹲下身子，用手轻抚着她柔柔的茸茸的毛叶，心情紧张，兴奋，眼泪不知不觉滑落下来，仿佛又看到给我信心、给我支持的、久别的老友。她的脱俗、她的翠绿、她柔弱而又挺拔的身姿，强烈地震撼着我，我似乎领悟到了什么，心情顿觉轻松了许多。

---

① 本文发表于《山东教育（中学版）》1999 年第 29 期。

从此，我的桌角又有了一盆云竹，小小的紫砂盆中依然是那温柔、翠绿又满含生命力的身姿。每当我备课或写文章到夜深人静时，她散发出似有似无的幽香陪着我，使我解除疲劳，给我送来温馨。当清晨的第一缕阳光透过窗子，云竹嫩绿的绒叶被金黄穿过和包围，此时，我分明听到了由云竹流泻而出的轻柔动听的小提琴曲，一夜的疲惫烟消云散，顿觉心旷神怡。

是喜欢她的青翠，还是喜欢她的文静，抑或是喜欢她的素雅，我仍然说不清楚。

衣饰的文化①

戴着黑边的眼镜，留着齐耳的短发，白衬衣、蓝裤子、黑布鞋，满脸的稚气，却故作深沉地笑着。这是我刚刚跨进师范大学的校门后，很不好意思地向一位还不熟悉的同学借了一副黑边眼镜，忍着近视镜带给我的眩晕拍下的一张在当时看来非常朴素、毫无时髦可言的照片。但照片上我的装束涵盖了我或一段时日内人们对女教师文雅的全部理解，同时也完成了我对女老师美的全部追求和长久的夙愿。看着这张距今近二十年的照片，虽然不禁哑然失笑，但也说明在一个相当长的时期，女教师曾独领风骚，用自己的形象和内涵诠释着女性的文明和高雅，透过这朴素的外表，散发出的是悠悠的文化气息。只是到了三十岁我才明白，吸引人们效仿女教师装扮的更深层次的原因：由于文化的引力，女教师的审美倾向会对社会产生较大的影响。

十几年过去了，时代的发展日新月异，文明和高雅也更新了不同的内容。人们的衣着打扮更是花样翻新，满大街花花绿绿，令人眼花缭乱，审美倾向出现了多元化。可是，不知是该喜还是该悲，在五彩缤纷的今天，映入眼帘的式样各异、款式有别、色彩纷呈的衣饰，给我印象更多的是时尚而非典雅，女教师由自身的文化涵养和审美倾向所外化于衣饰上的特色似乎也已遗失在都市的流行风中。

在一个社会中，教师不仅担负着国家的希望和未来，更代表着传统文化所蕴含的传统美与现代美的结合。女教师理应成为审美的弄潮儿，而不

① 本文发表于《山东教育（中学版）》2000年第17期，发表时题目改为《典雅：女老师衣饰的审美底蕴》。

应成为时尚的附庸。记得那是夏季，教育系统组织了一次女教师演讲比赛，其中有一位女教师的装扮让我至今记忆犹新。她是漂亮的，身材也苗条可人，但装扮让人不敢恭维。烫过的头发梳拢后固定在头顶，穿着一件齐肩的紧身T恤衫，下面穿着一条短在膝盖之上约半尺的A字裙。新潮倒是蛮新潮的，但这种服饰更适合于站在老板身后的公关小姐，因为这样打扮虽然时尚，但没有根，风吹过后便荡然无存。女教师的衣饰，应体现出更高意义上的典雅，这也是与教师的职业相关联的。我曾为一个美的形象所震撼。那是夏初的一个早上，我在植物园散步。她从浓浓的翠绿中走来，梳着传统的发髻，白色短袖的旗袍长至小腿。外面竟套着一件黑底儿的坎肩，上面的图案是白色变形的大小写的英语单词，下着一双平跟的白皮鞋。平心而论，她长相并不俊美，但有着一种说不出的典雅、从容。我不知道她的职业，也无从断定她的年龄，但我马上就断定她是一位教师，而且至今我仍霸道地这样认为。因为，我分明在她身上读出了传统文化的蕴藉，是文化托起了她的衣饰，更托起了她的高雅。事实上，女教师衣饰的典雅已突破了服饰本身，它更体现出一个民族发展历史中美的积淀，引导着社会审美层次的提高，影响社会中对不伦不类的、甚或是丑的、带有民族侮辱性的舶来品的丢弃，从而净化人们的视野，净化人们的心灵，引导社会的文化意识，提高社会的审美品位，为社会的发展进步从衣饰方面做一个开路先锋。

雪已消融，春天的脚步已悄然走近。女人就像春天，美丽的衣饰就像春天里的鲜花。春天没有鲜花不是春天，女人没有漂亮的衣饰就不是女人。在这争奇斗艳的春光里，女教师不但应是最美丽的一朵，而且应是最为别致的一枝，她会使春天更加明媚，更加耐人寻味。怎么样，姐妹们，挖掘你们的审美底蕴，去骄傲绽放吧！

谈到这儿，可能会有人说，如此看来教师无性别之异同，没什么男女之区分。如果你这样认为，那可就又走入另一个误区了。只说“教师”，男女有太多的共性，如深入到性别上讲“女”字号教师，那又非同一般，要另当别论。举个例子说，足球场的看台上，球迷大概是最不分男女，同样奔放以至疯狂的，而到极致时，男球迷脱衣赤裸，甚或大动拳脚，女球迷也只会双臂挥舞使劲呐喊，可见男女有别了吧。不同的事有相同的理儿，女教师还不是在“教师”前又多了个“女”字，那就得有“女”的特点，说是美丽的光环可以，说是恼人的紧箍咒也行。女教师应自觉充分全面而又恰到好处地展示“女”教师的魅力。

在教育学生时多付出一些母爱吧。无私无畏地维护学生的权益，时时刻刻关注学生的成长，无微不至地呵护学生的身心，把学生的点滴进步看成是自己最大的幸福。“孩子看着自己的好”，对学生也应如此，相信每一个学生都有独特之处；不要把学生分成什么优生差生的，不要只把微笑和赞美给那些出类拔萃成绩骄人鲜花簇拥的学生；把更多的爱给予那些家境贫寒的学生，给予那些容貌平平的学生，给予那些手拙口讷的学生，给予那些最缺少而又最需要温暖的学生吧。这大概正是母爱的真谛吧，正是女教师受欢迎的关键吧！

在教育教学中多体现出一些“柔”吧。这“柔”与弱、脆、虚伪毫不沾边，而与韧、和、情、温暖密不可分。应和蔼可亲平心静气地严格要求学生，不应横眉冷对连讽带刺地随意呵斥学生；应温文尔雅柔风细雨般地把知识传授给学生，不应生硬粗暴以训代教式地把知识扔掷给学生；应亲切平易柔和自然地感染感化感召学生，不应趾高气扬盛气凌人地指使指点指责学生。男教师喜欢恩威并重，女教师应该以柔韧持久的言传身教来服人；男教师或可在讲台上拍案，女教师切忌面对学生怒目。女教师多以柔润的声音诵读课本中的美文，多以柔曼的言辞传递丰富的知识，多以柔和的态度给学生讲人生经验、做人的道理，多以柔善的心肠去理解谅解学生，这样该一定会深受学生的欢迎吧！

为职称而战[1]

七、八、九三个月是一年中最为炎热的季节，可谓酷暑难耐，而对一个人的一生几乎起决定作用的高考就在七月（现为六月），巨大的压力和紧张的气氛笼罩着每一个有高考学生的家庭，甚至引起每一个国人的关注，因此七月被冠以一个沉重的定语——“黑色的七月”。七月过后，学生们是轻松了，但另一部分人又迎来了他们“黑色的八九月”，只不过这一次不再引起全社会的注目，但对这些人来说，他们所承受的压力并不比高考的学生少多少。这部分人，就是参加职称评定的人。

对吃专业饭的人来说，职称是非常重要的，从小处说，因为它与工资挂钩，这将直接影响到餐桌上饭菜的质量；从大处说，它会影响你在单位的地位和使用，还会关联到家庭生活的幸福与否。职称顺利过关，领导器重，提拔重用，在单位的地位无形中就会提高，别人就会对你刮目相看，自己心情舒畅，在单位里春风得意，回到家对老婆孩子和颜悦色，一家人其乐融融。即使不被重用，走职称的道路，工资不少拿，地位不算低，又不用看领导脸色行事，我行我素，有业务专长，领导不会拿我怎么样，也是逍遥自在。所以，专业人员几乎无一例外地被职称吊着胃口，对之不敢小觑。

职称怎么评？工作表现、业务水平、工作能力等都是很重要的，但是，这些是软件，不好衡定，那就只有卡硬件了。硬件是什么？就是论文。因此，无论自己具备不具备科研能力，都要硬着头皮上，也就有了“天下出

---

① 本文写于2000年，发表于《济南时报》。

书一大抄，看你会抄不会抄”之说。实事求是地讲，真正具有科研能力和水平的人是少数，对一些问题有一点看法和见解与写出有深度的文章之间的距离是比较遥远的。脚踏实地、兢兢业业地做好自己的工作应该是最重要的，在此基础上，有科研能力的人更进一步地探讨研究一些问题，这才是正确的做法。可是在论文决定职称的引导下，人们就只好你抄我的，我抄你的，抄来抄去，真正自己独到的见解是少之又少。文章好不容易写出来了，发文章又是一大难题。名人的文章不用愁，哪怕是随便涂鸦一笔，并无甚新意，报纸杂志也抢着给发；真正有深度的稿子也不用愁，刊物要保证质量，也需要这种稿件。苦就苦了既没名气、稿子质量又非上乘的而又需要评职称用的那些人，他们只好“八仙过海，各显其能”，求爷爷告奶奶，拉关系，找门路。这部分人的专业工作并不是一塌糊涂，其中不乏业务骨干。如果让他们把精力全部用在工作中，可能会把工作做得更好，但在职称需要论文的压力下，他们也只好去做自己本不愿做的事情。实际上这又助长了知识领域的不正之风。

文章好不容易发出来了，这只是万里长征走完了第一步。只是填表就会把有脾气的人治得服服帖帖。表中有传统的内容，有新颖的内容，不管与职称有没有关系，总之，要填一叠厚厚的表格。然后，要由单位里负责职称的同志审查材料的真实性。评职称的人每一年都不少，大家排起队伍，一个一个来，像是等公共汽车。评职称要通过道道关卡，单位里有初评委，市里有中评委，省里有高评委，每一层次的评委本着对人民高度负责的态度，认认真真地进行评选，提出一些他们认为是问题的问题，比如说，他是研究生，论文数量少，质量也不高，他不能通过，明年再说吧；他的文章大都集中在一年中，急功近利，也应放一放；他的论文，名字都排在第二位，应进一步提高……表面看是非常公平公正的，但毋庸讳言，每一关都有人际关系在里面，晋升职称的人自然明白其中的奥妙，该打招呼的打招呼，能托到的熟人都托到，所有能做的工作全做了，但结果还是不放心，只要名单一天不公布，心就要一直悬着，吃不好饭，睡不着觉，心情抑郁，精神沉重，直到消息下来了，悬着的心才算放到肚子里，到这时，人也像是被脱掉了一层皮。每年的职称评定都是有人欢喜有人愁。

这不，今年我也要评职称了，最近，不知是天太热，还是职称评审在即，心烦意乱，牙痛上火，似乎还有点内分泌失调。虽然，我发表的文章不少，而且还有论著，还被别人看好，但我现在也是忐忑不安，心里没底，因为评审过程中瞬息万变，不知会怎样。不过，我已做好了充分的思想准备，今年评不上，明年继续——为职称而战！

《栖梦月刊》序①

在翠华摇落、萧索冷寂的初冬，一粒文学的嫩芽在校园破土而出，带来了丝丝春意，充溢着无限的希望。

为什么无以计数的人痴迷于文学，她到底能为人们带来什么？答案是各式各样而又相互交叠的：她可以带来热情和冷静、睿智和天真、渊深和清纯、旷达和精细……她可以点燃梦幻，可以安慰忧郁，可以寄托心灵。

你们不再让才情在空中弥漫，而让方块文字承载着生命的理想、梦中的情怀自由飞翔。"名家名作"如隆冬中一杯热气蒸腾的香茗，馨香浸透了心脾；"雨巷的彷徨"诉说了学习生活中的迷茫和抑郁，倾诉后心情似乎豁然开朗；"校园中的故事"可以看到你我他的身影，大家真正成了故事的主人公……慢慢地，你们得到了锻炼，受到了熏陶，生活变得更加丰富多彩，人生有了另一种风味。

不必期待成为风靡一时的名家，保持一个良好的心态，细致观察、用心表现，才能真正写出打动自己打动别人的作品。文学的灵感不会降临到杂念太多的人身上。

我相信，经过了严冬的孕育，在春天到来的时候，一定会看到嫩芽已然长成为绿意葱茏！

涂鸦数句，权为序。

---

① 本文写于2002年10月27日，是笔者应约为济南教育学院中文系2002级同学所办文学刊物《栖梦月刊》创刊所写的序。笔者时任中文系主持工作副主任。

“羊拉车”的悲哀[①]

最近，从电视新闻上看到一则报道：生活在沂蒙山区的农民还处于比较贫穷的状态，家中没有钱买牛来耕田拉货，更没有能力去买拖拉机。由于今年比较干旱，农民种植在山上的果树不能及时得到灌溉，挑水爬山所能浇灌的数量又十分有限，眼瞅着自己辛苦种植的果树就要旱死，农民们忧心如焚。其中一位聪明的农民，看到自己喂养的一只黑山羊很有力气，就别出心裁地训练黑山羊帮他往山上拉水浇果树，经过他坚持不懈的努力，黑山羊真的能像牛一样被套上套往山上拉水了！从电视屏幕上，我们目睹了“羊拉车”的一幕，也看到了可怜的山羊脖子上的毛都被磨没了。村里的其他人看到后都很欣喜，他们对记者说他们也要训练自己家的羊来拉车。电视台是把这则新闻当作奇闻逸事来报道的，解说者的口吻也是惊奇不已的。可我看了这则新闻，内心的感受是十分郁闷酸楚的。

我们中华民族的历史是十分悠久的，用牛力来帮助人减轻体力的历史同样是十分久远的。《吕氏春秋·古乐》篇中就记载了原始社会的人们对牛的崇拜：“昔葛天氏之乐，三人操牛尾，投足以歌八阕。”当时，牛是帮助人解脱繁重劳动的生产资料，原始人大概不会想到，几千年后的人们仍像他们一样，对牛有着非常虔诚的向往，拥有一头耕牛竟然还是那么困难！当然他们也不会想到，几千年后的人们毕竟比他们智商高了，竟然发明了用羊来拉车！我们应钦佩这位农民的聪慧，但钦佩的后面是否还有点什么呢？革命老区的人们竟然还有着与原始人一样的期盼！

---

① 本文写于2002年，后刊登于《济南职业学院报》。

远处不说，就在几十年前的抗日战争和解放战争期间，淳朴坚韧的沂蒙山人为了赶走侵略者、建立新中国而无私地贡献出了他们所有的一切！新中国建立已经有五十多个年头了，他们役使的竟是一只连原始人都没有尝试过的羊！在960万平方公里的土地上，真的就有这样的地方，有这样难以让我们直面的残酷现实！虽然我们取得了很大的成绩，但我们不能为这些成绩而沾沾自喜，因为我们并非真正富有，即使是都市中耀眼的霓虹也难以遮住生活中未曾消失的寒酸。我们更不应该忘记那些生活在贫困地区的人们正绞尽脑汁地挖掘他们生活中所仅有的一点让人辛酸的潜力！

我不知道那些看到这则新闻的父母官作何感想。历史的原因造成了我们的贫穷和辛酸，但谁都无权把这些作为逃避责任的理由，为官一任，造福一方，为官者应扪心自问："我是否竭尽全力为百姓的富裕操心？我是否对得起自己的良心？我是否能比得上'衙斋卧听萧萧竹，疑是民间疾苦声'的封建正直的官吏？我是否对得起党的培养人民的信任？"每一个为官者都应该经常对自己发问，以警醒自己的灵魂，约束自己的行为。我们党提出要"依法治国，以德治国"，一个干部的人格品德是非常重要的，但为官者往往放松了警觉，放低了要求，放下了尊严，成为《诗经》中的硕鼠、《蝜蝂传》中的蝜蝂。

中国在改革开放后取得了举世瞩目的成就，但我们明白用乘法和除法来理智地看待自己的问题，人口的众多使中国将在经济上面临更大的压力。表面看这似乎只是经济领域的问题，实际上，经济的背后是政治问题，是为官者的德行操守，只有为官者清廉自律，百姓才会与政府一道荣辱与共，共渡难关，因为"百姓才是头上天！"历史赋予中国的为官者一个机遇，同时提出了新的考验，除了制度，从政者的个人素养就显得尤为重要，希望中国的为官者能给历史交上一份满意的答卷。国家的前途、党的命脉、人民的希望就在一个个大大小小的为官者手中，切记要严于律己，让百姓满意，如果失去了民心，失去了人民的支持，党就会有性命之忧，"水能载舟，亦能覆舟"。

多么希望贫困地区的人们不再翘首期盼，而能尽快地过上殷实的生活，多么希望"羊拉车"的故事会成为历史，多么希望21世纪真正地属于中国！

大山深处的小姑娘[1]

一整天陶醉在层层叠叠的大山深处的黄果树瀑布的磅礴壮美和龙洞的幽深神秘中，当太阳西斜，走在下山的路上时，我仍沉浸在大自然的鬼斧神工带给我的震撼中。“阿姨，买个烤玉米吧?”一个稚嫩的声音在我的身边轻轻响起，才把我的思绪引到眼前的现实中来。

我注意到一个剪着齐耳短发的小姑娘跟在我身边，她的短袖褂和短裙不太干净，鬓边的头发有些打绺了，拿玉米的小手也脏兮兮的，脸上汗迹斑斑，只有一双大眼睛中好像蕴涵着什么，酷似“希望工程”宣传画上的小姑娘的大眼睛。

“阿姨，买个玉米吧，我要用卖玉米挣的钱交学费、买本子。再说，这烤玉米很香很好吃的。”她见我边走边注视她，就接着劝说我。呵呵，旅游区的孩子也是见多识广，推销东西也讲求艺术，说得可怜兮兮，由不得你不动心。无论是在自己居住的城市还是外出旅游都有过太多的类似经历，也就失去了最初的怜悯，对这样的孩子或大人自然就更多了一份怀疑。可我还是宁愿信其有，便掏出五元钱给她，但并没接她递给我的烤玉米，似乎还听到她说了句“谢谢阿姨!”我沿着下山的路继续走着，浏览着路两旁的秀美景色。

我的同伴和我们的孩子追上了我，边走边说说笑笑，过了一会儿，同伴中的一个问道：“小姑娘，你为什么老跟着我们?”我这才回头看到在我们身后紧跟着的刚才那个小姑娘，就又一次地注意她。她的个子比我十岁

---

① 本文发表于《山东教育》2001年第29期。

的儿子矮半头，比较瘦小，也就让人觉得她的头特别大。问她多大了，说13了，问她为什么跟着我们，她说我给她钱了，她要送送我。我很诧异！就又随口问她上几年级，说五年级，问为什么要出来卖玉米，说她的妈妈是后妈，家里又有了小弟弟，后妈说没钱供她上学，要她卖玉米自己挣学费。我一听，吓了一大跳，好厉害的小姑娘！简直是训练有素，竟会编出这样传统的动人故事，今天是遇到人精了，看样子她还想要再从我们的口袋里多掏些钱出来。但她也太低估了我们这些人的智商，我无动于衷，心中生出些许的厌烦，不再搭理她。可我们的几个单纯幼稚的孩子显然被她的谎言所感动，纷纷解囊相助。想制止孩子们，可一是怕折伤了孩子们的同情心，二是不愿错过这样好的一个教育孩子的机会，只好由他们去吧！

但出乎意料的具有戏剧性的一幕出现了：小姑娘竟然坚决不收孩子们送上的数目不菲的钱！孩子们执意要送，她执意不收，钱就这样推来推去。我惊异了，似乎一时不明白发生了什么。小姑娘对孩子们说："这个阿姨已经给我钱了，够我买本子的了，谢谢你们的好意。你们的钱我不要，你们留着自己用吧。"我的思维停滞了。不明白她在做什么！

已经走到了车边，我先上了车，他们仍然在争执着，面对这个场面，我不知如何是好，孩子们上车后，小姑娘仍固执地把钱扔到了车上，她站在车门口，歪着头，眼光移动着，最后，目光停留在我脸上，羞涩地笑着对我说："阿姨，谢谢你，祝你旅途愉快！"她的话使我生出了深深的羞愧，我的脸突然觉得发烧，眼睛变得迷蒙起来，怕被她看到，我没有对她说一句话，也没给她任何回应，就急忙扭头对着窗外。

坐在车里，窗外的景色已经看不分明了，天黯黯，路漫漫，心也沉沉。我一路默默，一天所观赏到的美景仿佛已离我很远，眼前晃动的一直是小姑娘大而亮的眼睛。我知道，从此之后，这里将会使我多一份牵挂，就是那个——大山深处的小姑娘！

猫叫、伊拉克战争及其他[①]

小时候，跟随姥姥在乡下，深夜，偶尔会被无休止的类似小儿的啼哭声吵醒，姥姥说不是小孩哭，是猫叫。问为什么叫，说它孤单。我幼小的心里生发出对猫的许多的同情和怜悯。

长大后，知道了它彻夜哀鸣的原因，但繁华的闹市中极少听到了。

最近一段时间老失眠，晚上躺到床上，心里就战战兢兢的，怕又是一个无眠夜。昨晚仍是难以入睡，辗转反侧，心烦意乱，不知折腾了多久，才入睡。可半夜被吵醒了，仔细一听，才分辨出是久违了的猫叫。它的叫声没有给我带来任何的欣喜，却使我要发疯了，我心里恨恨的，跑到厨房，拿了个苹果，来到阳台，使尽力气，朝平房的房顶扔去，希望能把它砸死，至少把它吓跑，曾经有过的怜悯在此刻已是荡然无存，杀猫的欲望却是鼓鼓的。但猫声依旧，安睡已是遥不可及。无奈之下，我打开电视，来关注伊拉克战事。猫叫声与电视中的爆炸声一起向我耳中袭来，突然，我目瞪口呆！

我惊异：本性善良的我怎会与遭到全球反战人士唾骂的布什有如此惊人的相似之处！我想把猫除掉，是因为它影响了我的睡眠，扰乱了我的生活秩序，更重要的是与它相比，我是强者；布什要除掉萨达姆，是因为萨达姆没有沿着布什指出的方向前进，影响了美国的权威，而且他布什有这个实力。我们的原因相同——他们让我们感到了不舒服，目的一致——除掉他们！我没有杀掉猫是因为我没有精确制导炸弹，如果有呢？我想我会

① 本文写于2003年，后刊登于《济南职业学院报》。

与布什一样的。为什么会这样？就是这样，这是人类的丑恶！人是非常自私的——唯我独尊，只要是有悖于我的意愿，就要除掉这眼中钉、肉中刺，手段是无所不用其极。同时，人的自私还表现为保全自我。虽然自战争爆发以来，反战的声浪一浪高过一浪，国际社会也在手忙脚乱，许多国家是大呼小叫，但没有人出来真正地阻止布什。当然，一个国家、两个国家甚至许多国家联合起来都未必能扳倒布什，但抗议的作用实在是太有限了。所以，打的和不打的，都是从自己的利益出发。

孔子曾说“己所不欲，勿施于人”，这是一个简单又普通的道理。九一一事件美国是受害者，伊拉克战争他又成了灾难的制造者。人的劣根性使这个经历了两千五百年的句子仍然幽幽地散发出哲理的光芒，但它的那一点微光是比不过“战斧式”导弹和集束炸弹的烈烈光焰的。

从此次战事，人们欣慰地看到了人类的进步和文明。一次战役死伤数万人的时代已经结束了，而且从联合国到各个反战国家都在呼吁尽量减少平民的伤亡，人似乎得到了从未有过的尊重和重视。战争已经持续了十三天了，交战双方死伤的人数也不足万人，也是一件可喜可贺的事情。但人真的被给予了应有的理解和尊重了吗？人们是否意识到时代的发展是与人的心理承受能力成反比例的——人的心理在逐渐地脆弱、承受力在日渐减退！撕裂长空的爆炸声、战机的轰鸣声、断水所造成的生命威胁、对黑暗的恐惧、对未来的迷茫和对人类本身丑恶的厌恶使人的心理防线徘徊于崩溃的边沿！人类正在自戕！

人类经过了漫长的发展历程，积累创造了今天的文明。毋庸讳言，在这一过程中，人类给地球带来了灾难，环境的恶化，动植物的绝种、绝迹，已经够让人痛心的了。但为了可以避免的冲突，翩飞的鸟不能回家，石油的黑烟肆无忌惮地污染着我们的家园，地球仿佛已是步履维艰，而万物灵长的人类还兴致正浓地折腾着它，却不知“老”之将至。动植物绝迹了，人的种类是否也面临着同样的危险？人要走向何处？

人类应该清醒一下了，“多一份润滑，少一点摩擦”，或许我们可以在地球上可以从容地多走几天！

难忘中学二三事①

“站起来!”咦?他竟然没有反应!“站起来!听见没有!说的就是你!站起来!不是不让学生到教工的厕所解手吗?谁让你进来的?站起来!”在昏暗的教工厕所里，我底气十足地冲着蹲在便池上的人大叫。谁知，他不但没有站起来，还胆敢用手电筒照我!“你胆子不小，不但不站起来，还照我!”我一边说，一边去抢他的手电筒。这小子太胆大妄为了，不但不给我，反倒与我争夺起来。他蹲着，我站着，当然我占绝对优势，眼见不是对手，他大喝一声:“瞎了你的眼!”天哪!撞到枪口上了，我假装老师，没想到，碰上了真老师——我的班主任。我连忙说:“对不起，对不起!”也没敢解手，急忙逃之夭夭。

在中学时期，有一个教工专用的厕所，比较干净，但规定不让学生上。那天晚上，下了晚自习，我就直奔教工的厕所，看到黑暗中蹲着的人，我还以为是像我一样的学生，也就顺便吓他一吓，没想到把我自己吓出了一身冷汗。好几天见了班主任躲得远远的，偷眼瞧去，班主任好像在偷笑。总之，我没挨剋。

我上中学时，诸如此类的事可发生了不少，再举两例。

中学时的我比较胖，有180多斤。当时，对我来说，最痛苦的事莫过于冬天十千米的越野跑。每次越野跑前，老师大多会说:这是一个锻炼自己意志力的好机会。但老师总是很大方地拱手让出这样的锻炼机会，在我们气喘吁吁、面红耳赤、步履维艰的时候，他却带着头盔、骑着摩托车跟在

① 本文写于2005年，后刊登于《济南职业学院报》。

我们后面。怎么办？必须要甩掉老师！我便做出百般跑不动的样子，想引起他的怜悯，但他好像并不为所动，也许他已经领教够了我的鬼点子。我与几个“死党”拖拖沓沓跟在大部队的最后面，像似断非断的尾巴，与前面同学的距离越拉越大。我的“死党”看我越跑越慢，就领会了我的意思，便更加跑不动了。老师无可奈何，便没好气地说：“坚持跑，别耍小聪明！坚持到底！”我赶紧顺从地、拼命地点头，还装模作样地做出一脸庄严状。老师一加油门，摩托车窜了出去，一会儿就不见了踪影。我停下来，一摆手，“哥们，坐马路牙子上歇歇。”等我们又说又闹歇够了，看见了一辆三轮车，我一招手：“上！”我们一个个钻进了三轮车。“嘿，告诉你们，跟着我没错，多享福！像那些傻瓜，跑到学校还不累个半死，瞧我们多舒服，我请客！”三轮车到了学校门口，我不可一世地大声吆喝：“停车，我们到地方了。”付了钱，转过身，我魂飞魄散！班主任铁青着脸站在校门口。在哥们面前要仗义，不然，他们以后哪会跟着我？我硬着头皮，走到老师面前说：“我的主意，与他们无关。”老师抬手拨了一下我的头，说：“回去！”

我们学校门口有一个游戏厅，学校三令五申强调不让到那里去，老师更像猫找老鼠一样盯着我们。但机会还是有的。一天，自习时间，我偷偷溜出去，来到游戏厅玩了起来，直打得天昏地暗。不知过了多长时间，好像有人拍我的肩膀，我正在酣战，哪管这个。他又在拍，我不理他，还在拍，我气急了，回头瞪了他一眼，骂道：“滚开！”回过头来继续战斗。几秒钟后才反应过来，身后的人好像面熟，再回头看，完了！班主任面无表情地立在我身后。

中学毕业已经过去了这么多年，这些事情我一直记忆犹新，我大错没犯过，小错没断过，调皮捣蛋，不知老师给我谈过多少次话，可我自制力差，刚谈话后能规矩几天，几天后，故伎重演。但总起来说，犯错的频率在不断降低。今天也已为人师表的我特别感激我的班主任老师，他是了解我的，他知道我自尊心强，所以他从不用高压手段惩罚我，也从不在同学面前训斥我，相反，他却能发现我聪明的长处，逐渐地引导我，让我艰难地但最终又成功地走上了该走的路。这些往事经常让我忍俊不禁，它是我过去的一页，虽无可骄傲之处，但终生难忘。

温暖与感动①

——2013 级新生报到侧记

9 月 8 日是学院 2013 级新生报到的日子，来自全国 9 个省份的 3000 多名新生带着对大学生活的美好憧憬，走进了我们美丽的校园。今年新生报到给人的最大感受是：风含情水含笑，温暖与感动弥漫在校园的每一个角落。

一、“我只有用好好学习来报答老师们了”

一个身高只有 1.2 米的 19 岁姑娘，凭借着母亲的坚韧和自己的坚持，经过 12 年艰辛的求学过程，终于考上了自己心仪的大学——济南职业学院。但身体的残疾、需要人陪读照顾的现实似乎粉碎了她的大学梦。

“我们真的没想到学校能给提供这么好的条件，安排了一楼的单间，你看，被褥都是学校提供的，住宿费也给免了。学校还给我安排了临时的工作，不仅可以照顾孩子，还缓解了我们的经济困难。”妈妈流着眼泪而又面带笑容，表达着对学校的感激之情。

“昨天学校把我们从家接过来，来到房间，我感到的是惊奇和惊喜，没想到我住的房间这么大，这么好，比我们家最大的房间还大。墙上还贴着那么多学长给我题写的励志卡片，我踩在椅子上看了一遍，上面写着‘有我们在，不用怕’‘我们一起见证青春的力量’，还有很多，我可感动了。昨天晚上我妈用车推着我到教室看了一下，教室比我们高中的教室大多了，

① 本文刊发于济南职业学院官方网站“学院信息”，2013 年 9 月 9 日。

校园也漂亮。我回来睡得可踏实了。学校对我这么好，我只有用好好学习来报答老师们了。”坐在父亲为她专门制作的小板凳上的姑娘，纯真，阳光，满足……

这个淳朴坚毅的母亲，没有受过多少教育，12 年的时间，风雪无阻接送女儿上下学，女儿在哪个学校上学，她的身影就会出现在附近的打工点。虽然异常艰辛，但她心无旁骛，一天一天坚持了 4000 多个日日夜夜，终于手牵着女儿走进了大学的校门。听着她或欢欣或悲戚的讲述，泪珠忍不住往下落，也引得几位女记者泪眼婆娑。

面对这对感激不尽的母女，感受到的不是赠人玫瑰，手有余香，而是责任和义务。希望学院的发展越来越好，有更大的力量帮助更多需要帮助的学生。

二、没想到送孩子上学还能有免费导游

“我是第一次来济南，来前知道趵突泉、大明湖，没想到从火车站到学校的一个多小时里，有导游把济南的历史文化、主要景点、名胜古迹等都介绍了一遍，讲得非常清楚，即使我不去这些景点，对济南的情况也了解得差不多了。学校工作真是周到细致。”来自黑龙江的家长赞不绝口。

为了给外地来济的学生及家长提供更温馨、更人性化的服务，同时发挥旅管系学生的专业特长，学校安排旅管系学生在接站的班车上为家长和新生介绍济南的历史文化和著名旅游景点，使家长感受济南城市魅力，使学生消除对济南的陌生感，缩短融入城市的时间。

三、父女依偎，笑容甜美

一个女儿长得非常像父亲，她的左手挎着父亲的右胳膊，头撒娇地依偎在父亲肩头，笑容甜美，这个让人羡慕的瞬间永远定格在了 2013 年 9 月 8 日的 11 点 20 分。若干年后，这张照片将会带给他们对济南职业学院什么样的回忆呢？

孩子进入大学，对一个家庭来说重要性不言而喻。如何在他们走进大

学时给他们留下难忘的记忆？在学校专门制作的“今天我上大学了”的画板前，学院请来的摄影师免费为一个个三口之家、一对对的母女父女留下他们家庭重要的一瞬。

四、放心吧，困难我们一个个解决

一个来自青海的女学生，穿着长袖的牛仔外套，似乎让人感受到“凉都”西宁的凉爽，来到绿色通道的摊位前，小声地说着什么，听不分明。她的身边，站着她的父亲，穿着一件已经洗得不太白的白色短袖衫，这个西北汉子古铜色的脸上满是无奈和落寞。坐了27个多小时的火车，高高兴兴送女儿到两千多公里之外的泉城上学，可恶的盗贼却给了他们个下马威。辅导员介绍说他们在火车站被偷，装有银行卡、身份证、现金以及来回车票的钱包被盗，举目无亲，没法交费，没法买被褥，父亲也不知道怎样才能返回家去。

特事特办，先发给她卧具，再借钱给她买上饭卡，再给她父亲400元返程车票钱。然后，有什么困难我们一定帮着解决。也许学院一系列的帮扶会一定程度上舒缓父女俩心头的阴霾吧。

五、“我就要上济南职业学院”

国际交流学院迎来了一个来自安徽的颇有抱怨的父亲和一个坚定非常的儿子。

在南校区报道点，这个父亲带有抱怨的语气介绍了他们父子的拉锯战。“我们家长的意思是想让他在安徽上学，离家近，方便，也放心。可他就是不同意，非要报咱们这个学校，我们怎么说都不听，他说他就要上济南职业学院。家长拗不过他，只好随他的心愿了。”儿子则站在一边露出得意而又羞赧的笑容。

对于许许多多像这个学生一样坚定的选择者，学校的领导、老师、管理和服务人员拿什么去回报他们的信任和喜爱呢？

在从早上7点到晚上的报到过程中，每一个领导、每一个系书记系主任、每一个部门工作人员、每一个辅导员、每一个学生志愿者，对每一个询问者或求助者都不约而同、发自内心地热情、细致、周到，这里面应该包含了大家的希望、欣慰、祝福、责任感等复杂情绪。而感动、感谢、感激也成了家长和新生不约而同、发自内心的最真实的表达。真诚与温情是人与人之间的沟通密码，屡试不爽。

孟子曰："得天下英才而教育之，三乐也。"看着一张张充满朝气、满含期待、稚气未脱的面庞，感觉真好。

十年发展史上的五大战略决胜[①]

十年，丈量一个学校的发展史，不算长。但奠基未来的作用不可取代。十年里，济南职业学院的五次战略决战响亮而且漂亮！

合校建院的这年秋冬，蟠龙山下，彩石校内，一片荒芜，漫天飞雪，恶劣的天气、艰苦的条件不能阻挡济南职院人前进的脚步。春光明媚的2005年5月28日，一个历史性的日子，高楼林立、鸟语花香、彩旗飘扬的美丽校园宾朋满座，4000多名师生满面春风，济南职业学院成立大会隆重召开，基础建设的决战取得标志性胜利！

2006年11月21日上午，省委高校工委德育与校园文明建设工作评估专家组一行9人，在检查评估组组长魏金陵的带领下正式进驻学院，开始为期三天的检查评估工作。评估专家、山东省委高校工委宣教处处长刘欣堂，目之所及，惊异不已。几个月前看到的破败不堪的泄洪沟，竟然华丽转身为郁郁葱葱的小树林和颇具文化韵味的休读点。

在迎评创优过程中，各处室系部、全体师生员工按照学院统一部署，紧紧围绕“办人民满意的高职教育，建全省一流的职业学院”的要求，按照“以评促改、以评促建、评建结合、重在建设”的工作原则，齐心协力，真抓实干，锐意进取，争创一流，改善德育和校园文明建设条件，创新德育和校园文明建设工作，圆满完成了迎评工作各项任务，顺利实现了迎评创优的工作目标。各处室系部和全体教职员工以高度的责任感和使命感积极投身到迎评工作中，以自己的聪明和才智、心血和汗水、牺

① 本文发表于《山东教育报》2014年9月6日。

牲和奉献为迎评创优做出了突出贡献。当时的领导班子成员是：陈小莉、王小平、赵明、路名良、杨明、宋哲东、王志文、杨长军、石万鹏、金之明。

全省高校德育与校园文明建设检查评估中，学院获得“双评双优”的优异成绩，被省委高校工委授予“德育工作优秀高校”荣誉称号，成为全省高职高专中第一个获得“双评双优”的学校。这次评估既是对学院德育与校园文明建设工作的系统检查，也是对学院办学水平、办学质量的一次全面检阅。评估的结果，成了学院宝贵的无形资产，对形成学院的品牌、扩大学院的社会影响，促进学院的持续快速发展发挥了重要作用。合校后办学规范的决战取得标志性胜利！

2008年的学院工作要点这样评价6月份迎接的人才培养工作水平评估的重要意义：评估事关我院的生存和长远发展，事关广大教职工的切身利益，事关我院提出的创建示范性职业学院的目标能否实现。全院上下要把评建工作上升到贯彻落实十七大精神的高度来认识，进一步提高责任感、紧迫感，团结一心，扎实苦干，切实把这项工作抓紧抓好。

具体措施：一是通过评建要对学院办学工作进行一次彻底的、全面的、系统的梳理、总结和提升。二是通过评建总结办学经验，进一步规范办学行为，改善教学管理，推进依法办学。三是要抓住这次评建工作机遇，以新校区建设为重点，加强包括教学设施、实训基地在内的各项硬件建设的投入，改善办学条件，增强办学实力。

几个月的加班加点、夜以继日的努力后，2008年6月15日至19日，高职高专院校人才培养工作水平评估专家组对学院人才培养工作进行了全方位的评估指导。专家组通过听取学院领导汇报、校内实地考察、审核资料、个别访谈、听课、教师问卷调查、学生问卷调查、计算机基本技能抽测、职业技能抽测、召开学生专题研讨会、专业剖析、调阅试卷、实验报告、毕业设计等形式，多方面、多渠道、认真细致地对学院的人才培养工作进行了全面评估。

2009年3月，喜讯传来，我院获得优秀等级，内涵建设的决战取得标志性胜利！

2010年的暑假对于学校的部分教职工来说，在巨大的工作压力下蓄积着希望。每个房间彻夜灯火通明，困了，打个盹，揉揉眼，继续战斗。

当9月10日第26个教师节来临时，陈小莉书记和王小平院长在给教师的慰问信中欣喜地说：全院师生员工同心同德，抢抓机遇，迎难而上，办学实力和办学声誉进一步提升，被山东省教育厅确定为“山东省省级示范性高等职业院校建设计划项目院校”，并被推荐申报“国家骨干高职建设院校”。暑假鏖战取得的阶段性胜利，极大地振奋了全院师生的热情和信心，凝聚力和向心力空前高涨。

11月，喜讯再次传来，学院被教育部、财政部确定为国家骨干高职院校建设单位，成功跻身全国高职院校第一方阵，成为全国1300多所高职院校中的“211”院校。金秋丰收色，满目爱校情。质量提升的决战取得标志性胜利！

在2014年的“新春贺词”中，王小平书记和申培轩院长热情洋溢地写道：“大事不断，喜事连连：党的群众路线教育实践活动扎实开展，工作作风根本转变；科研创新能力建设全面推进，仅校内科研项目教师参与率就高达85%；大学生科技创新项目启动，学生创新能力、创新水平已见成效；校企合作理事会成立并健康运转，校企合作无锡工作站、北京工作站、上海工作站相继成立；中德培训中心学生迎来德国版中期考核，中德培训项目受到德国工商大会和德资企业高度评价；省内高职高专院校第一家教师发展中心在我院成立，成为教师成长的加油站；山东省国家骨干高职院校联盟在我院成立，优质教育资源得以整合并发挥更大作用；山东省内第一个由企业参与建设的校内创业学院在我院成立，创业培训、创业见习和创业实践红红火火，推动青年学子创业梦想的实现；国家精品资源共享课、省级教学团队、省级教学名师、省级精品课程、省级特色专业等‘质量工程’项目无一遗漏，全线飘红；我院获批‘3+2’对口贯通培养试点院校，办学层次得以提升；‘高等职业学校提升专业服务产业发展能力项目’市场营销、旅游管理专业顺利通过教育部、财政部验收；节约型校园建设成效显著，学院被评为省级节约型公共机构示范单位；学院连续六年获得‘省级文明单位’的荣誉称号，文明之风、进取之风、和谐之风弥漫整个校园。”全面发展的决战取得标志性胜利！

五大战役，整个校园欢声笑语，硕果累累。

美哉，济职义工[①]

热烈的掌声在这里响起来，青春的正能量在这里聚起来，助人的责任在这里扛起来，2013 年 11 月 14 日济南职业学院义工服务团成立了！穿上“红马甲”的莘莘学子、济职义工，将用他们的汗水、努力、付出，传递文明、感悟人生、提升自我！

义工之美在于责任。“义工”之“义”是公益，是在没有任何物质报酬的情况下，贡献个人的时间及精力，去改善社会服务，促进社会进步。济职义工服务团，成立之初就有近 2000 名同学自愿报名参加，占新生比例高达 70%！这是同学们自觉意识、公民意识、责任意识的体现，相信他们将把一个个微弱个体的时间、技能、资源会聚成关爱的暖流，滋润干涸的心田，温暖贫瘠的生活，带来生命的感动，推动社会的进步。

义工之美在于奉献。选择义工，就是选择奉献。弯腰、蹲下、接地气；服务、微笑、暖人心；换位思考、关爱他人，赢得尊重和自信；帮助他人、传递友爱，收获和谐与文明！同学们的奉献一定会感动并带动更多的人参与到义工队伍中，奉献爱、播撒爱、传递爱。

义工之美在于提升。良好品格的养成靠的是点滴积累，靠的是不断的历练！义工经历，可以扩展生活视野，丰富生活体验，深化社会认识；义工经历，可以培养组织能力、领导能力，增强个人自信心；义工经历，可以提升思想境界、个人素养，将会是一笔终生受用的宝贵财富！

济职义工，一定会成长为一道美丽而多姿的风景！

---

① 本文发表于《济南职业学院报》2013 年第 5 期。

0.99与1.01[①]

$0.99^{365} \approx 0.03$

$1.01^{365} \approx 37.78$

0.99与1仅差0.1，1.01与1也仅差0.1，0.1仅是一点点，但就是这微不足道的一点点，经过了365天的累积后，结果令人瞠目。

这是一个非常简单的道理，就是积少成多，量变到质变。历史上也有很多类似的正反两面的故事，如集腋成裘、聚沙成塔，千里之堤、溃于蚁穴。由此可见，这个道理从古代讲到了今天，不断变换讲述的方式，目的就是警惕懈怠，注重积累。

对待工作，有一个态度和习惯的问题。认真敬业的人，每天都能充分利用时间完成当天的任务，工作求好，质量求高，如果没能完成好当天的工作，虽不至于食不知味、睡不安寝，内心也是悻悻的。这样的人，一年下来，工作成效是相当可观的。假如一个人，工作时间晚来早走，购物聊天，工作成了副业，工作态度不端正，工作习惯不好，工作成效就无从谈起。这就是人与人的差别，而单位与单位的差别就在于拥有这两类人的多寡。

每天的0.1不能改变什么，可是365天的0.1聚集在一起，就是大的改变。0.1可以成就事业，也可以让千里之堤轰然倒塌。

聚沙成塔非一日，聚水成涓缓缓来。

---

① 本文发表于《济南职业学院报》2016年第4期。

后记

孔子曰：“友直，友谅，友多闻，益矣。”书房，便是一个见多识广的朋友，即以“多闻斋”命名。2000 年之前的文章，我是用钢笔一个字一个字写出来的，之后的每篇文章是一个字一个字敲出来的，而且几乎所有的写作都是挑灯夜战的成果，“笔存”亦有艰辛之意。

父母对儿女总是有很多期许。记得 2000 年我评上副教授之后，心里松了一口气，觉得今后的日子可以放慢脚步，再也不用挑灯夜战了。我把我的想法告诉父母后，父亲说：“你才 35 岁，还是一个继续奋斗前进的年龄，以你的资质，努力一把，是可以拿到教授职称的，这也是对你自己教书生涯一个好的总结。即使你评不上职称，多学些东西也是好的，你还不到松下来的时候。”当时父亲还未离休，做行政领导，在单位对有专业特长的人特别器重。他总是对我们几个孩子说，希望我们有些真才实学，靠“本事”吃饭。母亲退休时是副高职称，也希望我在专业上有所发展，不希望我百无聊赖地打发日子。他们 30 年代出生的那一代人，是完全靠自己的拼搏成长起来的，吃苦耐劳、奉献奋斗，这些词语已经转化成了他们的基因，他们看不惯年轻人不学无术、好吃懒做、娇气散漫，希望年轻人能好学上进，特别是自己的儿女。

仔细想了想父母的话，分析了一下自己的现状，觉得有道理，更重要的是不想让父母失望。肩负着父母的期望，我又一次出发了。

但在前进的路上遇到了不小的困难，集子中内容方面的主题繁多就是印记。从毕业分配到泰安教育学院中文系到菏泽师专中文系到济南教育学院中文系，我基本上一直在教“古典文学”，在济南教育学院时为本科函授生讲授“古代小说”和“古典戏剧”，因此，我的科研就是在教学中感兴趣或有疑问的地方，当时写的东西范围很广，是想好好打打基础，多涉猎一些领域，但感到自己的兴趣点还是古代戏剧。但是，当我决定以科研的思维把研究学习重点确定在古代戏剧领域后没多久，2004 年 7 月，我所在的济南教育学院与济南机械职工大学、济南职工科技大学合并组建了济南职业学院，济南教育学院的师范教育不再保留，根据职业教育需要，有良好声誉的济南教育学院中文系改成了文化传播与艺术管理系。汉语言文学专业不招生了，我教了 16 年的古典文学课程没有了，这就意味着如果我还坚持这个领域，那我的教学和科研是完全脱节的，如果要教学与科研统一，我就得重新开始。当时的不舍和纠结很让我无所适从，也体会到人在“大形势”面前的渺小和无奈。

在迷茫中我别无选择地有时教“应用文写作”，有时教“大学语文”。一年后，我就意识到我必须要做出取舍。大学语文与应用文写作是当时高职院校开设最为普遍的我能上的课程，对这两门课，我有自己的看法。一是如果两门课必须“二选一”，大学语文更为重要。首先，高职生的基本素质确实需要这门课去提高，它对学生职业核心能力和可持续发展能力培养的作用，应用文写作无论如何都望尘莫及。其次，语文能力不佳，应用文写作也不会学好。二是应用文写作课程不必单列，可以包含在大学语文教学中，只教给学生几种常用应用文体即可。因为应用文写作这门课程针对性很强，写什么种类的应用文必须有这类的工作积累和相关工作材料，在校生是不具备的。而有些“财经应用文”“法律文书”等是属于“专业基础课”，更不是应用文写作这门公共基础课能够完成的，而且还要浪费很多的时间。到头来，学生还是什么也没学会。当然，今天，有些高职院校从“功利”“实用”出发而普遍开设应用文写作而不开设大学语文，是因为没有对两门课程进行对比研究，所以，不足为怪。

从我个人的情况来分析，承担大学语文课程，我更有优势。就这样，在我还没有对很有感觉的古代戏剧进行更深入研究前，我就不得不在 40 岁时，开始把教学科研的注意力转移到“大学语文”上。之前我也曾教过大学语文，是用过去自己上中学时老师教自己的方式，再教自己的学生。因为大家都这样教，学生也这样学，大家都没觉得有什么不妥。我也真的没有认真考虑过这个课到底怎么上才能上出好的效果，才能不被称为“高四语文”。但当我要把教这门课当作我的“主业”时，就不得不反思了。我始终认为，教学效果好不好、学生欢迎不欢迎，责任在任课教师。教师是课程的主导者，虽然说学生是教学的主体，但学生主体作用的发挥，关键还是教师这个主导作用是否发挥得好。因此，改变首先应该从教师开始，课教得好是老师的成绩，教不好是老师的责任。课程改革势在必行！我开始试探着从两个方面着手，一是增强学生参与度与情感体验，二是从字、词、句等基础知识的讲授转移到文学和文化现象的探讨。效果还是不错的，这也坚定了我坚持下去的决心。

真正全方位的大学语文课程建设，应该感谢国家的“精品课程”建设。教育部组织的专家把课程建设需要设计的所有环节都囊括了，想建好课程，根据要求建设就可以了。但入门还会很难，当时已经有一门省级精品课程的王秀红老师给了我很多指点。之后，我的努力和悟性让我在课程建设上一步步走到了最高峰。2007 年，我主持的“大学语文”获得院级精品课程，2008 年获得省级精品课程，2010 年获得国家精品课程，2013 年获得国家级精品资源共享课建设立项，2016 年获得教育部首批公布的“国家级精品资源共享课”称号。课程建设的体会、感悟、研究，化成了“教育实践”中的文章。

在 10 多年的课程建设过程中，我认识到了两点，一是不急功近利，甘于寂寞地坚守，二是不糊弄，认认真真地去做。慢慢地，努力去做、追求完美成了我的做事风格和工作习惯。

2001 年 11 月，我成为济南教育学院中文系主持工作的副主任，2005 年 11 月，竞争济南职业学院正处级岗位，12 月，济南市委组织部正式下文，之后，我担任济南职业学院机关党总支书记，2006 年 6 月，学校面临省委高校工委组织的德育与校园文明建设双评，我被调到宣传统战处担任处长，牵头这项工作。在学校师生齐心协力的努力下，学校成为山东省高校第一个“双评双优”的学校。这个岗位又使我的写作之路出现了另一个局面。

行政岗位使我减少了上课时数，我的教学和科研成了“副业”，只有靠业余时间完成，我庆幸自己坚持了下来，在课程建设上取得了一点成绩。

在2012到2015年学校的国家骨干高职院校建设期间，学校教育教学上取得的一些成绩需要宣传出去，而且是社会影响力的考核内容。如何把这些专业成绩凝练提升为“新颖夺目”的叫法和说法，用通俗易懂的语言写成有情节的故事，让局外人能看明白并留有印象，就像老婆婆都能听懂白居易的诗歌一样，成了我工作的新挑战。而且，完成一篇文章，必须熟悉国家高职教育相关领域的文件精神，清楚发展方向，了解需要宣传的专业设置或教学模式等工作的最新动态和亮点特色等。貌似简单，实则要绞尽脑汁。我写了一系列这方面的文章。学校的许多做法很有意义和价值，为高职教育的深入研究提供了案例，在社会上也产生了很好的反响，所以，收在“教育实践”中。

由于篇幅所限，收入集中的只是我教学科研的部分成果，选择上质量不是唯一的标准，而是兼顾各个时期和阶段，以记录自己成长发展的过程。

个人的成长离不开单位的培养和同事的帮助。泰安教育学院中文系的张震老师在学术上给过我许多指导；菏泽师专的党委书记包宜春先生（已故）对我青眼有加，中文系原主任郭满禄教授、原书记孙明贵教授对我的成长帮助很大；济南教育学院中文系集中了一批学者和精英，浓厚的学术氛围给了我动力，7年间完成了不少课题和论文。2004年合校后，学校及教务处给予了多方扶助，一路相伴的团队成员给了我很多的支持和配合。

书临付梓，权作送给母亲八十寿诞的礼物，是父母的培养、鼓励、理解、支持让我有了今天的成绩。感谢我的大学老师、现中国传媒大学书写文化研究中心主任刘守安教授垂爱题写书名、序言，感谢齐鲁书社副社长赵蓉涛给予本书的支持，感谢本书编辑孔帅老师的耐心和智慧。

蒋雪艳

2016年7月

图书在版编目(CIP)数据

多闻斋笔存/蒋雪艳著. —济南：齐鲁书社，2016.12
ISBN 978-7-5333-3657-8

Ⅰ.①多… Ⅱ.①蒋… Ⅲ.①社会科学－文集 Ⅳ.①C53

中国版本图书馆 CIP 数据核字（2016）第 288201 号

多闻斋笔存

蒋雪艳 著

主管单位 山东出版传媒股份有限公司
出版发行 齊鲁書社
社　　址 济南市英雄山路 189 号
邮　　编 250002
网　　址 www.qlss.com.cn
电子邮箱 qilupress@126.com
营销中心 (0531)82098521　82098519
印　　刷 山东德州新华印务有限责任公司
开　　本 720mm×1020mm　1/16
印　　张 25.5
插　　页 3
字　　数 390 千
版　　次 2016 年 12 月第 1 版
印　　次 2016 年 12 月第 1 次印刷
标准书号 ISBN 978-7-5333-3657-8
定　　价 **78.00 元**